Christian Heermann

Der Mann, der Old Shatterhand war

Eine Karl-May-Biographie

Verlag der Nation
Berlin

ISBN 3-373-00258-3

© Verlag der Nation 1988

Helden ohne Fehl und Tadel

Metan-akva ist der stärkste Krieger der Kiowa, ein Goliath von Gestalt und Meister im Messerstechen. Mit dieser Waffe wurde er noch nie besiegt. Doch Old Shatterhand, zum ersten Mal in einem solchen Duell, verspürt keine Furcht vor dem Zweikampf mit «Blitzmesser».
 Sam Hawkens prüft seinen Puls. Nicht mehr als sechzig Schläge. Old Shatterhand zeigt sich kaltblütig.
 Er entblößt den Oberkörper. Niemand soll glauben, daß er durch die Kleidung nur den geringsten Schutz suchen will.
 Beide Gegner nehmen die vorgeschriebenen Plätze ein; das übliche Redevorspiel beginnt.
 «Der Körper dieses schwachen Bleichgesichtes bebt vor Angst», höhnt der Kiowa. «Mein Messer wird ihn fressen.»
 «Avat-ya! Großmaul!»
 «Avat-ya!» wiederholt der Riese schreiend. «Dieser stinkige Coyote wagt es, mich zu beschimpfen! Wohlan, die Geier sollen seine Eingeweide fressen!»
 Damit hat er sich verraten. Old Shatterhand weiß jetzt, daß ein Angriff von unten herauf zu erwarten ist.
 Um den Gegner sicher zu machen, senkt er die Lider, beobachtet ihn aber um so schärfer. Er hat sich nicht getäuscht: Die Schneide der Klinge zeigt nach oben.
 Nun erwartet er das blitzartige Zucken in den Pupillen des Feindes, das einer Attacke vorauszugehen pflegt. So kann er parieren, spielend leicht den Angriff abwehren. Als der Kiowa anstürmt, stößt Old Shatterhand gedankenschnell die Klinge abwärts und schlitzt den Unter-

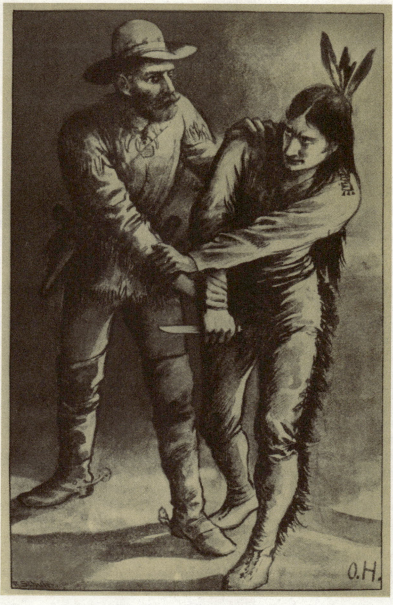

Metan-akva ist nicht der einzige Gegner, der gegen Old Shatterhand mit dem Messer vorgeht. Illustration aus *Der schwarze Mustang*, erste Buchausgabe 1899.

arm Metan-akvas auf. Dann jagt er dem Hünen das Messer ins Herz. Viele Kämpfe hat der Sieger in den dark and bloody grounds noch zu bestehen. Wo immer es möglich ist, schont er das Leben des Gegners. Denn mit einem einzigen Hieb seiner Faust kann er jeden Widersacher zu Boden schmettern.

Wegen dieser Kraft in seiner Hand wird er schon nach wenigen Wochen im Wilden Westen nur noch ehrfürchtig Old Shatterhand genannt. An allen Lagerfeuern rühmt man seine Heldentaten und mehr noch seinen Edelmut. Gegen Metan-akva aber durfte er keine Nachsicht üben: Hier stand das Leben von fünfzig Apachen auf dem Spiel.

Wenn er auf dem Rücken des prächtigen Rih mit dem treuen Hadschi Halef Omar zur Seite durch Orient und Balkan reitet, heißt er Kara Ben Nemsi. Auch dieser Name ist weithin bekannt und von manchem Bösewicht gefürchtet. Deshalb nähert er sich den beiden Aladschys in der Rolle eines harmlosen Scherifs, wie die Nachkommen des Propheten bezeichnet werden.

Die Brüder Bybar und Sandar gehören zur Verbrecherbande des Schut. Ihre Kugeln gehen niemals fehl. Am schrecklichsten aber wirken ihre Wurfbeile, todsicher treffen sie den Nacken des Opfers. Kara Ben Nemsi schätzt, daß ihm die breitschultrigen, bärenstarken Aladschys auch an Körperkräften überlegen sind. Dennoch wird er sie unschädlich machen und seine Gefährten vor dem Überfall bewahren.

Noch belächeln die zwei Wegelagerer den Mann mit dem grünen Turban, der verdutzt dreinschaut und zudem hinkt. Als ihn aber Sandar einen Esel schimpft, zeigt Kara Ben Nemsi, daß trotz Verkleidung nicht mit ihm zu spaßen ist. Den Trick, einen weitaus kräftigeren Gegner niederzuringen, beschreibt er so: «Ich legte meine Hand in der Weise auf seine linke Achsel, daß der Daumen unter das Schlüsselbein zu liegen kam, die anderen vier Finger aber den nach oben und außen ragenden Teil des Schulterblattes erfaßten, welcher mit dem Oberarmknochen das Achselgelenk bildet. Wer diesen Griff kennt und ihn anzuwenden versteht, der kann den stärksten Mann mit nur einer Hand zur Erde zwingen. Ich zog die Hand in schnellem kräftigem Druck zusammen. Da stieß er einen lauten Schrei aus, wollte sich loswinden, kam aber nicht dazu, denn der Schmerz ging ihm so durch den ganzen Körper, daß er in die Knie brach und auf den Boden niedersank.»

Zahllose Abenteuer besteht Old Shatterhand mit Winnetou, dem treuesten seiner Freunde. Illustration von Oskar Herrfurth für den Roman *Der Oelprinz*, erste Buchausgabe 1897.

Bybar will eingreifen, wird aber mit blitzschnellem Ruck emporgehoben und zur Erde geworfen.

Der Aladschy starrt fassungslos und ruft: «Mensch, du bist ja ein Riese! Diesen Griff macht ihm nur einer nach langem Wiederholen nach. Wo hast du das gelernt?»

Bei den heulenden Derwischen in Stambul sei es gewesen. Dort habe man sich in freien Stunden zum Spaß gebalgt.

Die Aladschys glauben es, aber ihr Mißtrauen ist erwacht. Noch ein Weilchen gibt sich Kara Ben Nemsi einfältig. Dann wird es unten am steinigen Pfad lebendig. Wie vorgesehen, kommen die Freunde einzeln. Zuerst Omar, dann Osko, zuletzt Hadschi Halef Omar mit dem Rappen Rih in voller Karriere.

«Jük gürültü – Millionen Donner!» ruft Sandar. «Welch ein Pferd!»

Bevor die Brüder das Gewehr an der Wange haben, sind Reiter und Roß mit der Schnelligkeit des Windes verschwunden. Nun wollen sie den Steilhang hinab, um in der freien Ebene ihre tödlichen Kugeln abzufeuern. Aber Kara Ben Nemsi vereitelt das Vorhaben. Zwar stolpert er über einen Stein, schnellt jedoch augenblicklich wieder empor, packt den Aladschy Sandar mit beiden Händen am Gürtel und schleudert ihn an den Stamm eines mehrere Ellen entfernten Baumes. Dort sackt der Unhold bewegungslos zusammen.

«Schuft, das sollst du büßen», ruft Babyr, und der Zorn vervielfacht seine Kräfte.

Kara Ben Nemsi will ihn nicht töten. Dreimal muß er mit der Faust zuschlagen, bis der Feind in Ohnmacht sinkt.

Damit ist ein weiteres Hindernis überwunden, um den Schut zur Strecke zu bringen – jenen Banditen, der lange Zeit die arme Bevölkerung weiter Teile des Balkans terrorisierte.

Es sind längst nicht nur körperliche Vorzüge, die Old Shatterhand beziehungsweise Kara Ben Nemsi jede Situation meistern lassen. Während einer Elefantenjagd auf Ceylon kann der Erzähler aus einer Spur sofort die Nationalität der unbekannten Läufer erkennen.

«Es sind lauter Männer. Ein Chinese und zwölf Singhalesen oder vielleicht gar Malayen.»

«Bless me! Woraus seht Ihr das?»

«Zwölf sind barfuß, und der Umstand, daß die große Zehe weit ab-

Ab 1896 zeigt sich Karl May seinen Lesern
als Kara Ben Nemsi.

steht, läßt mich auf Malayen schließen. Der Dreizehnte trägt, wie ich aus dem Eindruck sehe, lederne Ha-prong, eine Fußbekleidung, für welche sich eben nur ein Chinese entschließen kann.»

Aber auch in Medizin oder Musik macht keiner den Helden Karl Mays etwas vor. Beim Abenteuer mit den beiden Aladschys kuriert Kara Ben Nemsi nebenbei ein Kind mit Hilfe psychologischer Kenntnisse vom Zahnschmerz. Nur wenige Tage später macht er einen Arzt mit dem Anlegen von Gipsverbänden vertraut, wie sie der Holländer Mathijsen 1851 entwickelt hatte. Im Heim eines chinesischen Pagodenwächters entlockt er einem gitarrenähnlichen Instrument schnelle Walzerklänge und spanische Fandangotöne. Der Hausherr weicht staunend bis unter die Tür zurück, «wie einer, der vollständig aus dem Sattel geworfen ist». Und ähnlich fällt die Reaktion der Zuhörer beim Orgelspiel in der Kathedrale von Montevideo aus.

Der Organist hatte falsche Register gezogen. Der Ich-Erzähler «huschte zu ihm hin, schob die volltönenden Stimmen hinein und registrirte anders», worauf er gebeten wird, zum Schluß des täglichen Ave Maria de la noche selbst Manuale und Pedale zu drücken. «Im Schiffe der Kirche standen die Leute noch alle und oben der Kantor, der Organista und sämmtliche Sänger um mich her. Ich mußte noch eine Fuge zugeben und erklärte aber dann, daß ich fort müsse.»

Belassen wir es vorerst bei diesen wenigen Blicken in die Werke.

«Ja, ich habe das Alles und noch viel mehr erlebt. Ich trage noch heute die Narben und Wunden, die ich erhalten habe ...

Ich habe jene Länder wirklich besucht und spreche die Sprachen der betreffenden Völker ...

Ich bin wirklich Old Shatterhand resp. Kara Ben Nemsi und habe erlebt, was ich erzähle ...»

So und ähnlich steht es in Briefen, mit denen Karl May Mitte der neunziger Jahre Leserfragen beantwortet. Viele glauben es, während andere meinen, er habe auf großen Reisen zumindest viele Anregungen empfangen. Aber dann heißt es sogar, er sei nie aus Sachsen herausgekommen, und − schlimmer noch − er habe seine Bücher im Gefängnis geschrieben und es hinter Gittern zu Ruhm und Reichtum gebracht.

Es gibt keinen anderen deutschsprachigen Schriftsteller, der zu Lebzeiten und weit über den Tod hinaus von so widersprüchlichen Legenden umrankt war wie Karl May. Und ähnlich konträr fielen Urteile über sein Schaffen aus. Die Bücher fanden enthusiastischen Beifall, weckten aber auch Neid und lösten Verleumdungskampagnen aus. Es seien nationalistisch eingefärbte Machwerke von verderblichem Einfluß wurde behauptet. Andere bescheinigten May dagegen ein zutiefst humanistisches Anliegen.

Wo liegt die Wahrheit?

Erst in allerjüngster Zeit entstand ein annähernd authentisches, differenziertes Bild zu Leben und Werk des Autors. Alte Akten, die in DDR-Archiven erschlossen wurden, liefern so viele Daten und Details, daß sich Mays Leben gleichsam lückenlos nachzeichnen läßt. Damit sind auch entscheidende Wege zum Verständnis seines Schaffens geebnet. Denn wie kaum bei einem zweiten Schriftsteller sind Werk und Biographie Mays miteinander verflochten. In verwandelter Form, häufig an erfundene exotische Orte verlagert, von turbulentem, phantastischem Geschehen umhüllt, sind in dem ca. 50 000 Seiten umfassenden Werk viele persönliche Erlebnisse eingeflossen.

Schrieb der sozialdemokratische «Vorwärts» am 19. Dezember 1911 zwar wohlwollend ironisch, daß Karl Mays Abenteuergeschichten «die Heldentaten aller Heroen des klassischen und nachklassischen Altertums zusammengenommen» überbieten, so waren die wirklichen Erlebnisse ihres Schöpfers weitaus bescheidener und zudem entschieden bitterer.

Aber die Behauptung: «Ich bin wirklich Old Shatterhand...» wird sich dennoch nicht als Kuriosum abtun lassen. Wir rücken sie bewußt an den Anfang und werden uns ausführlich damit zu befassen haben, denn die Motive für diese Identifizierung eröffnen uns einen Zugang zum Charakter Karl Mays und geben uns Einblicke in seine Gedankenwelt.

Die alles bestimmenden Wurzeln seines Schaffens wurden in den ersten zweiunddreißig Lebensjahren gelegt. Einer schlimmen Kindheit, deren soziales Umfeld durch Traditionen abgesteckt war, folgten noch schlimmere Jugendjahre. Sie führten Karl May in einen Abgrund, den er aus eigener Kraft gerade noch verlassen konnte.

Diese schweren Jahre werden sich als ein Schlüssel zum Verständnis des ganzen Lebens erweisen. Ohne die «dunklen Flecke» in den frühen

Kara Ben Nemsi (Darsteller Fred Raupach) im Duell mit Abu Seif (Darsteller Erich Haußmann). Szene aus dem Film «Durch die Wüste» von 1936, der noch heute vorgeführt wird.

Jahren hätte Karl May die ihm angeborene Phantasie kaum in dem Maße literarisch entfalten können, wäre er mit Sicherheit ein nur mittelmäßiger, heute längst vergessener Schriftsteller geworden.

Diese Feststellung vorab soll begründen, weshalb wir jenen Lebensabschnitt mit gebührender Breite darstellen. Außerdem erzwingt es eine zweite Ursache.

Neider und politische Feinde verwickelten Karl May im Alter in eine Reihe von Prozessen und operierten dabei mit den unglaublichsten Verleumdungen. Sie fälschten zum Beispiel die vergleichsweise harmlosen Jugendverfehlungen in schwere Gewaltverbrechen um. Diese Diffamierungen wurden zwar seinerzeit alle durch gerichtliche Verhandlungen widerlegt, doch die manipulierten Sensationsmeldungen in der bürgerlichen Presse konnten so kaum korrigiert werden. Bis heute kursieren vielfältige Gerüchte. So erhielt der Verfasser nach der Wochenpost-Serie «Sechs Berichte über den Schriftsteller Karl May» 1984 etliche Leserzuschriften mit Hinweisen auf derartige «Ergänzungen»: Das habe man von den Großeltern gehört, es sei verbürgte Wahrheit! Mit ungeschminkter Darstellung der Fakten wollen wir auch solche Gerüchte ausräumen.

Texte und Forschungen

Erste Auskünfte über eine Person sucht man gegebenenfalls in autobiographischen Texten. Karl May gibt uns dazu unter anderem den Titel *Mein Leben und Streben* von 1910 an die Hand – ein über weite Strecken erschütterndes Bekenntnisbuch, das zur inneren Anteilnahme herausfordert.

Der Schriftsteller verfaßte es im Alter von 68 Jahren, aber nicht in einem Zustand abgeklärter Ruhe und Rückschau, wie gemeinhin in einem solchen Lebensabschnitt zu erwarten wäre. Das Werk entstand vielmehr unter dem Druck persönlicher Angriffe und Verleumdungen, deren sich May erwehren mußte.

Bis in die Kindheit hinein vermittelt die Selbstbiographie eine Fülle an Tatsachen, wenngleich Erlebnisse der allerfrühesten Zeit mitunter etwas schemenhaft bleiben. Ein Umstand, der sich aus dem Abstand der Jahre erklären läßt. May unterliegt aber auch Selbsttäuschungen, und mitunter überlagert der Ton der Rechtfertigung die sachliche Darstellung. Aus taktischen Gründen überbrückt er verschiedene Lebensabschnitte, macht dies aber kenntlich. «Es kann mir nicht einfallen», lesen wir, «die Missetaten, die mir vorgeworfen werden, hier aufzuzählen.» Und schließlich liefert das Werk auch einige Fiktionen, etwa zu den Reiselegenden.

In den letzten Lebensjahren verfaßte Karl May noch weitere autobiographisch gefärbte Schriften, so bereits gegen Ende des Jahres 1907 *Frau Pollmer. Eine psychologische Studie*.

May schrieb diesen Text in einem Zustand hochgradiger Erregung und Verzweiflung, des Zornes und Hasses, aber auch mit dem Anliegen, ein Stück Seelenfrieden zurückzugewinnen. Auslösendes Moment war die Annahme, daß sich Mays erste Frau von seinen Gegnern als Informantin ausnutzen und mißbrauchen lasse. «Die vorliegende Monographie», vermerkt er ausdrücklich, «ist nur für mich allein geschrieben, für keinen anderen Menschen.»

Das Manuskript, es umfaßte 146 Großbogen, wollte er in komprimierter Form für seine Selbstbiographie verwenden. Sollte er «plötzlich sterben, ohne die Hand an dieses Werk gelegt zu haben», empfahl er seinem zukünftigen Biographen, «Objectivität» walten und nicht «die Häßlichkeit der subjectiven Züge in den Vordergrund treten zu lassen». Ihm war offensichtlich selbst bewußt geworden, daß diese «Studie» – eine lange Kette von teilweise maßlosen Beschimpfungen – kein objektives Quellenmaterial liefern konnte. In der Selbstbiographie *Mein Leben und Streben* zeichnet er dann zum selben Komplex ein einigermaßen versachlichtes Bild.

Während die «Studie» seinerzeit nur als Handschrift vorlag, ließ May einige andere Texte mit autobiographischem Einschlag in kleinen Auflagen als Privatdrucke herstellen: *Ein Schundverlag* (1905), *Ein Schundverlag und seine Helfershelfer. Band II* (1909) und *An die 4. Strafkammer des Königl. Landgerichtes III in Berlin. Berufungssache May-Lebius* (1910; 2. Fassung 1911).

Mit diesen Titeln hoffte May, Einfluß auf das Prozeßgeschehen nehmen zu können. Mit den *Schundverlag*-Schriften sollte zudem der Eindruck erweckt werden, daß noch weiteres Material im Umlauf sei. Die Texte beginnen mitten im Satz; der erste Teil von 1905 beispielsweise setzt mit Seite 257 ein und endet auf Seite 416. Auf dem Titelblatt soll die Angabe «Korrekturheft, Bogen 17 bis 26» jene Fiktion ebenso unterstreichen wie mehrfache Hinweise auf Kapitel, die überhaupt nicht existierten.

Autobiographische Aufschlüsse liefern auch einige Beiträge Mays, die er in Zeitungen oder Zeitschriften veröffentlichte, sowie *Meine Beichte* (1908) – ein kurzer Vorläufer der Selbstbiographie. Schließlich gibt es in den Werken zahllose, zumeist verschlüsselte Hinweise auf das eigene Leben.

Wenn wir auf autobiographische Publikationen Bezug nehmen, dann nur bei aufschlußreichen Selbstzeugnissen oder Passagen, die ge-

Mein Leben und Streben

Selbstbiographie

von
Karl May

Band I

Freiburg i. Br.
Verlag von Friedrich Ernst Fehsenfeld

Titelblatt der Erstauflage (1910) von Mays
wichtigstem autobiographischem Werk.

rade ob ihrer widerspruchsvollen Darstellung vielsagend sind. Ansonsten berichten wir über Leben und Werk Karl Mays nach dem heute gesicherten wissenschaftlichen Erkenntnisstand, ohne jedesmal mögliche andere Versionen zu diskutieren.

Werden Zitate aus Mays Schriften gebracht oder Titel genannt, dann – falls nicht ausdrücklich anders kenntlich gemacht – immer getreu den jeweiligen Originalausgaben vor seinem Tode 1912. Weil sich unsere Biographie vorrangig an Leser wendet, die erstmalig Näheres zu Leben und Schaffen von Karl May erfahren wollen, bleibt eine Vorbemerkung zur Geschichte der Texte unumgänglich.

Am 1. Juli 1913 wurde in Radebeul der «Verlag der Karl-May-Stiftung Fehsenfeld & Co.» gegründet. Ab 1. 1. 1915 nannte er sich «Karl-May-Verlag». Die hier beziehungsweise von dem «Karl-May-Verlag» in Bamberg (BRD) herausgebrachten «Gesammelten Werke» (65 beziehungsweise 74 Bände) sind Produkte von teilweise einschneidenden Bearbeitungen. Sie ermöglichen deshalb keine authentischen Rückschlüsse auf Mays Absichten oder Aussagen und gelten für biographische Belange als unbrauchbar.

Der Schriftsteller selbst hat sich mehrfach gegen jedwede Veränderung an seinen Werken ausgesprochen. So erklärt er im August 1899: «Und wagt es jemand, auch nur eine Zeile meines Manuskriptes zu ändern oder gar sogenannte Verbesserungen anzubringen, so bekommt er keinen einzigen Buchstaben mehr von mir. Du weißt ja, wie streng sich meine Verleger an diese meine stets allererste Bedingung zu halten haben. Es ist genug, daß ich ihnen die neue, noch gar nicht reife Orthographie gestatte, Korrekturen aber auf keinen Fall; denn jedes meiner Worte ist mein unangreifbares geistiges Eigentum. Andere mögen sich von den Redaktionen um- und ausflicken lassen, ich nicht!»

Ebenso deutlich heißt es 1905 in der Schrift *Ein Schundverlag*: «Ich habe meinem Geiste und meiner Seele ein irdisches Gewand gegeben, Roman genannt... Dieses Gewand ist der einzige Körper, in dem es meinem inneren Menschen möglich ist, mit meinen Lesern zu reden, sich ihnen sicht- und hörbar zu machen. Es darf kein Wort, keine Zeile daran geändert werden. Jede kleine Aenderung, sogar die allerkleinste, bedeutet eine Wunde; jede grössere macht ihn aber gar zum Krüppel.»

1910 schließlich hält er in der Selbstbiographie *Mein Leben und Stre-*

ben unmißverständlich fest: «Ich habe Korrekturen und Kürzungen nie geduldet. Der Leser soll mich so kennen lernen, wie ich bin, mit allen Fehlern und Schwächen, nicht aber, wie der Redakteur mich zustutzt.» In diesem Sinne gibt es weitere Äußerungen des Autors.

Man wird lange, vermutlich sogar vergeblich den Namen eines anderen deutschsprachigen Schriftstellers suchen, der so klare Bedingungen zur Veröffentlichung seiner Arbeiten formulierte und dessen Werke dann so tiefgreifend verändert wurden.

Zweifelsohne am folgenreichsten waren Einschübe, die während der Zeit des Faschismus in einige Werke hineingetragen wurden, weil sie die humanistische Grundposition Mays am meisten verzerrten. Im *Ölprinz* beispielsweise wird Sam Hawkens als «Feldherr» tituliert, und im Buch *Durch die Wüste* avanciert Kara Ben Nemsi gar zum «deutschen Generalfeldmarschall». Im ersten *Winnetou*-Band wird dem Ich-Erzähler im Zusammenhang mit einer Bindung zwischen Old Shatterhand und Winnetous Schwester Nscho-Tschi die ungeheuerliche Wendung in den Mund gelegt, daß er nicht in den Wilden Westen gekommen sei – «um eine Mischehe zu schließen»! Noch in einer Ausgabe von 1948 («Karl-May-Bücherei», Bamberg, 371. bis 380. Tausend) ist dieser Satz enthalten.

Andere Formulierungen, die May gleichfalls nie verwendete, erscheinen zum Beispiel in dem später erfundenen Titel *Der Fremde aus Indien* (Radebeul, 1939). Ein Pfandleiher jüdischen Glaubens wird als «gemeiner Blutsauger» bezeichnet, der «mit der zähen Gier seiner Rasse» nach Reichtum strebt; von «tiefem Abscheu gegen den Hebräer und seine Sippe» ist die Rede und so weiter und so fort.

Man kann das als in jener Zeit erzwungene verlegerische Konzessionen werten – möglich wurden die Eingriffe aber nur deshalb, weil ein weitgespanntes Bearbeitungsprojekt von Anfang an zu den erklärten Zielen des «Karl-May-Verlages» gehörte. So ergab sich Jahrzehnte nach seinem Tode die tragische Konsequenz, daß Karl May durch Unkenntnis solcher Zusammenhänge in Verbindung mit faschistischer Phraseologie gebracht werden konnte, zumal einige – wenn auch wenige – eingefügte Wendungen in späteren Auflagen verblieben. Ein Karl-May-Materialienband des Suhrkamp-Verlages Frankfurt am Main von 1983 verweist zu oben genanntem Titel *Der Fremde aus Indien* auf «einige – ersichtlich nicht von May stammende – Antisemitismen, deren Entfernung dem KMV[1] heute (!) immerhin zugemutet werden könnte...»

Ideologische Klitterungen lassen sich an vielen Stellen nachweisen. In der Humoreske *Der Pflaumendieb* (1879) etwa hatte der Schriftsteller die Jesuiten ins Visier genommen, sie als «Hallunken, saubere Bande und Ungeziefer» bezeichnet. Wo die Bearbeiter hier nicht mit dem Rotstift tilgen konnten, verwandelten sie die Jesuiten in ominöse Verwandte.

Zwar erscheint die übergroße Mehrzahl der Eingriffe auf den ersten Blick vergleichsweise harmlos, doch hinter den stilistischen, zumeist vereinfachenden Veränderungen steht ein Konzept. Es ging um das Ausmerzen von Fremdwörtern, um eine «deutschtümelnde Befrachtung der ‹Gesammelten Werke›..., die in der rigorosen ‹Entwelschung› aller Texte ihren äußeren Niederschlag fand», wie ein Kenner der Sachlage formulierte, es ging um das Beseitigen tatsächlicher und vermeintlicher Widersprüche, um das Ersetzen von Personen durch andere, bekanntere Helden und um weitere «Korrekturen». Da finden sich eingefügte Passagen im primitiven Groschenheft-Jargon, die anspruchslosen Leserbedürfnissen entgegenkommen. Formulierungen wie «zwölf blaue Bohnen im Schießeisen», um dem Gegner «eine zwischen die Rippen zu jagen», oder ein «verhungerter Kleiderständer», der dem Verbrecher «zwischen die Beine stolpert», und ähnliche hat May nie benutzt.

Die solcherart zurechtgemachten «Gesammelten Werke» präsentieren eine in sich widerspruchsfreie, leicht durchschaubare, verharmloste, unterhaltsame Welt voll bunter Abenteuer, frei von «störendem politischen Ballast». Diese «Karl-May-Bücher» konnte man gedankenlos lesen, und ihr Autor geriet in den Ruf eines unbedarften «Jugend- und Volksschriftstellers».

Als der Romancier und Essayist Arno Schmidt 1963 eine – in Anlage und Folgerungen sehr umstrittene – «Studie über Wesen, Werk & Wirkung Karl Mays» veröffentlichte, mußte er mithin feststellen: «Die Hauptklippenreihe für jedwede exakte Untersuchung im Zusammenhange mit Karl May ist die, selbst in schludrigen Deutschlands Mitten beispiellose Verwahrlosung der Texte!»

Literaturhistoriker haben seither oft auf diesen Tatbestand aufmerksam gemacht. Im Anhang einer 1984 in Stuttgart erschienenen Originalfassung des Werkes *Der Geist des Llano estakado* heißt es beispielsweise zu den «Gesammelten Werken» des Bamberger Verlages: «Durchweg bearbeitet, gelegentlich bis zur Unkenntlichkeit des Originaltextes.» 1981 war in einer Magisterarbeit an der Universität Göttingen festgestellt worden, daß der erste *Winnetou*-Band nunmehr in rund elftausend Textstellen vom Mayschen Original abweicht; Interpunktationswechsel und ähnliches bleiben in dieser Zahl unberücksichtigt. Und dieser Band gilt nicht etwa als Musterbeispiel für Eingriffe von fremder Hand! Der Dortmunder Germanist Friedhelm Munzel stellte somit 1977 in seiner Dissertation (Druckfassung 1979) nur folgerichtig fest: «Bei der Auseinandersetzung mit Karl May ist der Ausgang von seinen Texten als auch die Benutzung des Originalwerkes, das teilweise stark bearbeitet wurde, als unabdingbar erkannt worden.»

Impressen früherer Radebeuler Ausgaben vermeldeten mitunter noch, daß «sorgfältig durchgefeilt und tunlichst von Fremdkörpern, Weitschweifigkeiten und Unstimmigkeiten befreit» worden sei. Im Zusammenhang mit den genannten Beispielen, etwa dem *Fremden aus Indien*, eine zumindest sonderbare Formulierung, aber immerhin ein Hinweis. In den durchweg stärker bearbeiteten Bamberger Ausgaben entfiel dieser «Klartext». Durch Reklameslogans wie «ungekürzte Originalfassung» oder «Original-Ausgabe» konnte vielmehr der Eindruck erweckt werden, es handle sich dabei um unangetastete Maysche Texte.

Dem großen Leserkreis dürften die Unterschiede zwischen den «Buchausgaben letzter Hand als Textquellen» und den «heute im Handel befindlichen Grünen Bände(n)», die sogar vom Verlag in einem «Karl-May-Jahrbuch» (Bamberg/Braunschweig 1978) betont wurden, weitestgehend verborgen geblieben sein.

1985 teilte der Bamberger Verlag im «Geleitwort» eines 74. Titels der «Grünen Bände» zu Ausgaben «letzter Hand» allerdings eine andere Version mit. Am 21. August 1930, heißt es, erklärte sich Klara May «ausdrücklich damit einverstanden, daß ... an den Werken meines verstorbenen Mannes, des Schriftstellers Karl May, alle nötigen Verbesserungen und Überfeilungen bewirkt» werden sollen. Jene «Bearbeitungen ... haben als einzig giltige Ausgabe letzter Hand ... zu gelten».

Auch das gilt es festzuhalten: Wann immer bei uns in zurückliegender Zeit negativ über May geurteilt wurde, so durchweg auf der Grundlage der nach dem Tode des Schriftstellers erschienenen und bearbeiteten Ausgaben. Für gerechte, differenzierte Urteile fehlte zudem das wissenschaftliche Fundament; dies betrifft, wie wir noch sehen werden, die sogenannte Trivialliteratur im allgemeinen und Karl May im ganz besonderen. Wer sich ernsthaft mit dem auf das Niveau eines schlichten, naiven Jugend- und Volksschriftstellers herabgestuften Autor beschäftigen wollte, lief durchaus Gefahr, sich der Lächerlichkeit auszusetzen.

Erste Versuche einer wissenschaftlichen Betrachtung Mays hat es zwar schon in mehreren Aufsätzen der zwischen 1918 und 1933 erschienenen sechzehn «Karl-May-Jahrbücher» gegeben. Es sind, urteilte Arno Schmidt 1963, «Beiträge von höchst ungleichem Wert – derber formuliert: die Nullität der meisten Sächelchen ist schlechthin unwahrscheinlich..., einigermaßen brauchbar davon sind mir höchstens 100 Seiten.»

Mag man diese Zahl auch als zu niedrig betrachten, merkwürdig mutet auf jeden Fall die im selben Jahr von dem Bamberger Verlag getroffene Aussage an, daß «das biographische Mosaik nahezu lückenlos vollendet» sei und jene Jahrbücher «eine berühmte Fundgrube für jeden Freund biographischer Neigungen» wären – mit «Schätzen» wie «Karl Mays Horoskop» (im Jahrbuch 1930 sind damit über elf Prozent der Seiten gefüllt) oder einer «ohne jede Aenderung» 1929 abgedruckten Zuschrift «Wie mir Karl May über die Schrecken des Zahnziehens hinweghalf»! Zwei gewiß extreme Beispiele, die aber ins Gefüge der «Nullitäten» hineinpassen. Jenen, die meinten, daß es um die Forschung «schlecht bestellt» sei – und dabei wohl nicht nur an das Fehlen einer zuverlässigen Biographie, sondern auch an noch zu leistende literaturwissenschaftliche Aufgaben dachten –, wurde 1963 von diesem Verlag «ein bedauerliches Zeichen dürftigen Beschlagen-Seins» attestiert. Denn die Forschung könne «auf 50jähriges erfolgreiches Bestehen zurückblicken...»

Im Jahre 1965 veröffentlichte der unter anderem als Joyce-Übersetzer bekannte Schriftsteller Hans Wollschläger im Rowohlt-Verlag (Reinbek) die erste gründlich recherchierte Karl-May-Biographie, und

Die Villa «Shatterhand» heute; seit dem 9. 2. 1985
Teil des Karl-May-Museums Radebeul.

eine systematische Karl-May-Forschung begann erst 1969 mit der Gründung der internationalen «Karl-May-Gesellschaft» mit Sitz in Hamburg. Das ist eine unabhängige literarische Vereinigung, die sich durch Mitgliedsbeiträge und Spenden selbst trägt und nicht auf kommerziellen Gewinn orientiert ist. Sie hat sich die Ziele gesteckt,
- «das literarische Werk Karl Mays zu erschließen und zu bewahren,
- sein Leben und Schaffen zu erforschen und zu dokumentieren,
- dem Autor und seinem Werk einen angemessenen Platz in der Literaturgeschichte zu verschaffen».

Von der Gesellschaft sind bisher zahlreiche Publikationen herausgegeben worden, darunter Reprints früher Werke des Schriftstellers.

Seit vielen Jahren sind auch Wissenschaftler unserer Republik dabei, Leben und Schaffen Karl Mays zu erschließen und breiten Kreisen zugänglich zu machen. Beachtliche Verdienste erwarb sich hierbei Dr. Hainer Plaul, Mitarbeiter am Zentralinstitut für Geschichte der Akademie der Wissenschaften der DDR. Einige bedeutsame Publikationen von ihm sind im Anhang genannt. Unter seiner wissenschaftlichen Fachberatung entstand auch der fundierte Dokumentarfilm «Ich habe Winnetou begraben» (Erstaufführung im DDR-Fernsehen am 25. Dezember 1982), in den viele Resultate der Forschungsarbeiten eingeflossen sind.

Hohenstein, Ernstthal und die Vorfahren

Als 1168 die Freiberger Flur silberfündig wird, hebt großes «Bergkgeschrey» an und lockt viel Volk aus dem Harz wie aus anderen Gegenden herbei. Allerwärts wird im Gebirge und später auch im Vorland nach dem glänzenden Metall gegraben. Um 1320 soll es die ersten Stollen am Südhang des Hohen Steins gegeben haben, aber erst knapp 200 Jahre später kommt es in diesem Revier – am heutigen Pfaffenberg in der Nähe des «Sachsenringes» – zu einer beachtlichen, wenn auch nur kurzen bergbaulichen Blütezeit. Alte Ausbeuteregister nennen Silber-, Kupfer-, ja sogar Golderze, und vermutlich anno 1510 wird der Ansiedlung der Bergknappen das Stadtrecht verliehen. Im nunmehrigen Hohenstein entwickelt sich jedoch schon bald die häusliche Handweberei zum Haupterwerbszweig. Der Erzbergbau läuft mit wechselnden Erträgen weiter, bis schließlich im Jahre 1910 die Glocke von St. Lampertus zur letzten Schicht läutet.

Die Geschichte des Webereiwesens in Hohenstein spiegelt jene Gesetzmäßigkeiten, die beim Übergang zur kapitalistischen Produktionsweise typisch sind. Kaufleute, die im Textilhandel reich geworden sind, entdecken neue Quellen, aus denen sich Profit schöpfen läßt. Sie übernehmen außer dem Warenabsatz das Beschaffen der Garne und beginnen mit Kreditgeschäften, leihen Geld oder Material, um dann beim Ankauf der fertigen Produkte Vorschüsse und Zinsen abzuziehen. Aus solchen Verschuldungen entwickeln sich feste Abhängigkeitsverhältnisse. Die Hausweber arbeiten schließlich gegen zudiktierte Löhne im Dienste der Kaufleute, die sich zu Verlegern gewandelt haben.

Wenn diese Unternehmer, deren Geschäftsfeld sich immer mehr erweitert, Zwischenmeister einschalten, schrumpft der Anteil der Weber an den von ihnen geschaffenen Werten noch weiter. Besonders arg betroffen sind jene Kleinmeister, die bei Bränden, wie sie auch Hohenstein mehrmals heimsuchen, ihre hölzernen Webstühle verlieren und mit geliehenen Maschinen arbeiten müssen.

Diese Handelsherren kennen keine Skrupel, können sie ihren Reichtum vermehren. Der Hohensteiner Prinzipal Jacob Simon bildet nicht die Ausnahme von der Regel. Als 1680 in Dresden die Pest grassiert, setzt er sich über alle Verbote hinweg und reist in dringenden Geschäften in die Residenz. Die Heimatstadt verweigert ihm daraufhin die Rückkehr, denn man erinnert sich mit Schrecken des Jahres 1632. Der schwarze Tod hatte seinerzeit 568 Hohensteiner dahingerafft.

So muß sich Jacob Simon notgedrungen auf sein Waldgrundstück zurückziehen, das einige hundert Meter östlich vom hölzernen Stadttor liegt und vordem als Bleiche für Garn und Leinwand diente. Dieser Zufluchtsort ist die erste Wohnstätte von Ernstthal.

Nach dem Erlöschen der Pest kehrt Jacob Simon nach Hohenstein zurück, sein Sohn Johann übernimmt mit unternehmerischem Gespür das Anwesen im Wald, kauft weitere Fluren hinzu und rührt die Werbetrommel. Aus Hohenstein und anderen Orten kommen arme Weber, um in Johann Simons Dienste zu treten. Sie roden den Tannicht und bauen Häuser, die sie anschließend «für billiges Geld», so besagt ein Chronistenbericht, erwerben können.

Bald klappern Webstühle in der Siedlung auf den Waldplätzen, wie die Simonsche Gründung anfangs genannt wird. 1687 verleiht ihr der auf Schloß Hinterglauchau sitzende Feudalherr zur Huldigung eines Vorfahren den Namen Ernstthal. Nach weiteren sieben Jahren erhält der Ort mit seinen 110 Häusern das Stadtrecht.

Mit dem benachbarten Hohenstein gibt es von Anbeginn etliche Querelen, nicht zuletzt deshalb, weil beide Städte verschiedenen Duodezregenten unterstehen. Erst 1898 werden die gleichsam nahtlos zusammenhängenden Gemeinwesen zur Stadt Hohenstein-Ernstthal vereint.

Unter den allerersten, die dem Ruf Johann Simons gefolgt waren, lassen sich in der siebenten Vorgeneration mütterlicherseits drei Urahnen von Karl May nachweisen: der Tischler Johann Teucher, der die

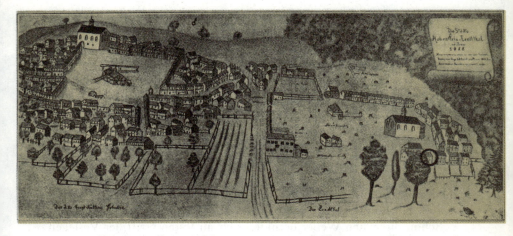

Hohenstein (links) und Ernstthal nach einer Zeichnung von 1688,
die den frühesten Hinweis auf das heutige Karl-May-Haus gibt.

Siedlung miterbaute, sowie die Lein- und Wollweber Andreas Stephan und Christoph Spindler. Wir wissen nicht, woher jene Altvorderen kamen. In Ernstthal sind sie gestorben.

«Es ging die Sage», schreibt Karl May in seiner Selbstbiographie, «daß es in der Familie, als sie noch wohlhabend war, Geistliche, Gelehrte und weitgereiste Herren gegeben habe ...»

Genaueres wußte er nicht zu berichten, aber Hainer Plaul konnte unlängst Beweise für «die Sage» ermitteln. Die Ahnenreihe läßt sich heute lückenlos bis zu den erwähnten Vorfahren nachweisen.

Sucht man über die Großmutter väterlicherseits nach der zehnten Vorgeneration, dann findet man im 16. Jahrhundert einen Johann Niederstetter aus Torgau, der Vorlesungen Luthers an der Wittenberger Universität besuchte, anschließend in Freiberg predigte und der Nachwelt in einer kleinen Schrift über ein gewaltiges Unwetter im Gebiet der erzgebirgischen Bergstadt berichtete. Nach damaligem Maßstab kann er durchaus als «weitgereist» gelten. Von seinem Sohn Michael, weiland sogar zweiter Hofprediger in Dresden, sind mehrere gedruckte Erbauungsschriften überliefert.

In der achten Generation gibt es einen Pfarrer Gottfried Dexelius, Enkel des Johann Niederstetter, der im erzgebirgischen Forchheim lebte und eine Biographie seines Dienstherrn verfaßte. Als im Dreißigjährigen Krieg die Schweden ins Dorf kommen, zeigen sie allerdings wenig Respekt vor dem Amt ihres Glaubensbruders: Sie «gießen ihm einen so genannten Schweden-Tranck (Jauche!) in den Halß». Sein gleichnamiger Enkel – der Bruder einer vierten Urgroßmutter Mays – verfaßt sechs Bücher, unter anderem über «seltzamste Denck- und Merckwürdigkeiten» wie Straßenräubereien, Kindesmörderinnen und ähnliches mehr. Die Schwester dieses Schriftstellers, über die eine gerade Linie zu May führt, ist schon mit einem Weber verheiratet. Ihr gemeinsamer Sohn, einer der Urururgroßväter Mays, läßt sich zu Beginn des 18. Jahrhunderts in Ernstthal nieder.

Schon die ersten Weber befinden sich im festen Griff der Verleger. «Nun ist die Hausindustrie, wie die älteste, so die rückständigste Form der kapitalistischen Produktionsweise», schreibt Franz Mehring. «In ihren Anfängen erscheint sie oft als eine Wohltäterin des armen Bauern wie Handwerkers; sie lullt ihre Opfer in einen behaglich-lethargischen Geistesschlaf, um sie dann zur ärgsten Verkümmerung an Geist und Leib zu erwecken.» Genauso verläuft das Leben jener Menschen, die mit manchen Hoffnungen auf ein besseres Dasein nach Ernstthal gekommen waren, und ihren Nachfahren geht es nicht besser. Die Ahnen Karl Mays, die in Ernstthal oder im benachbarten Hohenstein leben, fristen ihre Existenz als Leineweber oder Wollweber. Keiner von ihnen kann den Bannkreis des Webstuhles durchbrechen.

In der Ernstthaler Stadtgeschichte des 18. Jahrhunderts findet nur die Katastrophenzeit von 1772 besondere Erwähnung: Hunger und Typhus forderten in diesem Landstrich jedes achte Menschenleben.

Nach weiteren kümmerlichen Jahrzehnten markiert Napoleons Kontinentalsperre von 1806 einen Silberstreif für die Weber; die Nachfrage nach heimischen Erzeugnissen steigt sprunghaft an, weil englische Produkte ausbleiben. Das aber ist nicht mehr als ein kurzer Aufschwung, dem bald wieder der Jammer folgt. Das Ende der Blockade kommt in den Jahren 1812/13. Preisgünstige englische Tuche aus modernen Industriebetrieben erobern rasch die alten Positionen zurück und neue hinzu.

80 Prozent der Ernstthaler Einwohner leben um 1840 von der Heimweberei.

«Sobald die Hausindustrie vom Manufaktur- oder gar Maschinenbetrieb überholt wird», lesen wir bei Franz Mehring, «vermag sie sich nur durch die fieberhafteste Anspannung der Arbeitskraft aufrechtzuerhalten. Die Zersplitterung der Hausarbeiter lähmt ihre Widerstandskraft gegen das Kapital, und der fortwährende Druck auf die Löhne zwingt sie, den Arbeitstag bis an die Grenzen der physischen Möglichkeit auszudehnen, Weib und Kinder in das gleiche Joch zu spannen, sich und ihre Familien einem schnellen Siechtum, einem frühen Tode zu opfern: nicht nur durch das Übermaß an Arbeit, sondern auch durch den

Mangel an Licht, Luft, Ventilation in der engen Behausung, die Wohnung und Werkstätte in einem ist.»

Elende Lebensbedingungen, die den Griff zum Alkohol provozieren, um für kurze Zeit vergessen zu können oder sich für einen zwölf- bis vierzehnstündigen Arbeitstag zu stimulieren. Beide Großväter Mays werden Opfer dieser Trost- und Trugdroge. Zum Tode von Christian Friedrich May am 4. Februar 1818 ist im Begräbnisbuch vermerkt: «Unordentliche Lebensart». «Trunkenheit und Verzweiflung» werden unter dem 20. Juni 1832 als Ursache zur «Selbstentleibung» des Webers Christian Friedrich Weise angegeben. Der Vater von Mays Mutter hatte sich im Keller aufgehängt.

Jener Weber Christian Friedrich May, das sei nebenbei bemerkt, ist nicht der leibliche Großvater von Karl May. Er beschuldigt im siebenten Ehejahr seine Frau Johanne Christiane, geborene Kretzschmar, des Ehebruches, worauf zur Geburt von Heinrich August May – dem Vater des Schriftstellers – im Taufbuch festgehalten wird: «Der Schwängerer soll ein Unbekannter gewesen seyn.»

Johanne Christiane May behielt das Geheimnis für sich. Mutmaßungen zielen auf einen bayrischen oder französischen Soldaten aus den Rheinbundkontingenten, die 1810 durch Sachsen zogen. Andere Versionen wieder halten die Liaison mit einem herrschaftlichen Oberförster aus der heimatlichen Umgebung für wahrscheinlicher. Beweise existieren nicht.

Wenn auch die väterliche Abstammungslinie im Dunkel liegt, so sind die in der Familie durch den Heimweberberuf über Generationen geprägten Traditionen so dominierend, daß der Lebensweg von Karl May gleichfalls vorbestimmt scheint. Das in der Klassengesellschaft den Armen aufgezwungene Schicksal wird fatalistisch hingenommen. Ein Ausbrechen aus diesem eisernen Kreis verlangt nicht nur besondere persönliche Fähigkeiten, sondern auch das Überwinden gesellschaftlicher Barrieren, ein Umstand, der Mays Leben mit zusätzlicher Tragik überschatten wird.

Um 1840 zählt Ernstthal rund 2700 Einwohner. Vier von fünf Erwerbstätigen arbeiten als Heimweber und verdienen etwa ein Drittel von dem, was als Existenzminimum gilt. In der Stadt geht es wie in anderen Gebieten des historisch überholten Heimtextilgewerbes weiter bergab. Denn neben der englischen kommt im Gefolge der industriellen Revolution in Deutschland nun auch die einheimische Konkurrenz mit billigeren Waren.

Auch Ernstthaler Unternehmer hatten 1825, 1827 und 1842 Webfabriken eröffnet und sie nach 1850 mit mechanischen Webstühlen ausgerüstet. Mehr und mehr Heimweber werden arbeitslos, wollen sich jedoch mit dem unvermeidlichen Niedergang ihres Gewerbes nicht abfinden. «Sie prunken mit dem Schein ihrer Selbständigkeit», stellt Franz Mehring dazu fest, «während ihr federleichter Besitz sie wie ein schweres Bleigewicht in den Abgrund reißt.»

Als man das Jahr 1842 schreibt, liegt die Heimweberei bereits im Todeskampf, der aber noch lange nicht ausgestanden ist.

Kindheit und Jugend

Das Geburtshaus

Für den 25. Februar anno 1842 fehlen zwei Stunden zur Mitternacht, als Karl Friedrich May in Ernstthal geboren wird. Er ist das fünfte Kind des zweiunddreißigjährigen Webergesellen Heinrich August May und seiner um sieben Jahre jüngeren Ehefrau Christiane Wilhelmine, geborene Weise. Neun weitere Geschwister folgen noch, aber von den vierzehn Kindern sterben neun bereits vor ihrem zweiten Geburtstag, zumeist schon in den ersten Lebenswochen. Das seit Jahrhunderten über den Vorfahren liegende Elend schlägt um diese Proletarierfamilie keinen Bogen.

In der Selbstbiographie gibt Karl May eine anschauliche Beschreibung seines Geburtshauses, das zu den ältesten Bauwerken von Ernstthal gehört und bereits 1688 Erwähnung findet. Es war «nur drei schmale Fenster breit und sehr aus Holz gebaut, dafür aber war es drei Stockwerke hoch ... Großmutter, die Mutter meines Vaters, zog in das Parterre, wo es nur eine Stube mit zwei Fenstern und die Haustür gab. Dahinter lag ein Raum mit einer alten Wäscherolle, die für zwei Pfennige pro Stunde an andere Leute vermietet wurde. Es gab glückliche Sonnabende, an denen diese Rolle zehn, zwölf, ja sogar vierzehn Pfennige einbrachte. Das förderte die Wohlhabenheit ganz bedeutend. Im ersten Stock wohnten die Eltern mit uns. Da stand der Webstuhl mit dem Spulrad. Im zweiten Stock schliefen wir mit einer Kolonie von Mäusen und einigen größeren Nagetieren ... Es gab auch einen Keller, doch der war immer leer. Einmal standen einige Säcke Kartoffel darin, die gehörten aber nicht uns, sondern einem Nachbar, der keinen Keller hatte. Großmutter meinte, daß es viel besser wäre, wenn der

Das Geburtshaus um 1910.

Die Geschwister

1. Heinrich August May   22. 7. 1836–9. 4. 1837
2. Auguste Wilhelmine May   1. 12. 1837–27. 5. 1880
   ab 1861 verheiratet mit dem Weber
   Friedrich August Hoppe (1835–1889)
3. Christiane Friederike May   2. 5. 1839–26. 4. 1841
4. Friedrich Wilhelm May   15. 11. 1840–11. 1. 1841
5. Karl Friedrich May   25. 2. 1842–30. 3. 1912
   Schriftsteller
     1. Ehe 17. 8. 1880–4. 3. 1903 (Scheidung) mit
        Emma Lina Pollmer (22. 11. 1856–13. 12. 1917)
     2. Ehe ab 30. 3. 1903 mit Auguste Wilhelmine
        Klara Beibler (4. 7. 1864–31. 12. 1944)
6. Christiane Wilhelmine May   28. 5. 1844–30. 4. 1932
   ab 1869 verheiratet mit dem Weber
   Julius Ferdinand Schöne (1832–1897)
7. Ernestine Pauline May   2. 6. 1847–29. 4. 1872
8. Karoline Wilhelmine May   9. 6. 1849–1. 12. 1945
   ab 1872 verheiratet mit dem Weber
   Carl Heinrich Selbmann (1832–1902)
9. Heinrich Wilhelm May   7. 4. 1851–20. 9. 1851
10. Anna Henriette May   16. 8. 1852–4. 9. 1852
11. Karl Hermann May   5. 5. 1854–15. 8. 1854
12. Karl Heinrich May   3. 7. 1855–30. 10. 1855
13. Maria Lina May   21. 11. 1857–13. 12. 1857
14. Emma Maria May   4. 3. 1860–5. 8. 1860

Alle Geschwister wurden in Ernstthal geboren und starben auch dort, mit Ausnahme von Karl May, der in Radebeul verschied.
(Aus einer genealogischen Tafel von Dr. Hainer Plaul).

Keller ihm und die Kartoffeln uns gehörten. Der Hof war grad so groß, daß wir fünf Kinder uns aufstellen konnten, ohne aneinander zu stoßen. Hieran grenzte der Garten, in dem es einen Hollunderstrauch, einen Apfel-, einen Pflaumenbaum und einen Wassertümpel gab, den wir als ‹Teich› bezeichneten ...»

Der Schriftsteller weiß noch andere Episoden zu erzählen, die sich aber nicht, wie er glauben macht, in diesem Gebäude abgespielt haben können. Denn der kleine Karl May, zu jener Zeit auch noch blind, verbringt nur die ersten drei Lebensjahre in seinem Geburtshaus, das heute als Karl-May-Gedenkstätte dient. Fünf Kinder gehören erst seit dem Sommer 1849 zur Familie. Sie hätten frühestens im Jahr darauf gemeinsam spielen oder sich im Hof aufstellen können.

Bereits im April 1845 jedoch wird der einst der Mutter als Erbe zugefallene bescheidene Besitz verkauft. Die Last der mit dem Haus verbundenen Ausgaben sowie andere finanzielle Sorgen zwingen dazu. Die Familie bezieht eine Mietwohnung an der Westseite des Ernstthaler Marktplatzes, zuerst im Gebäude links und später rechts neben der Gastwirtschaft Zur Stadt Glauchau. Diese Häuser besitzen zwei und nicht drei Stockwerke und sind eher breit als schmal. Der ganze Trakt fällt 1898 einem Brand zum Opfer.

Wenn Karl May Kindheitserinnerungen im Geburtshaus ansiedelt, so mischt sich hier ein Körnchen Wahrheit mit viel Dichtung.

Im Leben des Schriftstellers gibt es verschwindend wenige Fakten, bei denen wir ausschließlich auf autobiographische Auskünfte angewiesen sind. Allein aus dieser Quelle wissen wir beispielsweise, daß May «kurz nach der Geburt sehr schwer erkrankte, das Augenlicht verlor und volle vier Jahre siechte ... eine Folge ... der rein örtlichen Verhältnisse, der Armut, des Unverstandes und der verderblichen Medikasterei». Welche konkreten Umstände dem Jungen für vier Jahre das Augenlicht rauben, läßt sich lediglich vermuten. Einige Anhaltspunkte aber sind bekannt. Im April 1842, zwei Monate nach Mays Geburt, kündet sich bereits an, daß es ein neuerliches Katastrophenjahr geben wird. Ungewöhnliche Hitze und langwährende Dürre führen zu extremem Wassermangel im Erzgebirgsvorland und damit auch zu unhygienischen Verhältnissen. So kann eine Infektion zum zeitweiligen Verlust des Augenlichtes geführt haben.

Das Karl-May-Haus in Hohenstein-Ernstthal wurde am 12. 3. 1985 als Museum und Gedenkstätte eröffnet.

Aber auch eine andere Version scheint denkbar. Die zu jener Zeit noch enorm hohe Säuglingssterblichkeit veranlaßt religiös gebundene Eltern – zu denen auch das Ehepaar May zählt –, Neugeborene umgehend zum ersten Sakrament zu bringen, denn die Kirche weigert sich, ungetaufte Kinder christlich zu bestatten. In kalter Jahreszeit, so warnen damals Ärzte, kann sich schnell eine Erkältung einstellen, die zur Erblindung führt. Karl May wird bereits einen Tag nach der Geburt durch eiskalte Februarluft zur Taufe getragen!

Nach Vollendung des vierten Lebensjahres kann ärztliche Kunst die Sehkraft wiederherstellen. Mays Mutter hatte einen Teil des Erlöses aus dem Hausverkauf genutzt, um 1845/46 einen sechsmonatigen Hebammenkursus an der Chirurgisch-medizinischen Akademie in der Landeshauptstadt Dresden zu besuchen, sie wird bei dieser Gelegenheit dem Institutsdirektor vom Schicksal ihres Kindes erzählt haben. Professor Woldemar Grenser, den May auch in der Selbstbiographie erwähnt, veranlaßt daraufhin einen Eingriff, der zur Heilung führt.

Ahne und Pate

In seiner Lebensrückschau räumt May der Mutter nur relativ wenig Platz ein. «Immer still, unendlich fleißig, ... stets opferbereit für andere» sei sie gewesen. Freundliche und zugleich unverbindliche Worte, die andeuten, daß die gegenseitigen Beziehungen nicht allzu innig waren. Diese Lesart drängt sich nachgerade auf, wenn man das Hohelied auf die Großmutter väterlicherseits – die uns schon bekannte Johanne Christiane Kretzschmar – dagegenhält, das über viele Buchseiten in schwärmerischer Verehrung erklingt: «Ich war die ganze Zeit des Tages nicht bei den Eltern, sondern bei Großmutter. Sie war mein alles. Sie war mein Vater, meine Mutter, meine Erzieherin, mein Licht, mein Sonnenschein, der meinen Augen fehlte. Alles, was ich in mich aufnahm, leiblich und geistig, das kam von ihr ...»

Die Jahre der Blindheit füllt die Großmutter mit einem Übermaß an Hinwendung aus. Sie läßt zahllose Märchen lebendig werden, die das

Kind dann aus freien Stücken nacherzählt. Dabei entwickelt sich seine ungemein reiche Phantasie.

Das innige Verhältnis setzt sich fort, als der Junge sehen lernt. Märchenbilder ziehen noch durch viele gemeinsame Stunden, werden von dem Kind variiert, immer bunter ausgeschmückt und dann hinausgetragen auf den Ernstthaler Markt. Von den Stufen der nur wenige Schritte entfernten Kirche St. Trinitatis beeindruckt er seine ersten Zuhörer. Es sind Kinder aus der Nachbarschaft, vor denen Karl May Proben seiner bereits ausgeprägten Einbildungskraft ablegt.

In «seelischer Beziehung» hat die Großmutter, behauptet er später, «den tiefsten und größten Einfluß auf meine Entwicklung ausgeübt». Und von ihr will er auch, das läßt er zwischen den Zeilen durchblicken, die ersten Anregungen empfangen haben, seine literarischen Schauplätze in exotische, insbesondere orientalische Gefilde zu legen. Als Zeugnis nachhaltiger Inspiration wird zusätzlich ein geheimnisvoller Buchtitel beschworen:

«Der Hakawati. / d. i. / der Märchenerzähler in Asia, Africa, Turkia, Arabia, Persia und India sampt eyn Anhang mit Deytung, explanatio und interpretatio auch viele Vergleychung und Figürlich seyn / von / Christianus Kretzschmann / der aus Germania war. / Gedruckt von Wilhelmus Candidus / A. D: M. D. C. V.»

Das sei ein «ziemlich großer und schon sehr abgegriffener Band» gewesen mit einer «Menge bedeutungsvoller orientalischer Märchen, die sich bisher in keiner Märchensammlung befanden». Die Großmutter habe alles fast wörtlich aus dem Kopf erzählen können, aber auch mit immer neuen Ausdeutungen ausgeschmückt. Womit nun Karl May seinen Lesern im Jahre 1910 gleich ein ganzes Bündel von Fiktionen zumutet.

Nach der Existenz eines solchen Buches – erschienen A. D.: M. D. C. V., also Anno Domini 1605 – wurde tatsächlich geforscht, vergebens natürlich. Allein der genannte vorgebliche Verfasser weist auf eine nur leichte Abänderung des Namens der Großmutter Christiane Kretzschmar hin, und bei dem latinisierten Namen des Druckers stand die Mutter Pate: Zu Wilhelmine Weise wäre das exakte männliche Pendant zwar Wilhelmus Sapiens; übersetzt man aber statt Weise Weiß, dann führt das zu Candidus. Ausgerechnet bei der Konstruktion

Ernstthaler Marktplatz anno 1842 mit der St.-Trinitatis-Kirche.
Die Familie May wohnt ab 1845 im Haus links (nur zum Teil sichtbar), später rechts neben dem Gasthaus Zur Stadt Glauchau (mit Torbogen) zur Miete.
Die nächsten Gebäude, Kantorat und Pfarrhaus, existieren noch heute.

eines Titels, den May als Schlüssel seines Schaffens angibt, versagte seine sonst so grandiose Phantasie.

Der Schriftsteller bemühte sich im Alter, seinem Lebenswerk einen Symbolgehalt zuzusprechen, den er von Anfang an verfolgt habe: Die Werke seien Gleichnisse für das Streben des Menschen, sich von Gewalt und Egoismus zu befreien und «edel» zu handeln. Dazu habe ihn, behauptet er, sein «Lieblingsmärchen» aus dem «Hakawati»-Buch angeregt. «Geographie und Ethnologie unserer Erde und ihrer Bewohner» seien dort «rein ethisch behandelt» worden. Da es aber ein Märchen, das so genau zu seiner Konzeption paßte, nicht gab, mußte er es erfinden.

Da aus einem nicht vorhandenen Buch nun auch nicht «am meisten gelesen» werden konnte, stellt sich die Frage nach den tatsächlichen Quellen der Anregung. Das Erzähltalent der Ahne wollen wir gar nicht anzweifeln, aber der Blick für die weite Welt wird Karl May an anderer Stelle geöffnet, nämlich im Hause des Ernstthaler Schmiedes Christian Friedrich Weißpflog. Dieser weitgereiste Mann hat einiges von der Welt gesehen und wird mit Sicherheit mehr aus handfester abenteuerlicher denn sittlich idealisierter Sicht über seine Erlebnisse berichtet haben. Dies kann angenommen werden, wenngleich Mays Zeugnis dem zu widersprechen scheint: «Und ich hatte einen Paten, welcher als Wanderbursche weit in der Welt herumgekommen war. Der nahm mich in der Dämmerstunde und an Feiertagen, wenn er nicht arbeitete, gern zwischen seine Kniee, um mir und den rundum sitzenden Knaben von seinen Fahrten und Erlebnissen zu berichten. Es war ein kleines schwächliches Männlein, mit weißen Locken, aber in unseren Augen ein gar gewaltiger Erzähler voll übersprudelnder, mit in das Alter hinüber geretteter Jugendlust und Menschenliebe.

Alles, was er berichtete, lebte und wirkte fort in uns; er besaß ein ganz eigenes Geschick, seine Gestalten gerade das sagen zu lassen, was uns gut und heilsam war, und in seine Erlebnisse Szenen zu verflechten, welche so unwiderstehlich belehrend, aneifernd oder warnend auf uns wirkten. Wir lauschten atemlos, und was kein strenger Lehrer, kein strafender Vater bei uns erreichte, das erreichte er so spielend leicht durch die Erzählungen von seiner Wanderschaft. Er hat seine letzte Wanderung schon längst vollendet; ich aber erzähle an seiner Stelle weiter ... ich will meinen Lesern das sein, was meine Großmutter und mein Pate mir gewesen sind ...»

Diese Zeilen aus einer Replik vom 27. September 1899 in der Dortmunder Zeitung «Tremonia» sind Mays einziges Bekenntnis zu seinem Paten. In der Selbstbiographie von 1910 fehlt dann jeder Hinweis auf ihn. Hier wird allein die «Märchengroßmutter» als unergründlicher Born, als «beglückendes Rätsel» präsentiert, «aus dessen Tiefen ich schöpfen durfte, ohne es jemals ausschöpfen zu können». Sie war gottesfürchtig, «Seele, nichts als Seele». Lesern wie Gegnern wird sie als der Urquell seines Schaffens vorgezeigt. In den hochgeschraubten seelischen Sphären ist kein Platz mehr für einen Wanderburschen von dieser Welt; selbst das Bild eines weitgereisten Philanthropen erscheint nicht mehr strahlend genug. Die kurz vorgezeigte eigentliche Quelle der Inspiration wird wieder verschüttet.

Ein ganz profaner Grund – ein peinlicher Vorgang aus dem Jahre 1869, auf den noch einzugehen ist – dürfte May zusätzlich bestärkt haben, nicht mehr auf den Ernstthaler Schmied zurückzukommen. Schon 1899 bleibt der Name Weißpflog ungenannt – May schreibt nur von «einem Paten» –, und zu dieser Zeit ist, im Gegensatz zu 1910, von der einstigen Affäre in der Öffentlichkeit noch nichts bekannt.

Fernweh hat die Großmutter in Karl May also kaum geweckt, wohl aber erste Impulse zur Ausbildung der Phantasie gegeben. Auch ihr Einfluß auf seine charakterliche Entwicklung, etwa die Verzärtelung des Knaben, darf nicht zu gering veranschlagt werden – allerdings nicht mit dem von May einseitig betonten Effekt.

Wenn der Schriftsteller von ihr berichtet, erscheinen die Kindheitserinnerungen verklärt, bleiben Hunger und Armut ungenannt. Tritt aber der Junge aus ihrem Zimmer heraus oder vom Märchenpodest der Kirchenstufen herab oder verläßt er den Schoß des Paten, dann ist die Alltagsrealität wieder gegenwärtig. Und auf diesem rauhen Feld gibt es Wirkungen, die in seine psychische Entwicklung nicht minder nachhaltige Spuren eingraben. Sie gehen vom Vater aus, dessen Charakter sich durch schwere Arbeit und auf der Familie lastende Not immer mehr verhärtet hat.

«Mein Vater», heißt es in der Selbstbiographie, «war ein Mensch mit zwei Seelen. Die eine Seele unendlich weich, die andere tyrannisch, voll Uebermaß im Zorn, unfähig, sich zu beherrschen. Er besaß hervorragende Talente, die aber alle unentwickelt geblieben waren, der großen Armut wegen. Er hatte nie eine Schule besucht, doch aus eigenem Fleiß fließend lesen und sehr gut schreiben gelernt ... Wozu ein anderer Weber vierzehn Stunden brauchte, dazu brauchte er nur zehn; die übrigen vier verwendete er dann zu Dingen, die ihm lieber waren. Während dieser zehn anstrengenden Stunden war nicht mit ihm auszukommen; alles hatte zu schweigen; niemand durfte sich regen. Da wa-

Westseite des Ernstthaler Marktes um 1865.

ren wir in steter Angst, ihn zu erzürnen. Dann wehe uns! Am Webstuhl hing ein dreifach geflochtener Strick, der blaue Striemen hinterließ, und hinter dem Ofen steckte der wohlbekannte ‹birkene Hans›, vor dem wir Kinder uns besonders scheuten, weil Vater es liebte, ihn vor der Züchtigung im großen ‹Ofentopfe› einzuweichen, um ihn elastischer und also eindringlicher zu machen. Uebrigens, wenn die zehn Stunden vorüber waren, so hatten wir nichts mehr zu befürchten; wir atmeten alle auf, und Vaters andere Seele lächelte uns an. Er konnte dann geradezu herzgewinnend sein, doch hatten wir selbst in den heitersten und friedlichsten Augenblicken das Gefühl, daß wir auf vulkanischem Boden standen und von Moment zu Moment einen Ausbruch erwarten konnten. Dann bekam man den Strick oder den ‹Hans› so lange, bis Vater nicht mehr konnte.»

Ein Mann wird uns hier vorgestellt, talentiert, mit Ambitionen, die über den Handwebstuhl hinausreichen, aber schon frühzeitig zerschlagen werden. Der Vater verbittert zunehmend unter der aufgepreßten monotonen Arbeit und neigt zu Wutausbrüchen, unter denen die Kinder leiden.

Karl May schreibt in der Selbstbiographie, daß die Zeit der Kindheit und Jugend, die gemeinhin bis zum vierzehnten Lebensjahr datiert wird, bei ihm mit dem fünften «zu Ende war». Er nennt den folgenden Abschnitt «Keine Jugend».

In dieser Zeit, die ein Dezennium währt, lebt er im permanenten Spannungsfeld zweier gegensätzlicher Pole, pendelt zwischen Großmutter und Vater, wird durch den Wechsel von liebevoller Verwöhnung und despotischer Willkür verunsichert. Die Folgen werden sich in einer nachhaltigen psychischen Fehlentwicklung zeigen.

Hungerjahre – Revolutionszeiten

Wenn Karl May später auf seine ersten, bewußt erlebten Jahre zurückschaut, dann dominiert in allen Erinnerungen schlimme Hungersnot: «Es mangelte uns an fast Allem, was zu des Leibes Nahrung und Notdurft gehört. Wir baten uns von unserem Nachbarn, dem Gastwirt ‹Zur Stadt Glauchau›, des Mittags die Kartoffelschalen aus, um die wenigen Brocken, die vielleicht noch daran hingen, zu einer Hungersuppe zu verwenden. Wir gingen nach der ‹roten Mühle› und ließen uns einige Handvoll Beutelstaub und Spelzenabfall schenken, um irgend etwas Nahrungsmittelähnliches daraus zu machen. Wir pflückten von den Schutthalden Melde, von den Rainen Otterzungen und von den Zäunen wilden Lattich, um das zu kochen und mit ihm den Magen zu füllen.»

Die Webstühle stehen still, und von der Arbeitslosigkeit sind Ende der vierziger Jahre nur wenige Strumpfwirker ausgenommen. Sie produzieren nun freilich keine Strümpfe mehr, sondern Handschuhe – Leichenhandschuhe, die man den Verstorbenen selbst in diesen Notzeiten nicht vorenthalten will.

An diesen bescheidenen Verdienstmöglichkeiten dürfen einige Weber teilhaben. Auch im Hause May gibt es wieder etwas Arbeit. Mutter, Großmutter, der kleine Karl und eine ältere Schwester nähen aus gewirkten Einzelteilen derartige Handschuhe zusammen und haben am Wochenende elf, wenn's hoch kommt gar zwölf Neugroschen verdient: «Dafür gab es für fünf Pfennige Runkelrübensyrup, auf fünf Dreierbrötchen gestrichen; die wurden sehr gewissenhaft zerkleinert und verteilt. Das war zugleich Belohnung für die verflossene und Anregung für die kommende Woche.»

«Während wir in dieser Weise daheim arbeiteten», erfahren wir aus der Selbstbiographie weiter, «hatte Vater ebenso fleißig auswärts zu tun; leider aber war seine Arbeit mehr ehrend als nährend.»

May spielt hier auf die Zeit der Revolution von 1848/49 an. Der Vater nimmt an einigen Aktionen im sächsischen Raum aktiv Anteil, und der Sohn liefert später hierzu einige recht merkwürdig anmutende Schilderungen – Grund genug, den Lauf der Dinge kurz zu verfolgen.

Wenn ein zeitgenössischer amtlicher Berichterstatter feststellt, daß die schlesischen Weber «die elendsten Bewohner vielleicht von ganz Europa» sind, so trifft dieses Urteil auch für ihre sächsischen Leidensgenossen zu. Nach dem Aufstand im schlesischen Eulengebirge kommt es auch hier zu Lohnkämpfen und Revolten in mehr als zwanzig Orten. Am 2. August 1847 stürmen in Ernstthal aufgebrachte Weber der Stadt Bäckerläden und Marktbuden und zwingen die Inhaber, ihre Produkte zu wesentlich billigeren Preisen zu verkaufen.

Die Ernstthaler Ereignisse gehören bereits zum Wetterleuchten der bevorstehenden bürgerlich-demokratischen Revolution. Sie reift durch den Widerspruch zwischen den rasch wachsenden Produktivkräften und den noch immer vorherrschenden halbfeudalen Produktionsverhältnissen heran, und die Mißernten von 1845 bis 1847 mit all ihren Folgen – Lebensmittelknappheit, Preisanstiege und Hungersnot – sowie die zyklische Wirtschaftskrise im Jahre 1847, die Firmenzusammenbrüche und gravierende Arbeitslosigkeit nach sich zieht, beschleunigen den Ausbruch.

Fürst Otto Viktor von Schönburg-Waldenburg.

Im Revolutionsjahr 1848 springt nach den Märztagen von Berlin schon Anfang April der Funke nach Sachsen über – zuerst und am heftigsten in das kleine Gebiet der schönburgischen Rezeßherrschaften.

Diese Territorien im Erzgebirgsvorland (582 km²), zu denen auch Ernstthal gehört, umfassen etwa 135 Städte und Dörfer und unterstehen der Hoheit der Fürsten und Grafen von Schönburg; sie werden erst 1878 vollständig in den sächsischen Staat integriert. Bis dahin genießen die Duodezherrscher etliche Privilegien, die 1740 beziehungsweise 1835 durch Vergleiche (Rezesse) mit der sächsischen Krone ausgehandelt worden waren: Ihre Souveränität ist seitdem eingeschränkt, sie dürfen aber dafür beispielsweise zusätzliche Steuern erheben. So drangsalieren sie in ihrem hochverschuldeten, wirtschaftlich ruinierten Machtbereich die Untertanen immer wieder mit neuen, willkürlich festgelegten Abgaben.

Kein Wunder also, daß sich am 5. April 1848 vor dem Waldenburger Schloß – einem der Herrschaftssitze – etwa 15 000 Menschen versammeln und die Abschaffung jener feudalen Sonderrechte der Schönburger fordern, die das Leben der Untertanen hier noch schwerer als anderswo machen. Die Demonstranten verlangen mit Otto Viktor von Schönburg-Waldenburg zu sprechen. Der Fürst jedoch kneift und sucht Zuflucht bei den in der Nähe zusammengezogenen Truppen. Die empörten Menschen stürmen daraufhin das Schloß. Kavalleristen wollen den Versammlungsplatz räumen, ziehen die Säbel blank, werden durch einen Steinhagel aber rasch vertrieben. Kurz darauf steht der Waldenburger Herrschaftssitz in Flammen.

Unter den Teilnehmern des Aufstandes befindet sich vermutlich auch der Vater von Karl May. Er hat, wie wir aus der Selbstbiographie des Sohnes wissen, «fleißig auswärts zu tun» und beteiligt sich, wofür exakte Beweise vorliegen, noch an anderen Unternehmungen in den Revolutionsjahren. So gehört er im Februar 1849 zu den Mitbegründern des Ernstthaler Vaterlandsvereins.

Solche Organisationen entstehen vor allem in Sachsen. Hier sammeln sich republikanisch-revolutionär gesinnte Kräfte zum gemeinsamen Kampf gegen die feudale Reaktion. Daß mit Robert Blum einer der führenden Köpfe dieser Bewegung schon im November 1848 standrechtlich erschossen wird, mindert ihre Entschlossenheit nicht. So ruft beispielsweise der Dresdner Vaterlandsverein nach einem konterrevolutionären Staatsstreich des sächsischen Königs zum bewaffneten Widerstand auf. Die nachfolgenden Ereignisse sind als Dresdner Maiaufstand (3.–9. 5. 1849) in die Geschichte eingegangen.

Die Ernstthaler haben sich mit dem Hohensteiner Vaterlandsverein zusammengeschlossen, und am 6. beziehungsweise 7. Mai marschieren bewaffnete Kontingente in Richtung Dresden, um die Revolution zu unterstützen. Noch auf halbem Wege erfährt der zweite Trupp vom Eingreifen preußischer Verbände und von der Niederlage der Aufständischen. Die Abteilung kehrt nach Hohenstein und Ernstthal zurück.

Der Webergeselle Friedrich August Döring, Führer des Vaterlands-

Revolutionäre Kämpfe um Schloß Waldenburg am 5. 4. 1848.
Lithographie aus dem Jahre 1849.

vereins beider Städte, kämpft anschließend an der Seite der Revolutionäre in Baden und in der Pfalz. Nach Rückkehr in die Heimat muß er für seinen mutigen Einsatz eine mehrjährige Zuchthausstrafe verbüßen. 1863 gründet er in Hohenstein den ersten Arbeiterbildungsverein.

Mit solcher Konsequenz ist Vater Heinrich May seinen Weg freilich nicht gegangen. Erhalten gebliebene Protokolle des Ernstthaler Vaterlandsvereins nennen wohl mehrfach seinen Namen als Diskussionsredner, und im Auftrag der Organisation sammelt er unter den Bürgern der Stadt auch Unterschriften für eine Petition; am Marsch nach Dresden nimmt er aber schon nicht mehr teil. Beweggründe dafür kennen wir nicht.

In der Selbstbiographie kehrt Karl May die Ereignisse ins Gegenteil um: Die Ernstthaler hätten sich zusammengeschlossen und wären ausgezogen, um «den König Friedrich August und die ganze sächsische Regierung vor dem Untergange zu retten», sie wollten «für den König alles ... wagen, unter Umständen sogar das Leben». Und der Stadtrichter Friedrich Wilhelm Layritz hätte beim Abmarsch der «Königsretter» als erster das Zeichen zum Flaggen gegeben: «Dadurch gewann der Marktplatz ein festliches frohes Aussehen. Man war überhaupt nur begeistert.» In Wirklichkeit muß sich der Repräsentant obrigkeitsstaatlichen Rechts Drohungen anhören; und bei der Rückkehr der enttäuschten Revolutionäre verfehlt eine auf ihn abgefeuerte Kugel das Ziel nur knapp.

Mit dieser detailreich vorgetragenen und weit von der Wahrheit entfernten Version verfolgt May natürlich eine Absicht. «Ich habe die Quellen nachzuweisen, aus denen die Ursachen meines Schicksals zusammengeflossen sind», schreibt er; es seien auch diese «kleinen Ereignisse der frühen Jugend» gewesen, «die alle mehr oder weniger bestimmend auf mich wirkten. Nie habe ich die Worte meines alten, guten Kantors vergessen, die mir nicht nur zu Fleisch und Blut, sondern zu Geist und Seele geworden sind.» Genau neben diesem Kantor Samuel Friedrich Strauch habe er beim Abmarsch der «Königsretter» als Siebenjähriger gestanden und von ihm angeblich erfahren, «solche Begeisterung für Gott, König und Vaterland» sei «etwas Edles». Von diesem Moment an wären diese drei Worte für ihn Inbegriffe für «das wahre Glück» gewesen! Zur frommen «Märchengroßmutter» hat sich ein königstreuer Kantor gesellt!

Mehr als ein halbes Jahrhundert nach dem Geschehen will sich May mit dieser Fabel gegen Angriffe aus reaktionären Kreisen verteidigen – ein ungeschicktes, wenig wirkungsvolles und zudem leicht widerlegbares Unterfangen. Wie so oft bei Abwehr- oder Rechtfertigungsversuchen zeigt der Schriftsteller auch hier eine unglückliche Hand.

In der Legende von den «Königsrettern» dürfte dennoch – wenigstens unterschwellig – ein kleines Körnchen Wahrheit stecken. Die Protokolle des Ernstthaler Vaterlandsvereins belegen auch manche Auseinandersetzungen, so über die Frage der Trennung von Kirche und Staat, die zu keiner Übereinstimmung führt. In der Stadt der Heimweber gibt es bei der Beurteilung gesellschaftlicher und ideologischer Probleme deutliche Differenzen.

Einig ist man sich allein im Verlangen nach Abschaffung der schönburgischen Sonderprivilegien; in der Frage, wie die Zukunft aussehen soll, gehen die Meinungen aber weit auseinander. Nicht wenigen erscheint bereits allein die Übernahme sächsischer Rechtsverhältnisse ein Fortschritt. Der König im fernen Dresden, so hoffen sie, ist vielleicht der Mann, der ihre schlimme Lage bessern kann. Die Einsicht jedenfalls, daß die Zerschlagung des Feudalismus samt seiner alten Machtstrukturen zu den Hauptaufgaben der Revolution gehört, bleibt ihnen verborgen. Es verwundert deshalb kaum, daß dieser oder jener Ernstthaler Heimweber sich dem Marsch nach Dresden nicht anschließt. Ob derartige Motive auch bei Vater May eine Rolle gespielt haben, läßt sich allerdings nur vermuten. Wenn Franz Mehring über die Hausarbeiter als «hoffnungsloseste aller Proletarier» feststellt, daß sie «gleichwohl dem proletarischen Klassenbewußtsein am fernsten» stehen, trifft dies auch auf einen Teil der Ernstthaler Heimweber zu.

Karl May liefert zu jener fatalen Ideologie in der Selbstbiographie ein recht eindrucksvolles Bild: Die Kinder «standen überall an den Ekken und Winkeln herum, erzählten einander, was sie daheim bei den Eltern gehört hatten ... Besonders über eine alte, böse Frau war man empört. Diese war an Allem schuld. Sie hieß die Anarchie und wohnte im tiefsten Walde. Aber des Nachts kam sie in die Städte, um die Häuser niederzureißen und die Scheunen anzubrennen ...» Deshalb habe man sich bewaffnet, um den König zu retten. Eine in sich schlüssige Logik, nur sieht die Realität eben anders aus. Revolutionäre Kräfte bestimmen auch in Ernstthal eine Zeitlang das Geschehen.

Zu anderen Vorgängen der Revolutionszeit findet May eine viel realistischere Haltung, bekundet er Sinn für historische Zusammenhänge und Wirklichkeitsnähe. Beispielsweise zum Auswanderungsproblem.

In den Jahren der Not und des Hungers sehen viele Menschen den einzigen Ausweg im Verlassen ihrer Heimat. Die meisten gehen nach Nordamerika und hoffen dort auf eine bessere Existenz. Zwischen 1841 und 1850 treten rund eine halbe Million Deutsche die Reise nach Übersee an. Im folgenden Jahrzehnt verdoppelt sich die Zahl, denn zur wirtschaftlichen Not kommen nunmehr auch verstärkt politische Gründe. Anfang Juni 1854 schließen sich 90 Einwohner von Hohenstein und Ernstthal diesem Strom an.

In Mays Werken spielen wiederholt Auswanderer eine Rolle. Bereits der erste Held ohne Fehl und Tadel, den er 1875 in der frühen Winnetou-Erzählung beschreibt und der später an der Seite Old Shatterhands mutig gegen infame Schurken kämpft – Old Firehand –, gehört zu jenen, die nach der Revolution von 1848/49 als politisch Verfolgte fliehen mußten.

Schon als Kind lernt Karl May aus nächster Nähe Schicksale von Menschen kennen, die bereit sind, ihre hoffnungslose Gegenwart mit einer ungewissen Zukunft zu vertauschen. Er selbst nimmt an einem Englischkursus des Ernstthaler Rektors für die Kinder der Auswanderungswilligen teil.

Im väterlichen Spannungsfeld

Die Lage der Heimweber ist nach der Achtundvierziger Revolution genauso hoffnungslos wie vorher. Mays Vater sucht wie viele andere verzweifelt nach einem Strohhalm, an den er sich klammern kann, um in der sozialen Rangfolge nicht noch tiefer zu sinken. Er spekuliert im Taubenhandel, scheitert aber nach kurzer Zeit kläglich. Nun bleibt ihm nur noch der Ehrgeiz, daß es die Kinder einmal besser haben mögen.

Den einzigen Sohn will er mit aller Gewalt väterlicher Strenge zum «hochgebildeten Mann» erziehen. Der elementare Volksschulstoff, den die Ernstthaler Rectoratsschule bietet und den der Knabe spielend schafft, genügt diesem Ziel nicht.

In der Kurrende war der kleine Karl schon bald durch seine wohltönende Stimme aufgefallen. Der in unmittelbarer Nachbarschaft der Mays wohnende Kantor Strauch erkennt die musikalische Begabung des Kindes und erteilt ihm Orgel-, Klavier- und Violinunterricht. Obwohl selbst blutarm – oder gerade deshalb –, verlangt er kein Geld dafür.

Vater May will sich aber mit dieser Talentförderung allein nicht begnügen. Überall treibt er Bücher auf oder borgt sie aus: alte Gebetsbücher vom Pfarrer, Rechenfibeln vom Rektor, gelehrte Traktate, von denen ein Kind kein Wort versteht, einen antiquierten Geographiefolianten mit über 500 Seiten. Ein wahlloses, chaotisches Sammelsurium, das der Junge einpauken und zum großen Teil auch abschreiben muß. Nach den Schulstunden sitzt er zumeist bis in die Nacht hinein über seinen Heften. «Es war eine Verfütterung und Ueberfütterung ohnegleichen.» Mit unerbittlicher Strenge und, wenn nötig, mit Schlägen setzt der Vater seine ehrgeizigen Pläne durch. Wünsche, etwas zu spielen und herumzutollen, wagt das Kind schon nicht mehr auszusprechen; das war «höchst gefährlich».

Ab und an öffnet die Mutter leise die Tür: «So gehe schnell ein bißchen hinaus; aber komme ja in zehn Minuten wieder, sonst schlägt er dich. Ich sage, ich habe dich wohin geschickt!»

Bei solchen Gelegenheiten sucht der Junge aber keine Spielgefährten auf der Straße, die ihm ebenso fremd bleiben wie die Mitschüler: «Ein echter, wirklicher Schulkamerad und Jugendfreund ist mir nie beschieden gewesen.» Wenn er dem jähzornigen Vater entweichen kann, läuft er zur Großmutter: «Wie wohl ich mich dann fühlte, wenn ich ... in mein liebes, liebes Märchenreich flüchten konnte!»

Was Karl May später selbst «für so ein kleines, weiches Menschenkind» als «großes psychologisches Uebel» erkennt, hinterläßt lebenslange Folgen. Die väterliche Fehlerziehung kann weder durch die Mutter noch durch die Großmutter ausgeglichen werden. In den entscheidenden Jahren, die das Persönlichkeitsbild eines Menschen nachhaltig prägen, bleibt der Heranwachsende letztendlich einsam. Er zieht sich mehr und mehr in eine innere Scheinwelt zurück. Die versagten Sehnsüchte erfüllt er sich dank seiner Phantasie in – teilweise grotesken – Wunschbildern. Die Kontaktarmut führt zu Unsicherheit und zu Minderwertigkeitskomplexen sowie zu endlosen Bemühungen, aus diesen Fesseln auszubrechen. Viele Lebensstationen liefern, wie wir noch sehen werden, dafür Beweise. Oft genug überschattet dann Tragik die Versuche zur Kompensation.

Im letzten Abschnitt der Schulzeit verschärft sich die Dressur. Mit den herangeschleppten Büchern sieht der Vater sein Ziel noch lange nicht erreicht. Der Kelch kindlicher Qualen muß bis zur bitteren Neige ausgekostet werden. Das Erlernen der lateinischen Sprache im Selbststudium wird gefordert, hinzu kommen das «Auswandererenglisch» beim Rektor und schließlich noch private Französischstunden. Entgegen allen Legenden, die bis heute über Mays Sprachkenntnisse kursieren, bleiben die Resultate dürftig. Über ein bescheidenes Anfängervokabular ist er nie hinausgekommen. Was später in den Werken an fremdsprachlichem Vokabular so beeindruckt, ist dem geschickten Gebrauch von Nachschlagewerken zu verdanken.

Das Geld für die Privatstunden muß der Junge selbst verdienen. In der Hohensteiner Schankwirtschaft Engelhardt (später Stadt Dresden, Dresdner Straße 57) stellt er Kegel auf, an manchen Tagen zwölf Stunden und mehr. Besonders montags, wenn Wochenmarkt ist, muß er vom Mittag bis über Mitternacht hinaus auf der Kegelbahn stehen, und sonntags geht es mit dem Schlußgeläute des obligatorischen Kirchganges los. «Man kann sich denken, was ich so alles zu hören bekam!» schreibt May. «Der langgestreckte, zugebaute Kegelschub wirkte wie ein Hörrohr.» Bauern der umliegenden Dörfer reißen hier ihre Zoten. Weber suchen in solchen Schnapsschenken – von denen allein in Ernstthal mit seinen 3000 Einwohnern mehr als zwei Dutzend existieren – nach vierzehnstündiger Arbeit für kurze Zeit Vergessen und Vergnügen, wobei alles andere als eine «kerngesunde Fröhlichkeit» aufkommt.

Der Kneipe mit dem Kegelschub ist eine Leihbibliothek angeschlossen. Die zahllosen, gierig verschlungenen Bücher, versichert May hernach, seien «ein noch viel schlimmeres Gift als Bier und Branntwein» gewesen.

Bei Aufzählung der «Teufel», denen er «gänzlich verfiel», nennt er an erster Stelle den «Rinaldo Rinaldini» des Goethe-Schwagers Vulpius, der berühmteste und erfolgreichste Räuberroman der deutschen Literaturgeschichte. Es folgen Werke wie «Sallo Sallini» oder «Himlo Himlini», von Autoren geschrieben, die sich an die Vulpiusschen Fersen geheftet hatten, um gleichen Publikumserfolg zu erheischen. May zählt aber auch ein paar Titel auf, die nur seiner Phantasie entsprungen sind. Ausgespart bleiben in der Erinnerung hingegen die bekanntesten Abenteuerromane – «Der Graf von Monte Christo» und «Die Geheimnisse von Paris» von Alexandre Dumas (d. Ä.) beziehungsweise Eugène Sue –, die in der noch vorhandenen Leihbibliotheksliste jedoch registriert sind und die May ebenfalls gelesen haben dürfte. Er

Kegelschub der ehemaligen Schankwirtschaft Engelhardt.
Aufnahme von 1986.

hat, das erklärt seine «Gedächtnislücke», die Inspiration seines Schaffens durch große Vorgänger nie eingestanden.

Alles in allem: Die Buchausleihe neben der Kegelbahn bietet einen Querschnitt damaliger Trivialliteratur, der Lieblingslektüre des Volkes. Einige dieser Bücher sind Klassiker geworden, die meisten aber heute vergessen.

Rinaldo Rinaldini und andere edle oder furchtbare Räuberhauptmänner nisten sich in die Wunschwelt von Karl May ein, lassen die Phantasie wuchern. Gelesenes wird für bare Münze genommen. Der Vierzehnjährige verläßt nachts heimlich das Haus. Er will nach Spanien laufen und bei den edlen Räubern in der Sierra Morena Hilfe gegen die Not im Elternhaus holen. Bei Verwandten in der Nähe von Zwickau ist der Marsch zu Ende. Der erste Versuch, eine große Tat zu vollbringen, scheitert.

Das Abenteuer fällt schon in die Zeit, da in der Familie das große Rechnen begonnen hat. Das Zeugnis der Rectoratsschule zeigt gute Noten – «Wissenschaften II, Sittliches Verhalten I» –, aber der große Traum des Kindes vom Gymnasium und anschließendem Medizinstudium verfliegt rasch. Bei allergrößter Sparsamkeit, das kommt unter dem Strich heraus, ließe sich ein Seminarstudium ermöglichen. Volksschullehrer heißt also das neue Berufsziel.

Bevor wir jedoch die Spuren dieses Weges weiter verfolgen, wollen wir vorausschauen und den Blick auf ein Werk lenken, das mitunter als Mays bedeutsamstes bezeichnet wird. Bei keinem anderen Epos – von den apologetischen autobiographischen Schriften einmal abgesehen – hat er persönliche Erfahrungen so unverschlüsselt präsentiert. Die lebensnahe Darstellung des vertrauten heimatlichen Milieus und eine gekonnte Mischung von Abenteuer-, Kriminal- und Sozialroman haben zum nicht unbegründeten Urteil beigetragen.

Spiegel des Elends:
Der verlorne Sohn

Das mehr als 2400 Seiten umfassende Werk erscheint als Heftroman in den Jahren 1884 bis 1886. Sein voller Titel lautet: *Der verlorne Sohn oder Der Fürst des Elends. Roman aus der Criminal-Geschichte*. Das Buch erinnert an «Die Geheimnisse von Paris» von Eugène Sue, wo ein Hauptheld mit demselben Beinamen «Fürst des Elends» in Paris und Umgebung als Helfer der Armen agiert, aber auch an den «Grafen von Monte Christo» des Alexandre Dumas (d. Ä.). Beide Romane entstanden in den vierziger Jahren des vorigen Jahrhunderts.

May kennt diese Schriften – vermutlich bereits aus der Hohensteiner Leihbibliothek – und knüpft an die hier gelegte Traditionslinie an, ohne das freilich jemals zu bekennen. Schon in seinem ersten «Criminal-Roman» (*Scepter und Hammer* / *Die Juweleninsel*, 1879/82) war ihm ein verräterisches Indiz zwischen die Zeilen geschlüpft. Ein korrupter Staatsanwalt sperrt sich dort gegen unangenehme Pflichten mit den Worten: «Aber, mein Herr, das klingt ja ganz so, als sei ihre Erzählung aus der Feder von Alexandre Dumas oder Eugène Sue geflossen.» Von den französischen Autoren ließ sich May durch Sujets anregen, die vielschichtigen Handlungsabläufe entsprangen seiner eigenen Phantasie.

Der Edmond Dantès des *Verlornen Sohns* heißt Gustav Brandt – ein Förstersohn, der um eine vielversprechende Kriminalistenkarriere durch ähnlich hinterhältige Intrigen gebracht wird wie beim Komplott gegen den französischen Steuermann. In heimtückischer Weise wird ihm ein Doppelmord angelastet. Nach dem Todesurteil kann er fliehen, um zwanzig Jahre später als millionenschwerer und somit mächtiger Fürst von Befour aus exotischen Gefilden heimzukehren. Er will sich rehabilitieren, den Schuldigen von einst suchen und gleichzeitig seine Heimat aus dem Griff verbrecherischer Bandenherrschaft befreien. Dazu hat er einen Auftrag und alle behördlichen Vollmachten, die er aber nur durch Rückgriff auf seine schier unbegrenzten privaten Finanzmittel wirkungsvoll ausspielen kann.

Nach abenteuerlichem Geschehen – umrankt von zahlreichen Nebenhandlungen und angesiedelt in Dresden und im Erzgebirge, die im Roman zu Residenz und Provinz verfremdet werden – löst der Fürst seine sich selbst gestellte und die ihm übertragene Aufgabe: Als Hauptschurken von einst und jetzt entlarvt er ein und dieselbe Person, den Baron Franz von Helfenstein, der durch Verbrechen ein Vermögen erbte und so vom verarmten Adligen zu einem respektablen frühmonopolistischen Unternehmer aufsteigen konnte. Als Bankier, Grubenbesitzer und Webereiverleger beherrscht er vor dem Eintreffen des Fürsten von Befour die Kohle- und Textilindustrie des Landes und hat somit die gegen kärglichstes Entgelt schuftenden Proletarier fest in der Hand. Außerdem, und das spielt im Roman die weitaus dominierende Rolle, leitet er mit diktatorischer Gewalt ein kriminelles Großunternehmen. Denn der angesehene Unternehmer führt ein Doppelleben: In der Residenz ist er als «Hauptmann» gefürchtet und im Gebirge als «Waldkönig». Unter seiner Regie wird eingebrochen und gestohlen,

Titelgestaltung der Lieferungshefte
des Romans *Der verlorne Sohn*.

Falschmünzerei betrieben, für Nachschub in den Bordellen gesorgt, geschmuggelt und gemordet.

Karl May hat das Geschehen nicht ausdrücklich datiert, aber offensichtlich die zweite Hälfte der siebziger Jahre im Auge gehabt. Darauf weisen die angedeuteten wirtschaftlichen Verhältnisse hin, für die die deutsche Realität nach dem Herbst 1873 Anschauungsmaterial liefert: Die Gründerjahre sind mit dem «Gründerkrach» zu Ende gegangen, und die bis dahin schwerste Krise im Kapitalismus der freien Konkurrenz beschleunigt die Konzentration von Produktion und Kapital. Erste Anzeichen einer monopolkapitalistischen Entwicklung werden sichtbar. Die sich verschlechternde soziale Lage breiter Volksmassen drückt sich unter anderem im enormen Preisanstieg für Nahrungsmittel und durch Mietwucher aus. Und nicht wenige Beispiele gerade dafür finden wir im *Verlornen Sohn*.

Der Leser erfährt aus zumeist drastisch gestalteten Elendsszenen Einzelheiten über die Wohnverhältnisse von Webern, Bergarbeitern und anderen Armen, die in feuchten, kalten Räumen hausen müssen, erfährt von ihren Krankheiten und der mangelnden ärztlichen Versorgung oder hört, daß bei Invalidität nach Arbeitsunfällen jegliche Fürsorge fehlt. Kartoffeln sind das Hauptnahrungsmittel, «über dem Feuer gebräunt», um ihnen «einen schärferen Geschmack» zu geben, «damit man die seifigen, ungesunden Kartoffeln hinunter bringt».

Auch die Abhängigkeit der Heimweber von den Verlegern wird wirklichkeitsnah gezeigt, etwa ihre Not, wenn sie Webstühle oder anderes Arbeitsgerät zu überzogenen Preisen kaufen oder mieten müssen. Oder wenn sie durch falsche Anschuldigungen, beispielsweise fehlerhafte Stücke geliefert zu haben, mit Lohnabzügen bestraft oder gar mit Entlassung bedroht werden.

Das alles gehört zum Alltag des jungen Karl May in Ernstthal. Das soziale Milieu der Bergarbeiter kennt er aus dem benachbarten Hohenstein.

Im Roman bedienen sich Verleger und andere Helfershelfer des verbrecherischen «Hauptmanns» wiederholt der Erpressung. In Not gestürzte Menschen sollen für Dienste des Barons Helfenstein gefügig gemacht werden. Die Doppelrolle, die May jenen Bösewicht spielen läßt, verdeutlicht einiges von seinen weltanschaulichen Positionen.

Wenn er den gestandenen Großunternehmer zugleich als Bandenchef sein Unwesen treiben läßt, dann aus der Einsicht, wie eng dessen menschenfeindliche Haltung mit der kapitalistischen Produktionsweise zusammenhängt. Das schildert er treffend und plastisch, mitunter auch klischeehaft. Gesellschaftliche Hintergründe aber bleiben im Dunklen; bis zu den Wurzeln sind die Erkenntnisse nicht gedrungen.

So erscheint letztlich nicht das kapitalistische System als Ursache von Ausbeutung und Elend, sondern das verbrecherische Treiben von Unholden. Auch bei den zahlreichen Nebenhandlungen bedient sich May desselben Musters. Immer bewirkt die Unmoral einzelner soziales Elend und menschliche Tragik, seien es die Machenschaften von Hausbesitzern gegenüber Mietern, von Geldverleihern gegenüber Schuldnern oder von Stellenvermittlern gegenüber Mädchen, die zur Prostitution gezwungen werden sollen.

Auch die in Mays Kindheit unter den Heimwebern angestaute dumpfe Hoffnung auf die Wiederkehr alter «besserer Zeiten» zieht sich durch den Roman. Ein gütiger König könne alles wieder zum Guten wenden – würden ihm nicht durch das Gesetz Fesseln auferlegt und würde ihn ein unfähiger bürokratischer Behördenapparat nicht in der Macht beschneiden und somit an den edlen Absichten hindern! Wie schon bei Sue und Dumas – von May jedoch noch deutlicher artikuliert – wird Kritik an den bestehenden kapitalistischen Verhältnissen aus der überlebten Perspektive eines aufgeklärten Absolutismus geübt.

May weiß aus persönlicher Erfahrung, daß die Armen von den Behörden keinen Schutz gegen Unternehmerwillkür erwarten dürfen, er übersieht aber die grundsätzliche Interessenübereinstimmung zwischen den herrschenden Klassen und ihrem Staat. Polizei und Justizapparat werden nicht als Machtinstrument der Klassenherrschaft betrachtet, sondern nur als unfähige, mitunter sich irrende Instanzen dargestellt.

Weil aus diesem engen persönlichen Blickwinkel die Ausgebeuteten sich nicht selbst helfen können, muß die Rettung durch ein Mirakel geschehen oder durch einen Wundertäter, der stets im Augenblick ärgster Not zur Stelle ist und das Allerschlimmste verhindert. In dem Roman ist es jener wohltätige, unbegrenzt liquide «Fürst des Elends» alias Gustav Brandt, der die heile Welt wieder herstellt.

Wer keine Miete bezahlen kann, muß die Wohnung räumen. Im *Verlornen Sohn* gestaltet May zahlreiche sozialkritische Szenen.

May sieht keinen anderen Ausweg, ist sich aber seiner Realitätsferne mitunter wohl bewußt. «Der gewaltigste Dichter und Schriftsteller ist – das Leben», schreibt er – und im Leben könne es eben doch einmal so zugehen, wie er es schildere.

Auf alle Fälle hat der Ernstthaler Webersohn in seinem großen sozialkritischen Elendsroman zu vielen äußeren Erscheinungen des kapitalistischen Systems ein wirklichkeitsnahes Bild gezeichnet. Vieles davon verblaßte oder verschwand gänzlich, als später aus dem *Verlornen Sohn* einzelne Teile herausgelöst und textlich verändert wurden, um sie in die «Gesammelten Werke» unter den nicht von May stammenden Titeln *Das Buschgespenst* (1935) und *Der Fremde aus Indien*[2] (1939) aufzunehmen.

Die im Original verflochtene Handlung, beispielsweise das Zusammenwirken adliger und bourgeoiser Schurken, wurde getrennt. Solche ideologische Entschärfung setzte sich beim Mildern kontrastreich ausgemalter Elendsszenen fort. In einem 1985 von dem Bamberger «Karl-May-Verlag» gestalteten dritten Teilband (Titel: *Der verlorene Sohn*) bleibt bei einem zwar als «Oberschurke» apostrophierten, aber farblos gezeichneten «Pascherkönig» völlig offen, worauf sich seine Macht stützen könnte.

Nun haben sich in den Jahrzehnten nach der Niederschrift des *Verlornen Sohns* einige weltanschauliche Vorstellungen Mays tatsächlich verändert – aber nicht in die Richtung, die die Bearbeiter in jene «grünen Bände» hineinlegten.

Knapp drei Jahrzehnte später leitet May in der Selbstbiographie *Mein Leben und Streben* die Kindheitserinnerungen mit folgendem Satz ein: «Ich bin im niedrigsten, tiefsten Ardistan geboren, ein Lieblingskind der Not, der Sorge, des Kummers.» In einem symbolischen *Märchen von Sitara* analysiert und erläutert er jenes Ardistan und somit auch das soziale und gesellschaftliche Milieu, das ihm beim *Verlornen Sohn* Pate gestanden hat. Es ist ein Land, erfahren wir, das unter der Gewalt «von finster denkenden, selbstsüchtigen Tyrannen» leidet. Dort herrscht «der heimliche weil verbotene Jammer nach Befreiung aus dem Elende dieser Hölle!» Es gibt «die Vielbesitzenden, denen arme Leute nötig sind, ... die Bequemen, welche Arbeiter haben müssen, um sich in Ruhe zu pflegen».

«Was würde aus allen diesen Bevorzugten werden», fragt May, «wenn es die Anderen nicht mehr gäbe?» Gesetze halten diese Ordnung aufrecht, und wer versucht, daran zu rütteln, auszubrechen, wird «gemartert und gepeinigt..., bis er sich vom Schmerz gezwungen fühlt, Abbitte leistend in das verhaßte Joch zurückzukehren». Und ein paar Sätze weiter: «Alles Sträuben und Aufbäumen hilft nichts; der Arme ist dem Untergange geweiht.» Er wird «so lange gefoltert und gequält..., bis er den letzten Rest von Mut verliert, zu widerstreben».

Das sind, wenn nunmehr auch verschlüsselt dargestellt, schon bemerkenswerte Einsichten des achtundsechzigjährigen Karl May, die aber auch nicht über eine bittere Resignation hinausgehen.

Zwischen Lehrerseminar und Arbeitshaus

Waldenburger Mißgeschick

Er zeige ein nur «schwaches religiöses Gefühl» und falle durch «arge Lügenhaftigkeit und rüdes Wesen» sowie «Verdorbenheit seines Gemüths und Herzens» auf, wird in der Schulakte notiert, weil sich der Zögling Karl May an einem Frühlingstag des Jahres 1859 «von dem angeordneten Besuche des Nachmittagsgottesdienstes absentirt» hatte.

In einer Bildungsanstalt, die das Versäumnis einer Andacht mit solchem Urteil belegt, soll der Jugendliche nun die ersten eigenen Schritte ins Leben wagen. Seit Herbst 1856 gehört er zu den Schülern des Fürstlich-Schönburgischen Lehrerseminars zu Waldenburg.

Waldenburg zählt zu jenen Institutionen, die nach der Niederlage der Revolution durch ministerielle Verfügungen im Geiste der Reaktion «reformiert» wurden. Antifeudale und antiklerikale Bestrebungen, die es auch in den Seminaren gab, will man nunmehr im Keime ersticken. Breite religiös-orthodoxe Unterweisungen und die gleichzeitige Einschränkung des allgemeinen Bildungsniveaus gelten dafür als geeignete Mittel. «Das in Seminarien mehrfach zur Geltung gekommene Streben, möglichst weite Kreise des Wissens zu ziehen, eine vielseitige allgemeinere Bildung anzubahnen, widerspricht auf das bestimmteste dem Zwecke der Seminarbildung», heißt es im preußischen «Regulativ für den Unterricht in den evangelischen Schullehrerseminaren der Monarchie» vom Oktober 1854. Eine nur wenig später erlassene sächsische «Ordnung» orientiert im gleichen Sinne.

Von Tendenzen aus der ersten Hälfte des 19. Jahrhunderts, auch die Volksschulen als Stätten humanistischer Menschenbildung zu gestalten und an den Seminaren entsprechende Voraussetzungen zu schaf-

Lehrerseminar in Waldenburg. Aufnahme um 1900.

fen, vom Gedankengut, das sich mit den Namen von Pestalozzi, Diesterweg oder Wander verbindet, etwas zu vermitteln, ist nichts mehr zu spüren. Die Ausbildung zielt auf «christliche Volksschullehrer», womit nach damaligem Obrigkeitsverständnis gehorsame, demütige, untertänigste Staatsdiener gemeint sind.

Wie anderwärts gilt auch in Waldenburg jede vierte Lektion dem Religionsunterricht, aufgefächert in Bibel- und Predigtlesen, Kirchengeschichte und Katechetik, Kirchengesang und Orgelspiel. Hinzu kommen die obligatorischen Andachten morgens und abends sowie Gottesdienste an Sonn- und Feiertagen und oft genug noch religiöse Übungen außerhalb der festgeschriebenen Zeiten – alles nach strengem, monotonem Reglement. «Wie eine alte Kuckucksuhr», erinnert sich May, «keine Spur von Wärme», alles verläuft kalt, streng, hart, stur scholastisch. «Jeder einzelne Gedanke gehörte in sein bestimmtes Dutzend...»

Auch zu Lehrern anderer Fächer – «alle so erhaben, so kalt, so unnahbar» – findet der Seminarist keine Bindung. Die Religionslektionen aber «waren diejenigen Stunden, für welche man sich am allerwenigsten zu erwärmen vermochte. Man war immer froh, wenn der Zeiger die Zwölf erreichte.»

Solche Lehr- und Lebensjahre wie in Waldenburg mit ihrer «absoluten Poesielosigkeit» sind wirksamste Mittel, eigenes Denken abzustumpfen, höhersteigende Gedankenflüge im Keim zu ersticken. Karl May aber lebt schon zu tief in seiner Wunschwelt, als daß die bereits beachtlich ausgeprägte Phantasie Schaden nehmen könnte. Im Gegenteil. Das strohtrockene Seminar verfestigt diese Entwicklung: «Ich vereinsamte auch hier, und zwar mehr, viel mehr als daheim. Und ich wurde hier noch klassenfremder, als ich es dort gewesen war.» Der vom Vater eingeprügelte Wissenswust trägt das seine dazu bei: Unbedachte Altklugheiten werden von den Mitschülern belächelt.

Folgerichtig kommt es nach dem mißglückten «Spanien-Abenteuer» zu neuen Kompensationsversuchen. In den Seminarfreistunden ersetzt er fehlende menschliche Kontakte durch erste literarische Versuche. Obwohl außer den eigenen Hinweisen in der Selbstdarstellung keinerlei Belege dafür vorliegen, erscheint es glaubhaft – auch die Behauptung, daß er als Sechzehnjähriger seine erste Indianergeschichte geschrieben und an die «Gartenlaube», weiland das bekannteste und am meisten verbreitete Familienblatt, eingesandt habe. Vom Herausgeber Ernst Keil sei ihm aber eine Absage beschieden worden und der Rat, es vielleicht in vier oder fünf Jahren mit einer neuen Erzählung nochmals zu probieren.

Die 1858 mit der Ablehnung von Keil unerfüllt gebliebene Hoffnung auf ersten literarischen Erfolg muß May wie ein Alptraum verfolgt haben; noch 1897 reflektiert er diese Situation und fabuliert im Buch «Weihnacht!», wie er es sich einst gewünscht hätte: Als Seminarist habe er durch ein langes Gedicht und eine Motette beträchtliches Aufsehen erregt, sich damit eine Menge Taler und dazu noch den Spitznamen Sappho verdient. Und viele Jahre später sei das Gedicht ohne sein Dazutun sogar im Wilden Westen bekannt geworden.

Einen gewissen Ausgleich zur Waldenburger Freud- und Freundlosigkeit bringen die Ferientage in Ernstthal, wenigstens bis 1858, wenn Karl May bei seiner ersten Jugendliebe weilt. Aber dann wird die Entfernung zur gleichaltrigen Anna Preßler unendlich weit. Das sechzehnjährige Mädchen nimmt es mit der Treue nicht sonderlich genau und muß sich von einem anderen Verehrer, von dem sie ein Kind erwartet, zum Altar führen lassen.

So bringt das Jahr 1858 für Karl May gleich zwei Niederlagen, und es bleibt eigentlich nur eine Frage der Zeit, wann sich bei seiner labilen psychischen Konstitution die innere Spannung entlädt und neues Unheil heraufbeschwört. Dazu kommt es im November 1859, als er, mit dem Amt des turnusmäßigen Lichtwochners betraut, eine Woche lang für die Kerzenbeleuchtung des Klassenzimmers zu sorgen hat.

Weihnachten rückt näher, und zu Hause wird es wahrscheinlich wieder keinen festlichen Lichterglanz geben, weil das Geld fehlt. Nun will Karl May Abhilfe bringen und Eltern wie Geschwistern vorführen, daß auch ein unbemittelter Seminarist «leuchtender» Helfer in der Not sein kann. Man wird ihn dafür ausreichend bewundern! Hofft er.

Aber dieser Wunsch zerschlägt sich. Die im Koffer versteckten sechs Kerzen werden entdeckt.

Der Vorfall wird durch das Schwänzen der Andacht, das schon ein Dreivierteljahr zurückliegt, und ein paar Klagen «hie und da» zum Fall, der durch alle Instanzen bis ins Dresdner «Ministerium des Cultus und öffentlichen Unterrichts» läuft. Von «fünf möglichen Graden der Strafen» wird Ende Januar 1860 der härteste verhängt: «Gänzliche Entfernung aus dem Seminar.»

Einen reichlichen Monat später reicht Karl May dem «Hohen Königlichen Ministerium» ein Bittgesuch ein, versichert «aufrichtige Reue» und bekundet, daß «in Betreff der Lichte keineswegs der Wille zu einer Veruntreuung vorlag, sondern daß es nachlässige Säumigkeit von mir war, sie nicht rechtzeitig an den gehörigen Platz zu legen». Man habe ihm zwischenzeitlich zu einem anderen Beruf geraten, doch sei «die Vorliebe für den Lehrerberuf... so groß», daß er ihn nicht aufgeben könne. Daher wolle man «in Gnaden geruhen», daß er sich «fortbilden lassen dürfe», um dereinst «als treuer Lehrer im Weinberge des Herrn die That vergessen machen» zu können.

Der Ernstthaler Pfarrer Carl Hermann Schmidt schreibt ebenfalls an die Behörden und «waget... unterthänigst zu versuchen», hochdasselbe Ministerium möge doch «den Wiedereintritt in ein Lehrerseminar des Landes huldreichst verstatten».

Abschlußzeugnis des Plauener Lehrerseminars. Rechts oben
der Vermerk über den Einzug des Dokumentes.

Die hohen Hüter des «Cultus und öffentlichen Unterrichts» zu Dresden verschließen sich den Bitten nicht – in der späteren Selbstbiographie schrumpfen die sechs Lichte gar auf «Talgreste, ... nicht drei Pfennige wert» – und geben dem Antrag statt. Zwischen Juni 1860 und September 1861 kann Karl May die Ausbildung am Lehrerseminar in Plauen mit dem Prädikat II abschließen.

Damit steht er im Status eines «Schulamtskandidaten» mit der Aussicht auf ein Jahresgehalt von etwa 175 Talern. Eröffnet dieses bescheidene Einkommen kaum persönliche Bewegungsräume, so werden diese durch strenge Verhaltensvorschriften noch zusätzlich eingeschränkt. Teilnahme am Gottesdienst «sowie irgend möglich, regelmäßig», «nach allen Seiten hin unanstößiger Lebenswandel», Übernahme der zugewiesenen Stelle «sofort und unweigerlich» und anderes mehr wird gefordert. Zwei Jahre muß diese Läuterung währen. Nach einer sogenannten Wahlfähigkeitsprüfung kann dann die feste Bestallung als Lehrer mit geringfügig gelockertem Reglement erfolgen.

Zwei Bildungszwerge im «niederen» Schulwesen

Am 7. Oktober 1861 tritt Karl May den Dienst als Hilfslehrer in der Klasse IV der Glauchauer Armenschule an.

Bildungseinrichtungen dieser Art waren seit Ende des 17. Jahrhunderts in vielen Städten mit mehr als 5000 Einwohnern entstanden. Wo es von den Schülerzahlen her lohnend erschien, wurden Volksschulen geteilt, um die Kinder der Ärmsten zu isolieren.

Offizielle «Begründungen» ließen dabei nichts an Diskriminierung vermissen. Jene Kinder, heißt es beispielsweise noch 1877 in dem einschlägigen «Pädagogischen Handbuch», kämen aus einer «verdorbenen Atmosphäre» und hätten verwerfliche Eigenschaften, «welche im Proletariat einmal festgewurzelt sind, wie Unreinlichkeit, Liederlichkeit, schlechte Nahrung etc.» Die Eltern wären «geistig stumpfsinnig» und wohl auch faul, denn die Kinder müßten «das Brod erwerben helfen»! Weil «die Bildungsstufe jener Bevölkerungsclassen es nicht erheischt» und alles andere «falsche Humanität» wäre, solle sich der Lehrplan «nur auf die unentbehrlichsten Gegenstände» erstrecken: Religion «etwa 6 Stunden», Lesen und Schreiben, Rechnen und Singen.

Die in den Armenschulen abgesonderten Kinder sollen gezielt auf niedrigem Bildungsniveau gehalten werden, um auch auf diese Weise einer gerade hier besonders naheliegenden «Anfälligkeit» für revolutionäres Gedankengut vorzubeugen. Auf derartige Belange war die Seminarausbildung zugeschnitten. Wie aber selbst die mit vier Klassen noch relativ gut ausgebaute Glauchauer Armenschule offenbart, kann solcher Unterricht junge Lehrer nicht befriedigen. Ihr häufiger Wechsel gilt als Regel. Auch Karl Mays Tätigkeit ist nur von kurzer Dauer; das allerdings aus unfreiwilligen Gründen.

Der Übergang ins Berufsleben zwingt zur Bilanz. Ganz bestimmt wird das Zeugnis aus Plauen Mays Selbstbewußtsein gestärkt haben. Mißt man mit der damals gängigen Elle, so hat er es immerhin schon weitergebracht als alle Vorfahren, von denen er wußte, und auch weiter als andere Ernstthaler Weberkinder. Und zum ersten Mal in seinem Leben darf er anweisen und kontrollieren, befehlen und strafen, die sieben- bis achtjährigen Schüler – knapp siebzig an der Zahl – müssen tun, was er verlangt. Erstmals findet er eine Bestätigung seines Ichs.

Dieses Erfolgserlebnis stimuliert. Augenblicks sucht er nach weiterer Anerkennung. Der Neunzehnjährige ergreift die erste beste Gelegenheit, die sich ihm bietet und wohl auch anbietet, nämlich in der Gestalt der gleichfalls neunzehnjährigen Henriette, der Ehefrau des Krämers Ernst Theodor Meinhold in der Glauchauer Großen Färbergasse Nr. 7. Dort steht May in Kost und Logis.

Nach wenigen Tagen schon habe der Kaufmann die beiden, so jedenfalls ist es in einem Bericht überliefert, beim vertraulichen Küssen überrascht. Er gibt daraufhin flugs bei der Superintendentur zu Protokoll, daß der Untermieter «sich bemüht habe, die Ehefrau von ihm abwendig und seinen schändlichen Absichten geneigt zu machen».

Eine gründliche Untersuchung unterbleibt. Der Herr Superintendent will den «Ruf einer achtbaren Familie möglichst ... schonen». Karl May wird nach zwei Wochen Schuldienst fristlos entlassen. Er bewirbt sich um eine offene Lehrerstelle an den Fabrikschulen von zwei

Spinnereien in Altchemnitz, und ab Ende Oktober/Anfang November kann er wieder unterrichten.

Seine Schüler sind nunmehr zehn- bis vierzehnjährige Kinder, deren Tagesablauf durch zehn Stunden Fabrikarbeit und ein wenig Unterricht bestimmt wird. Wieviel Zeit dem Lernen vorbehalten ist, bleibt im geltenden Gesetz ungenannt; aber alles «dürfe nur in der Zeit von morgens fünf bis abends acht Uhr» geschehen! Wir wissen auch nicht, welche Zeitspanne den Altchemnitzer Kapitalisten für das Lernen als opportun gilt, nachdem die Kinder täglich zehn Stunden schwer gearbeitet haben. Der ihnen durch die «Beschäftigung von Kindern» auferlegten Gesetzespflicht, «besondere Fabrikschulen» zu errichten, kommen die Inhaber der «Kammgarnspinnerei C. F. Solbrig und Söhne» jedenfalls nur dadurch nach, daß sie über einer Waschküche eine kleine schräge Giebelstube als «Schullokal» zur Verfügung stellen. Weil die Bänke dicht an den schiefen Wänden stehen, müssen die Kinder ständig gekrümmt sitzen. Einem Revisionsbericht zufolge sind die «Tafeln nicht ganz ausreichend» und der Fußboden «völlig schwarz, wahrscheinlich nie gescheuert, so alt er auch sein mag».

Einige Auskünfte über den dürftigen Unterrichtsinhalt liefert das bereits zitierte «Pädagogische Handbuch», auch wenn hier die Verhältnisse beschönigend dargestellt werden. Wie «nützlich» sei doch der «förderliche Zusammenhang» zwischen der Arbeit in der Fabrik und solcherart durchgeführtem Unterricht für die Kinder der Armen, heißt es da. Denn nach rund hundertjähriger Fabrikschulen-Geschichte will man als «erprobten Grundsatz» herausgefunden haben, daß «Fabrikkinder auch in einer kürzeren Schulzeit so viel oder mehr lernen, als andere arme Kinder in der vollen». Und die Begründung? «Singen und Zählen wird während der Arbeit getrieben»; das «wirkt concentrirend, während das Herumlummeln ... erschlafft».

Keinerlei Abstriche gibt es jedoch am Religionsunterricht und Kirchenbesuch: Das muß «obrigkeitlich sicher gestellt werden» und wird mit zu den Hauptaufgaben des Fabrikschullehrers Karl May gehört haben. Denkbar ist gleichfalls, daß im schiefen Altchemnitzer Giebelzimmer Kinder sitzen, denen er die Bibelverse nach fehlendem Nachtschlaf beibringen muß. Die Praxis sieht durchweg noch schlimmer aus, als es die Rechtsvorschriften vermuten lassen. So erwähnt das «Handbuch» von 1877 die «medicinalpolizeiliche Aufsicht... der Kinder in Beziehung auf Stundenzahl und Nachtarbeit» – und das nach einem offiziellen Nachtarbeitsverbot für Kinder seit 1861!

Karl Marx bezeichnete den ausbeuterischen Charakter der kapitalistischen Kinderarbeit als abscheulich, wies aber auch darauf hin, daß «die Tendenz der modernen Industrie, Kinder und junge Personen, von beiden Geschlechtern, zur Mitwirkung an dem Werk der sozialen Produktion herbeizuziehen, ... eine progressive, heilsame und rechtmäßige Tendenz» ist. In den 1866 verfaßten «Instruktionen an die Delegierten des provisorischen Generalrats» der Internationalen Arbeiterassoziation ging er auf die weitverbreitete Kinderarbeit ein und entwickelte die Gedanken zur Einheit von geistiger Bildung, körperlicher Übung und polytechnischer Erziehung. Und 1875 stellte er in der «Kritik des Gothaer Programms» fest, daß «bei strenger Regelung der Arbeitszeit nach den verschiednen Altersstufen und sonstigen Vorsichtsmaßregeln zum Schutz der Kinder frühzeitige Verbindung produktiver Arbeit mit Unterricht eines der mächtigsten Umwandlungsmittel der heutigen Gesellschaft ist».

Nun werden auch kapitalistische Unternehmer erkannt haben, welche Gefahren aus der Kinderarbeit erwachsen können. Den Fabrikschulen – notwendig geworden, weil man sich nicht mehr mit Analphabeten begnügen konnte – kam daher eine prophylaktische Aufgabe zu: Jedwede polytechnische Erziehung, das heißt Vermittlung der «allgemeinen wissenschaftlichen Grundsätze aller Produktionsprozesse», wird tunlichst vermieden, und die Kinder werden natürlich auch nicht «in den praktischen Gebrauch und in die Handhabung der elementarsten Instrumente aller Geschäfte (Arbeitszweige)» eingeführt. Sie müssen monotone Zuarbeiten verrichten. Ein im bescheidenen Gesamtrahmen breit angelegter Religionsunterricht leistet dann seinen Beitrag zum Bewahren der Ausbeutergesellschaft. In diesem System haben auch die Altchemnitzer Fabrikschulen ihren festen Platz.

Zu seinem Unterricht und zur Kinderarbeit in den betreffenden Spinnereien hat sich Karl May nicht geäußert. Durch die eigene Kindheit ist ihm jenes Milieu ohnehin so vertraut, daß er darin nichts Außergewöhnliches sieht. Zudem überlagert eine persönliche Katastrophe die Erinnerung an jene wenigen Fabrikschullehrerwochen.

Uhrendrama

Wie schon in Glauchau, nimmt auch in Altchemnitz ein Unheil vom Logis aus seinen Lauf. Die vertraglich vereinbarte «freie Wohnung» hat May im Zimmer eines Buchhalters zugewiesen bekommen, dem die aufgezwungene Teilung der Unterkunft sichtlich mißfällt. Immerhin aber leiht dieser Mann seinem neuen Stubengenossen eine alte Taschenuhr, die May während der Schulstunden benutzt und danach täglich an einem dafür bestimmten Nagel in der Wand wieder aufhängt – bis zum letzten Schultag vor dem Weihnachtsfest des Jahres 1861.

An diesem Tag erspart sich May nach Schulschluß den halbstündigen Weg bis zur Wohnung und fährt per Bahn sofort nach Ernstthal; seine ersten Ferien als Lehrer beginnen. Die Uhr führt er unbekümmert bei sich und außerdem ein Tabakspfeifchen und eine Zigarrenspitze – bescheidene Besitztümer des Buchhalters, mit denen der junge Lehrer ein bißchen vor Eltern und Geschwistern renommieren will: Schaut, wie weit ich's schon gebracht habe!

Der Altchemnitzer Spinnereischreiber sieht die Sache ganz anders. Er wittert eine günstige Gelegenheit, die unbequeme Einquartierung wieder loszuwerden. Er erstattet umgehend Anzeige wegen Diebstahls.

Nun setzt sich der Polizeiapparat in Bewegung, und als Karl May im Hohensteiner Gasthof Drei Schwanen (heute Hotel Sachsenring) Billard spielt, wird er festgenommen.

In den folgenden Wochen und Monaten ist nichts von göttlicher Gerechtigkeit, statt dessen sehr viel von irdischer Ungerechtigkeit zu verbuchen. Justitias Mühlen mahlen langsam, aber dafür trefflich klein. Mit unerbittlicher Härte wird der zwanzigjährige May durch das Paragraphengetriebe von Gerichts- und Schulbehörden gedreht. Am Ende steht eine zerbrochene Existenz. Keine Bitte um Gnade kann das Schicksal abwenden.

Am 26. Dezember 1861 sucht Mays Vater bei der Chemnitzer Superintendentur um Schutz nach. Er glaube, schreibt er, daß sein Sohn die Uhr nur mitgebracht habe, um sie «während der Feiertags-Ferien zu benutzen und sie dann stillschweigend wieder an den Ort ihrer Bestimmung hinzubringen». Dieser wie allen weiteren Petitionen bleibt jeder Erfolg versagt.

Gasthof Drei Schwanen in Hohenstein, in dem Karl May
wegen der Uhrengeschichte festgenommen wird.

Die unbedachte und eigentlich banale Verfehlung kommt vor ein Chemnitzer Gericht. Karl May wird zu sechs Wochen Gefängnis verurteilt, nun nicht wegen «Diebstahls», sondern auf Grund «widerrechtlicher Benutzung fremder Sachen». Vom 8. September bis 20. Oktober 1862 verbüßt er die Strafe im Chemnitzer Bretturm.

Monate später beantragt er ein letztes Mal die Wiederaufnahme in den Schuldienst, worauf die königlich-sächsische Ministerialbürokratie kurzen Prozeß macht, die Seminarzeugnisse einzieht und per 20. Juni 1863 die Streichung aus der Liste der Schulamtskandidaten verfügt: Berufsverbot auf Lebenszeit! Alle Früchte jahrelang erhungerter Ausbildung scheinen zunichte gemacht.

Eine Klassenjustiz zeigt viele Gesichter. Beispielsweise durch unterschiedliche Urteile bei vergleichbaren Sachverhalten, je nachdem, welcher sozialen Schicht der Angeklagte angehört.

Nach einem sächsischen Landesgesetz von 1844 war der Raubdruck von Büchern etc. unter Strafe gestellt worden, was den Leipziger Verleger Polet aber keinesfalls hinderte, ein bei «Breitkopf & Härtel» ediertes achtbändiges «Hauslexicon», leicht gekürzt, als «Neues Hauslexicon» nachdrucken zu lassen. Dieses gesetzwidrige Handeln, mit dem auf leichte Art Tausende Taler verdient wurden, stellte Polet auch dann nicht ein, als bereits das Strafverfahren gegen ihn lief. Vielmehr brachte er unverfroren den 5. Band auf den Markt, wußte er doch die Macht und den Einfluß des Verlegerfreundes Wilhelm Baensch hinter sich. Und so fiel die Quittung schließlich auch bescheiden aus. Nach zweitinstanzlichem Spruch vom 4. September 1861 mußte der Raubdrucker ganze 200 Taler berappen. Daß seine Existenz nie in Frage stand, war selbstverständlich.

Es ist nicht bekannt, ob Benjamin Polet im Herbst 1862 dem schmalen Schwund in seiner Kasse nachtrauert. Wir wissen jedoch, daß der für eine Bagatelle unverhältnismäßig viel härter bestrafte Karl May akkurat zur selben Zeit an einem Tiefpunkt seines Lebens steht. Er empfindet und beteuert, daß ihm bitteres Unrecht widerfahren sei. Sein Bekenntnis zur Unschuld wirkt überzeugend, zumal er die Uhrengeschichte noch in der Selbstbiographie von 1910 in einer ausführlichen Breite darstellt, wie das zu keinem seiner anderen «dunklen Punkte» geschieht. Die Glauchauer Affäre beispielsweise spart er gänzlich aus, und andere Ereignisse, an die sich Schuldgefühle knüpfen mußten, beleuchtet er nur mit Zwielicht.

«Weder dem Vater, noch der Mutter, noch der Großmutter, noch den Schwestern fiel es ein, mir Vorwürfe zu machen. Und das war geradezu entsetzlich!» Entsetzlich deshalb für ihn, der wieder im Elternhaus wohnt, weil er sich nunmehr gänzlich selbst überlassen bleibt. Es ist niemand da, mit dem er vertrauensvolle, erlösende Gespräche führen kann.

Viele Jahre nach dem Uhrendrama behauptet Karl May – aus einer Reihe von Gründen, denen noch nachzugehen sein wird –, erstmals als Zwanzigjähriger, somit in den Monaten nach der Haftzeit, in Nordamerika geweilt, zu haben. So um 1862/63 sei er dort ein ganzes Jahr umhergereist, auch in Indianergebieten, in den dark and bloody grounds, im Felsengebirge und im Yellowstone-Park. Als Hauslehrer habe er gearbeitet und beim Eisenbahnbau, während der Überfahrt als Kohlentrimmer und später als Zeitungsreporter sein Geld verdient. Wenigstens einen guten Teil der Abenteuer, die er 1893 im ersten Band der *Winnetou*-Trilogie schildert, will er auf dieser «Frühreise» erlebt haben. Auch das Duell mit Metan-akva.

Von Verehrern werden zu dieser Legende über Jahrzehnte hinweg «Beweise» zusammengetragen. Sogar ein angeblich belegkräftiger Brief taucht noch in den zwanziger Jahren auf, der aber nur als «Abschrift der Übersetzung des Originals» vorgezeigt werden kann. Alle vermeintlichen Zeugnisse entpuppen sich als Fiktionen oder gar Fälschungen. Ihre Wirkung verfehlen sie dennoch nicht. Unbedarfte Leser wollen im abenteuerlichen Geschehen der Bücher nur allzu gern tatsächliche Erlebnisse des Autors sehen; das faszinierte entschieden mehr als nur am Schreibtisch ersonnene Fabeln.

Es ist müßig, vorgebliche «Beweise» zu den Reise-Legenden von 1862/63 und aus nachfolgenden Jahren im Detail zu analysieren oder gar zu widerlegen. Eine wesentlich deutlichere Sprache sprechen die Fakten. Fragen wir also, wo sich Karl May in der fraglichen Zeit tatsächlich aufhielt?

Zum eindeutigen Bild, das heute existiert, trugen die schon erwähnten Belege und Daten aus DDR-Archiven bei.

So fällt in die Wochen des Wartens auf den Entscheid zum Wiedereinstellungsgesuch eine Pflicht, die das Gesetz verlangt: Am 6. Dezember 1862 wird Karl May gemustert und für militäruntauglich befunden. (Bei anderer Entscheidung wäre eine achtjährige Dienstzeit gefolgt.) Wie das noch erhaltene Konfitentenbuch der Ernstthaler Kirche ausweist, nimmt der nunmehr Ausgemusterte an mindestens zwei Sonntagen – im April und Juli 1863 – am Abendmahl teil. Und alte Zeitungen kündigen für jene Monate Auftritte Mays als Deklamator und Musiker in Ernstthal und Hohenstein an. Dabei führt er auch eigene Kompositionen auf, die zum Teil überliefert sind.

«Ich gab Unterricht in Musik und fremden Sprachen. Ich dichtete; ich komponierte» heißt es in der Selbstbiographie. «... Und ich begann zu schriftstellern. Ich schrieb Humoresken, dann ‹Erzgebirgische Dorfgeschichten›. Ich hatte nicht die geringste Not, Verleger zu finden. Gute packende Humoresken sind äußerst selten und werden hoch bezahlt. Die meinigen gingen aus einer Zeitung in die andere.»

Die Wirklichkeit indes sieht keinesfalls so rosig aus.

Karl May gibt hin und wieder Privatstunden, womit aber bei der Armut in Ernstthal und Hohenstein kaum etwas zu verdienen ist. Einige Melodien und Verse, die er dem Sängerkreis «Lyra», einem der zahlreichen Laienchöre seiner Heimatstadt, liefert, sichern ebensowenig eine Existenz wie vereinzelte «musikalisch-declamatorische Abendunterhaltungen».

Welche Bewandtnis aber hat es mit den «hoch bezahlten» Erzählungen?

Vermutlich kennt May zu jener Zeit bereits den Mann, der in seinem späteren Leben noch eine überragende Rolle spielen soll: Heinrich Gotthold Münchmeyer. Er ist gelernter Zimmergeselle, der uns von May so vorgestellt wird: «Er hatte auf dem Dorfe Tanzmusik gemacht, Klappenhorn geblasen, Violine gegeigt und einige Zeit beim Militär gestanden. Er strebte sowohl nach Bildung, wie auch nach Geld, besonders durch Kloster-, Gespenster-, Ritter-, Räuber-, Mord- und Liebesromane. Darum wurde er Kolporteur.» Eine Zeitlang wohnt Münchmeyer in Oberlungwitz, also in unmittelbarer Nachbarschaft von Ernstthal, verheiratet sich dort und verdient seinen Unterhalt eben durch Hausieren mit diverser Literatur, bis er 1862 in Dresden eine eigene Verlagsbuchhandlung gründet. Später wird das Unternehmen als «Verlags- und Colportage-Geschäft Gebrüder Münchmeyer» weithin bekannt. Geschäftliche Erfolge stellen sich aber nur sehr langsam ein. In den Anfangsjahren müssen sich die Autoren mit höchst dürftigen Honoraren begnügen. Wenn nun Karl May, noch dazu als literarischer Anfänger, dort einige Manuskripte anbieten und verkaufen kann, so ist damit auf gar keinen Fall ein nennenswertes Einkommen zu erzielen. Allenfalls sind es nur geringfügige Beträge, immer vorausgesetzt, daß diese Hypothese überhaupt zutrifft. Denn Belege für literarische Arbeiten Mays aus dieser Zeit sind bisher nicht gefunden worden, die ersten von Münchmeyer verlegten Erzeugnisse – unterhaltsame Sammelwerke – gelten als verschollen. Auch an anderen Stellen, in einschlägigen Zeitungen etwa, ließen sich bisher keine Beiträge ermitteln. Mays Äußerung, daß es eine Freude gewesen sei, «zu sehen, wie sich das so vortrefflich entwickelte», gehört ins Reich der Dichtung. Sie dient dem Ziel, seine damalige materielle Lage zu verhüllen und die kommenden Ereignisse mit einer zeitweiligen Bewußtseinsspaltung erklären zu können.

Mein Name ist «Hermes»!

Die Demütigungen aus der Uhrengeschichte vermag May nicht zu überwinden, ebensowenig zeichnet sich ein Ausweg aus der materiellen Not ab. Seine Verzweiflung wächst, denn kein Erfolg richtet das zerbrochene Selbstwertgefühl auf. Die innere Einsamkeit verengt sich zu gefährlicher Isolation. Minderwertigkeitskomplexe stauen sich an, und je länger ein befreiendes Erlebnis ausbleibt, desto heftiger muß die Reaktion ausfallen.

Eine Entscheidung reift heran, die May aus der Rückschau des Alters selbst treffend erklärt: «Ich sann auf Rache, und zwar auf eine fürchterliche Rache, auf etwas noch niemals Dagewesenes. Die Rache sollte darin bestehen, daß ich, der durch die Bestrafung unter die Verbrecher Geworfene, nun wirklich auch Verbrechen beging.» Er will sich «rächen an der Polizei, rächen am Richter, rächen am Staate, an der Menschheit, überhaupt an jedermann!»

Der Rachefeldzug beginnt im Juli 1864, und trotz «großer» Vorsätze wird er im bescheidenen Rahmen bleiben. Der aus den Minderwertigkeitskomplexen erwachsene Zwang, etwas Gewaltiges zu vollbringen, und die von der Phantasie genährte Renommiersucht dirigieren den Rachsüchtigen ins Metier der Hochstapelei – wie das schon in ganz bescheidenen Dimensionen mit der Uhr der Fall war.

Im sächsischen Penig mietet sich May als «Dr. med. Heilig, Augenarzt und früher Militair aus Rochlitz» ein und spielt nun für kurze Zeit jene Rolle, die ihm versagt geblieben ist, weil das Medizinstudium für die Eltern unerschwinglich war. Von einem Schneider läßt er sich ein Paar Hosen aus schwarzem Wollstoff und vier weitere Kleidungsstücke anpassen und kommt dann nur zu gern der Bitte nach, im selben Haus einen Kranken zu untersuchen.

Ein Rezept wird ausgestellt, auf dem die «vorkommenden lateinischen Worte fast ohne Ausnahme correct geschrieben sind...» Woraus zu schließen sei, steht wenig später im «Königl. Sächs. Gendarmerieblatt», «daß der Betrüger eine mehr als gewöhnliche Schulbildung erhalten haben mag». Dr. med. Heilig war, ohne zu bezahlen, mit der maßgeschneiderten Garderobe verschwunden.

Wenige Monate später, im Dezember 1864, schlüpft May bei einem ähnlichen Kleiderschwindel in Chemnitz in die Maske eines «Seminarlehrers Ferdinand Lohse aus Plauen». Daß auch hierbei der nun unerreichbare Beruf unterschwellig im Spiele war, ist nach dem Erleben der Seminaratmosphäre kaum anzunehmen. Vielleicht aber sollen mit der in die Vogtlandstadt weisenden Spur einem tatsächlich dort existierenden Seminarlehrer Ernst Lohse, bei dem May einst Unterricht hatte, durch polizeiliche Befragungen einige Ärgernisse bereitet werden. Ein recht törichtes Unterfangen, denn allzu leicht kann das zum Fingerzeig auf den tatsächlichen Urheber umschlagen. Dazu jedoch kommt es noch nicht.

Beim dritten und letzten Kleidercoup stellt sich May erneut eine Falle, in der er sich schließlich verfängt. Auf den ersten Blick scheint das Ganze raffiniert eingefädelt, am Ende jedoch wirft Unbesonnenheit alles über den Haufen.

Am 28. Februar 1865 trifft Karl May im Leipziger Vorort Gohlis ein und mietet in der Möckernschen Straße ein Zimmer. Da die knappen Erlöse aus Verkäufen bald dahingeschmolzen sind, plant er ein neues Unternehmen. Als am 20. März per Annonce im «Leipziger Tageblatt und Anzeiger» einem «anständigen Herrn» am Thomaskirchhof 12 ein gut möbliertes Zimmer angeboten wird, nimmt er zur Tarnung seines Vorhabens diese zweite Unterkunft. Sie befindet sich im Gebäude neben der Thomaskirche mit der «Central-Apotheke» im Erdgeschoß. Der Vermieterin stellt sich May als «Noten- und Formenstecher Hermin» vor.

Wenig später sucht er das Ladengeschäft der bekannten Rauchwarenfirma Friedrich Erler am Brühl auf, wählt einen Pelz aus und bittet, man solle ihm die Ware in seine Wohnung am Thomaskirchhof brin-

In der renommierten Firma Erler am Leipziger Brühl begeht May am 20. 3. 1865 eine Pelzschwindelei. Diese Aufnahme entstand einige Jahre später.

gen: sein Name sei «Hermes». Folgt man der griechischen Mythologie, so präsentiert sich May als «Gott der Diebe».

Im Pelzladen hat er offenbar einen vornehmen Eindruck hinterlassen, denn der Sohn des Prinzipals besorgt höchstpersönlich den Auftrag.

Er wolle das gute Stück nur rasch seinen Wirtsleuten vorführen, erklärt May dem Überbringer, der dann vergeblich auf Rückkehr seines Kunden und auf die Bezahlung wartet. Somit folgt eine Anzeige auf dem Polizeiamt.

Inzwischen hat May eine ahnungslose Frau Bayer gewonnen, die am folgenden Tage den Pelz auf dem Leihhaus in Bargeld ummünzen soll. Dort aber ist der «Fall» schon bekannt. Der Kürschnermeister Erler wird herbeigerufen und identifiziert die «heiße Ware» als sein Eigentum.

Offenbar beobachtet May von Ferne das Leihhaus und bemerkt, daß die Sache nicht nach seinem Plan verläuft. Zum verabredeten Zeitpunkt erscheint er jedenfalls nicht bei jener Frau Bayer, um das erhoffte Geld abzuholen. Die Polizisten warten dort vergeblich auf den «Fremden».

Fünf Tage harrt May aus, statt aber das offenkundig geplatzte Unternehmen fallenzulassen, versucht er erneut, an das Geld zu kommen. In dieser Leichtsinnigkeit zeigt sich ein Charakterzug Mays, der noch bei vielen anderen Gelegenheiten Verhängnisse heraufbeschwört.

May beauftragt einen Gepäckträger namens Carl Heinrich Müller, bei der unfreiwilligen Hehlerin nach dem Erlös zu forschen. Beide Personen erkennen das Spiel und sind empört. Die Frau eilt umgehend zur Polizei, während der Mann zum vereinbarten Treffpunkt ins Rosental läuft: Er will den Ordnungshütern zuvorkommen und den «Fremden» selbst festnehmen. Es entwickelt sich ein Handgemenge, denn vehement setzt sich May zur Wehr, aber zwei herbeigeeilte Polizisten überwältigen ihn. Sie sind schnell zur Stelle, denn bei Eigentumsdelikten gibt es kein langes Zögern: Das gilt als Angriff auf «vermögensrechtliche Herrschaftsverhältnisse».

Mit einem Fiaker wird der Arrestant am 26. März 1865 zum Leipziger Polizeiamt in die Reichsstraße gebracht und dort verhört. (Heute steht an dieser Stelle das Messehaus Handelshof.)

Wie aus der noch vorhandenen Polizeiakte hervorgeht, verhält sich May zunächst «ganz regungslos u. anscheinend leblos». Auch der Polizeiarzt kann ihn vorerst nicht zum Reden bringen. Erst später gibt er zu Protokoll, «daß er Carl Friedrich May heiße, in Ernstthal heimathberechtigt u. dort Lehrer gewesen sei...» Im folgenden umfangreichen Geständnis bekennt er auch die Schwindeleien in Penig und Chemnitz. Kein Wort fällt dabei von irgendwelchen «Auslandsreisen», die ja ein sicheres Alibi geliefert hätten.

Speziell zu den Leipziger Ereignissen erklärt May später, daß er «ganz unmöglich bei klarem Bewußtsein gehandelt haben» könne: «Wie ich es angefangen habe, dies fertig zu bringen, das kann ich nicht mehr sagen; ich habe es wahrscheinlich auch schon damals nicht gewußt.» Der Polizeibericht selbst und zuvor der unbedachte Auftrag an den Gepäckträger scheinen das zu bestätigen, die ganze Täterstrategie aber spricht gegen diese Version.

Ein Abwägen ist jedoch im Grunde belanglos. Mit Sicherheit sind es schwere seelische Depressionen und das Rachebedürfnis, die May in kriminelle Handlungen verstricken, und so mag dahingestellt bleiben, ob es auch zu zeitweiligen Bewußtseinstrübungen kommt oder allein auswuchernde Phantasie als auslösendes Moment wirkt. Mit psychologischen Deutungen allein läßt sich Mays Handeln nicht erklären. Denn ohne ihn von persönlichem Versagen freisprechen zu wollen, ist seiner Feststellung vorbehaltlos zuzustimmen: «An der Tat des Einzelnen ist auch die Gesamtheit schuld.»

Da es zu jener Zeit ohnehin noch keine forensisch-psychologischen Untersuchungen gibt, erhält Karl May die im sächsischen Paragraphenkatalog festgeschriebene Vergeltung in voller Höhe zugemessen. Das Bezirksgericht der Messestadt verurteilt ihn am 8. Juni 1865 «wegen mehrfachen Betrugs» – in Penig, Chemnitz und Leipzig – zu vier Jahren, einem Monat Arbeitshaus. Am 14. Juni muß er die Strafe auf dem zu einer Anstalt umgebauten Schloß Osterstein in Zwickau antreten.

Ein Urteil desselben Leipziger Gerichtes aus dem Jahre 1860 provoziert nachgerade zum Vergleich. Ein Büchernarr hatte in der Universitätsbibliothek Kunstschätze von einmaligem Wert gestohlen beziehungsweise zerstört, darunter berühmte Originalmanuskripte auf Pergament aus dem 13. und 15. Jahrhundert. Allein in 591 Fällen konnte man ihm die Schädigung bibliophiler Kostbarkeiten nachweisen: Mit dem Messer waren Titelseiten, alte Holzstiche, Miniaturen, Handzeichnungen und ähnliches herausgeschnitten worden. Hinzu kamen 28 ähnliche Delikte in der Stadtbibliothek. Etliches ging durch Verkäufe unwiderbringlich verloren. Insgesamt war der am Kulturgut angerichtete Schaden nicht wiedergutzumachen.

Der verbrecherische Dieb war kein geringerer als der Theologieprofessor Dr. habil. Wilhelm Bruno Lindner, der sich zu den angesehensten wie auch reichsten Leipziger Bürgern rechnen durfte. So hoffte er zunächst, mit einem Disziplinarverfahren davonzukommen. Die Affäre zog aber so weite Kreise, daß es doch zur Verhandlung vor Gericht und zu einer Strafe von sechs Jahren Arbeitshaus kam.

Demgegenüber muß das Urteil gegen May von mehr als vier Jahren für drei Kleiderschwindeleien als überaus hart gelten, zumal die sechs Gefängniswochen von 1862 in die Urteilsfindung nicht als Vorstrafe und damit etwa erschwerend einbezogen worden waren.

Im damaligen sächsischen Strafvollzug nahm das Arbeitshaus eine mittlere Stellung zwischen Zuchthaus und Gefängnis ein, und wie es der Name besagt, war jeder Insasse zur Arbeit verpflichtet. Für die rund 2000 Häftlinge der Zwickauer Anstalt liegen die Verhältnisse ein wenig günstiger als anderswo, denn hier wird zumindest versucht, durch «Besserung auf dem Wege der Individualisierung» späterer Rückfälligkeit vorzubeugen. Verdienstmöglichkeiten entsprechend dem geleisteten Arbeitspensum, Aufstiegschancen in mildere Disziplinarklassen, die Beachtung bestimmter psychologischer Momente, auch der Verzicht auf das Kahlscheren der Köpfe, ein überschaubares System von Verhaltensregeln, das allerdings bei Renitenz auch harte körperliche Strafen androhte, Unterrichtsstunden, religiöse Betreuung und anderes mehr sollen Moral und Bewußtsein der Verurteilten aufrichten.

Der Häftling «Nummer 171», Karl May, wird zunächst in der Schreibstube beschäftigt – und versagt. Als Lederarbeiter erregt er dann keine Beanstandungen mehr. Nach etwa anderthalb Jahren rückt er von der zweiten in die erste Disziplinarklasse auf, und kurze Zeit später überträgt man ihm eine neue Stellung, er wird Schreiber eines

Arbeitshaus Schloß Osterstein nach einer Darstellung von 1864.

Inspektors. Auf eigenen Wunsch hin wird er in einer Einzelzelle untergebracht, ist aber trotzdem nicht mehr so einsam wie vorher. Die Zusammenarbeit mit jenem Beamten – er heißt Karl August Krell – wirkt sich günstig aus.

Mindestens eine Stunde am Tag kann sich May eigenen Belangen widmen. Er liest viel, die Bibliothek bietet 4000 Bände zur Auswahl an. Ein Katalog ist nicht überliefert, aber mit Sicherheit sind es vor allem moralisierende und belehrende Erbauungsschriften, die den Häftlingen den rechten Weg ins Leben weisen sollen.

Irgendwann im Laufe des Jahres 1867 erscheint der Verleger Heinrich Münchmeyer in Ernstthal. Das Unternehmen hat er durch Partnerschaft mit seinem Bruder Friedrich ein wenig erweitert und ist nun auf der Suche nach neuen Autoren. Karl May erfährt über seinen Vater von dieser Visite, die er aber offensichtlich völlig überbewertet. Denn er knüpft daran beträchtliche Hoffnungen. Wie sich zeigen wird, leider allzu große.

In seiner Phantasie sieht sich der Fünfundzwanzigjährige bereits als gefeierter Schriftsteller. Vermutlich in den ersten Monaten des Jahres 1868 stellt er das *Repertorium C. May* zusammen – einen noch heute erhaltenen Plan mit 137 Positionen und Skizzen für künftige literarische Arbeiten.

Zur Konzeption gehören ein «Socialer Roman in 6 Bänden», den er «Mensch und Teufel» nennen will, das auf 62 Fortsetzungen angelegte Projekt «Aus dem Leben kleiner Städte», ein dichterisches Vorhaben über die ihm einst untreu gewordene Anna Preßler («Meine erste Liebe. [A. P. 7ten Januar]») und mehr als 100 weitere Titel, die durchweg dem Zuschnitt damals gängiger Familienzeitschriften und Volkskalender entsprechen.

Auf den ersten Blick deutet nur wenig auf jenes Genre hin, das später Mays bleibenden Ruhm begründen soll. Notizen wie «Der Amerikaner», «Tiger und Bär», «Meine schrecklichste Stunde. ‹West-Eastern-Reilway›», «Im wilden Busch» oder «Der schwarze Capitain» zählen ebenso zu den Ausnahmen wie die unter Nummer 106 gemachte Angabe «Die Vigilanten (Gart. 67 pag. 636)». Die Abkürzungen verweisen auf Heft 40 der «Gartenlaube» vom Oktober 1867. Diese Nummer enthält einen Bericht über private Selbsthilfeaktionen gegen das organisierte Verbrecherunwesen in Montana. Ein sehr früher, konkreter Hinweis, wie May seine Stoffe findet. Unzählige Male variiert er später jenes Grundmotiv der Verbrecherjagd auf eigene Faust, wenn die Obrigkeit nichts ausrichten kann.

Noch in Zwickau setzt Karl May einiges vom *Repertorium* in die Tat um. «Auch schriftstellerte ich fleißig», erfahren wir von ihm, «ich schrieb Manuskripte, um gleich nach meiner Entlassung möglichst viel Stoff zur Veröffentlichung zu haben.»

In «Folge Allerhöchster Gnade» werden ihm reichlich acht Monate geschenkt. Am 2. November 1868 ist Karl May wieder in Freiheit. «Ich kassierte meine Honorare ein», behauptet er, «und machte eine längere

Auslandsreise.» Womit zu den sagenhaften «Frühreisen nach Übersee» erneut eine ebenfalls langlebige wie falsche Legende kreiert ist. Aber auch das Einkassieren von Honoraren gehört zum beträchtlichen Teil ins Reich der Fabel.

Die uns derzeit bekannten Gedichte und Fragmente aus der Haftzeit – mit Themen aus dem Gefängnisleben, alles in allem etwa zehn Seiten – werden erst viele Jahre später gedruckt. Darüber hinaus können möglicherweise in drei noch nicht aufgespürten Münchmeyer-Editionen aus der Zeit um 1868/69 einige Beiträge enthalten sein. Wenn sie tatsächlich etwas eingebracht haben, dann nicht mehr als ein bißchen Kleingeld, das allen hochgespannten Wünschen sofort einen Dämpfer geben muß.

Mit durchschnittlich einem unterhaltsamen Titel pro Jahr, für den sich neben schon arrivierten Autoren auch eine bescheidene Mitarbeit des Neulings May angeboten hätte, kann der Dresdner Verleger ohnehin keine Möglichkeiten für die weitgespannten Ziele des *Repertoriums* eröffnen. So bleibt der große Plan schon in den allerersten Anfängen stecken. Der Elan der letzten Haftmonate schmilzt dahin.

Zwischen Arbeitshaus und Zuchthaus

Auf «Falschgeld-Fahndung»

May ist ohne Auflagen begnadigt worden und hat ein sogenanntes Vertrauenszeugnis erhalten. Er darf sich ungehindert bewegen und wohnen, wo er will. Eine offizielle Polizeiaufsicht bleibt ihm erspart. Dennoch beobachtet die Gendarmerie den gerade entlassenen jungen Mann, der keiner «geregelten Arbeit» nachgeht, argwöhnisch. May ist der Überzeugung, daß ihm die «heimatliche Polizei... nicht wohl» wollte.

Im engen Ernstthal verspürt er darüber hinaus bald allzu viele interessierte Augen, «aber sobald ich diese Blicke wiedergab, schaute man schnell hinweg». Ob Einbildung oder übergroße Empfindlichkeit, er fühlt sich wieder einmal gedemütigt. Die für kurze Zeit durch die euphorischen Pläne verdrängten Minderwertigkeitskomplexe brechen erneut auf: «Ich war wieder krank wie damals. Nicht geistig, sondern seelisch krank.» Und an anderer Stelle zu seinen Empfindungen um die Jahreswende 1868/69: «Ich aber fühlte mich einsam, einsam wie immer.»

Mit höchster Wahrscheinlichkeit ist es der jähe Zusammenbruch jener im *Repertorium* fixierten und so eng an den Namen Münchmeyer gehefteten Pläne sowie der Verlust der damit verbundenen Hoffnung auf soziale Sicherheit, daß sich bereits nach fünf Monaten die psychischen Spannungen und angestauten Phantasien erneut entladen. Vermutungen, May könne sein Glück noch bei anderen Verlegern gesucht haben, dürfen wohl ausgeschlossen werden. Falls das doch geschah, dann ohne Erfolg. Viel zu schnell bahnt sich eine neue Katastrophe an.

Was auf dem Papier – gegen auskömmliches Honorar – noch nicht möglich ist, wird nun ein weiteres Mal durch Hochstapeleien praktiziert.

Am 29. März 1869 erscheint bei dem Krämer Reimann in Wiederau unweit von Mittweida ein «Polizeileutenant von Wolframsdorf aus Leipzig» und erklärt, die Kasse durchsuchen zu müssen. Einen 10-Taler-Schein und ein paar Silbermünzen beschlagnahmt er als «Falschgeld»; außerdem wird «eine an der Wand hängende Taschenuhr» (!) als angebliches Diebesgut konfisziert. Der Ladenbesitzer wird aufgefordert, nach Clausnitz mitzukommen, «wo ein Verhör stattfinden solle». Dort wird ihm beschieden, zunächst im Gasthof zu warten. Stunden später fragt er auf der Gendarmeriestation, wann es endlich soweit sei. Vom geplanten «Verhör» weiß man aber hier genausowenig wie von einem «Polizeileutnant Wolframsdorf».

Zwölf Tage darauf ist May – jetzt als «Mitglied der geheimen Polizei» – erneut auf «Falschgeld-Fahndung». Das nächste Opfer, der Seilermeister Krause in Ponitz bei Meerane, will sich aber nicht so leicht etwas am Zeug flicken lassen. So hat der «Geheimpolizist» mit dem unbequemen «Arrestanten» seine liebe Not, und auf dem Wege nach Crimmitschau, wo diesmal das «Verhör» stattfinden soll, will er den Mann rasch loswerden. Mit dem Vorwand, seine Notdurft zu verrichten, tritt er hinter ein Gebüsch und rennt dann querfeldein davon. Worauf nun der um etliche Taler geprellte Ponitzer Seilermeister erkennt, daß er einem Betrüger aufgesessen ist und schnurstracks hinterhersetzt. May wirft das erschwindelte Geld von sich, zieht ein ungeladenes Terzerol und kann entkommen.

Auf der Flucht verliert er ein kleines Stück Pappe mit dem Namen «Julius Metzner, Oberlungwitz», ob absichtlich oder versehentlich, ist ungewiß. Der Name des kleinen Oberlungwitz läßt die Behörden sofort an das angrenzende größere Ernstthal denken, von dem Wiederau wie Ponitz fast gleichweit entfernt liegen. So ahnt die sächsische Gendarmerie, wer hier den falschen Polizisten gespielt hat. Schon eine Woche später, am 17. April, läßt der Mittweidaer Staatsanwalt Ephraim Taube im Fahndungsblatt mitteilen, daß man May der Tat verdächtige, weshalb ersucht werde, «auf denselben allerorts zu invigilieren und ihn im Betretungsfall zu verhaften».

In Ernstthal kann er sich nicht mehr blicken lassen. Zeitweiligen

Unterschlupf findet er in Schwarzenberg bei der um sechs Jahre jüngeren Auguste Gräßler, die Polizeiakten als «Geliebte Karl Mays» bezeichnen.

In der Erzgebirgsstadt sei er, wie er am 20. April 1869 an seine Eltern schreibt, von zwei reichen US-Amerikanern eingeladen worden, mit ihnen nach Pittsburg, Bundesstaat Pennsylvania, zu reisen, um eine Hauslehrerstelle zu übernehmen. «Ein guter Schriftsteller muß die Welt kennen, muß Erfahrungen gesammelt, muß seine Anschauungen erweitert und berichtigt haben», heißt es im Brief. Deshalb reise er nun in die USA; «man wird meine Vergangenheit vergessen und verzeihen, und als ein neuer Mensch mit einer besseren Zukunft komme ich wieder.» Damit sind auch die tieferen Motive genannt, die ihm dieses Angebot suggeriert haben. Denn es ist mehr als unwahrscheinlich, daß zwei waschechte Yankees als Erzieher für ihre Familie ausgerechnet einen Mann engagieren wollen, über dessen Qualitäten sie so gut wie nichts wissen und der kaum ein paar Brocken Englisch spricht.

Schon nach dem Uhrendrama kreisten Mays Pläne um einen gutdotierten Privatlehrerposten. In den Werken begegnen wir dann Lehrern in macherlei Gestalt, so beispielsweise im ersten Band *Winnetou* (1893) oder in dem umfangreichen Roman *Die Liebe des Ulanen* (1883/85), wo ein Held die Abenteuer nahezu immer unter der Maske eines Hauslehrers besteht.

Bei einem späteren Verhör erzählt May nochmals von dem ominösen Angebot; er habe «aber in Bremen wieder umkehren» müssen.

Der «Räuberhauptmann»

Ende Mai 1869 kommt May heimlich nach Ernstthal und hält sich bei dem uns bereits bekannten Gevatter Weißpflog auf. Als er das Haus des Schmiedes verläßt, führt er außer zwei Talern und einem Viertelpfund Seife auch einen ausgedienten Kinderwagen, eine Schirmlampe und eine Brille bei sich, möglicherweise Geschenke, die ihm der Pate zum Veräußern überläßt. Aber einige Sperrhaken gehören ebenfalls zur Bagage, was den Schmied etliche Tage später, als Mays Besuch ruchbar wird, zur Anzeige veranlaßt. Offensichtlich will er jedem Verdacht einer Mitwisserschaft vorbeugen.

Kinderwagen nebst Schirmlampe und anderes Gerät schafft May in zwei Höhlen im Oberwald nördlich von Hohenstein, die er zeitweilig als Zufluchtsort benutzt. Es sind Reste alter Stollen aus dem 17. Jahrhundert, als dort nach Eisenerz gesucht wurde. Man nennt sie deshalb «Eisenhöhlen», mitunter auch «Räuberhöhlen», weil in den Hungerzeiten um das Jahr 1772 der Räuberhauptmann Christian Friedrich Harnisch mit seiner Bande von dort aus zu Beutezügen in die geplagte Gegend aufbrach.

Alte Leute wissen noch manche erschröcklichen Geschichten zu berichten, die von Mund zu Mund laufen. Als sich Karl May am selben Ort für kurze Zeit versteckt, vermischen sich mit Hilfe der Fama und gezielter, bösartiger Nachrede die so weit auseinanderliegenden Ereignisse. Die Legende von den Raubzügen lebt weiter, nur spricht man statt vom vergessenen Harnisch vom bekannten Karl May. Der Nestor der biographischen Karl-May-Forschung, der Hohenstein-Ernstthaler Lehrer und Stadtbibliothekar Hans Zesewitz, erinnerte sich, wie noch in den zwanziger und dreißiger Jahren unseres Säkulums gerade solche Zerrbilder in der Heimatstadt kursierten.

Einer der beiden Stollen ist inzwischen durch den Serpentinsteinabbau verschüttet. Der andere aber, dort, wo der Schindel- in den Pechgraben mündet, heißt heute «Karl-May-Höhle».

Nach dem Besuch beim Ernstthaler Paten nimmt Mays Treiben immer groteskere Formen an. Das Motiv des materiellen Gewinns tritt zurück. Die eroberten kleinen Beuten stehen in keinem Verhältnis zum strafrechtlichen Risiko. Manches erinnert an Eulenspiegeleien. Die Gefahr, gefaßt zu werden, wächst.

Mit Rachegedanken, wie schon zuvor 1864, erklärt May sein Handeln auch in jenen düsteren Wochen. Das Uhrendrama ist wieder als schweres Trauma gegenwärtig. Er habe «unausgesetzt den inneren Befehl» vernommen, «an der menschlichen Gesellschaft Rache zu nehmen». Aber weitaus stärker als vordem läßt er sich jetzt von Selbstmitleid und einer Untergangsstimmung treiben: Jene, die ihn um Jugend und Zukunft brachten, sollen ihn «auf dem Gewissen» haben.

Die «Karl-May-Höhle» nach einer Aufnahme von 1986.

Am 31. Mai 1869 kehrt May in eine Limbacher Schankwirtschaft ein, steckt im leeren Gastzimmer fünf Billardkugeln in die Tasche und verschwindet. Drei Tage später holt er aus einem Stall in Bräunsdorf ein Pferd, reitet nach Remse und anschließend nach Höckendorf bei Meerane, wo er das Tier einem Schlächter für billige 15 Taler anbietet. Noch ehe er das Geld erhält, rücken die Verfolger an. Der Reiter flieht zu Fuß und entkommt. Mitte Juni folgt nochmals ein Auftritt als «höherer Beamter der geheimen Polizei». In Mülsen St. Jacob wird dem Bäcker Wappler zunächst eröffnet, daß er mit seinen drei Söhnen umgehend nach Glauchau kommen solle. Dokumente zu einer Erbschaft seien abzuholen. Das männliche Quartett bricht auch ungesäumt auf, und die zurückbleibende Bäckersfrau erfährt nun, daß die Nachlaßsache nur ein Vorwand gewesen sei, im Hause werde vielmehr Falschgeld vermutet. Und prompt findet der «Geheime» unter den Barschaften auch vorgebliche «Talerblüten».

Zum Finale schließlich am Monatsende, es ist der Fall Nummer 7, ein erster wie zugleich einziger Einbruchdiebstahl, und das in einem symbolischen Zielobjekt: im Kegelschub der Hohensteiner Schankwirtschaft Engelhardt. Als «Beute» werden ein Handtuch und ein «Cigarrenpfeifchen» (!) ausgewählt.

In die Stätte der bösen Kindheitserinnerungen steigt Karl May am Abend des ersten Julitages nochmals ein und entschließt sich zum Übernachten. Am Morgen wird er entdeckt und festgenommen.

Vor dem zuständigen Bezirksgericht in Mittweida ist von der Verzweiflung der letzten Wochen nichts zu spüren. May tritt ganz anders auf als einst im Leipziger Polizeiamt; rundweg weist er alle Beschuldigungen von sich. Staatsanwalt Ephraim Taube, dem die Untersuchung obliegt, verlangt zunächst vergebens ein Geständnis. Weil man nicht alle Beteiligten nach Mittweida herbeibitten kann, werden Lokaltermine und Verhöre vor Ort fällig.

In Limbach, Wiederau und Mülsen St. Jacob gibt sich May genauso abweisend wie im staatsanwaltschen Büro. Den Krämer Reimann will er nicht kennen und andere Zeugen ebenfalls nicht, selbst wenn wie in Mülsen St. Jacob gleich eine ganze Familie zur Identifizierung aufgeboten wird.

May zeigt sich überraschend selbstbewußt. Die jüngsten «Erfolge»,

Der Steckbrief Mays vom Juli 1869.

sonderlich beim Bäcker Wappler, wo die Untertanen so prächtig untertänigst parierten, haben bewiesen, daß er «etwas darstellen» kann. May krönt sein Auftreten mit einer Bravoureinlage.

In Sachen Bräunsdorfer Pferdediebstahl ist der 26. Juli 1869 für «Tatort-Exkurse» anberaumt. Per Zug geht es bis zur Bahnstation St. Egidien, dann weiter auf der Landstraße. Bereits am ersten Dorf passiert es: Bei Kuhschnappel entschnappt May dem Bewacher «unter Zerbrechen der Fessel», wie schon tags darauf das «Königl. Sächs. Gendarmerieblatt» berichtet.

«Es ist Alles zu seiner Wiedererlangung aufzubieten» wird gefordert, denn der Entsprungene sei ein höchst gefährlicher Mensch, schuldig «zahlreicher Verbrechen», habe «längl. Gesicht und Nase, ... (trägt auch falsche Bärte), graue Augen, starren, stechenden Blick, krumme

Beine, ... verzieht beim Reden den Mund. ... Er ist mit Tripperkrankheit behaftet ...» Bösartigeres läßt sich kaum noch hinzuerfinden, um die vermeintliche Gefährlichkeit des Gesuchten herauszustreichen.

Im Wadenbach-Wahn

In den heimatlichen Wäldern wird der Entsprungene angeblich gesichtet. Gendarmen werden zur «genauesten Durchsuchung der Hölzer» aufgeboten. Ein Turnerverein, der sich auch aufs Feuerlöschen versteht, schließt sich an. Das erinnert an ähnliche Häschereien Dezennien zuvor im gar nicht allzu weit entfernten Tann am Greifenstein, als ein Schützenverein an der Seite der Büttel den erzgebirgischen Volkshelden Karl Stülpner fangen wollte. Vergeblich ist auch diesmal die Hilfe. Wie ehedem der rebellische Wildschütz, kann sich auch der «Fesselbrecher» nach Böhmen absetzen.

Auf etlichen Umwegen über außersächsische Gebiete gelangt May über die Grenze. In der dörflichen Umgebung von Halle besucht er eine Malwine Wadenbach, Wirtschafterin auf einem Rittergut, die er ebenso wie ihre Tochter Alwine vermutlich von seinem Leipziger Aufenthalt im März 1865 her kennt.

Ob er dort irgendwelche Unterstützung und Hilfe findet, wissen wir nicht. Nach langen Wanderungen, die sich zuletzt am erzgebirgischen Südhang hinziehen, erreicht er zum Jahreswechsel 1869/70 das Tetschener Gebiet (heute Děčin, ČSSR). Ohne Pfennig und Kreuzer in der Tasche, erschöpft und frierend, sucht er eine Bleibe.

Bewohner von Algersdorf (heute Valkeřice, ČSSR) entdecken am 4. Januar 1870 auf dem Dachboden ihres Hauses einen halbverhungerten Landstreicher. Die k. u. k. Gendarmen, die ihn in Gewahrsam nehmen, bekommen eine phantastische Geschichte zu hören: Er heiße Albin Wadenbach, sei 22 Jahre alt und Plantagenbesitzer in Orby auf der westindischen Insel Martinique. «Mein Grundbesitz in Amerika repräsentiert einen Werth von 20000 Dollars.» Zusammen mit dem Bruder Friedrich wäre er nach Deutschland zum Verwandtenbesuch gekommen. Sie hätten sich in Coburg getrennt, um nach drei Tanten zu suchen – irgendwo bei Halle und in der Nähe von Görlitz –, von denen man aber nichts Genaues wisse. Leider befänden sich die Legitimationspapiere noch bei seinem Bruder und ebenso das meiste Geld. Ihm wären vor drei Tagen die Mittel ausgegangen. Deshalb müsse er zu Fuß nach Görlitz laufen und auf so ungewohnte Weise nächtigen; solches Mißgeschick sei ihm zum ersten Male widerfahren.

Um das zu unterstreichen, entführt er die Gendarmen aus dem grauen Januartag in die Karibik. Märchenbilder vom bunten Treiben auf Hanf-, Tabak- und Vanilleplantagen werden in den Raum gezaubert. Aber trotz allen Reichtums, so wird ihnen listig ausgemalt, sei das Leben nicht leicht, weder hier in Europa – was man ja an seinem desolaten Zustand sehe – noch auf der fernen Insel. Sein Vater Heinrich Wadenbach sei schon früh verstorben, deshalb trage er trotz seiner Jugend bereits die Bürde eines Plantagenbesitzers. Was Karl May auf dem Gendarmerie-Revier fabuliert, paßt schon so recht in das Muster, das er dann bei so vielen «Reiseabenteuern» webt. Erlebtes und Erdachtes verschmelzen. Nur wenige Funken genügen, um die Phantasie zu entzünden. Jetzt ist es die höchst bedrohliche Lage, die ihn unter Verwendung einiger realer Fakten zum Plantagenbesitzer werden läßt.

Alwine Wadenbach regt May zum Namen Albin W. an, und ihr Onkel Heinrich W. – der nach Amerika ausgewandert war – gibt die Vorlage für den verstorbenen Vater des reiselustigen, nach seinen Tanten recherchierenden Sohnes ab. Ein kurz zuvor besuchtes Rittergut bei Halle wandelt sich zur Plantage unter subtropischer Sonne. Der achtundzwanzigjährige May schlüpft in die Gestalt des zweiundzwanzigjährigen Wadenbach: Sechs dunkle Jahre sind damit getilgt. Als nach der Erziehung des Plantagenbesitzersohnes gefragt wird, tauchen hervorragende Hauslehrer (!) auf. Der Blick zurück bleibt – wie noch so oft bei Mayschem Fabulieren – am versagten Berufswunsch hängen. Besonderen Wert habe man bei der Ausbildung auf «practische Kenntnisse in der Medicin» gelegt!

Die Phantasie arbeitet jedoch nicht nur Vergangenheit auf. Geht es um Gegenwärtiges, schlägt sie über alle Stränge. So beim Geld. Wenn es auch momentan fehle, für einen Plantagenbesitzer kein Problem – man schreibt beiläufig an seinen Bankier. May alias Wadenbach richtet einen Brief an das «Banquierhaus Plaut & Comp.» in der Leipziger Katharinenstraße.

«Geehrtester Herr!

Meine erste Bitte an Sie ist um Verzeihung, daß ich Sie mit einem Schreiben von meinem gegenwärtigen unfreiwilligen Aufenthalt incommodire; aber bitte werfen Sie die Schuld auf meine unangenehme Lage. Ich habe ohne Legitimation Böhmen durchreist, um meine Verwandten in der Lausitz zu besuchen, bin von der Polizei aufgegriffen worden und muß mich ausweißen, um meine Freiheit wieder zu erhalten. Diese Ausweißung kann nur durch meinen Bruder Frederico Wadenbach, Kaufmann aus Orby auf Martinique, geschehen, welcher bei unserer Trennung die betreffenden Legitimationspapiere bei sich behalten hat.

Da nun derselbe einen Wechsel zur Präsentation auf Ihr Haus bei sich führte, sich Ihnen jedenfalls schon vorgestellt hat, so wage ich es, an Sie die ergebene Bitte auszusprechen, ihm umgehend Nachricht von meiner Lage zu geben und ihn zu veranlassen mich durch seine Gegenwart und Vorzeigung der betreffenden Papiere zu erlösen.

Indem ich Ihnen schon im Voraus meinen Dank für Ihre freundliche Bemühung ausspreche, behalte ich mir vor, später bei meiner Gegenwart in Leipzig demselben noch mündlichen Ausdruck geben zu dürfen.

Achtungsvoll
Albin Wadenbach
Plantagenbesitzer in Orby auf Martinique.»

Formvollendet hat sich die Hochstapelei ins geschriebene, wenn man will, sogar ins literarische Metier gewendet. Die Phantasie schwebt über unerreichbaren Gestaden der Trauminsel Martinique, und dorthin möchte Albin Wadenbach zurückkehren, sich zum wenigsten aber vorerst aus den Gendarmeriefängen lösen.

Im späteren literarischen Schaffen unterliegt May über lange Strecken der Faszination, Erzähltes letztlich für Erlebtes zu nehmen. Ob er bereits bei den böhmischen Polizisten ein bißchen glaubt, tatsächlich der Monsieur Wadenbach zu sein, mag dahingestellt bleiben, die Beamten jedenfalls fallen anfangs auf die so überzeugend dargebotene Geschichte herein; den Diebstahlsverdacht lassen sie fallen. Als aber eine routinemäßige Nachfrage keine Verwandten bei Görlitz ans Licht bringt, regt sich neues Mißtrauen. Zunächst wird in dem alten «Eberhardt'schen Allgemeinen Polizeianzeiger» ein Steckbrief veröffentlicht. Das an die Dresdner Redaktion übermittelte Signalement erwähnt «als besonderes Kennzeichen an der unteren Seite des Kinns eine von einem Geschwür herrührende Narbe» – jenes Wundmal, das laut erstem *Winnetou*-Band vom Messer des Apachenhäuptlings herrühren soll.

Die sächsischen Behörden erbeten von den k. u. k. Instanzen nähere Auskunft, und nach kurzem Hin und Her steht die Identität Mays fest. Mitte März erfolgt die Auslieferung, und am 13. April 1870 spricht das Bezirksgericht Mittweida das Urteil: Der Angeklagte wird «wegen einfachen Diebstahls, ausgezeichneten Diebstahls, Betrugs, und Betrugs unter erschwerenden Umständen, Widersetzung gegen erlaubte Selbsthilfe und Fälschung bez. mit Rücksicht auf seine Rückfälligkeit mit Zuchthausstrafe in der Dauer von 4 Jahren belegt». Auch ist der Angeklagte «des ihm Beigemessenen geständig».

Pflichtverteidiger Karl Hugo Haase hat sich während der Verhandlung nicht strapaziert und in einem Berufungsschreiben lediglich um einen kleinen Strafnachlaß ersucht, «weil nicht sowohl Schlechtigkeit und Böswilligkeit den Angeklagten zu den Verbrechen getrieben zu haben scheinen, als vielmehr grenzenloser Leichtsinn und die angeborene Kunst, den Leuten etwas vorzumachen und daraus Gewinn zu ziehen». Jede Erfolgschance macht der Anwalt zwei Sätze weiter aber selbst zunichte, indem er ausführt, «daß der Angeklagte ein gemeinschädliches Individuum ist».

Im Skriptum klingt allerdings auch die Einsicht an, daß «sich die meisten seiner Verbrechen in ihrer Ausführung mehr als leichtsinnige Streiche wie als böswillige Verbrechen» darstellen. Bei solchem vorsichtigen Abwägen aber bleibt es. Mays Verhalten entlastende oder zumindest gerechter werdende Schlußfolgerungen zieht er nicht. Von der Mittweidaer Kammer oder vom Appellationsgericht ist das noch weniger zu erwarten. Auch die für die sieben tolldreisten, «leichtsinnigen Streiche» akkurat addierte «Schadensumme» von 106 Talern, 12 Neugroschen und 3 Pfennigen liefert der Justiz keine Denkanstöße.

Bei so bescheidener Beute sind eindeutig kriminelle Motive nicht zu vermuten. May ist es vielmehr auf die Aktion angekommen, um «den Leuten etwas vorzumachen», – die Absicht, «daraus Gewinn zu ziehen», rangierte erst an zweiter Stelle.

Die Rechtssprechung damaliger Zeit orientiert sich an formalen, harten Gesetzen. Psychologische Fehlentwicklungen oder soziale Hintergründe des Täters interessieren nicht, es sei denn, der Angeklagte kommt, wie wir an Beispielen bereits deutlich gemacht haben, aus der besitzenden Klasse. Von solchem Privileg bleibt May ausgeschlossen.

Durch die Hölle

Die Zeit vom 3. Mai 1870 bis zum 2. Mai 1874, die May als «Züchtling No. 402» im Zuchthaus Waldheim verbüßen muß, wird für ihn zur Hölle. Der hier für den Strafvollzug gebräuchliche Begriff «progressiv» bedeutete in der Praxis das ganze Gegenteil: übergroße Härte als Abschreckung und Vergeltung von Anfang an, die lediglich am Ende geringfügig gemildert wird.

Das Zuchthaus Waldheim galt bis in die sechziger Jahre hinein als Stätte grausamer Rache an Teilnehmern des Dresdener Maiaufstandes von 1849. Die dann als «progressiv» apostrophierten Bedingungen zur Haftzeit Mays sind aber noch immer drakonisch genug.

Das oberste Waldheimer Prinzip heißt nach wie vor Demütigung und Vergeltung. In einem ausgeklügelten System rangiert an erster Stelle das «Gebet beim Eintritt in die Strafanstalt»: «...Ich selbst bin die Ursache meines Elends, ich selbst muß mich anklagen und verdammen... ich erkenne Deine strafende Gerechtigkeit... ich murre nicht wider die Wege... will die Befehle und Anordnungen meiner Vorgesetzten gehorsam und unverdrossen befolgen, will dieselben als meine Wohltäter erkennen... will ich geduldig in meinem Trübsal bleiben...»

Eine endlos lange erniedrigende Litanei muß nach vorgegebenem Text gesprochen werden. Alles zielt auf bedingungslosen Gehorsam, auch das absolute Sprechverbot während der dreizehnstündigen täglichen Arbeit.

Wer das auferlegte Pensum nicht schafft oder auch nur geringfügig unliebsam auffällt, wird bestraft: durch Streichung des Verdienstes oder mit mehrtägigem «Dunkelarrest» in einer engen Zelle, die kein Hinlegen ermöglicht. Besonders grausam ist der sogenannte «Latten-Arrest». Die dafür präparierten Zellen sind am Boden und an den Wänden mit scharfkantigen Hartholzlatten ausgeschlagen. Wird das «Tragen von Klotz und Kette» verordnet, muß bis zu einem Monat, auch während der Arbeit, an einer langen Kette am Bein ein Eisenklumpen von fünf, zehn oder fünfzehn Kilogramm mitgeschleppt werden. Zum zehnteiligen, noch vielfach untergliederten Strafenkatalog gehören auch dreißig Schläge mit einem «85 cm langen ... $^3/_4$ cm starken Haselstocke auf das entblößte Gesäß». Als es in Waldheim noch nicht «progressiv» zuging, verabreichte man sechzig Hiebe.

Die in Dutzende von Paragraphen aufgefächerten «Verhaltensvorschriften» verbieten unter anderem «unnötiges Schnauben und Räuspern» während der «kirchlichen und außerkirchlichen Andachtsübungen», alle «Bewegungen und Gesticulationen» beim Gespräch mit «Vorgesetzten» und auch «Worte, Mienen oder Gebehrden», sollte ein Sträfling über eine Anweisung erregt sein, ja selbst das Drehen des Kopfes beim Laufen und «laut zu lachen».

Irgendeines dieser «Delikte» läßt sich May in den ersten Monaten zuschulden kommen, worauf er wegen «Neigung zu grobem Unfug, Widersetzlichkeit und Gewaltthaten» etwa ein Jahr in Isolierhaft verbringen muß, anders als in Zwickau nunmehr gegen seinen Willen. Als verschärfend wird nochmals der «Verdacht des Entweichens» vermerkt – ein Hinweis auf die einstige Flucht bei Kuhschnappel.

«Meine Strafe war schwer und lang», erfahren wir von ihm über die Waldheimer Zeit. Aber er habe auch viel Zeit zum Schreiben gehabt, behauptet er: «Es stand mir jedes Buch zur Verfügung, das ich für meine Studien brauchte. Ich stellte meine Arbeitspläne fertig und begann dann mit der Ausführung derselben. Ich schrieb Manuskripte. Sobald eines fertig war, schickte ich es heim. Die Eltern vermittelten dann zwischen mir und den Verlegern.»

An solche Mußestunden jedoch kann in diesem Zuchthaus über-

Zigarrenfabrikation im Zuchthaus Waldheim.

haupt nicht gedacht werden. Lesen ist nur an den wenigen sonn- und feiertäglichen Freistunden gestattet. Schon das Abfassen eines längeren Briefes gehört zu den Privilegien, die nur in Ausnahmefällen einem Häftling der ersten Disziplinarklasse gewährt wird. May bleibt, wie wir heute wissen, nur in der dritten beziehungsweise zweiten Stufe. Er muß, ob in der Isolierzelle oder danach wieder im großen Arbeitssaal, Zigarren drehen.

Wenn er jene Jahre so beschönigend ausmalt, dann wohl vor allem, um die Erinnerung an die furchtbarste Zeit seines Lebens zu überdecken und zu verdrängen.

Einige «Vergünstigungen» werden ihm zwar tatsächlich gewährt, sind aber vergleichsweise sehr viel bescheidenerer Natur. Wahrscheinlich noch während der Isolierhaft überträgt man ihm das Orgelspiel im katholischen Gottesdienst – vermutlich, weil es unter den wenigen Sträflingen dieser Konfession keinen kundigen Organisten gibt. Dem

Betreuer der kleinen katholischen Gemeinde, dem Katecheten Johannes Kochta, hat May in der Selbstbiographie Dankbarkeit bekundet, wird doch nunmehr die Verlassenheit der Isolierzelle wenigstens für Stunden durchbrochen.

Gegen Ende der Haftzeit wird May noch zu Hilfsarbeiten bei der sonntäglichen Ausleihe in der Bibliothek herangezogen. Dieses Privileg findet aber bald wieder ein Ende, als er sich schützend vor einen Mitgefangenen stellt, dem man das Beschmutzen eines Buches vorwirft. Die Schrift sei schon vorher unsauber gewesen, versichert May. «Züch. No. 402 ist fernerweit nicht mehr mit dem Austheilen der Bücher zu beschäftigen», heißt es im sofort angelegten Protokoll vom Märzanfang 1874.

«Züchtling Nummer 402» hat zu dieser Zeit noch zwei Monate zu verbüßen. In den am 2. Mai 1874 ausgefertigten Entlassungsunterlagen wird ihm vom Arzt attestiert: «etwas entkräftigt, sonst arbeitsfähig». Befragt nach «Plan und Wunsch» sowie «über sein ferneres Fortkommen und wozu er sich eignet», wird als Antwort in den Papieren notiert: «Will nach Amerika auswandern.» Der Blick auf eine völlig ungewisse Zukunft wird hier den Ausschlag gegeben haben. Es sollen aber fast noch dreieinhalb Jahrzehnte vergehen, bis es zur ersten und einzigen Reise nach diesem Kontinent kommt.

Außer der verfügten Polizeiaufsicht von zwei Jahren – die allerdings einer Auswanderung nicht entgegengestanden hätten – ist May noch von anderen Festlegungen betroffen. Nach § 31 des seit 1. Januar 1872 geltenden «Strafgesetzbuches für das Deutsche Reich» wird beispielsweise «die dauernde Unfähigkeit zur Bekleidung öffentlicher Aemter von Rechtswegen» ausgesprochen, wozu unter anderem «der Geschworenen- und Schöffendienst» gehört. Durch Aberkennung einiger bürgerlicher Ehrenrechte zeichnet die Klassenjustiz des Kaiserreiches einige Gruppen von Verurteilten mit einem lebenslangen, untilgbaren Kainsmal.

Für jeden Entlassenen, so auch für May, stellt sich vor allem die unmittelbare Existenzfrage. Die einstigen schriftstellerischen Pläne hat er trotz vierjähriger literarischer Abstinenz nicht aufgegeben. Offen bleibt für ihn natürlich, welche Erfolgschancen sich nunmehr anbieten. Er kehrt zunächst zu seinen Eltern zurück.

Von den Geschwistern ist niemand mehr im Haus. Der vierundsechzigjährige Vater lebt allein mit der Mutter. Aus manchen späteren Äußerungen spricht die Reue über den Kummer, den er den Eltern zugefügt hat. Die Absicht, etwas wiedergutmachen zu wollen, wird jeden möglichen Gedanken an Auswanderung rasch wieder verdrängt haben.

«Mich sehen Sie hier niemals wieder», hatte Karl May dem Aufseher in Waldheim versichert, als sich nach vier Jahren das Tor zur Freiheit öffnete. Ein «stürmischer Frühlingstag» begrüßte ihn.

Frühling und Neubeginn? Oder Vorbote eines alles vernichtenden Orkans? Die Antwort wird nicht allein von Mays Wollen abhängen.

Das objektive Fundament

Die literarischen Traditionslinien

«Alle Welt las ‹Werther›. Man fand sein Selbstgefühl und seinen Persönlichkeitsanspruch bestätigt oder ließ sich vom sprichwörtlich gewordenen ‹Wertherfieber›, jener selbstzerstörerischen Identifikation mit den Leiden des jungen Romanhelden, ergreifen oder trug nur die ‹Werthermode› (blauer Frack zu gelber Weste und Hose, braune Stulpenstiefel, ungepudertes Haar).» Eine treffliche Charakterisierung zur Rezeption des Briefromans «Die Leiden des jungen Werther» (zitiert aus der «Kurzen Geschichte der deutschen Literatur»), wie sie nun freilich von Goethe in dieser Gefühlsintensität bis hin zur Selbstzerstörung nicht beabsichtigt war.

Zwei Jahre nach dem «Werther» – 1776 – sorgte die Klostergeschichte «Siegwart» des Johann Heinrich Miller für ähnliches Aufsehen. Die tragische Romanze einer unerfüllten Liebe voll Intrigen und zahlreichen Zufällen, die mit dem Tod des unglücklichen Paares endet, weckte bei den Lesern kaum minder wehleidige Gefühle.

Im Gegensatz zu Goethe aber hatte es Miller direkt auf diese Wirkung angelegt. Er zielte, wie er selbst bekannte, «hauptsächlich auf das Herz seiner Leser» – ein sicherer Weg zum geschäftlichen Erfolg, den fortan viele meisterliche Könner in diesem Metier einschlugen und dessen Entwicklungslinie bis hin zu Karl May führt: «Ich will», erfahren wir von ihm, «nicht den Leser von außen festhalten, sondern ich will eindringen, will Zutritt nehmen in seine Seele, in sein Herz, in sein Gemüt.»

Gemeinhin gilt die Klostergeschichte «Siegwart» als eines der ersten bedeutsamen Werke jenes Genres, für das später (1923) der Begriff

«Trivialliteratur» aufkam, dem zu Unrecht schnell das Odium des Platten, Seichten, ästhetisch Minderwertigen angeheftet wurde. Wenn wir diesen Terminus dennoch verwenden, dann einzig und allein, um kenntlich zu machen, daß jene Autoren bei ihren Lesern vor allem vordergründig die Gefühle ansprechen wollten.

Die Anfänge dieser Literatur liegen in der Zeit der Aufklärung, die konkrete Bedürfnisse nach einer Literatur der wehleidigen Empfindsamkeit weckte. Das Bewußtsein der Bürger wurde angesichts der scheinbar unerschütterlichen Feudalherrschaft durch politische Ohnmachtsgefühle und Zweifel an den Idealen der Aufklärung, aber auch durch das Verlangen nach gesteigertem Selbstvertrauen und Emanzipation geprägt. Der antifeudale Kampf erforderte selbstbewußte, auch emotionell empfindende Menschen, und weil die gesellschaftliche Realität keine Freiräume für solche Entfaltungen bot, mußte sie sich in der privaten Sphäre abspielen. Auch übersteigert-empfindsame Lektüre sollte zur Persönlichkeitsentwicklung beitragen.

Mit dem Übergang zum Kapitalismus entstanden neben dem «empfindsamen» Roman, wie ihn Miller vertrat, neue trivialliterarische Grundtypen. Unter anderem rührselige Liebes- und Familienromane in der Zeit der politischen Restauration nach dem Wiener Kongreß von 1815, die den Lesern heile, kleine Familienwelten voll Tugend und Treue vorspiegelten, ihnen die Illusion einer idealen Insel in bedrückender gesellschaftlicher Umwelt vermittelten. Diese Abkapselung war bis zu einem gewissen Grad Ausdruck gewachsenen bürgerlichen Selbstbewußtseins, führte aber auch zu Philistertum und Bigotterie. Bereits vorher, noch gegen Ende des 18. Jahrhunderts, kam der Typus der «heroisierend-pathetischen Trivialliteratur» auf. Diesen Begriff prägte Hainer Plaul für eine umfangreiche Gruppe von Werken, die seit der Französischen Revolution von deutschen Autoren geschrieben wurden.

Hoffnungen auf ähnliche revolutionäre Entwicklungen in Deutschland hatten sich nicht erfüllt. Ihre Enttäuschung darüber kompensierten weite Teile des Bürgertums mit der Lektüre von Büchern, die ihnen Gefühle der Tatkraft und Gerechtigkeit suggerierten und in denen das Gute über das Böse triumphierte. Was in der Realität nicht möglich war, sollte nun wenigstens in der Illusion gelingen.

Die Herausbildung dieses Genres erfolgte, wie Plaul nachgewiesen hat, unter dem Einfluß der Morallehre von Immanuel Kant. «Handle so», hatte der Philosoph gefordert, «daß die Maxime deines Willens jederzeit zugleich als Prinzip einer allgemeinen Gesetzgebung gelten könne.» Das war Ausdruck der Sehnsucht nach humanistischer Gestaltung der gesellschaftlichen Beziehungen: Jeder Mensch soll sich bei seinem Tun nicht von persönlichen Begierden oder Wünschen nach Reichtum und Macht leiten lassen, sondern von allgemeingültigen Moralauffassungen.

Typische Beispiele sind die Romane über edle Räuber, für die im deutschsprachigen Raum Heinrich Zschokke mit dem 1794 erschienenen Titel «Abaellino, der große Bandit» den Auftakt setzte. Andeutungsweise schon hier, deutlicher in späteren Büchern, etwa im «Rinaldo Rinaldini» (1797/1800) von Vulpius, agieren edle, selbstlose, tatkräftige, mutige Außenseiter der Gesellschaft. Sie mißachten ungerechte Gesetze und kämpfen gegen eine unmoralische Umwelt an. Die Helden handeln allein nach Vernunft und eigenem Willen.

Zschokke, eine Zeitlang Privatdozent für Philosophie und geistig wie politisch in der Tradition der Aufklärung stehend, hat ganz bewußt an die Kantsche Morallehre angeknüpft. Viele spätere Autoren, ob sie nun Räuberromane schrieben, ihre Themen aus Sagenwelt und Rittermilieu entlehnten oder Abenteuer anderer Provenienz pathetisch gestalteten, wurden vor allem vom beachtlichen Erfolg des Genres angezogen. Die Kantschen Ideen lebten dann unbewußt weiter. Hinter der Kritik an den bestehenden unmoralischen gesellschaftlichen Verhältnissen – explizit oder auch nur implizit vorgetragen – wird man aber wohl gezielte Absichten sehen dürfen.

In geschichtlichen Phasen der Stagnation oder politischer Reaktion bot sich das weite Feld der Trivialliteratur immer wieder den Schriftstellern an. Zu Langlebigkeit und Erfolgsträchtigkeit trugen außerdem die vielfältigen Variationsmöglichkeiten der Grundstruktur bei: Für Kampf und Sieg gegen das Böse konnten immer wieder neue Handlungsräume erschlossen werden.

Da müssen sympathische Helden schlimme Schicksalsschläge erleiden und ziehen dadurch Mitgefühle auf sich; unheimliches oder abenteuerliches Geschehen löst Schauer oder Neugier aus, gesponnene Intrigennetze sorgen für Spannung, und am Schluß steht zumeist ein Happy-End. Die Bücher paßten sich den Erwartungen der Leser an und stellten keine intellektuellen Anforderungen. Ihre Lektüre weckte Gefühle, die im Alltagsdasein zumeist verkümmerten. Der Triumph des Guten über das Böse konnte eigene erlittene Unbill besänftigen; das Erlebnis eines spannenden oder anrührenden Geschehens setzte Lichtpunkte in triste, monotone Tagesabläufe.

Millionenscharen lasen und zerlasen die Bücher, ließen sich in eine Welt des schönen Scheins entführen und vergaßen für viele Stunden die Miseren ihres Daseins. Bei der Trivialliteratur handelt es sich «nicht um eine realistische Literatur..., jedoch um eine solche, die auf Realitäten reagiert». So resümiert Plaul in der «Illustrierten Geschichte der Trivialliteratur».

Die von den Autoren gewählten Sujets und Klischees offenbaren somit, was die Menschen zu bestimmten Zeiten beschäftigte und bedrückte, sie eröffnen treffliche Einblicke in Mentalität und Gefühlswelt unserer Vorfahren, in ihr Hoffen und ihre Träume von einer besseren Welt. Die Trivialliteratur liefert ein Spiegelbild zu bestimmten Problemen der sozialökonomischen und geistig-kulturellen Entwicklung.

Und dennoch: Von der Literaturwissenschaft wurde sie gleichsam seit Anbeginn übergangen, wurde ignoriert oder herabgewürdigt, galt als «Kitsch» oder erweckte Aufmerksamkeit höchstens als Kuriosität. Das wissenschaftliche Interesse richtete sich allein auf die sogenannte hohe Literatur, die sich in das Muster ästhetischer Normen einfügen ließ. Der weitaus größte Teil allen Schrifttums – die Millionenlektüre der Werktätigen – war den Fachgelehrten keine sachkundige Analyse wert, schien für sie gleichsam nicht zu existieren.

Weil dieses Verdikt auch für Kriminalromane galt – von denen ein guter Teil der Trivialliteratur zuzurechnen ist –, empfahl einst Bertolt Brecht jedem Schriftsteller zumindest einen Kriminalroman «zur zeitweiligen Lektüre: die Literaturgeschichte»! Denn kaum anderswo sei an verfügbarer Substanz jemals mehr unterschlagen worden als auf dem Gebiet der Literaturwissenschaft. Brecht war, das nebenbei, auch ein begeisterter Karl-May-Leser.

«Leider wird das Studium der Trivialliteratur bei uns völlig vernachlässigt», mußte Jürgen Kuczynski noch 1981 feststellen: «Man kann der Trivialliteratur gar nicht genug Bedeutung für den Alltag der Werktätigen beimessen...» Der Nestor unserer Gesellschaftswissenschaftler, auch dies nebenher, las schon als Achtjähriger Karl May.

Trennlinien zwischen «hoher» und «niederer» Literatur gibt es seit langem auch in anderen Ländern. Als Alexandre Dumas (d. Ä.) beispielsweise vorgeworfen wurde, «unterhaltsam, fruchtbar und verschwenderisch zu sein», reagierte Victor Hugo mit einem sarkastischen Kommentar: Er glaube, «daß der Umstand, mehr als fünfhundert Leser zu haben, einem Schriftsteller nichts von seinem Wert nehme».

Mit «der Elle der hohen Literatur» ist die Trivialliteratur nicht zu messen, schreibt Plaul. Erst wenn man ihrem spezifischen Anliegen nachspürt – «geistig zu entlasten und emotional zu belasten» –, erschließt sie sich in ihrer differenzierten Vielfalt; dann zeigt sich, daß es eben auch auf dem Gebiet des Trivialen gute und schlechte Werke gibt.

Die Grenzen sind fließend. Man wird über «gut» oder «schlecht» oftmals genauso streiten können, wie darüber, ob ein betreffendes Werk zum trivialen Genre gehört oder nicht. Und eine Einteilung der Schriftsteller in zwei Kategorien ist schon gar nicht möglich. Wir werden sehen, wie uns gerade Karl May ein Exempel für das Scheitern solchen Vorhabens vorführt.

Was ihm allerdings seinen Weltruhm einbrachte, ist typisch trivialliterarisch geprägt. Der Held seiner «Reiseromane» – Old Shatterhand beziehungsweise Kara Ben Nemsi –, stellt Plaul fest, «ist der letzte große Vertreter, Höhepunkt und Endpunkt zugleich, des in der Tradition der Aufklärung stehenden trivialliterarischen Heldentyps seiner Art».

Karl May folgt humanistischen Idealen und Illusionen der Aufklärung, die er mit einer christlich geprägten Moralauffassung verbindet. Sein tragisches Jugendschicksal und eine gleichsam «dämonische» Phantasieveranlagung schlagen sich in einem Werk nieder, das in keines der gängigen literarischen Fächer hineinpaßt und das ihm noch heute, weit über 100 Jahre nach dem Beginn, ungebrochene Beliebtheit sichert.

Soziale und gesellschaftliche Bedingungen

Karl Mays außerordentlicher Erfolg hängt nicht zuletzt mit den sozialen und gesellschaftlichen Verhältnissen zusammen, unter denen er seine schriftstellerische Laufbahn beginnt und den größten Teil seines Werkes schafft. Denn aus diesen Realitäten erwachsen ganz konkrete Lesebedürfnisse.

Zwischen dem Deutsch-Französischen Krieg 1870/71 und der Jahrhundertwende vollziehen sich in seiner Heimat außerordentliche Veränderungen. Deutschland entwickelt sich vom Agrar- zum Industriestaat und von einer europäischen zur Weltmacht.

Zwischen 1871 und 1874 werden allein in Preußen genauso viele Eisenhüttenwerke, Hochöfen und Maschinenfabriken gegründet wie in den vorangegangenen Jahren seit 1800. Von den sechziger Jahren bis 1900 steigt trotz Zeiten der Krise und Depression die Industrieproduktion fast auf das Vierfache, während sich die Zahl der Industriearbeiter nur etwa verdoppelt und die Wochenarbeitszeit sogar etwas zurückgeht. Im Durchschnitt beträgt sie in den wichtigsten Industriezweigen für die Zeit 1870/75 achtundsiebzig Stunden und für 1890/95 vierundsechzig Stunden. Noch gegen Ende der fünfziger Jahre mußten die Arbeiter vielfach am Tag zwölf, vierzehn oder mehr Stunden schuften. Damit war die Grenze der physischen Möglichkeiten erreicht. Neben diesen objektiven Ursachen sorgte der wachsende und sich organisierende Widerstand der Arbeiter für eine Verringerung der Arbeitszeit.

In dem uns interessierenden Zeitraum erfolgt der endgültige Wechsel von den extensiven zu den intensiven Formen von Produktion und Ausbeutung: Pro Arbeitsstunde wird jetzt mehr aus dem Arbeiter herausgeholt. Der Umfang der Freizeit vergrößert sich etwas.

Zwischen 1871 und 1900 bleibt die Landbevölkerung mit rund 26 Millionen annähernd konstant, während sich die Stadtbevölkerung von knapp 15 auf über 30 Millionen vergrößert. Am schnellsten wachsen die Großstädte mit über 100000 Einwohnern: An der Gesamtbevölkerung steigt ihr Anteil von 4,8 auf 16,2 Prozent. In nur drei Jahrzehnten erhöht sich allein die Einwohnerzahl Berlins von 800000 auf knapp zwei Millionen.

Häßliche Mietskasernen mit drei bis vier Hinterhöfen bestimmen das neue Bild der Städte. Die Wohnungen bieten für die meist vielköpfigen Familien unwürdige Verhältnisse. In Berlin, so wurde beispielsweise für die Zeit um 1882 ermittelt, besitzt nur jeder dritte Mensch ein eigenes Bett.

Es ist ein kummervolles Dasein, das gerade in den Großstädten für zahlreiche Menschen – und nicht nur aus der Arbeiterklasse – noch zusätzliche Probleme bringt. Viele leiden unter den Gefühlen der Einsamkeit und des Unbeachtetseins.

Welches Problem auch immer den einzelnen am meisten bedrückt und unabhängig davon, wie intensiv er sich politisch engagiert oder organisiert, stärker als je zuvor wird nach einem Ausgleich zum düsteren Alltagsleben gesucht. In dieser Zeit entstehen am Rande der Städte Schrebergartenanlagen und Laubenkolonien, die sich vornehmlich den einigermaßen zahlungsfähigen kleinbürgerlichen Schichten anbieten. Als sonntägliche Fluchtmöglichkeiten werden neue Ausflugslokale genutzt oder einfach Rastplätze im Grünen. Wer nicht allein oder mit Familie wandern will, kann Anschluß an organisierte Gruppen finden. Gründungen zahlloser kleiner Vorstadttheater fallen in diese Zeit – und eine beachtliche Zunahme der Lektüre.

Bei allen nach wie vor bestehenden Unzulänglichkeiten des Schulwesens hatte sich zumindest das elementare Bildungsniveau verbessert. Durch neue Bestimmungen zum Volksschulunterricht, Einführung der staatlichen Schulaufsicht, zahlreiche Schulneubauten und andere Maßnahmen wird den Erfordernissen der wirtschaftlichen Entwicklung Rechnung getragen. Das Analphabetentum schrumpft auf einen kleinen Prozentsatz.

Eine heute kaum noch überschaubare Anzahl von Unterhaltungs- und Familienzeitschriften – die vielfach dem Vorbild der über weite Strecken seriösen «Gartenlaube» folgen – bietet Unterhaltung und Ablenkung, liefert aber auch – wie eben gerade die «Gartenlaube» – eine Fülle von Informationen aus aller Welt, berichtet über neue wissenschaftliche Entdeckungen und vieles andere mehr.

Tragendes Element dieser Zeitschriften jedoch sind die belletristischen Beiträge. Begehrt sind jetzt vor allem kleinere Erzählungen oder über viele Nummern laufende Fortsetzungsromane, natürlich auch in Buch- oder Heftausgaben, die Träume wecken von privaten Idyllen, die zurückführen zu historischen Heldenmythen oder über die Grenzen hinaus in exotische Fernen. Der Leser sucht nach Identifikationen, die das graue Existenzeinerlei nicht bietet; er will Heldentaten miterleben und sich in ein Geschehen hineinversetzen, in dem der einzelne frei und ungebunden von allen Zwängen agiert, wo er Ordnung schaffen und die Welt nach eigener Fasson zurechtrücken kann. Solche Lektüre ist gefragt: Karl May wird sich als erstrangiger Könner auf diesem Gebiet erweisen.

Gesetzliche Grundlagen

Neben der wachsenden Leserschar begünstigen auch eine Reihe äußerer Bedingungen die Verbreitung gedruckter Erzeugnisse.

Seit der Reichsgründung 1871 kann sich ein einheitlicher Literaturmarkt voll entfalten. Schon mit der Gewerbeordnung des Norddeutschen Bundes von 1869 hatte die wirtschaftlich erstarkte Bourgeoisie die allgemeine Gewerbefreiheit durchgesetzt, also jedermann das Recht zuerkannt, jedes beliebige Gewerbe ohne irgendwelche Vorbedingungen zu betreiben, Hemmnisse, wie sie sich beispielsweise früher durch den Zunftzwang ergaben, sind damit verschwunden.

Ein reichseinheitliches Pressegesetz vom 7. Mai 1874 – May wird am 2. Mai 1874 entlassen – beseitigt dann die in einzelnen Ländern noch vorhandenen Hindernisse für einen breiten Aufschwung im bürgerlichen Druck- und Verlagsgewerbe, etwa hemmende Steuern, richterliche Beschlagnahmebefugnisse und lästige Kautionsverpflichtungen vor Druckbeginn.

Neugegründete Verlage orientieren sich zumeist auf das sichere Geschäft mit Unterhaltungs- und Trivialliteratur, und bestehende Unternehmen stellen ihr Programm teilweise oder gänzlich um. Einige Firmen, darunter der Betrieb von Heinrich Gotthold Münchmeyer, können sich bald beträchtlich vergrößern. Und nicht zuletzt ermöglichen diverse technische Fortschritte in der Polygraphie nunmehr eine preisgünstige Massenproduktion von Zeitschriften und Büchern. Hingewiesen sei nur auf die rasche Ausbreitung der Rotationsdruckmaschinen seit der Wiener Weltausstellung von 1873, auf denen nicht allein Zeitungen, sondern auch Bücher und Broschüren hergestellt werden können.

Erwähnt werden muß aber auch, daß die neuen, sich so progressiv ausnehmenden Presserechte der revolutionären Arbeiterbewegung von Anfang an vorenthalten werden. Von den noch vor dem Sozialistengesetz von 1878 inszenierten rund 1600 «Sozialistenprozessen» richten sich nicht wenige gegen Redakteure und sogar Schriftsetzer der Arbeiterpresse.

Zu den ersten Opfern gehörte der «Eisenacher» August Heinsch. Er druckte in einem Programmheft das bekannte und in mehreren Büchern veröffentlichte Lied «Arbeitend leben oder kämpfend den Tod» von Hermann Greulich. Für den Berliner Staatsanwalt Hermann von Tessendorf Anlaß genug, ein Jahr Gefängnis zu fordern. Auf ähnliche Nichtigkeiten stützten sich in der «Ära Tessendorf», wie man später die knapp fünfjährige Generalprobe für das «Gesetz gegen die gemeingefährlichen Bestrebungen der Sozialdemokratie» bezeichnete, unzählige Anklagen. Besonders strapaziert wurde der Majestätsbeleidigungs-Paragraph 95 des Strafgesetzbuches – das auch gegen Menschen, die abseits der Arbeiterbewegung standen –, und jenem Tessendorf blieb es vorbehalten, zur direkten noch eine «indirekte Majestätsbeleidigung» einzuführen. Hernach war bereits Anlaß zum Einschreiten gegeben, wenn jemand beispielsweise nur öffentlich erklärte, daß er sich zu einer bestimmten Sache des Kommentars enthalte, um nicht eine Majestätsbeleidigungsklage zu riskieren. Betroffen davon waren nicht bloß Berlin oder Preußen; zu den strafgesetzlich geschützten Majestäten gehörten neben dem Kaiser auch die Landesherren der Bundesstaaten.

Das Jahr 1874 eröffnete durch das neue Pressegesetz einem Schriftsteller gute Chancen, hielt mit der gleichzeitig einsetzenden «Ära Tessendorf» aber auch Gefahren bereit für diejenigen, die an der geheiligten Ordnung des jungen Kaiserreiches rütteln wollten oder nur in den Verdacht dieser Absicht gerieten. Karl May erkennt zweifelsohne die Risiken, denn er weicht ihnen im großen Bogen aus.

Ein «Vielgereister» öffnet seine Mappe

Abkehr von «Ange et Diable»

«Es geht ein großer Gedanke durch die ganze Schöpfung, die ganze Welt, die ganze Menschheit: der Gedanke der Entwickelung...» Am Anfang seiner Entwicklung habe der Mensch «eines allmächtigen etc. Vaters, den er Gott nannte» bedurft, um in ihm «den Herrn über alle seinem Gesichtskreis nahe liegenden Erscheinungen und Verhältnisse» zu sehen.

«Je mehr sich aber der Mensch entwickelt, desto mehr kommt er zu der Erkenntniß, daß Vieles, was er außer sich gesucht hat, in ihm selber wohnt und lebt, und so wird und muß auch einst die Zeit kommen, in welcher er seinen Gott in sich selbst fühlt und findet... Kirchen, Pagoden, Synagogen etc. werden verschwinden...»

Wer Mays «Reiseromane» mit ihren religiösen Sentimentalitäten kennt, wird kaum glauben, daß die zitierten Zeilen von ihm stammen. Tritt er doch hier mit dem Anspruch an, «Dogmen unserer Bibellehre» umstoßen und «Kirchen, Pagoden, Synagogen etc. ... verschwinden» lassen zu wollen. Der Schöpfungsmythos wird verworfen und der Entwicklungsgedanke hervorgehoben; Gott gilt als vom Menschen erschaffen, um Unerklärliches erklären zu können.

Diese Gedanken stehen im Exposé-Fragment zu einem Roman *Ange et Diable* («Engel und Teufel»), das 1870 dem Mittweidaer Gericht vorlag. Wann es geschrieben wurde, wissen wir nicht, und unbekannt sind auch die Ursachen, die zur religiösen Rückbesinnung führten.

May selbst hat sich nie darüber geäußert, wodurch seine zeitweilige Abkehr vom Glauben bewirkt wurde. Sicherlich dürfte bereits der Dogmatismus am Waldenburger Seminar dazu beigetragen haben, und vielleicht leitete dann der Einfluß des Katecheten Kochta in Waldheim wieder die Umkehr ein. Als «ein Ehrenmann in jeder Beziehung» wird uns der Geistliche in der Selbstbiographie vorgestellt, «menschenfreundlich wie selten einer und von einer reichen psychologischen Erfahrung, daß das, was er sagte, einen viel größeren Wert für mich besaß als ganze Stöße von gelehrten Büchern». Und am Schluß resümiert May gar, daß er zeitlebens, außer seiner zweiten Frau, keinen Menschen je wieder gefunden habe, mit dem er «hätte sprechen können wie damals mit dem unvergeßlichen Katecheten».

Wenn der Kontakt mit Kochta seinen christlichen Glauben wieder gestärkt haben sollte, dann aber wohl weniger vermittels bekehrender Gespräche, sondern einfach durch die Tatsache, daß in der schmachvollen Waldheimer Atmosphäre ein christlich gesinnter Mensch dem Häftling May nach schlimmen Erniedrigungen erstmals Anerkennung zollte und ihm ein Stück von der verlorenen Würde zurückgab. «Das war der Anfang», bemerkt May in der Selbstbiographie, «aus dem sich so sehr viel für mich und mein Innenleben entwickelte.»

Nach der Entlassung ist jedenfalls vom gleichsam rebellisch anmutenden Gedankengut wie in *Ange et Diable* nichts mehr spürbar. Eines der ersten, heute bekannten gedruckten Zeugnisse von May muß allen Verehrern des Schriftstellers als Peinlichkeit erscheinen. Am 24. April 1875 veröffentlicht das in Pirna erscheinende Blatt der sächsischen Militär- und Kriegervereine «Der Kamerad» die hurrapatriotische Eloge *Rückblicke eines Veteranen am Geburtstag Sr. Majestät des Königs Albert von Sachsen*. Gezeichnet ist die Arbeit mit Karl May, der weder Veteran noch Vereinsmitglied, ja nicht einmal «Gedienter» war. In neunzehn Vierzeilern huldigt er dem Monarchen und gibt sich als anhänglicher Untertan zu erkennen. In der letzten Strophe heißt es:

«Nehmt den Pokal, das volle Glas zur Hand,
Erhebt den Blick zum freien deutschen Aaren,
Und hell und jubelnd schall' es durch das Land:
‹Der Löwe Sachsens hoch mit seinen Schaaren!›»

Obwohl solche Verseschmiedereien in jener Zeit nicht selten sind, bleibt es für Karl May, sieht man von einer zweiten Druckfassung mit etwas variiertem Text ab, bei diesem einmaligen Versuch. Vermutlich will er sich so ein gutes Leumundszeugnis ausstellen, um Widrigkeiten, die in den Tessendorf-Jahren gerade ihm als Debütanten und Vorbestraften drohen, vorzubeugen. Hauptsache, man gilt als königstreu.

Eine gehörige Portion Opportunismus hat ihm hier die Feder geführt. Die bisher ermittelte früheste Erzählung, die mit dem Gedicht nahezu zeitgleich, gegen Ende April bis gegen Ende Mai 1875, erscheint – *Die Rose von Ernstthal* –, zeigt uns einen ganz anderen Karl May. Hier werden die «Schaaren des sächsischen Löwen» nicht glorifiziert, sondern arg zerpflückt. Die Umtriebe der «Seelenverkäufer», die dem sächsischen Militär mit Tücke und Zwang neue Rekruten zuführen, erscheinen ebenso schandbar wie das lüsterne Treiben eines junkerlichen Wüstlings. Die Erzählung endet mit der von sächsischen Truppen verlorenen Schlacht bei Kesselsdorf im Dezember 1745.

In jenes Jahr hat May die sichtlich auf damalige Gegenwart anspielende Erzählung zurückdatiert. Das historische Kostüm benutzt der Schriftsteller noch viele Male, wenn er sächsische Obrigkeit – Beamte, Richter, Polizisten – bloßstellt oder persifliert: eine verdeckte Abrechnung mit jenen Instanzen, die seine Jugend zerstörten.

Über die beiden eben erwähnten Arbeiten hinaus wird May in den ersten Monaten seit der Rückkehr nach Ernstthal noch weitere Texte zu Papier gebracht haben, von denen wir aber keine Nachweise kennen oder die erst zu einem späteren Zeitpunkt in Druck gehen. Deshalb sind wir auch über seine materiellen Mittel, über die er zwischen Mai 1874 und März 1875 – dem Monat glücklicher Wende in Mays Leben – verfügt, nur auf Vermutungen angewiesen.

Neben der Mutter, die nach wie vor als Hebamme arbeitet, wird vor allem Christiane Wilhelmine Schöne über manche Anfangsschwierigkeiten hinweggeholfen haben. Das ist jene der drei Schwestern, zu der er das innigste Verhältnis besitzt und die vermutlich auch am ehesten beispringen kann; ihr Ehemann arbeitet als Fleischer und Viehhändler. Die beiden Schwäger dürften ebenfalls recht gut miteinander harmoniert haben. Als Karl May hernach in Dresden wohnt und besuchsweise nach Ernstthal kommt, weilt er zumeist in der schwesterlichen Wohnung. Bei seiner ersten Hochzeit fungiert Schwager Schöne als Trauzeuge. Dieser Mann hat überdies ein paar Jahre in den USA gelebt – für May also durchaus eine interessante Informationsquelle.

Als Zeitschriftenredakteur

Wahrscheinlich durch eine Manuskripteinsendung erneuert Karl May den seit sechs Jahren unterbrochenen Kontakt zu Heinrich Gotthold Münchmeyer. Nach einem knappen Dezennium kann nun auch dieser Dresdener Verlag von der steigenden Nachfrage nach Unterhaltungsliteratur wie von den gesetzlichen Erleichterungen im Druckgewerbe profitieren. Das Unternehmen ist durch eine Druckerei erweitert worden, und 1873 stellt Münchmeyer einen Redakteur ein, der auf seine Weise einen Beitrag zu Mays schriftstellerischem Start leisten wird.

Dieser Mann heißt Otto Freitag und soll zwei neue Wochenzeitschriften betreuen. Noch vor Jahresende erblickt «Der Beobachter an der Elbe. Unterhaltungsblätter für Jedermann» das Licht der Welt, der schon bald auch an «anderen Flüssen umherspäht». Das Blatt erscheint unter anderem in Berlin und in Halle – als «Beobachter an der Spree» beziehungsweise «Beobachter an der Saale».

Auf allzu großen Zuspruch stoßen diese Ausgaben aber nicht, und dem zweiten Journal, dem «Nachtwächter an der Elbe», ist schon nach kurzer Zeit das Schicksal so vieler Neugründungen jener Jahre beschieden: Im großen Angebot findet es keine Publikumsgunst und verschwindet wieder.

Bereits Anfang 1875 trennt sich Otto Freitag von Münchmeyer, um es selbst als Verleger zu versuchen. Eines seiner Blätter – «Deutscher Herold» – wird in den ersten Monaten im Betrieb des einstigen Chefs gedruckt, woraus man schließen kann, daß der von May später geschilderte große Trennungskrach wohl so dramatisch nicht verlaufen ist.

Beide Brüder Münchmeyer, so berichtet er, seien unerwartet in Ernstthal aufgetaucht und hätten ihn bedrängt, doch den vakanten Redakteursposten zu übernehmen. Otto Freitag habe sich mit dem Verlag «überworfen, sei plötzlich aus der Redaktion gelaufen, habe alle Manuskripte mitgenommen...» Solche Retter-in-der-Not-Darstellungen gibt May 1905 und 1910, um für die gerade laufenden Prozesse gegen den Münchmeyer-Verlag einige Pluspunkte zu sammeln.

Welche konkreten Umstände im Frühjahr 1875 nun gerade Karl May zur Anstellung als Redakteur verholfen haben, wissen wir nicht in allen

Einzelheiten. Münchmeyer jedenfalls erkennt mit dem Gespür eines Geschäftsmannes Mays Befähigung. Der Weggang von Otto Freitag erweist sich als äußerst glücklicher Zufall für die unmittelbare Zukunft des nunmehr Dreiunddreißigjährigen.

An der verbüßten Strafe und der noch laufenden Polizeiaufsicht nimmt der Verleger keinen Anstoß. Wenn ihm die Fakten nicht von Anfang an bekannt waren, so erfährt er spätestens ab 15. März 1875 von ihnen. Denn nach genau einwöchigem Dresdner Aufenthalt verfügt die Polizei Mays Ausweisung aus der Elbestadt.

Münchmeyer setzt sich für ihn ein, versichert der Behörde, daß er den jungen Mann aus Ernstthal gegen ein Jahressalär von 600 Talern mit der Aussicht auf baldige Verdoppelung fest angestellt habe und mit den Leistungen seines Redakteurs «sehr zufrieden» sei. Ein Urteil, das sich nur auf eventuell vorliegende Manuskripte und auf Vorschläge oder Gedanken zu zwei neuen Zeitschriften – «Deutsches Familienblatt» beziehungsweise «Schacht und Hütte» – stützen kann, die an die Stelle der zwei erfolglosen Blätter treten sollen. Auf alle Fälle will sich der Verleger die Mitarbeit Mays für seine Zeitschriftenabteilung sichern.

In einem Bittschreiben an die «Hohe Königliche Polizei-Direktion» ersucht May selbst um «gütige Nachsicht»: «Nach langem Irren ist mir endlich eine Stellung geboten, welche mich von Sorgen befreit und mir Gelegenheit bietet, das Vergangene wieder gut zu machen und den Beweis zu führen, daß der Weg meines Lebens nie wieder sich einem dunklen Hause nähern werde... Der Ausweis aber raubt mir diese Gelegenheit, wirft mich in den Schmutz zurück, bereitet mir den größten pekuniären Schaden und bringt die bitterste Kränkung über meine armen Eltern, denen ich eine Stütze sein könnte, nun aber nicht sein kann...»

Münchmeyer und May bemühen sich vergebens, der Ausweisungsentscheid wird wirksam. So düster jedoch, wie in der Eingabe angedeutet, zeigt sich die Zukunft nicht. Man kommt überein, daß May von Ernstthal aus die Herausgabe der beiden neuen Wochenblätter vorbereiten soll, um bei nächster, sich bietender Gelegenheit nach Dresden zurückzukehren. Das wird ihm nach einem neuerlichen Antrag ab August 1875 gestattet.

Als Redakteur um 1875. Die vermutlich
früheste Aufnahme von May.

Titelkopf der von May redigierten Zeitschrift
«Schacht und Hütte».

Zwischenzeitlich liefert er für den noch laufenden «Beobachter an der Elbe» zwei Beiträge: die längere, heimatbezogene Novelle *Wanda*, zu der er vermutlich schon seit längerem vorliegende Texte verarbeitet, und die erste uns bislang bekannte Erzählung in der Ich-Form mit dem Titel *Der Gitano*. Es ist ein «Abenteuer unter den Carlisten», so nannte man jene Konterrevolutionäre, die die Erste Spanische Republik, ausgerufen im Februar 1873, stürzten und die Monarchie unter der Krone von Don Carlos restaurieren wollten. Die Greueltaten der «Carlistischen Teufels», so eine Maysche Formulierung, erregten seinerzeit Empörung und Abscheu. In der Erzählung gibt sich der Ich-Erzähler allerdings noch nicht als der strahlende Held nachfolgender Fabulierkunst. Er stellt sich vielmehr als Vertreter eines Handelshauses vor, der unversehens in das erdichtete Geschehen hineingerät.

Mit hohem polizeilichem Plazet und mannigfaltigem Material in der Tasche reist May nun wieder nach Dresden. Von «Schacht und Hütte»

Auf seiner Werbetour für «Schacht und Hütte» besucht May
auch die Kruppwerke in Essen.

werden einige Probenummern produziert, und Ende August/Anfang September ist der Redakteur abermals unterwegs. Er besucht unter anderem die Firmen Hartmann im damaligen Chemnitz, Krupp in Essen und Borsig in Berlin, um für das neue Journal zu werben, das «zur Unterhaltung und Belehrung für Berg-, Hütten- und Maschinenarbeiter» gedacht ist und ab September 1875 erscheint.

Für diese Wochenzeitung, die erste überhaupt, die sich an eine ganz spezielle Gruppe des Industrieproletariats wendet, schreibt May historische, biographische und populärwissenschaftliche Aufsätze: Er berichtet zur Geschichte der Dampfmaschine und des Suezkanals, über die Produktion von Eisen und Stahl, über die Förderung und Verwendung von Erdöl. Erstaunlicherweise fehlen in der bunten Umschau jedwede Hinweise auf den sich bereits andeutenden Siegeszug der Elektrizität. May publiziert daneben auch eigene Gedichte und moralisch belehrende Abhandlungen, bereitet statistisches Material auf, beantwortet Leserfragen und liefert allerlei Wissenswertes, das er aus Fachzeitschriften, Lehrbüchern und Lexika schon in der Manier eines routinierten Redakteurs erschließt.

Diverse Beiträge sind namentlich gezeichnet, darunter die über 31 Fortsetzungen laufenden *Geographischen Predigten*, die mit religiösem Einschlag eine Fülle von Fakten über Weltall und Erde darbieten. Mit letzter Sicherheit ist jedoch nicht mehr feststellbar, welche Texte insgesamt aus Mays Feder stammen.

«Mit einem Erfolg von über 200 000 festen Lesern» sei er nach der Werbetour wieder in Dresden eingetroffen, behauptet Karl May mit grandioser Übertreibung in einer autobiographischen Rückschau von 1905. Münchmeyer habe jedoch während seiner Abwesenheit den Inhalt des Blattes verändert, einen «fatalen Schundroman» hereingenommen – der sich freilich mit Friedrich Axmanns «Geheimen Gewalten» als recht unbedarfter Kriminalroman darstellte – und dafür einiges von den «versprochenen, wertvollen Belehrungen» und den «mühsam zusammengerechneten statischen Resultaten» gestrichen. Von den Bestellern seien «Briefe über Briefe» gekommen, «voller Fragen und Vorwürfe». Und «Schacht und Hütte» erlebt tatsächlich keinen zweiten Jahrgang.

Die Gründe für den Mißerfolg muß man allerdings anderswo suchen. Nicht zum ersten Mal hat May in seinen autobiographischen Schriften hier Sachverhalte umgekehrt und sich mehr an den Prozeßbelangen als an der Wahrheit orientiert. Denn es ist vor allem der belehrend-moralisierende Ton vieler Artikel sowie das Aussparen sozialer Problematik und das Ausweichen vor den aktuellen politischen Fragen, die in einer Zeit sich zuspitzender Klassenkämpfe dem Blatt bei der Arbeiterschaft kaum Zuspruch sichert. Mays Konzeption erklärt sich aus der Tatsache, daß er angesichts der rollenden Prozeßwelle in der Tessendorf-Ära alles vermeiden will, was ihn mit dem Gesetz in Konflikt bringen kann. Die endlich gewonnene Perspektive will er nicht aufs Spiel setzen.

Zweiundfünfzig Hefte von «Schacht und Hütte» bekunden Mays Fleiß und sein Bemühen, Verleger wie Leser zufriedenzustellen. Schon bald sei ihm jedoch «alle Freude an diesem Blatte» geraubt worden, schreibt er. Münchmeyers Eigenmächtigkeit macht er dafür verant-

Das
Buch der Natur,

die

Lehren der Physik, Astronomie, Chemie, Mineralogie,
Geologie, Botanik, Zoologie und Physiologie

umfassend.

Allen Freunden der Naturwissenschaft,

insbesondere den Gymnasien, Real= und höheren Bürgerschulen

gewidmet

von

Dr. Friedrich Schoedler,

Director der Großherzoglich Hessischen Realschule in Mainz.

Zwanzigste verbesserte Auflage.

In zwei Theilen.

Mit über 1000 in den Text eingedruckten Holzstichen, Sternkarten, Mondkarte,
Spectraltafel und einer geognostischen Tafel in Farbendruck.

Erster Theil:

Physik, Astronomie und Chemie.

Mit 407 in den Text eingedruckten Holzstichen, einer Spectraltafel in
Farbendruck, Sternkarten und einer Mondkarte.

Braunschweig,

Druck und Verlag von Friedrich Vieweg und Sohn.

1875.

Als Redakteur arbeitet May häufig mit Nachschlagewerken,
so auch mit dem «Buch der Natur» von Friedrich Schoedler,
dessen 20. Auflage 1875 erscheint.

wortlich. In Wahrheit wird der ausbleibende Erfolg und die Tatsache, daß die Begabung des Redakteurs nicht auf dem Gebiet der Populärwissenschaft oder Statistik liegt, den anfänglichen Arbeitsschwung gemindert haben.

Die Geburtsstunde Winnetous

Die Waldheimer Jahre haben May verändert, ihn noch mehr von der Außenwelt abgeschlossen. Mit der Arbeit bei Münchmeyer bieten sich seinen literarischen Ambitionen zwar reale Möglichkeiten, das seelische Gleichgewicht ist aber damit noch nicht wiedergewonnen, die Schatten der Vergangenheit noch nicht verdrängt. Diese Last muß innerlich ausgeglichen werden. Mit keinem Schritt verläßt May dabei seine Traumwelten – im Gegenteil. Ihre Konturen werden immer schärfer und kontrastreicher. In den folgenden fünfundzwanzig Jahren entwirft er einen fiktiven Kosmos, der alles bietet und in dem sich erfüllt, was ihm die Realität versagt.

Die ersten Bausteine dieses Gebäudes kommen *Aus der Mappe eines Vielgereisten*, die May Anfang September 1875 öffnet. *In-nu-woh, der Indianerhäuptling*, begrüßt die Leser der zweiten neuen Münchmeyer-Zeitschrift «Deutsches Familienblatt».

Erstmals berichet May vom nordamerikanischen Schauplatz. Im Mittelpunkt steht ein edler, stolzer Häuptling der Sioux, der durch kühnes Handeln ein Kind vor dem Zugriff eines Tigers und mehrerer Krokodile rettet. Schon sieben Wochen später, als der «Vielgereiste» aus seiner Mappe mit *Old Firehand* die zweite Indianernovelle darbietet, hat sich der Ich-Erzähler vom passiven Beobachter zum aktiv ins Geschehen eingreifenden und bewunderten Helden gewandelt.

Zunächst deutet allerdings noch nichts darauf hin. Der Erzähler reitet über die Prärie, hält dabei Rückschau auf die schlimmen Jahre, gibt sich Hoffnungen hin: «... mein Frühling konnte also wohl beginnen, doch beileibe nicht schon zu Ende sein, aber das Leben war mir bisher nichts gewesen als ein Kampf mit Hindernissen und Schwierigkeiten, ich war einsam und allein meinen Weg gegangen, unbeachtet, unverstanden und ungeliebt, und bei dieser Abgeschiedenheit hatte sich eine Art Weltschmerz in mir entwickelt...»

Die Trübsal schwindet mit Beginn der aktiven Handlung, in die wenig später ein Indianer eingreift. Er heißt Winnetou – ein Apache, der «berühmteste und gefürchtetste» in weiten Jagdgründen, nicht so «edel» wie sein literarischer Vorgänger Inn-nu-woh und längst nicht die Idealfigur späterer Winnetou-Erzählungen.

Über Herkunft und Bedeutung des Namens Winnetou wurde schon viel gerätselt, ohne bisher eine gesicherte Erklärung gefunden zu haben. Und gleichermaßen im Dunkeln liegt der Ursprung von Inn-nu-woh. Lange Zeit vermutete man, die Häuptlingsfigur sei nach dem Wort «vintu» (= Indianer) aus einer Sprache der Shoshonen – auch diskriminierend als «Digger-Indianer» bezeichnet – benannt worden, bis sich herausstellte, daß ein entsprechendes Wörterverzeichnis mit diesem Begriff erstmals Ende 1876 erschien, also ein ganzes Jahr nach Mays Namensgebung. In späteren Werken hat der Schriftsteller die von ihm benutzten indianischen Worte durchweg erklärt. Bei Winnetou jedoch geschah das nicht.

Lediglich einmal (1898), so ist es überliefert, habe May gesprächsweise erklärt, der Name bedeute «Brennendes Wasser» – weil der Apache im Alter von dreizehn Jahren einen mit brennendem Öl bedeckten See durchschwimmen mußte. Alle zwischenzeitlich erarbeiteten Wörterbücher zu den zahlreichen indianischen Sprachfamilien und Dialekten liefern aber keinen Anhaltspunkt für eine solche Übersetzungsmöglichkeit. So verbleibt als wahrscheinlichste Vermutung, daß Inn-nu-woh der Mayschen Phantasie entsprang und der Name des besseren Wohlklanges und auch der leichteren Schreibweise wegen dann in Winnetou abgeändert wurde.

Dem Apachenhäuptling von 1875 jedenfalls sitzen Messer und Tomahawk genauso locker wie dem Präriejäger Old Firehand, «an dessen Person sich Erzählungen von fast unglaublichen Kühnheiten knüpften... mit einem durch immer neue Berichte wachsenden Nimbus» umgeben. Aber beiden überlegen erweist sich der «Vielgereiste».

Noch ist der Name Old Shatterhand nicht kreiert. Deshalb wird Tim Finnetey alias Parranoh, ein weißer Schurke, der es zum Häuptling der Oglala gebracht hat, nicht durch den nachher so berühmten Fausthieb,

Erste Winnetou-Darstellung aus dem Buch
Im fernen Westen von 1879.

sondern mit den Fingern der linken Hand bezwungen; sie krampfen sich mit «unbegreiflicher Gewalt... um seine Kehle», während die Rechte das tödliche Messer abwehrt.

«Mein junger, weißer Bruder hat ihn niedergeworfen», lobt Winnetou, «der große Geist hat ihm die Kraft des Büffels gegeben...» Und Old Firehand ruft aus: «Mann, wie Euch, so hab' ich noch keinen getroffen, so weit ich auch herumgekommen bin, und Ihr wollt nach dem Westen gekommen sein, nur um Steine und Pflanzen kennenzulernen?» Zur Überlegenheit trägt auch der «Henrystutzen mit fünfundzwanzig Kugeln im Kolben» bei, der hier erstmals auftaucht.

Am Ende kommt es zum blutigen Kampf mit einer an Zahl weitaus stärkeren Schar des Tim Finnetey. «Ich hatte vorhergesehen, wie es kommen werde», erzählt der «Vielgereiste», «hatte geraten und gewarnt, und nun mußte ich die Fehler der anderen mitbüßen...»

Aber die Gefangenschaft ist nur von kurzer Dauer. Zusammen mit Winnetou, den er durch ein paar rasche Schnitte von den Fesseln befreit, dem schrulligen Sam Hawkens, der schon mit von der Partie ist, und Old Firehands Tochter Ellen kann er entfliehen. Die hübsche Miß hat er in der Eile zu sich aufs Pferd hochgerissen, und noch während des wilden Rittes fällt die Entscheidung für das Happy-End: «Einige Wochen später feierten wir unsere Hochzeit.»

Zur *Old Firehand*-Novelle wurde vor wenigen Jahren ein anonymer, textlich etwas abweichender Druck aufgefunden, dessen Herkunft bisher jedoch nicht geklärt werden konnte. Vermutungen, daß er einer vor 1875 erschienenen Fassung entstammt, May somit möglicherweise zu einem noch früheren Zeitpunkt bereits wesentliche Charakteristiken der literarischen Identifikationsfigur schuf, ließen sich noch nicht beweisen. Seit der Redakteurszeit jedenfalls hat ihn dieses Sujet dann für lange Jahre beschäftigt, sieht man von kleineren Unterbrechungen ab.

Noch während im «Deutschen Familienblatt» die Fortsetzungen von *Old Firehand* laufen, stellt May in den «Feierstunden am häuslichen Heerde» – Nachfolgerin von «Schacht und Hütte», die sich nun wieder an «alle Stände» wendet – mit *Leilet* die erste Orient-Geschichte und sich selbst, dem einstigen Wunschbild entsprechend, als berühmten Arzt aus dem Abendlande vor. Das allerdings unter dem Pseudonym M. Gisela[3], denn das ganze Geschehen dreht sich um die abenteuerliche Befreiung einer verschleppten levantinischen Schönheit, deren Herz der Held erobern möchte. Zur selben Zeit auf Freiersfüßen im Wilden Westen und an den Gestaden des Nils zu wandeln – das hätten ihm die Leser beider Zeitschriften wohl nicht abgenommen.

Publikationspraktiken

Die meisten Arbeiten Mays erscheinen zunächst in Zeitschriften oder anderen periodisch herausgegebenen Publikationen. Nicht selten bietet der Schriftsteller seine Veröffentlichungen dann noch anderen Blättern an – in der Erstfassung oder in einer überarbeiteten Variante. So bringt die von Peter Rosegger in Graz gegründete und geleitete Zeitschrift «Heimgarten» schon 1877 einen Nachdruck von *Leilet* unter dem Titel *Die Rose von Kahira. Eine morgenländische Erzählung.*

Der steiermärkische Dichter ist von dem eingesandten Text sehr angetan und vermutet sogar hinter der Fabel ein reales Erlebnis. «Diese Geschichte ist so geistvoll und spannend geschrieben», teilt Rosegger einem Freund brieflich mit und will von ihm wissen, ob er «vielleicht zufällig den Namen Karl May schon gehört» habe: «Seiner ganzen Schreibweise nach halte ich ihn für einen vielerfahrenen Mann, der lange Zeit im Orient gelebt haben muß.»

Zu dieser Suggestion, der später nicht wenige Leser erliegen, trägt unter anderem das geschickte Einflechten von fremdsprachigen Wörtern und Wendungen in Dialoge oder beschreibende Passagen bei – eine Technik, die May nach ersten Proben in der *Mappe eines Vielgereisten* in seiner Orient-Erzählung virtuos beherrscht. Im Gebrauch einschlägiger Nachschlagewerke entwickelt er bemerkenswertes Können.

Auch zu *Inn-nu-woh, der Indianerhäuptling* gibt es einen zweiten Text – nunmehr als *Winnetou. Eine Reiseerinnerung*, 1878 in «Omnibus – Illustrirtes Wochenblatt» in Hamburg veröffentlicht. Über den Titel hinaus gibt es auch im Text etliche Abweichungen. Ein Vergleich der beiden, drei Jahre auseinanderliegenden Fassungen deutet zumindest schon zwei Aspekte an, die für Mays schriftstellerische Entwicklung charakteristisch sind.

Im Hamburger Wochenblatt «Omnibus» erscheint 1878 die vermutlich früheste Erzählung unter dem Titel *Winnetou*.

Ausgangsort der Handlung ist beide Male New Orleans. Der Sioux-Häuptling Inn-nu-woh war aus nicht ganz einleuchtenden Gründen in diese Stadt gekommen: Er hatte sich, wie ein Blick auf die Landkarte offenbart, dabei mehr als 1500 Kilometer von den Jagdgründen seines Stammes entfernt, um, so mutmaßt der Ich-Erzähler 1875, «vielleicht seinen Vorrath von Häuten in der Stadt» zu verkaufen. Dazu jedoch wäre eine derart weite Reise überflüssig gewesen, denn im Gebiet der Sioux selbst gab es zu jener Zeit mehrere Stationen für den Tauschhandel.

Solche sachlichen Unkorrektheiten, die May ab und an unterlaufen sind, treten mit dem weiteren Schaffen im allgemeinen zurück; zumindest Milieu und Motive gewinnen an Glaubwürdigkeit. So war denn der Winnetou von 1878, was plausibler klingt, «am Mississippi erschienen, um, nach seiner eigenen Ausdrucksweise, die ‹Hütten der Bleichgesichter› zu sehen und mit dem ‹Vater der weißen Männer›, dem Präsidenten zu sprechen». Jetzt befand er sich auf der Rückreise von Washington zum Rio Pecos und hatte eine Route gewählt, die über New Orleans führen mußte.

Fließt in Mays ersten Abenteuer-Erzählungen noch ziemlich viel Blut, so fällt auf, daß im Laufe der Jahre die Handlungen zunehmend von Grausamkeiten entschärft werden. In der Fassung von 1875 wird der Tierbändiger Forster von einem Tiger angefallen und liegt dann «mit halb aus der Schulter gerissenem Arme blutend am Boden». Drei Jahre darauf erhält derselbe Akteur nur noch einen Stoß, durch den er «weit fortgeschleudert wurde».

Zu jener Zeit, also 1878, hat Karl May mit Winnetou weitgespannte Pläne. Er «habe von zahlreichen Abenteuern zu berichten», verkündet er am Schluß des «Omnibus»-Textes, «bei denen ich ohne ihn verloren gewesen wäre». Er nennt ihn «den besten, treuesten und edelsten meiner Freunde...»

Ein großer Teil der Mayschen Zeitschriften-Beiträge findet später Aufnahme in seinen Romanen. Viele Texte werden von ihm nochmals überarbeitet, um sie in größere Rahmenhandlungen einzufügen. Aus *Winnetou. Eine Reiseerinnerung* beispielsweise gestaltet er 1890/91 das erste Kapitel vom *Schatz im Silbersee*. Die *Old Firehand*-Novelle, zu der wir bereits die beiden Varianten erwähnten, wird noch zweimal überarbeitet. Schon 1879 bildet sie einen Teil der allerersten Buchausgabe *Im fernen Westen*, und 1893 entstehen daraus Abschnitte des zweiten Bandes der Trilogie *Winnetou, der Rote Gentleman*. Das wird Mays berühmtestes Werk und heißt in allen Auflagen ab 1904 einfach *Winnetou*.

Leilet beziehungsweise *Die Rose von Kahira* schließlich verwendet Karl May, als er ab 1881 an seinem großen Orientzyklus arbeitet, der zunächst wiederum in einer Zeitschrift («Deutscher Hausschatz in Wort und Bild», Regensburg) erscheint. Die ersten Teile laufen unter dem türkischen Titel *Giölgeda padiśhanün*, auf deutsch: *Im Schatten des Großherrn*. 1892 folgt die sechsbändige Buchausgabe, beginnend mit *Durch Wüste und Harem* (ab 1895 *Durch die Wüste*), wo wir in den Kapiteln «Im Harem» beziehungsweise «Eine Entführung» manches aus *Leilet* wiederfinden. Die einstige Liebesromanze hat May allerdings zur handfesten Abenteueraktion umgeschrieben.

Schon die wenigen Beispiele zeigen, daß es den Rahmen dieser Biographie sprengen würde, wollten wir alle bibliographischen Zusammenhänge im Werk Karl Mays darstellen. Denn zählt man nur seine Veröffentlichungen in Zeitschriften und anderen Periodika, die bekanntesten, von ihm besorgten Überarbeitungen sowie die Erstausgaben von Büchern, diverse Privatdrucke und Manuskripte aus dem Nachlaß zusammen, so ergeben sich bereits über 200 Positionen. Dieser Fundus umfaßt rund 50 000 Manuskriptseiten. Zählt man alle zu Lebzeiten des Schriftstellers erschienenen Nachdrucke und Textvarianten hinzu, kommt man auf rund 600 Titel.

Humoresken und Dorfgeschichten

Zum Werk Karl Mays gehören auch Arbeiten, die eher am Rande seines Gesamtschaffens anzusiedeln und deren Anfänge zum Teil mit der Redakteurstätigkeit im Münchmeyer-Verlag verbunden sind. So schreibt er für das «Deutsche Familienblatt» 1875 *Ein Stücklein vom alten Dessauer* und bringt im zweiten Jahrgang (1876) mit dem Titel *Unter den Werbern* eine weitere «Humoristische Episode aus dem Leben des alten Dessauers». In Blättern anderer Verlage folgen bis 1883 noch sieben weitere Geschichten zu diesem Thema.

Bereits in den Schlußsätzen der *Rose von Ernstthal* wird die schrullige Originalität des Fürsten Leopold I. angedeutet, über den man seinerzeit zahlreiche Anekdoten erzählte. May läßt sich von solchen Überlieferungen anregen, denn die Figur des anhaltinischen Landesherrn hat es ihm sichtlich angetan. Zur Sympathie des Schriftstellers für den «alten Dessauer» trägt wohl vor allem die Tatsache bei, daß es dieser Feldmarschall 1745 in der Kesselsdorfer Schlacht den Sachsen «gezeigt» hatte. In den Mayschen Humoresken tauchen dann auch wieder sächsische «Seelenverkäufer» auf, die im anhaltinischen Gebiet ihr Unwesen treiben und natürlich gefaßt und überführt werden.

Neben den Dessauer-Skizzen hat May etwa zur selben Zeit noch ein reichliches Dutzend andere Humoresken – recht harmlose Geschichtchen – geschrieben. Den Anfang machen *Die Fastnachtsnarren* im «Deutschen Familienblatt» von 1875: Ein reicher Färbereibesitzer möchte die Liaison zwischen seiner Tochter und einem armen Burschen unterbinden, wird in eine für seine Reputation despektierliche Lage gebracht, aus der ihn der Schwiegersohn in spe gegen das Versprechen, der Bindung zuzustimmen, befreit.

1876 erscheinen in derselben Zeitschrift die Humoreske *Auf den Nußbäumen* und in den «Feierstunden am häuslichen Heerde» die Geschichte *Im Wollteufel*. Wiederum geht es um Widerstände gegen «nicht standesgemäße» Liebesverhältnisse. *Im Wollteufel* werden dafür auch soziale Hintergründe deutlich gemacht – ein Zug, der sich bei vergleichbaren Arbeiten für andere Verlage fortsetzt.

Kann man in der *Rose von Ernstthal* einen Vorläufer zu den humoristischen Episoden über den Dessauer sehen, so gilt das auch für zwölf weitere Arbeiten in einem anderen Genre, die May zwischen 1877 und 1879 – dann schon nicht mehr bei Münchmeyer – und 1903 veröffentlicht. In ähnlicher Art wie Berthold Auerbach, Ludwig Anzengruber, Peter Rosegger und andere Autoren schreibt er Dorfgeschichten, die im Erzgebirge handeln. Im Mittelpunkt stehen kriminelle Vergehen wie Schmuggel oder andere Bereicherungsdelikte, die aufgeklärt und am Ende gesühnt werden – durch irdische Gerechtigkeit, Versöhnung der Gegenspieler oder durch ein «Gottesurteil», das die böse Tat auf den Frevler lenkt und ihn vernichtet.

Das moralisierende Bemühen – er stehe «auf dem festen Boden des göttlichen und staatlichen Gesetzes», streicht May bei späterer Gelegenheit dazu heraus – ist dick aufgetragen. Aber Dorfgeschichten, noch dazu solche mit spannendem Geschehen und dem fortwährenden Triumph der Gerechtigkeit werden gern gelesen, nachgewiesenermaßen gerade in den Städten. So kann auch dieses Genre dem breiten Spektrum der gefragten «Fluchtliteratur» zugerechnet werden. May stellte sich hier also auf ganz konkrete Leserbedürfnisse ein.

In den Humoresken wie in den erzgebirgischen Dorfgeschichten geht es immer wieder auch um Liebe. Zu diesem Thema verfaßt May speziell eine Abhandlung unter dem Thema *Die Liebe nach ihrer Geschichte. Darstellung des Einflusses der Liebe und ihrer Negationen auf die Entwicklung der menschlichen Gesellschaft,* die 1876 als Teil des von Münchmeyer herausgegebenen Lieferungswerkes «Das Buch der Liebe» (26 oder 28 Hefte) erscheint und für das mit den Worten geworben wird, daß es «in keiner Familie fehlen sollte». Wer nun aber hier irgendwelche pikanten Bettgeschichten erwartet, sieht sich gründlich enttäuscht. May schreibt vielmehr über göttliche Liebe, setzt sich auch kritisch mit dem Kampf Religion kontra Wissenschaft auseinander und bekundet letztendlich, daß er dem Glauben keinesfalls feindlich gegenüberstehe.

Im Banne von Emma Pollmer

Eine Ehe auf Probe

Im zweiten Halbjahr 1876 beginnt Karl May mit der Arbeit an seinem ersten großen belletristischen Projekt, dessen Handlung im frühen 15. Jahrhundert spielt. Es ist ein «Historischer Roman aus der Jugendzeit des Hauses Hohenzollern» und trägt den Titel *Der beiden Quitzows letzte Fahrten*. Den Hintergrund, der in seiner geschichtlichen Bedeutung nur recht unklar hervortritt, bildet das Eindringen der fränkischen Linie der Hohenzollern in die Mark Brandenburg.

Der Abdruck läuft ab Heft 10 des 1. Jahrganges der «Feierstunden am häuslichen Heerde», und in der Nummer 29[4] erfahren die Leser plötzlich, daß nicht mehr May als Autor zeichnet, sondern ein Dr. Goldmann das Werk fortsetzt. Was ist geschehen? Karl May scheidet Anfang 1877 aus dem Verlag des Heinrich Gotthold Münchmeyer aus, und, wie der Abbruch seiner Arbeit an dem Roman ahnen läßt, nicht im besten Einvernehmen mit seinem Prinzipal.

Die Gründe dafür liegen im privaten Bereich. Denn mit der Arbeit seines Redakteurs ist der Verlagschef von Anfang an sehr zufrieden, und überaus freundlich gibt sich auch Ehefrau Pauline Münchmeyer. Zum Weihnachtsfest 1875 beispielsweise fällt das Präsent geradezu generös aus. Karl May bekommt ein Klavier geschenkt, zwar schon ziemlich alt, «trotz alledem ein wahres Wunder», berichtet er, denn «das sagte Jeder, der den sogar gerichtlich zugestandenen Geiz der Geberin kannte. So etwas war noch nie geschehen.»

Etwa zur selben Zeit gibt er auf Wunsch der Münchmeyers sein bisheriges Zimmer auf, um im Hause des Verlegers eine kleine Zwei-Zimmer-Wohnung zu beziehen. Weitere Aufmerksamkeiten folgen, die

Emma Pollmer um 1880.

sich immer mehr als Aufdringlichkeiten erweisen und das eigentliche Anliegen enthüllen: Karl May soll die noch ledige Minna Ey, Schwester der Frau Pauline, heiraten.

Heinrich Münchmeyer hofft, durch familiäre Bande den befähigten jungen Mann für immer an seine Firma zu fesseln. May aber kann für das «späte Mädchen» keinerlei Sympathie empfinden, und als die Situation sich unerträglich zuspitzt, verläßt er den Verlag. Der Schritt war unausweichlich, zumal er Monate vorher, Mitte 1876, in seiner Heimat die knapp zwanzigjährige Emma Lina Pollmer kennengelernt hatte, die in seinem weiteren Leben eine schicksalhafte Rolle spielen wird.

Die Mutter Emma Pollmers, die «unverheiratete Weibsperson» Ernestine Pollmer, war nach der Entbindung dem Kindbettfieber erlegen. Neun Jahre später verstirbt auch die Großmutter, so daß fortan die Erziehung des Kindes allein dem Großvater Christian Gotthilf Pollmer obliegt. In Hohenstein betreibt er das Handwerk eines Barbiers und wird, weil er gelegentlich Zähne zieht und Wunden behandelt, auch als Chirurgus tituliert.

Emma wächst zu einer umschwärmten Schönheit heran. Der vierunddreißigjährige Karl May ist von der verführerischen Anmut des jungen Mädchens angetan. Als sich dann gar noch herausstellt, daß Emma schon einiges von seinen schriftstellerischen Arbeiten gelesen hat, sogar ein paar treffende Bemerkungen dazu machen kann, auch Briefe zu schreiben versteht, die «einen außerordentlich guten Eindruck» auf ihn machen, verbleibt ihm nur noch festzustellen: «Welch eine Veranlagung zur Schriftstellersfrau!»

Ob es nun wirklich geistige Vorzüge sind, die Karl May an Emma Pollmer entdeckt haben will, muß fraglich bleiben. Wir sind da allein auf seine Bekundungen angewiesen, die uns an anderer Stelle wissen lassen, daß er das alles schon recht bald als «Blendwerk» durchschaut habe, sich aber nicht aus den Fängen der Frau zu lösen vermochte. «Eine schlau berechnende, außerordentlich raffinirte Courtisane hatte mich gefangen!» Das schreibt er 1907 in *Frau Pollmer. Eine psychologische Studie*.

Emma habe nichts gelernt, «als nur sich putzen», behauptet Karl May später, und «sich nur auf ihre Schönheit verlassen». Schon frühzeitig wären ihr «die Geheimnisse des Frauenkörpers und die Macht der weiblichen Reize» bewußt gewesen, und Karl May hat, wie das weitere Geschehen zeigt, diese Reize mit Beharrlichkeit «erobert», allen zeitweiligen großväterlichen Pollmerschen Querelen zum Trotz. Versuche, von denen er uns berichtete, schon in den ersten Monaten die Liaison wieder zu lösen, werden so ernsthaft nicht gewesen sein.

Nach dem Weggang von Münchmeyer hat er natürlich auch seinen Wohnsitz gewechselt. Nur wenig später, im Mai 1877, läßt er Emma nach Dresden nachkommen und bringt sie zunächst bei einer Pastorenwitwe unter. Hier soll sie im Haushalt helfen und ihre Hausfrauenkünste vervollkommnen.

Karl May, nunmehr freischaffender Autor, schreibt erzgebirgische Dorfgeschichten. Drei davon übernimmt der Stuttgarter Verleger Schönlein für seine «Illustrirte Chronik der Zeit». Rosegger hingegen, der *Die Rose von Kahira* so lobte, schickt ein Manuskript zurück. Die Sache sei gut, das Angebot an Dorfgeschichten aber zur Zeit übergroß.

Zu jener Zeit beginnt May mit der erwähnten Praxis, bereits veröffentlichte Erzählungen noch anderen Verlagen einzusenden. Den ersten Anstoß dazu liefert ein ganz profaner Grund: Die finanzielle Lage hat sich mit dem Ausfall des Münchmeyer-Fixums drastisch verschlechtert. Zudem will er der geliebten Frau als Schriftsteller imponieren. «Körperliche Vorzüge besitze ich nicht», gesteht er selbst ein, und mit «geistiger Ueberlegenheit» ist es auch nicht getan. Die Notwendigkeit, Geld zu verdienen, motiviert nun stärker als zuvor viele Entscheidungen im Leben Mays.

So greift er Ende 1877 das Angebot des Dresdner Verlegers Bruno Radelli auf, die Redaktion des Wochenblattes «Frohe Stunden» zu übernehmen. Die Genugtuung, vorerst wieder ein gesichertes Einkommen zu beziehen, läßt sich an der Fleißarbeit für diese Unterhaltungszeitschrift ablesen. Der folgende Jahrgang enthält zwölf Beiträge aus Mays Feder – Abenteuer aus Amerika oder anderen Teilen der Welt und historische Geschichten –, die sich alle über mehrere Nummern erstrecken. *Auf der See gefangen,* ein «Criminalroman», bringt es allein auf 32 Fortsetzungen. Hieraus entstehen später Teile des zweiten Bandes von *Old Surehand.* Sieben dieser Arbeiten und dazu noch zwei in anderen Zeitschriften veröffentlicht May unter dem Pseudonym «Emma Pollmer» – ein weiteres Zeichen seines Bemühens, das Interesse der Geliebten ins schriftstellerische Metier einzubinden.

Erzgebirgische Dorfgeschichten, Humoresken und schließlich vor allem Abenteuererzählungen erscheinen ab 1878 auch in diversen weiteren Zeitschriften; die wirtschaftliche Situation beginnt sich allmählich zu stabilisieren. Mit Eintritt in den Radelli-Verlag kann May eine kleine Wohnung in einer Villa in Dresden-Striesen mieten. Emma zieht zu ihm und gilt fortan als «Frau May».

Ab Jahresmitte 1878 wird die Probeehe im Pollmer-Haus am Hohensteiner Markt fortgesetzt. Der einundsiebzigjährige Großvater, etwas hinfällig geworden, hat um Unterstützung durch seine Enkelin gebeten. May kann seine Braut begleiten, denn um diese Zeit beendet er schon wieder sein Arbeitsverhältnis bei Radelli, um sich nunmehr für immer freischaffend zu betätigen. Beachtliche publizistische Erfolge in

Titelkopf der von May im ersten Halbjahr 1878
redigierten Zeitschrift «Frohe Stunden».

den zurückliegenden Monaten – man vergleiche dazu die Angaben im Werkeverzeichnis zum betreffenden Jahr – und weitere sich hoffnungsvoll anbahnende Projekte haben ihn in dieser Entscheidung bestärkt.

Gegenüber Bekannten und Freunden wird die Fiktion von der Verheiratung gewahrt, und Emma Pollmer zeichnet, wenn es etwas zum Unterschreiben gibt, mit «Emma May», so auch am 19. November 1878, als der Postbote für den gerade abwesenden Karl May einen Brief per «Behändigungsschein» überbringt. Es ist ein behördliches Schreiben und enthält einen «Beschluß in Untersuchungssachen wider May aus Ernstthal».

«Socialdemokrat durch und durch»[5]

Emil Pollmer, ein Sohn des Hohensteiner Barbiers, der dasselbe Handwerk erlernt hatte, aber mehr Gefallen an der Schnapspinte als am Rasierpinsel fand, war am 26. Januar 1878 unter merkwürdigen Umständen ums Leben gekommen. Im Gasthof Zum braven Bergmann in Niederwürschnitz bei Stollberg hatte er Händel mit anderen Gästen gesucht, die ihn dann kurzerhand auf die Straße setzten. Dort geriet er in seinem benebelten Zustand unter ein Fuhrwerk, wurde überrollt und verstarb in einem Pferdestall. Der alte Pollmer schenkte der offiziellen Version vom Tode seines Sohnes keinen Glauben, vermutete eine Prügelei, Totschlag oder gar Mord und bat nun den Verlobten seiner Enkelin, in dieser Sache nochmals zu recherchieren.

Karl May kommt diesem Anliegen nur allzugern nach, kann er doch damit dem betagten Mann, der schon einige Male seine Bindung mit Emma Pollmer zu hintertreiben versucht hatte, einen Gefallen erweisen. Außerdem entspricht diese Angelegenheit so recht den Ambitionen des angehenden Abenteuerschriftstellers.

Am 25. April 1878 betritt Karl May den, wie sich erweisen soll, verhängnisvollen Pfad des Amateurdetektivs. Er läuft zuerst Zum braven Bergmann und dann zur Wirtschaft Gute Quelle in Neuoelsnitz, verschweigt aber seine wahre Identität. «Von der Regierung eingesetzt», sei er, «und etwas höheres, wie der Staatsanwalt». Dem Wirt in der ersten Kneipe stellt er sich allerdings als «Redakteur einer Zeitung in Leipzig» vor. Überall fragt er nach den Umständen der Ereignisse, die schon ein Vierteljahr zurückliegen, verkündet, daß er den Leichnam exhumieren lassen werde, und droht, den Staatsanwalt hinter Gitter zu setzen, falls dieser «nicht richtig gehandelt hat». Übereinstimmend bekunden danach mehrere Zeugen, daß sich der dilettantische Detektiv «einen bestimmten Titel und Namen» aber nicht zugelegt habe.

Das Geschehen kommt dem Oelsnitzer Gendarmen Ernst Ostwald zu Ohren, der das Inkognito lüften kann und bei der Staatsanwaltschaft Anzeige erstattet. Da die Fakten allzu dürftig sind, erfindet der Polizist belastende Umstände hinzu: «Derselbe ist Socialdemokrat durch und durch und soll gegenwärtig Schriftsteller der Socialdemokratischen Blätter sein.» Außerdem, so denunziert Ostwald weiter, soll «p.p. Mai schon verschiedene Strafen auch 7 bis 8 Jahr Zuchthaus verbüßt haben». Zu dieser Zeit wird gerade das Sozialistengesetz vorbereitet, womit eine Verurteilung ausgesprochen ist, noch bevor irgendeine Verhandlung begonnen hat.

Das geringfügige Delikt wird zur großen Sache aufgebauscht. Zuständigkeitshalber überweist die Chemnitzer Staatsanwaltschaft den Vorgang an das Gerichtsamt Stollberg, und dort werden die Zeugen angehört. Weil Karl May im Juni 1878 seinen Wohnsitz offiziell noch in Dresden hat, wird er dort «in Folge staatsanwaltlichen Antrages vorerörterungsweise vernommen».

May erkennt sehr wohl, aus welcher Ecke die größte Gefahr droht. Denn in der Schlußpassage des Protokolls heißt es: «Noch gab er unaufgefordert an: Es sei Unwahrheit, daß er der socialdemokratischen Partei angehöre und ein Schriftleiter dieser Partei sei.»

Mit einem langen Schreiben, das er ein paar Tage später dem Untersuchungsrichter übermittelt, so glaubt May, könne die ganze Angelegenheit endgültig aus der Welt geschafft werden. Noch einmal versichert er, kein Sozialdemokrat zu sein und «nie eine sozialistische Versammlung besucht» zu haben.

Dem Brief fügt er extra sein königstreues Gedicht von 1875 bei, «welches wohl am Besten meine loyale Gesinnung zu beweisen vermag. Grad in der gegenwärtigen Zeit ist jeder brave Unterthan gehalten, seine Einreihung unter die unverbesserlichen Weltverbesserer entschieden zurückzuweisen.» Und so hoffe er, «daß vorliegende Zeilen eine freundliche Berücksichtigung finden werden».

Sie finden es nicht. Durch die Akten geistern weiterhin die Begriffe «Schwindler» und «Socialdemokrat». Ein Ernstthaler Gendarm namens Backmann macht sich gar erbötig, «den Urian zu recognosieren».

Nach Monaten voll Ungewißheit fällt am 9. Januar 1879 das Königliche Gerichtsamt zu Stollberg ein Urteil. Die Begründung bezieht sich auf die «Befragung» von Gästen besagter zwei Lokale durch May, aus der ein Strafbestand gemäß § 132 des Reichsstrafgesetzbuches – die «unbefugte Ausübung eines öffentlichen Amtes» – konstruiert wird. Der Angeklagte sei «drei Wochen lang mit Gefängnis zu bestrafen... Von Rechts-Wegen!»

Seine Königl. Majestät haben, auf Anrufen Allerhöchster Gnade, Sich nicht bewogen gefunden, in Ansehung derjenigen Strafe, welche

Carl Friedrich May

wegen unbefugter Ausübung eines öffentlichen Amtes mit

Drei Wochen Gefängniß

rechtskräftig zuerkannt erhalten, Begnadigung eintreten zu lassen.

Das Untersuchungsgericht wird hierdurch von dieser Allerhöchsten Entschließung auf den Bericht vom *2ten dieses Monats* bei Rücksendung der einschlagenden Akten mit dem Verordnen in Kenntniß gesetzt, dieselbe

dem p. May

bekannt zu machen und das in der Sache weiter Erforderliche zu verfügen.

Dresden, am *29. Juli 1879.*

Ministerium der Justiz.

Für den Minister

Forbig

An
das Gerichtsamt Stollberg.
May's Begnadigungsgesuch betr.

2785, III.

[Stempel: KÖNIGL. SÄCHS. GERICHTSAMT STOLLBERG, 13 AUG 79]

Ablehnung des Gnadengesuchs, das May am 2. 7. 1879
an den sächsischen König gerichtet hatte.

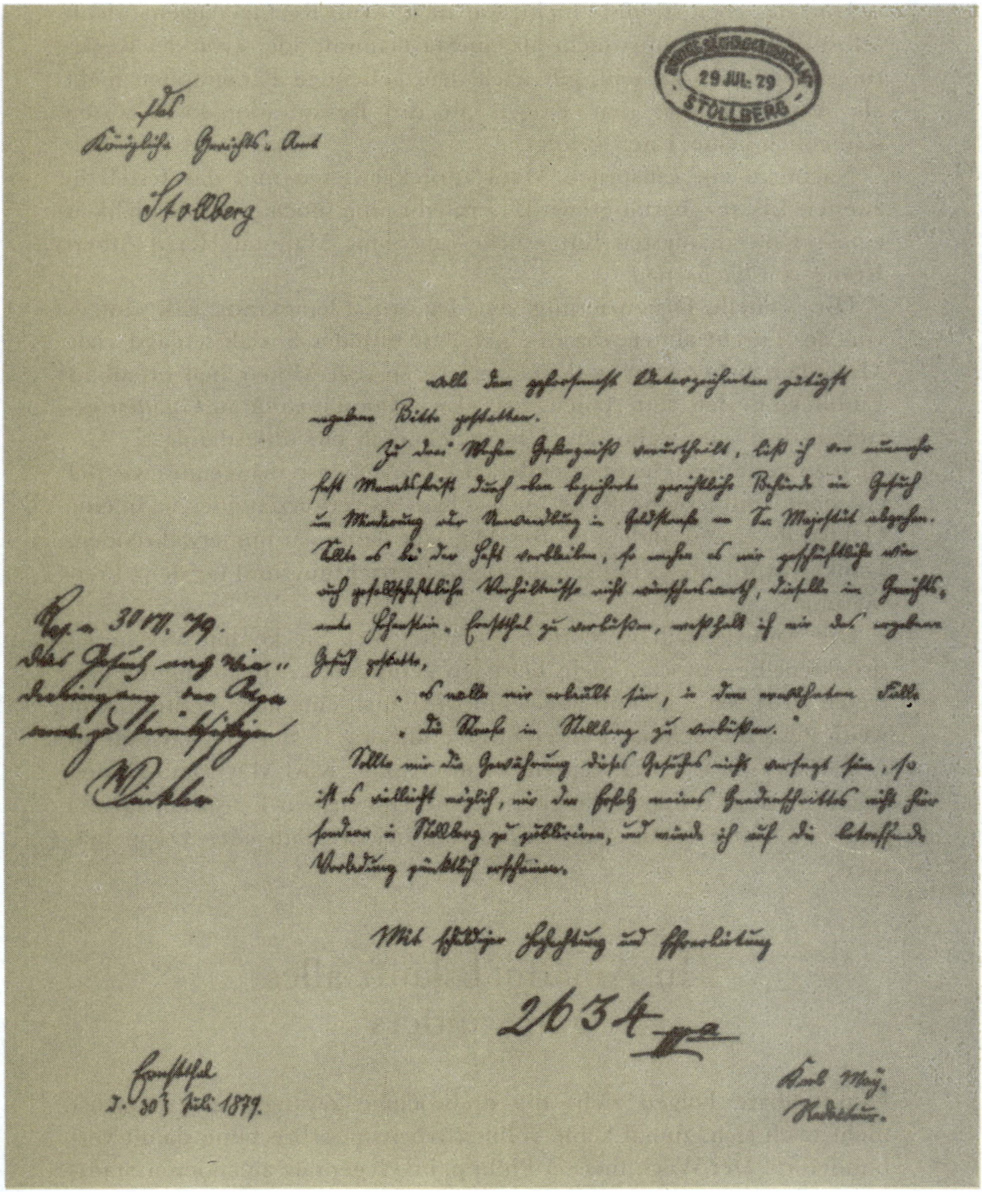

Mays Schreiben vom 30. 7. 1879 an das Gerichtsamt Stollberg, mit dem er die Umwandlung der Gefängnis- in eine Geldstrafe erbittet oder wenigstens um Verschonung der Strafverbüßung in Hohenstein-Ernstthal nachsucht.

Und das eben stimmte nicht, war nicht «von Rechts-Wegen», denn selbst die Behauptung, mehr als ein Staatsanwalt oder «von der Regierung eingesetzt» zu sein, gilt nach dem geltenden Paragraphen nicht als Amtshandlung; den Fragen an die Restaurationsgäste waren schließlich keine Taten gefolgt.

Nachdem ein Einspruch Mays zurückgewiesen und das Urteil in zweiter Instanz bestätigt wird, verbleibt ihm noch die Möglichkeit eines «Unterthänigsten Bittgesuches an Seine Majestät Herrn Albert König von Sachsen».

Die schnelle Distanzierung von der Sozialdemokratie läßt einiges von der Furcht ahnen, die in einer Zeit brutaler Sozialistenjagd viele Menschen beherrscht, und der Antrag an den Monarchen offenbart Einblicke in den Untertanengeist: «Ew. Majestät wolle in Gnaden geruhen, dem ganz gehorsam Unterzeichneten ein unterthänigstes Gesuch zu gestatten», heißt es einleitend. Ein «ebenso dringendes wie tief ergebenes Bittgesuch» sei es, um die Haft zu verkürzen oder sie in eine Geldstrafe umzuwandeln... der Majestät dann «zu immerwährendem Dank» verpflichtet, «mit schuldigster Hochachtung und tiefster Ehrerbietung...»

Die Antwort fällt wesentlich einfacher aus. Sie kommt auf vorgedrucktem Bogen: «... nicht bewogen gefunden, ... Begnadigung eintreten zu lassen...», und abgelehnt wird auch eine neue Petition, ihm wenigstens die Schmach einer Strafverbüßung in der Heimatstadt zu ersparen. Vom 1. bis 22. September 1879 gehört Karl May somit zu den Insassen des Gerichtsgefängnisses von Hohenstein-Ernstthal. (Diese Behörde führte bereits vor Vereinigung beider Städte den Doppelnamen.)

In Amadijah läuft alles ganz anders

Unmittelbare Folgen zieht die dreiwöchige Zwangspause zunächst nicht nach sich, zumal keine völlige Arbeitsunterbrechung damit verbunden ist. Der Wachtmeister Philipp, im Gegensatz zu anderen Stadtgendarmen May recht wohlgesinnt, besorgt unter Umgehung der Dienstvorschriften dem Arrestanten die gewünschte Literatur. Bei einer Zellenkontrolle wird diese Gefälligkeit allerdings entdeckt, und Philipp muß ein Disziplinarverfahren in Kauf nehmen.

Das Jahr 1879, möchte man trotz der Haftstrafe meinen, zählt zu den erfolgreichsten in Mays schriftstellerischer Anfangsphase. Weitere Humoresken und Dorfgeschichten erscheinen. Ab Oktober beginnt die über zwei Jahre laufende Fortsetzungsserie des zweiteiligen Großromans *Scepter und Hammer/Die Juweleninsel*, ein Stuttgarter Verlagsunternehmen bringt im November mit dem schon erwähnten Titel *Im fernen Westen* die allererste Buchausgabe heraus und dazu noch den «Waldläufer» von Gabriel Ferry – «für die Jugend bearbeitet von Carl May». Und schließlich gibt es ein Angebot des Regensburger Verlegers Friedrich Pustet, für den «Deutschen Hausschatz» – damals die bekannteste katholische Familienzeitschrift – alle künftigen Manuskripte zu übernehmen und sofort nach Posteingang zu bezahlen.

Durchaus günstige Perspektiven deuten sich an, woraus man schließen könnte, daß die neuerliche Konfrontation mit Gerichtsamt und Gefängnis rasch in Vergessenheit geraten wird. Das ganze Gegenteil ist jedoch der Fall. Denn zahlreiche Episoden und Motive in den folgenden Werken offenbaren, wie tief der Schriftsteller von seinem mißglückten Abenteuer als Amateurdetektiv betroffen und vom anschließenden juristischen Nachspiel getroffen war: Was ihm in der rauhen sächsischen Wirklichkeit mißglückte, wird auf imaginären Reisen durch exotische Reviere viele Male als Wunschtraum realisiert.

So schlüpft Old Shatterhand – sein Name taucht erstmals Mitte 1879 in der zweiten «Hausschatz»-Erzählung *Unter Würgern* auf – in immer wieder neue Rollen: Er läßt sich als Wunderwesen bestaunen, das, ohne nachzuladen, mit dem Henrystutzen immerfort schießen kann, oder er spielt zur Abwechslung das Greenhorn. Ob erkannt oder nicht, sein Vorhaben gelingt, die Gegen- oder Mitspieler werden allesamt getäuscht, und der Erfolg ist ihm gewiß. Und nicht anders handelt Kara Ben Nemsi, das zweite Pseudo-Ich.

Auf weitere Beispiele machte unlängst Heinz Stolte aufmerksam, der als erster Literaturwissenschaftler über Karl May promovierte. So verweist er beispielsweise bei dem Titel *Giölgeda padishanün*, 1881 im

«Deutschen Hausschatz» veröffentlicht, besonders auf jene Kapitel aus den «Reise-Erinnerungen aus dem Türkenreiche», die 1892 in die Buchausgabe *Durchs wilde Kurdistan* übernommen wurden.

Mohammed Emin, der alte Scheik der Haddedihn, hat den jungen Kara Ben Nemsi gebeten, sich in der Türkenfestung Amadijah um das Schicksal seines Sohnes Amad el Ghandur zu kümmern. Am Anfang ist der besorgte Vater durch einen verstauchten Fuß in seinen Aktivitäten behindert – der alte Pollmer konnte wegen seiner Gebrechlichkeit auch nicht selbst die Umstände aufklären, die den Tod seines Sohnes herbeiführten. Was May in Niederwürschnitz mißlang, glückt Kara Ben Nemsi ruhmreich in Amadijah. Vor dem Sitz des Kommandanten wird er gleich mit militärischen Ehren begrüßt, und das Budjeruldu (Paß) des Großherrn verleiht ihm schier unbegrenzte Macht. Der Kommandant vermutet in ihm einen geheimen Abgesandten des Padiśha. Kara Ben Nemsi läßt das offen und legt sich keinen bestimmten Titel zu. Als der Befehlshaber der Festung Näheres über den Auftrag des vermeintlichen Emissärs erfahren will, wird er gefragt: «Hast du einmal etwas von Politik und Diplomatik gehört, Mutesselim?» Denn von dieser Aufgabe dürfe er nicht sprechen.

Etwas später zieht der Ich-Erzähler eine Zwischenbilanz: «Ich hatte die Kühnheit, mich als einflußreiche Persönlichkeit zu fühlen; ich handelte abenteuerlich, das ist wahr; aber der Zufall hatte mich nun einmal, sozusagen, an die Kletterstange gestellt und mich bis über die Hälfte derselben emporgeschoben; sollte ich wieder herabrutschen und den Preis aufgeben, da es doch nur einer Motion bedurfte, um vollends empor zu kommen?»

In Niederwürschnitz konnte May die Hürde nicht nehmen; er rutschte herunter, tiefer ging es nicht. In Amadijah läuft alles ganz anders: Amad el Ghandur wird am Ende wohlbehalten befreit.

Das kurdistanische Märchen ist noch mit etlichen glorreichen Episoden ausgeschmückt. Kara Ben Nemsi spielt auch hier zwischendurch wieder einmal die Rolle des erfolgreichen Arztes. Sogar eine Parallele zur Gerichtsverhandlung gibt es. Aber Kara Ben Nemsi kann den Spieß schnell umkehren: Er unterbricht kurzerhand die Beschuldigungstirade und erklärt, daß der Mann, der sich quasi zum Staatsanwalt aufschwingen wollte, abgesetzt sei. Zusammen mit einem gegneri-

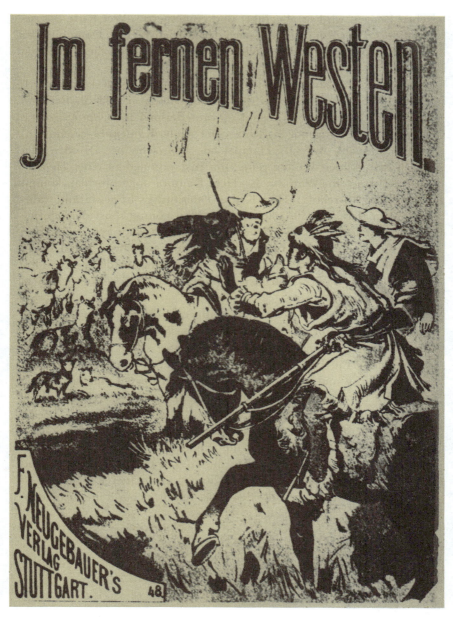

Erste Buchausgabe, die 1879 im Stuttgarter Verlag
von Franz Neugebauer erscheint.

schen Zeugen wird er abgeführt und eingesperrt. «Wer hätte das gedacht!» ruft der Kommandant nach der raschen Wende. Dann bittet er Kara Ben Nemsi: «Herr, verzeih mir! Ich wußte ja von diesen Dingen nichts.»

Wenn Karl May persönliche Bitternisse literarisch kompensiert, dann durchaus nicht nur in den Erfolgstaten von Old Shatterhand oder Kara Ben Nemsi. Da gibt es zum Beispiel im *Oelprinz* (zuerst 1893/94 in der Jugendzeitschrift «Der Gute Kamerad» erschienen) einen Matthäus Aurelius Hampel aus Klotzsche bei Dresden, der durch den Wilden Westen reitet, um Inspirationen zu einer Heldenoper zu sammeln. Wird er als «Herr Kantor» angesprochen, kommt prompt die Korrektur: «Herr Kantor emeritus! Es ist gewiß und wahrhaftig nur der Vollständigkeit wegen. Man könnte sonst denken, ich messe mir ein Amt an, in welchem ich mich nun schon seit zwei Jahren nicht mehr befinde...» Oder: «Herr Kantor emeritus, wie ich Ihnen schon hundertmal gesagt habe. Es ist wahrhaftig nur der Vollständigkeit wegen und weil ich mir kein Amt anmaßen darf, welches ich nicht mehr bekleide.»

Ob nun hundertmal oder etwas weniger – solche stereotypen Passagen gibt der Kantor emeritus Hampel aus dem sächsischen Klotzsche immer wieder von sich, über die der Leser aber schon bald nicht mehr lachen kann. Ein Humor, mit dem sich Karl May nicht nur hier sehr schwer tut. Es sind meist die immer gleichen Possen, mit denen sich der Autor unter dem Vorzeichen der Komik Schlimmes von der Seele schreiben will.

Mit solcher Clownerie wie beim Kantor Hampel vermag der Schriftsteller nur recht ungelenk über die Schatten seiner Vergangenheit zu springen. Schlüpft er hingegen in die Gestalt eines Old Shatterhand oder Kara Ben Nemsi, so gelingt das in viel souveränerer Manier. Und das sind auch die Figuren, die den Leser reizen, sich mit ihnen zu identifizieren.

Auf der Suche nach dem «Weg zum Glück»

Der Drehspiegel des Schaffens

Am 26. Mai 1880 stirbt Großvater Pollmer, und ein Vierteljahr später heiraten Karl May und Emma. Er habe schlimme Bedenken gehabt, innerlich «einen schweren, wühlenden Kampf» ausgefochten, notiert der Schriftsteller rückschauend im Jahre 1907, sich aber durch Bitten und «hypnotische Blicke» umstimmen lassen und außerdem ins Kalkül gezogen, mit dem vorherigen Zusammenleben «ihre Ehre vor den Menschen geschädigt zu haben. Ich war verpflichtet, das wieder gut zu machen.»

Die Gründe für das lange Hinausschieben der Hochzeit, nachdem der Großvater von seinem Widerstand längst abgerückt war, hängen aber nicht mit jenem inneren Kampf zusammen. Den ficht May, wenn überhaupt, nicht erst in den Sommerwochen vor der Hochzeit aus. Er konnte Emma einfach nicht früher zum Altar führen, denn bei einer Vernehmung im Juni 1878 zum Amateurdetektiv-Abenteuer hatte er angegeben, verheiratet zu sein, und Emma ließ sich ja bekanntlich auch schon als «Frau May» ansprechen. Eine Trauung während der laufenden Untersuchungen oder kurz danach hätte die Glaubwürdigkeit auch aller anderen Aussagen in Frage gestellt. So muß May warten, bis etwas Gras über die Sache gewachsen ist.

Im August 1880 beginnt dann offiziell eine Ehe, die nach zweiundzwanzig Jahren im Januar 1903 mit der «Scheidung von dieser fürchterlichen Frau» endet.

Was immer auch May später über Emma Pollmer zu Papier bringt, welche bösen Worte er findet, um Enttäuschung und angestauten Haß abzureagieren – unter dem schlechten Stern, der dabei heraufbeschworen wird, hat die Beziehung beider am Beginn der Ehe ganz sicher nicht gestanden.

Der Wahrheit näher kommen wir vielleicht, wenn wir in Mays Werken aus jener Zeit nach Belegen sucht, die sein Verhältnis zu Emma Pollmer noch unbeeinflußt von den späteren Ereignissen reflektieren. Die literarischen Zeugnisse sind überdeutlich.

Unmittelbar vor der Eheschließung verfaßt Karl May den ersten Teil des bereits erwähnten Doppelromans *Scepter und Hammer / Die Juweleninsel*. Eingeflochten in die Handlung ist eine Romanze zwischen dem Schriftsteller Karl Goldschmidt, «der sehr berühmte Romane und Novellen schreibt», und seiner Geliebten Emma Vollmer!

«Emma ist schön, besitzt ein gutes Gemüth, einen häuslichen, wirthschaftlichen Sinn...», erfahren wir, und Karl Goldschmidt erklärt uns: «Sie hat ihre Mutter bei der Geburt verloren und wurde von Ihrem Vater durch übergroße Zärtlichkeit und unverständige Nachsicht so verzogen, daß sie kein anderes Gesetz kennt, als das Gefühl des Augenblickes. Sie kennt ihre körperlichen Vorzüge sehr genau; sie bemerkt es, wenn sie bewundert wird, und thut man dies nicht, so fordert sie durch Blicke, Bewegung und Geberde dazu auf. Sie hat mich lieb, aber sie will ihre Vorzüge nicht nur mir allein widmen, sie bedarf auch der Anerkennung Anderer, welche sie mit suchendem Auge einkassirt. Bei einem solchen Charakter oder viel mehr Naturell ist sie allen Versuchungen ausgesetzt, denen gegenüber sie nicht diejenige Festigkeit besitzt, welche erforderlich ist zur inneren Treue gegen den Geliebten.»

Ersetzen wir den Vater durch den Großvater, so stimmen die Fakten verblüffend überein. Und wie etliche Überlieferungen auch aus nachfolgenden Jahren belegen, ist Emma Pollmer eine Frau, die ihre Ansprüche stellt, Geselligkeit liebt und gern Bewunderung erheischt. Ob dabei gewisse Grenzen überschritten werden, läßt sich weder beweisen noch widerlegen. May selbst äußert sich dazu nur widersprüchlich, während er entschieden häufiger und detaillierter gegen die «Klatschbasen» räsoniert, mit denen Emma täglich zusammensitzt oder, «was noch schlimmer war», die sie mit ins Haus bringt. Weder Ruhe noch Erholung habe er finden können, Zuflucht in der Arbeit gesucht, «oft wöchentlich zwei oder drei Nächte hindurch» geschrieben und wiederum feststellen müssen, daß er «noch viel, viel einsamer lebte, als es

Mit Ehefrau Emma, um 1890.

vorher jemals der Fall gewesen war ... Ich hatte zwar ein Haus, aber kein Heim.»

Emmas Bedürfnisse, die kaum auf geistige Teilnahme an der Schriftstellerei abzielen, erfordern Geld. Das aber kann nur durch ununterbrochene Arbeit «herbeigeschrieben» werden – und bleibt dennoch knapp. In den anderthalb Jahren von 1881 bis Mitte 1882, für die wir eine Zahl kennen, sind es ca. 2000 Mark.

Die meiste Zeit des Tages zieht sich der Ehemann ins Studierzimmer zurück, um zu arbeiten. Der lebensdurstigen jungen Frau behagt das Alleinsein nicht. Also lädt sie Leute ins Haus, was nun wiederum dem Mann mißfällt, der erneut an seinen Schreibtisch flieht. Das Gefühl innerer Einsamkeit beherrscht ihn weiterhin, und hinzu kommt nun jener neue Kreislauf, der immer wieder Anlaß für Auseinandersetzungen liefert.

Ganz sicher gibt es auch Zeiten guten Einvernehmens und Situationen, in denen sich Karl May gern und ganz den Wünschen seiner Frau unterordnet. Dafür liefert er uns selbst indirekte Beweise in den «Reise-Erinnerungen aus dem Türkenreiche» *(Giölgeda padiśhanün)*, die ab 1881 im «Deutschen Hausschatz» erscheinen. Mersinah, die Gattin des Statthalters in der Sahara-Oase Kbilli, ist eine etwas ins Lächerliche karikierte, aber dennoch sehr resolute Frau. Nach mancherlei Turbulenzen resümiert der Erzähler: «O du beglückende Pantoffelherrschaft, dein Scepter ist ganz dasselbe im Norden wie im Süden, im Osten wie im Westen!»

Daß der Autor hierbei humorvoll auf seine eigene Situation zu Beginn der Ehe anspielt, läßt sich unschwer aus dem vorangegangenen Geschehen ablesen: Emma, so erkennt der kundige Leser, ist beim Schreiben stets gegenwärtig gewesen. Daneben bezeugen diese ersten Abschnitte des großen Orient-Zyklus – wie etliche Stellen im Gesamtwerk – das traumatische Nachwirken des einstigen Uhrendramas. Natürlich gibt es noch weitere Bezüge zum eigenen Leben, deren Darstellung aber würde den Rahmen dieses Buches sprengen.

Die Handlung beginnt, auch das verdient hervorgehoben zu werden, mit dem ersten Auftritt von Kara Ben Nemsi und Hadschi Halef Omar Ben Hadschi Abul Abbas Ibn Hadschi Dawud al Gossarah auf der literarischen Bühne. Dieser kleine skurrile Mann, «so hager und dünn, daß man hätte behaupten mögen, er habe ein volles Jahrzehnt zwischen den Löschpapierblättern eines Herbariums in fortwährender Pressung gelegen», sieben Barthaare am Kinn und auf dem Kopf den Riesenturban, «drei volle Fuß im Durchmesser», scharfsinnig, mutig, tapfer und gewandt, oftmals auch unüberlegt oder prahlsüchtig, stets auf Eindruck und Wirkung seines langen Namens bedacht, wird sich als die am köstlichsten gezeichnete Figur Karl Mays erweisen. Beide, der Sihdi und sein «Freund und Beschützer», entdecken im Wadi Tarfaui, einem Wüstental, das Opfer eines Verbrechens. Der Ermordete trägt einen Trauring mit der Gravur «E. P. 15. juillet 1830». Die Frau des Toten, so erfährt man später, heißt Emilie Pouillet – ein Name, den May mit Bezug auf Emma Pollmer wählte, und 1830 war das Geburtsjahr ihrer Mutter!

Der Ich-Erzähler steckt den aufgefundenen Ring an seinen Finger und nimmt dann bei der Begegnung mit den Mördern auch eine «goldene Uhr nebst Kette» (!) an sich. Ein leichtfertiges Handeln, denn der Besitz dieser Gegenstände kann Kara Ben Nemsi selbst in den schlimmen, ja existenzbedrohenden Verdacht der Täterschaft bringen. Und beim Wekil (Statthalter) der Oase Kbilli scheint sich tatsächlich ein Verhängnis anzubahnen: Der wirkliche Mörder Hamd el Amasat will ihn durch erlogene Anzeige mit einem Doppelmord belasten.

Die Uhr spielt als Beweisstück keine Rolle mehr. Wie seinerzeit in Chemnitz erweist sich nun in der Oase Kbilli die falsche Anschuldigung eines Gegners als das entscheidende Moment. Wurde damals Mays Berufsexistenz als Lehrer vernichtet, so droht jetzt der Statthalter mit der Todesstrafe. Die weiteren Ereignisse in Kbilli gestaltete May dann so, wie er sich das ehemals selbst gewünscht hätte.

Soldaten sollen Kara Ben Nemsi verhaften. Sie benehmen sich mit ihren «schmutzigen Fingern» dabei derart täppisch, daß er sich Mühe geben muß, bei ihrem «sonderbaren Exerzitium ernsthaft zu bleiben». Er empfindet die angedrohte Verhaftung «zu komisch, als daß ich eine Bewegung zu meiner Befreiung hätte machen mögen», er hätte sogar «beinahe laut aufgelacht».

Dann macht er dem Possenspiel ein rasches Ende. Er hat seine Waffen und bewaffnete Freunde parat und handelt, um «sich selbst Gerechtigkeit zu verschaffen», springt «ganz plötzlich zwischen den Soldaten hindurch», reißt dem Mörder und falschen Ankläger die Arme auf den Rücken und läßt ihn binden.

Die Repräsentanten staatlicher Gewalt sind zuerst «ganz consternirt» und rennen dann «nach allen vier Richtungen auseinander, um Schutz in den Mauerecken zu suchen». Auch die Gattin des Statthalters Mersinah greift ein und versichert Kara Ben Nemsi: «Du sollst Gerechtigkeit haben!» Energisch setzt sie sich über ihren Mann hinweg und verfügt: «Du bist also unser Gast und sollst mit den Deinen so lange bei uns wohnen, bis es Dir gefällig ist, uns wieder zu verlassen.»

Derartige Szenen sind typisch für Mays Werke: Der Drehspiegel des Schaffens nimmt dunkle Strahlen aus der eigenen Vergangenheit auf und reflektiert grandiose Wunschbilder.

Im Figurenensemble gibt es dabei im allgemeinen wechselnde Identifizierungen mit dem eigenen Ego oder mit Menschen seines Lebenskreises. So spielt die Figur des Statthalters von Kbilli zuerst auf einen höheren Polizei- oder Justizbeamten aus der Zeit des Uhrendramas an, und dann ist er ein Stückchen von May selbst, als nämlich Mersinah alias Emma den Ablauf bestimmt. Wenn May sich häufig in verschiedene Figuren spaltet, dann in den ersten Arbeiten sicherlich unbewußt, aber so perfekt, daß er im reifen Alter behaupten kann, diese Absicht von Anfang an gezielt verfolgt zu haben, beispielsweise im Wechselspiel von Kara Ben Nemsi und Hadschi Halef Omar.

«Und dieser Hadschi», schreibt er 1910 in der Selbstbiographie, «ist meine eigene Anima, jawohl, die Anima von Karl May!» Wobei er unter Anima einfach Leben und Dasein versteht, ohne höhere Ansprüche an Seele und Geist damit zu verknüpfen. Kara Ben Nemsi hingegen symbolisiert das erträumte Idealbild mit allen denkbaren positiven geistigen wie auch körperlichen Eigenschaften und Fähigkeiten – eine Gestalt, die sich an edlen Zielen orientiert und jede Situation meistert.

Halef Omar verkörpert somit die entschieden realistischere Seite der Mayschen Existenz – schon von der Statur her ein Knirps (May selbst mißt ganze 1,66 Meter) und mit keinen sichtbaren Vorzügen ausgestattet. «Indem ich alle Fehler des Hadschi beschreibe», erfahren wir, «schildere ich meine eigenen und lege also eine Beichte ab...»

Viele Male handelt der Hadschi unbedacht und beschwört dadurch

Karl May um 1890.

schwierige Umstände oder Gefahren herauf. Wenn er sich bei hochstaplerischen Prahlereien gefällt, rechnet May mit der eigenen Vergangenheit ab.

Gleich zu Beginn der Handlung erfahren wir, daß Halef Omar noch nicht in Mekka war und sich dennoch Hadschi nennt – auch das eine Reflexion Mays auf Titel, die er sich selbst unbefugt zugelegt hatte, Reminiszenzen an seine Auftritte etwa als «Augenarzt Dr. Heilig» oder «Polizeilieutenant Wolframsdorf». Daß May bei der literarischen Formung des kleinen Hadschi mit seinen persönlichen Schwächen ins Gericht ging, trug ganz entscheidend dazu bei, eine so sympathische Gestalt schaffen zu können.

Der gemeinsame Abenteuerritt von Kara Ben Nemsi und Halef Omar führt schon bald nach Mekka. Ein Wunschbild des «eigentümlichen Kerlchens» geht in Erfüllung, er ist nun ein echter Hadschi – «wodurch seine Lüge zur Wahrheit wird».

Von einer Haddsch mit solchem Erfolg träumte Karl May seit seiner Schulzeit, von einer Pilgerfahrt zur Kaaba hoher Gelehrsamkeit: vom Gang durch akademische Instanzen, an dessen Ende ein begehrtes Diplom winkt. Es bleibt ihm versagt.

Der «Allgemeine Deutsche Literaturkalender» von 1880 enthält erstmals folgenden Vermerk: «May, Dr. Karl, Journalist, Redakteur...» Dieses bekannte Nachschlagewerk, zwischen 1883 und 1902 von Joseph Kürschner herausgegeben und daher auch kurz als der «Kürschner» bezeichnet, registriert den Doktortitel bis 1904; ab 1884 als «Dr. phil.».

In der Schrift *Ein Schundverlag* berichtet May, wie es dazu gekommen ist. Er sei schon am Tage seines Dienstantrittes bei Münchmeyer von dem Verleger gegenüber Kunden und Bekannten als «mein neuer Redakteur, Herr Doktor Karl May» vorgestellt worden. Das gehöre zum Geschäft, habe der Chef erklärt, ein Redakteur müsse vor den Abonnenten als «gescheidter Kerl» gelten.

Obwohl es seiner Eitelkeit schmeichelt, hat May doch lange gezögert, fünf Jahre immerhin, bis er schließlich bei einer Anfrage der Literaturkalender-Redaktion der verfänglichen Faszination unterliegt. In einem Brief an seinen späteren Verleger Friedrich Ernst Fehsenfeld schreibt er 1902, daß die ganze Sache mit dem Doktortitel «leere Prahlerei» gewesen sei. Einigen Ärger wird ihm aber diese Leichtfertigkeit dennoch bereiten.

Im halben Bogen um die Balkanpolitik

Nach den Ereignissen im Wadi Tarfaui am Rande der östlichen Ausläufer des Saharaatlas und in der Oase Kbilli reiten Kara Ben Nemsi und Hadschi Halef Omar durch weite Teile des nahen Orients, bestehen Abenteuer auf Abenteuer in Kurdistan und in Damaskus und Baalbeck; sie kommen nach Stambul und durchqueren den Balkan bis zu den albanischen Bergen. Am Schluß bringen sie in Rugova, einem

Stambul – hier ein zeitgenössisches Bild mit Blick über das Goldene Horn – heißt eine «Hausschatz»-Erzählung von 1883.

kleinen Ort bei Skutari (Shkodra) den «Schut» zur Strecke, den «Gelben» (so wegen seiner Gesichtsfarbe bezeichnet), der zu den reichsten und mächtigsten Männern der Gegend gehört, mit Pferden handelt, einen Khan (Herberge) betreibt und gleichzeitig als Oberhaupt einer weitverbreiteten Verbrecherbande die in Armut lebende Bevölkerung terrorisiert. Seine Strafe bekommt auch Hamd el Amasat, der Mörder aus dem Wadi Tarfaui, der gleichfalls an den Untaten des Schut beteiligt war.

Nahezu die ganze lange turbulente Tour liegt giölgeda padischanün, «im Schatten des Großherrn», denn die meisten Schauplätze gehörten in den siebziger Jahren des vorigen Jahrhunderts noch zum Osmanischen Reich. Der Name geht auf Emir Osman I. zurück, der einst die territoriale Expansion eingeleitet hatte.

Padischa nannten sich später die Sultane dieses Staates, der zur Mitte des 16. Jahrhunderts am Gipfelpunkt von Macht und Größe stand, aber schon bald Risse eines allmählichen Niedergangs zeigte. Zur Zeit der Handlung sind Korruption, Vetternwirtschaft, innere Machtkämpfe, Willkür der als Provinzverwalter eingesetzten Paschas und der kleinen Beamten sowie ein unfähiger Verwaltungsapparat sichtbare Signale des unabwendbaren Verfalls. In zahlreichen Szenen beleuchtet Karl May solche Symptome: Ohne deftiges Bakschisch (Trinkgeld) ist kaum ein Staatsdiener zu bewegen, seiner Pflicht nachzukommen. Am schlimmsten steht es im Revier von Rugova; der verbrecherische Schut kann sich auf die Hilfe käuflicher Beamten stützen.

Wie auch bei anderen Gelegenheiten schildert May derartige Erscheinungen ungeschminkt, er schreibt von der «Unhaltbarkeit der Zustände» auf der Balkanhalbinsel, ohne aber die tieferen Ursachen aufzuzeigen. Und ebensowenig erfährt man etwas über den nationalen und sozialen Befreiungskampf der Balkanvölker, der in der zweiten Hälfte der siebziger Jahre zu bedeutsamen Veränderungen führt: Der Serbisch-Türkische Krieg von 1876/77 und der Russisch-Türkische Krieg von 1877/78 gaben dem Ringen der unterdrückten Völker machtvollen Aufschwung. Das sich entwickelnde Proletariat und die Bauern kämpften gleichzeitig gegen das auf dem Balkan eindringende fremde Kapital und gegen die feudalen Überreste. Bulgarien schüttelte 1878 das Türkenjoch ab.

Nach dem Russisch-Türkischen Krieg feilschten europäische Mächte und die Türkei im Sommer 1878 über ihre unterschiedlichen Balkan-Interessen. Die Unabhängigkeit von Serbien, Montenegro und Rumänien mußte anerkannt werden; der Wille anderer unterdrückter Völker blieb unberücksichtigt. Österreich okkupierte Bosnien und die Herzegowina; den 1853 begonnenen antitürkischen folgten schon ab 1878 antiösterreichische Volksaufstände. Und Makedonien, das sich 1875 gegen das osmanische Joch erhoben hatte, wurde sogar an die Türkei zurückgegeben. Diese Willkürmaßnahmen hatten weitere Aufstände zur Folge. Machtwidersprüche führten 1885 zum Bulgarisch-Serbischen Krieg.

Eine bewegte Zeit also, die den Zusammenbruch des Osmanischen Reiches von 1918 einläutet. Es stellt sich die Frage, weshalb Karl May an den historischen Vorgängen vorbeigegangen ist.

Der bulgarische Wissenschaftler Weselin Radkov, ein gleichermaßen guter Kenner der Geschichte des Balkans wie der Werke Karl Mays, in seiner Heimat bekannt als Übersetzer dieser Bücher, führte im Mai 1981 auf einem Forum an der Staatsuniversität «Kliment Ochridski» in Sofia anläßlich der Feierlichkeiten «1300 Jahre seit der Gründung des bulgarischen Staates» einiges zu den Gründen an: «Mit Sicherheit können wir behaupten, daß zur Zeit der Entstehung von ‹Im Schatten des Padisha› der Schriftsteller über keine konkreten Informationen zu den Kämpfen der Bulgaren oder anderer Völker auf der Balkanhalbinsel gegen das Osmanische Reich verfügte, da andernfalls seine Romane ebensolche Episoden enthalten hätten, und er sich auf die Seite der Unterdrückten gestellt hätte. Diese unsere Behauptung stützt sich vor allem auf die Tatsache, daß Karl May ein leidenschaftlicher Verteidiger der Selbstbestimmungsidee aller Völker in der Welt ist, die um ihre nationale Befreiung kämpfen. Dabei denken wir an seine Romane, die der Verteidigung der Freiheit des mexikanischen Volkes gewidmet sind (Benito Juárez) oder den indianischen und arabischen Stämmen, dem ganzen ‹schwarzen Afrika› und dem chinesischen Volk, das sich 1899 gegen den internationalen Imperialismus erhoben hatte (in ‹Und Frieden auf Erden›) u. a. Obwohl Karl May nicht unmittelbar auf die nationalen Befreiungskämpfe der Balkanvölker Bezug nimmt, zeigt er doch eindeutig seine kritische Einstellung gegenüber den Grausamkeiten der osmanischen Gewaltherrschaft und beschreibt das erschütternde Elend der Völker auf der Halbinsel und die Unfähigkeit der Hohen Pforte, einen Lösungsweg für das Balkanproblem zu finden.»[6]

Damit ist wohl der Kern des Problems getroffen. Denn überdies wird ja nur allzu häufig vergessen, daß man einen Schriftsteller des vorigen Jahrhunderts nicht nach den heutigen Informationsmöglichkeiten und den Maßstäben unseres Wissens messen kann. Wir haben den historischen Abstand eines Jahrhunderts, besitzen umfangreiche Detailkenntnisse zum Geschehen und wissen um die gesetzmäßigen Zusammenhänge zwischen nationalen und sozialen Fragen.

Im Jahre 1876 sprach Bismarck von den «Orientwirren». Der Ablauf der Ereignisse – eine Verfilzung von Verträgen, diplomatischen Demarchen, wohlwollenden Haltungen und neuen Verwicklungen, Konstellationen und Kombinationen – stellte sich in der Tat den Zeitgenossen als rechtes Verwirrspiel dar. Aus dem einst übermächtigen Osmanischen Reich war «der kranke Mann am Bosporus» geworden, und durch das intensive Ringen fremder Mächte um Erbschaftsanteile blieben für außenstehende Beobachter die Wurzeln der «Krankheit» – Unterdrückung der Balkanvölker und deren Befreiungskampf – größtenteils verdeckt.

Wie wir noch an anderen Beispielen sehen werden, verfolgt Karl May zeitgeschichtliche Vorgänge weitaus aufmerksamer, als gemeinhin angenommen wird. Im Falle der Balkanpolitik werden jedoch auch ihm ganz einfach Fakten und Einsichten gefehlt haben. Also schlägt er einen halben Bogen um den Bosporus und beschränkt sich auf die offenkundigen Altersgebrechen des «kranken Mannes».

Hintergründe einer Zeitschrift

Karl Mays großer Orient- und Balkanzyklus erscheint zwischen 1881 und 1888 im katholischen Familienblatt «Deutscher Hausschatz». Bis 1898 folgen in dieser Zeitschrift weitere «Reiseromane», die unter anderem in Nord- und Südamerika, in Afrika, Persien und in Phantasielandschaften spielen. Alle diese Publikationen verhelfen May zum literarischen Aufstieg, gegen Ende der achtziger Jahre ist er bereits ein bekannter Schriftsteller. Und wie der Autor von den Möglichkeiten einer Zeitschrift wie dem «Deutschen Hausschatz» profitiert, so zieht auch dieses noch junge Journal aus den Mayschen Erzählungen Nutzen. Der katholische Verleger Friedrich Pustet hatte das Blatt erst 1874 in Regensburg als ein Sprachrohr gegen Bismarcks antikatholischen «Kulturkampf» ins Leben gerufen.

Die industrielle Entwicklung in der ersten Hälfte des 19. Jahrhunderts war an den altüberlieferten religiösen Vorstellungen nicht spurlos vorübergegangen, hatte Werturteile verändert und Wirkungen gemindert, worauf sich vor allem die katholische Kirche in ihren traditionellen Gebieten sehr um das Bewahren alter Positionen und verbriefter

Rechte bemühte. Diese partikularistischen Bestrebungen verhärteten sich noch nach der Reichsgründung, was nun den Kanzler zu scharfen Gegenmaßnahmen veranlaßte: So ließ Bismarck 1872 die geistliche Schulaufsicht beseitigen, im Jahr darauf folgten die sogenannten Maigesetze, die unter anderem den Kirchenaustritt regelten, 1875 wurden in Preußen fast alle katholischen Orden aufgelöst und die Zivilehe eingeführt. Dieser «Kulturkampf» brachte aber nicht den erhofften Erfolg, sondern stärkte das katholische «Zentrum» sogar. Bismarck aber brauchte in der Folgezeit gerade diese mächtige Gruppierung, um seine Schutzzollpolitik durchzusetzen, andererseits wollte er seine innenpolitische Macht voll gegen die Sozialdemokratie konzentrieren. So milderte er ab 1878/79 die Repressalien, um sie ein paar Jahre darauf gänzlich einzustellen.

Im Zusammenhang mit dem «Kulturkampf» und darüber hinaus suchte die katholische Kirche immer nach Möglichkeiten, ihren Einfluß auszuweiten. Das Schrifttum spielte dabei keine geringe Rolle. Mit scheelen Blicken wurde der beständige Aufstieg der Leipziger «Gartenlaube» verfolgt. Zwischen 1863 und 1885 beispielsweise wuchs die Auflage von 157 000 auf 250 000 Exemplare. Von diesem zuerst nationalliberal, dann mehr und mehr bismarckfreundlich ausgerichteten Blatt befürchtete man «schädliche Einflüsse» auf katholische Leser, gehörte doch zu den Mitarbeitern ein so erklärter Klerusgegner wie Otto von Corvin, und der «Gartenlaube»-Begründer Ernst Keil galt seit seiner Schrift «Die Jesuitenpest» von 1845 sowieso als suspekt. Mit dem «Deutschen Hausschatz» sollte somit auch ein konservatives katholisches Gegengewicht zur «Gartenlaube» geschaffen werden.

Das ist freilich zu keiner Zeit gelungen. Nach der Startauflage 1874 mit 30 000 Exemplaren ging es nur mühsam bergan. Zwanzig Jahre später werden für den «Hausschatz» und einige andere kleine katholische Unterhaltungsblätter zusammen erst 60 000 Abonnenten registriert. Daß es überhaupt zu einem Anstieg kam und das Regensburger Journal nicht, wie zahllose andere Familienzeitschriften jener Zeit, schon bald wieder von der Pressebühne verschwand, war zu guten Teilen Mays «Reiseromanen» zu danken. Daneben gab es im Blatt kaum Attraktionen. Die thematische Vielfalt der «Gartenlaube» wurde zu keinem Zeitpunkt erreicht.

Religiöse Gedanken

Mit den politischen Hintergründen der Zeitschrift hat Karl May nichts zu schaffen. Die «konfessionelle Zugehörigkeit war mir höchst gleichgültig», stellt er nachdrücklich fest. «Der Grund, warum ich dieser hochanständigen Firma treugeblieben bin, war kein konfessioneller, sondern ein rein geschäftlicher.»

Er liefert seine Manuskripte auf Grund der Pustetschen Offerte, unbesehen alles zu übernehmen und prompt zu bezahlen. Der Rhythmus «so viel Seiten, so viel Geld» läuft gut an, und May fühlt sich gegenüber Redaktion und Leserkreis der Zeitschrift zu einigen religiösen Reverenzen verpflichtet. So ist es vielleicht kein Zufall, daß schon die erste Szene in *Giölgeda padishanün* mit einem erfolglosen Versuch von Hadschi Halef Omar beginnt, seinen Sihdi Kara Ben Nemsi zum Islam zu bekehren. Man kann gerade in solchen, häufig wiederkehrenden religiösen Dialogen – denken wir an die durch May später gegebene Interpretation von Kara und Halef als zwei Seiten seines Ego – nur äußere Staffage sehen. Kara Ben Nemsi, das verklärte, erträumte Ich, will unbeirrbar seinen Idealen treu bleiben und sich nicht durch Verlokkungen ablenken lassen, ob nun religiös oder irdisch eingefärbt.

An vielen Stellen seiner Werke bekundet May eine christliche Grundposition, die mitunter recht sentimental vorgetragen wird, auch dort, wo man keine «Auftraggeber» im Hintergrund ausmachen kann, etwa im Roman *Old Surehand*. Wenn er also in einem Vortrag wenige Tage vor seinem Tode erklärt: «Ich bin Christ», so spricht er ein Bekenntnis aus, das, obwohl manchem Wandel unterlegen, zu den Wurzeln seines Schaffens gehört.

Nach den evangelisch geprägten Einflüssen in der Kindheit kommt es mit *Ange et Diable* zur zeitweiligen Abkehr vom christlichen Glauben und nach der Rückbesinnung zu einer Entwicklung, in der zuerst die Rolle der Konfessions- und dann auch der speziellen Religionszugehörigkeit immer mehr zurücktritt. Dabei orientiert sich May stets am Goethewort: «Alle Schuld rächt sich auf Erden», er vertröstet nicht auf eine Gerechtigkeit erst im Jenseits; Untaten, gegen die seine Helden ankämpfen, werden im Diesseits gesühnt.

Christlicher Glaube verpflichtet in allererster Linie zur Nächstenliebe und zu einem Humanismus der Tat. Dogmatismus, Scheinheiligkeit oder gar Mißbrauch des Glaubens werden sarkastisch gegeißelt. Nicht selten nämlich, dann aber außerhalb des katholischen «Hausschatzes», bekleidet er Schurken mit der schwarzen Soutane.

Da gibt es im *Verlornen Sohn* die «frommen» Verleger und Verbrecher Seidelmann senior und junior und ihnen zur Seite ein Onkel, der als «Vorsteher der Gesellschaft der Brüder und Schwestern der Seligkeit» am fleißigsten und verlogensten Bibelsprüche klopft. Arme betrogene Weber werden mit frommen Phrasen aus dem Haus gewiesen, und eine Blinde, die um ein kleines Almosen nachsucht, erhält den Ratschlag, eifrig zu beten. Denn geben könne man nichts, das sei allein Gottes Sache: «... ich darf ihm ja nicht vorgreifen ... ich darf ihm die Freude nicht verderben. Bete Sie, und dann wird er selbst kommen und Ihr helfen oder er wird Ihr einen seiner Engel senden!»

Ein falscher Prediger figuriert auch im *Geist der Llano estakata* (1887/88) als Hauptschurke, schon sein Name – Tobias Preisegott Burton – ist vielsagend. Im Gegensatz zu Seidelmann hat dieser Unhold allerdings kein kirchliches Amt in der Hinterhand.

Das Motiv mißbrauchten Glaubens variiert Karl May viele Male, und längst nicht nur, wenn er sich an seine Leser wendet. Auch im privaten Bereich findet er beißende Worte. So schreibt er 1906 in einem Brief an seinen Freund Sascha Schneider von «salbungsvollen, breitmäuligen, lippenlosen ‹Heiligen der letzten Tage›», womit nicht etwa die Mormonen gemeint sind, sondern «Kanzelmeister», die durch «Unverstand, Intoleranz, Prüderie...» Kirchen und Schulen zu erstarrten, lebensfremden, für menschliche Belange unempfindlichen Einrichtungen gemacht haben.

Nach Mays Meinung darf religiöser Glaube kein Dogma sein, soll vielmehr in privater wie gesellschaftlicher Sphäre als das «allmächtige Gesetz der Liebe» wirken, wie er schon 1875/76 formuliert. Nur folgerichtig schlägt sich diese Erwartung in Utopien nieder, etwa in der Vorstellung, daß soziale Widersprüche durch christliche Nächstenliebe überbrückt und aufgehoben werden können. Oder daß religiöse Gegensätze eine Ursache vieler Kriege seien. Diese Ansichten veranlassen ihn dann auch, anderen Religionen breiten Raum einzuräumen. Die

Mit dem Maler Sascha Schneider.

Beschäftigung damit, heißt es in einer Studie, «scheint ein Hobby Mays gewesen zu sein».

Das größte Interesse widmet er dem Islam. In den Orient-Romanen zitiert er des öfteren aus dem Koran oder vermittelt indirekt Kenntnisse. So schildert er die Pflichten der Muslim, das täglich fünfmal durchzuführende rituelle Gebet oder das Gebot zur Pilgerfahrt nach Mekka. Wie kein anderer deutschsprachiger Schriftsteller seiner Zeit hat May Wissenswertes über den Islam verbreitet.

Ausgangspunkt ist oftmals die Konfrontation von Kara Ben Nemsi mit einem Muslim, dem May Drohungen gegen den «Ungläubigen» («Giaur») in den Mund legt. Aus dem Koran konnte man solche Töne zum «Dschihad» («Kampf um Allahs Willen») durchaus ableiten; in der muslimischen Vergangenheit gibt es dazu unterschiedlichste Auslegungen. Heute zielt der «Dschihad» in den vom Imperialismus befreiten muslimischen Ländern gegen Hunger, Not und Rückständigkeit, er orientiert auf soziale Gerechtigkeit und gesellschaftlichen Fortschritt.[7]

Vor einhundert Jahren vermochte May den weiland gängigen Deutungen zum «Dschihad» nur Kritik und Argumente der Toleranz entgegenzuhalten. Vergleicht man seine Werke in chronologischer Folge, so tritt ein anfangs spürbarer, aber nie unduldsamer christlicher Missionseifer jedoch mehr und mehr zurück und verschwindet trotz mancher Rückfälle schließlich ganz.

Diese Tendenz gilt auch für jene achtzehn Erzählungen, die zwischen 1890 und 1898 beziehungsweise 1907 und 1909 in verschiedenen katholischen Marienkalendern erscheinen. Es sind Auftragsarbeiten für banale Erbauungs-Periodika, und zunächst paßt sich May den religiösen Schemata noch voll an. Das Christentum wird als dem Islam überlegen dargestellt, oder, was häufiger vorkommt, in abschreckenden Exempeln werden die gräßlichen Folgen ausgemalt, wenn man vom Pfad der Frömmigkeit abweicht. Aber selbst in diesen Arbeiten rücken schließlich Gedanken der Versöhnung in den Vordergrund und überlagern Fragen der Religionszugehörigkeit.

Nach dem Besuch einer Aufführung von Lessings «Nathan der Weise» im Mai 1902 erklärt May, so ist es überliefert, daß ihm dieses Werk «über der Bibel» stehe. «Meine Zwecke sind rein menschlich», schreibt er wenig später. Das Ringen um Moralität erscheint ihm bedeutsamer als jedwede religiöse Eiferei.

Am trefflichsten drückt Karl May diese Gedanken in einem Brief vom 13. April 1906 an einen jugendlichen Leser jüdischen Glaubens aus, der sich durch die Lektüre seiner Bücher bewogen fühlte, zum Christentum überzuwechseln. «Mein lieber, guter Junge!» schreibt May, «... der Glaube Deiner Väter ist heilig, ist groß, edel und erhaben. Man muß ihn nur kennen und verstehen. Einen solchen Glauben wechselt man nicht einiger Bücher wegen... Denn glaube mir, mein lieber Junge: es kann keiner ein guter Christ oder ein guter Israelit sein, der nicht vorher ein guter Mensch geworden ist.»

Nicht nur die schriftlichen Zeugnisse bekunden tiefe Toleranz, auch in seinem persönlichen Leben hat May diese Haltung eingenommen:

Sein vertrautester Freund aus dem Kreise der wenigen Menschen, zu denen er überhaupt engere Beziehungen findet – Richard Plöhn –, ist ein Mann jüdischer Herkunft.

Lockrufe und Leimruten der Kolportage

«Das können wir Ihnen wirklich nicht sagen, wie viel Selbsterlebtes und wie viel dichterische Zuthaten an May's Reiseabenteuern sind. Das ist aber wahr, daß der Verfasser alle jene Länder bereist hat, welche den Schauplatz der Abenteuer bilden; und das ist richtig, daß seine farbenreichen Schilderungen von Land und Leuten, Thieren und Pflanzen, Sitten und Gebräuchen etc. genau nach der Natur gezeichnet sind... Gegenwärtig reist er in Rußland und beabsichtigt, bald wieder einen Abstecher ins Zululand zu machen...» Das steht im Mai 1880 als redaktionelle Antwort auf eine Leseranfrage im «Deutschen Hausschatz».

Im März 1881 wird den Lesern mitgeteilt, daß der «Verfasser der Reise-Abenteuer» von einem großen Ausflug zurückgekehrt sei, «und zwar mit einem Messerstich als Andenken. Denn er pflegt nicht, mit dem rothen Bädeker in der Hand im Eisenbahn-Coupé zu reisen, sondern er sucht die noch wenig ausgetretenen Pfade auf.» Und ein reichliches halbes Jahr später heißt es, er liege «krank darnieder... in Folge einer wieder aufgebrochenen alten Wunde. Auf seinen weiten und gefahrvollen Reisen in allen Theilen der Welt hat er sich selbstverständlich manche Wunde geholt.»

Ähnliche Meldungen folgen und nähren die Legende, der Autor schildere tatsächlich Erlebtes; anfänglich noch vage Andeutungen werden zunehmend konkreter.

Solche Beigaben zu den Texten erweisen sich für die Zeitschrift zweifelsohne als recht werbewirksam, und bei vielen Lesern gewinnen sie noch an Glaubwürdigkeit, als weitere Fortsetzungen der Reiseabenteuer plötzlich ausbleiben und die Redaktion diesen Umstand mit dem Hinweis auf neue Abenteuerfahrten des Verfassers erklärt.

Kairo – el Kahira («die Siegreiche») – gehört zu den
Handlungsorten der «Reiseromane».

Im März 1883 brechen die Reiseerinnerungen *Im Schatten des Großherrn* vorerst ab. Ein neuer kleiner Teil folgt erst im November und Dezember 1884. Dann ist wiederum Pause bis September 1885, und nochmals wird der Zyklus vom Februar 1886 bis zum Januar 1888 unterbrochen. Zwischendurch wird gemeldet: «... Dr. K. May ist wieder auf der Rückkehr nach Deutschland begriffen ... nach langer Irrfahrt wieder in der Heimat eingetroffen ... ist ein von Dr. Karl May an uns rechtzeitig abgesandtes Manuscript-Packet wahrscheinlich auf der Post verlorengegangen ... wir sind zur Zeit ganz ohne Nachricht von dem Verfasser ... unser beliebter ‹Weltläufer› befand sich nämlich in Aegypten ...»

Nun hat Karl May, der noch immer am Hohensteiner Markt wohnt, tatsächlich eine Reise unternommen, die mit jenen Unterbrechungen im Zusammenhang steht, die aber nicht nach Ägypten, sondern nur bis Dresden führt. Im Spätsommer 1882 gönnt er sich eine kleine Pause und seiner Frau ein paar abwechslungsreiche Tage. Das Ehepaar verbringt einen kurzen Urlaub in der Elbmetropole, und bei einem abendlichen Spaziergang kommt es zur Begegnung mit Heinrich Gotthold Münchmeyer.

Der Verleger habe einen sorgenbeladenen Eindruck gemacht, berichtet May später, von schweren geschäftlichen Nöten gesprochen und behauptet, die Mißerfolge hätten mit seiner Kündigung des Redakteurspostens begonnen, denn einen geeigneten Nachfolger habe er nicht gefunden. Aber jetzt, nach dem Wiedersehen, wisse er, was ihn retten könne: Ein Roman von Karl May.

Falls der Vorgang so abgelaufen ist, war Münchmeyer über alle sonstigen Fähigkeiten hinaus auch ein guter Schauspieler. Denn vor einem geschäftlichen Zusammenbruch steht er keineswegs: Wie neuere Nachforschungen ergeben haben, richtet er genau zu jener Zeit eine weitere Filiale in Hamburg ein. In Berlin existiert bereits eine Zweigniederlassung, und in einer ganzen Reihe weiterer Städte, darunter sogar New York und Chicago, besorgen beauftragte Kolporteure den Vertrieb der Verlagsprodukte.

Nicht um Sanierung geht es dem Unternehmer, sondern um weiteren kommerziellen Aufstieg, und dazu soll ihm das zugkräftige Werk eines bereits bekannten und erfolgreichen Autors verhelfen. Vertragsbedingungen und anschließende Vermarktung bestätigten diese Absicht.

Das einstige Zerwürfnis wegen Münchmeyers Schwägerin Minna Ey spielt überhaupt keine Rolle mehr. Der Verleger macht Frau Emma Komplimente: «Sie sei schön wie ein Engel, und sie solle sein Rettungsengel werden.» Emma möge ihren Mann beeinflussen, auf die Bitte des Verlegers einzugehen. Und dies geschieht dann auch, winkt doch dadurch neues Geld ins Haus.

Pustet zahlt wohl, wie zugesichert, regelmäßig, aber, weil die Aufnahmekapazität seiner Zeitschrift begrenzt ist, nicht eben reichlich. In den zurückliegenden achtzehn Monaten brachte eine Durststrecke nicht mehr als 1840 Mark ein. So trägt die finanzielle Seite ganz entscheidend dazu bei, daß May einwilligt und mit Münchmeyer zu Stuhle kommt – zu einem Stuhle allerdings, der sich zwei Jahrzehnte später in eine Bank vor Gerichtsschranken verwandelt.

Vereinbart wird ein Roman in 100 Lieferungsheften zu je 24 Seiten mit einer Auflage von 20000 Exemplaren, danach sollen alle Rechte wieder an den Autor zurückfallen. Pro Heft zahlt Münchmeyer ein Honorar von 35 Mark. Diese Bedingungen werden mündlich abgesprochen, ohne daß ein schriftlicher Kontrakt folgt. Ein Handschlag besiegelt das Geschäft, das für Karl May verhängnisvolle Entwicklungen nach sich zieht.

35 Mark – das sind zunächst sogar 15 Mark weniger gegenüber einem gleichen Textumfang im «Deutschen Hausschatz». Insgesamt jedoch stehen nun 3500 Mark in Aussicht, für die May nach seinen bisherigen Erfahrungen eine Arbeitszeit von etwa 12 Monaten veranschlagen muß – vergleichsweise zu den Regensburger Honoraren somit eine Verdreifachung seines Jahreseinkommens.

Erscheinen aus dieser Sicht die 3500 Mark als beträchtliche Summe, so muß man nur ein wenig mit Prozenten rechnen, um zu ermessen, worauf sich der Schriftsteller mit diesem Geschäft tatsächlich eingelassen hat. Bei einem Heftpreis von zehn Pfennigen bringt jede Lieferung bei einer Auflage von 20 000 Stück dem Verleger die Gesamteinnahme von 2000 Mark. Der Autorenanteil von 35 Mark beträgt also ganze 1,75 Prozent. Aber der Verleger hält sich nicht einmal an die verabredete Auflagenhöhe. Er druckt in maßloser Geldgier weiter; die Firma macht schließlich mit allen Lieferungen insgesamt einen Umsatz von rund fünf Millionen Mark. Selbst bei Abzug aller Unkosten ergibt das einen mehr als überdurchschnittlichen Gewinn. Die an Karl May gezahlten Honorare – exakt 3815 Mark, weil der Roman am Ende 109 Hefte umfaßt – entsprechen nur noch etwas über 0,07 Prozent der Gesamteinnahme! Würde man hinzurechnen, was in der Nachmünchmeyerzeit noch in die Taschen anderer geschäftstüchtiger Verleger floß, so käme man bei besagter Urheberantieme nur noch auf beschämende Promillebruchteile, und das längst nicht nur bei diesem Roman!

Umschlag einer frühen Ausgabe der Lieferungshefte
im Verlag Münchmeyer.

Für Karl May sind es ganze 500 Mark Vorschuß, die ihn zu dieser Arbeit stimulieren. Schon kurz nach der Absprache mit Münchmeyer, seit November 1882, erscheinen wöchentlich ein bis zwei Hefte mit dem Titel *Das Waldröschen oder Die Verfolgung rund um die Erde. Großer Enthüllungsroman über die Geheimnisse der menschlichen Gesellschaft von Capitän Ramon Diaz de la Escosura.* Seinen Namen versteckt May hinter einem klangvollen Pseudonym.

Er will nicht öffentlich mit dem anrüchigen Kolportagegeschäft verknüpft werden, obwohl «Kolportage» im allgemeinen nur «das Umhertragen und Ausbieten von Waren», im besonderen das Hausieren mit Druckerzeugnissen, beispielsweise eben mit Romanen in einzelnen Teillieferungen, bedeutet. Der Kaufpreis verteilt sich dabei auf viele kleine Raten, wodurch größere Abnehmerkreise und vor allem Kunden mit schmaler Geldbörse gewonnen werden können. Selbst Lexika sowie populärwissenschaftliche und religiöse Werke werden solcherart vertrieben, vorrangig jedoch Lektüre, die keinen hohen literarisch-ästhetischen Ansprüchen genügt oder gar als «Schund» oder «Kitsch» gilt. Das Wort «Kolportage» hatte eine abwertende Bedeutung bekommen.

Münchmeyers Drängen sei er auch erlegen, bemerkt May, weil «man der ‹Schundliteratur› nur dadurch zu Leibe gehen könne, dass man sie aus den Höhlen, in denen sie gepflegt und gefüttert wird, hinausschreibt ... Man muss den Kolporteur überzeugen, dass er mit guten Sachen bessere Geschäfte mache, als mit Schund.» Das sei ihm «wenigstens eines Versuches wert» gewesen, und das ist in mehrfacher Hinsicht geglückt.

Die eine Hälfte des Werkes

May verläßt mit dem *Waldröschen*-Roman die ausgetretenen Pfade der Kolportage jener Zeit, die den vom Alltag bedrückten Lesern durchweg suggerieren möchten, wie glücklich ihr Dasein trotz allem sei. Können sich sozial Unterprivilegierte in Figuren wiedererkennen, sind das ausschließlich zufriedene Menschen, die sich willig in ihr Schicksal fügen und demütig zu gräflichen oder anderen Herren aufschauen. Natürlich macht auch May noch Zugeständnisse an solche Klischees, aber er beschreitet im wesentlichen neue Bahnen. An die Stelle von Sensationen rückt er Abenteuer, und wie in den «Reiseromanen» geht es hinaus in ungebundene Ferne. Frei von allen obrigkeitlichen Zwängen können sich die Helden entfalten. Daß es dennoch beim beschaulichen Titel *Waldröschen* bleibt, ist – so May – einer persönlichen Vorliebe Münchmeyers zuzuschreiben.

Wie sicherlich kein zweiter Kolportageroman am Ende des 19. Jahrhunderts erobert dieses Werk die Gunst der Leser. In rund zwanzig Jahren kann der Münchmeyer-Verlag 500 000 Exemplare[8] absetzen!

Zentrale Figur des Romans ist Doktor Karl Sternau, dessen ärztliche Kunst und männliche Heldentugenden gleichermaßen unübertroffen scheinen: «Er hat die berühmtesten Universitäten seines Vaterlandes mit Ehren absolvirt und bei den geachtetsten Aerzten assistirt.» Es gibt Bücher, «welche er geschrieben hat, und eine ganze Reihe von ärztlichen Zeitschriften, in denen von seinen Kenntnissen und Erfolgen in der belobigendsten Weise die Rede ist... Während seiner Wanderungen durch fremde Erdtheile hatte er mit den wilden Indianern Nordamerikas, den Beduinen der Wüste, den Malayen des ostindischen Archipels und den Papuas Neuhollands gekämpft. Er hatte sich dabei jene Geistesgegenwart angeeignet, welche kein Erschrecken kennt... und in jeder Lage sofort das Richtige ergreift.»

In Paris lernt er Rosa de Rodriganda kennen und reist nach Spanien, um ihren Vater Don Emanuel von einem Steinleiden und vom grauen Star zu heilen. Auf dem Schloß versucht Gasparino Cortejo mit teuflischen Umtrieben, sich den Rodriganda-Reichtum anzueignen. Sein Bruder Pablo verfolgt gleiche Ziele mit den mexikanischen Besitztümern der Rodrigandas. Vor keinem Verbrechen, ob Kindesaustausch, Giftmischerei, Menschenraub oder Mord, schrecken die Unholde zurück.

Sternau heiratet seine geliebte Rosa, sorgt für ihre sichere Obhut und nimmt dann die «Verfolgung rund um die Erde» auf, um die Bösewichte zur Strecke zu bringen. Mexiko heißt das Signalwort. «... eins der schönsten Länder der Erde; es bietet die seltensten Genüsse und Annehmlichkeiten», schwärmt Sternau schon lange vor dem Aufbruch aus früheren Erfahrungen, aber «wer da nicht gut beritten und ebenso

Dem Indianer-Präsidenten Benito Juárez gilt Mays Sympathie.
Hier eine Illustration aus dem *Waldröschen*.

gut bewaffnet ist, Körperstärke und Erfahrung besitzt, der soll lieber daheim bleiben.» Erwartungen auf furiose, weitgespannte Abenteuer werden ausgelöst und auch erfüllt.

In Mexiko gerät Sternau zusammen mit Freunden in einen Hinterhalt, um dann für achtzehn Jahre auf eine einsame Pazifikinsel verschleppt zu werden. Inzwischen wächst eine neue Generation heran, darunter Sternaus Tochter Röschen, genannt «Waldröschen», und Kurt Helmers, Sohn eines mitverbannten Getreuen, dem schließlich die Rettung der Verschollenen gelingt.

Das anschließende Geschehen im Lande der Azteken läuft vor dem Hintergrund der «mexikanischen Expedition» Frankreichs (1861/67) ab, durch die die Macht des Indianer-Präsidenten Benito Juárez gebrochen und dem Staat mit dem österreichischen Erzherzog Maximilian ein Kaiser aufgezwungen werden soll; ein Unternehmen, das letztendlich am erbitterten Widerstand des mexikanischen Volkes scheitert. Die revolutionären Kämpfe schildert May mit Parteinahme für die Kräfte des Fortschritts. Der Tatsache, daß Juárez den Haß der Reaktion unter anderem durch Maßnahmen gegen die katholische Kirche auf sich gezogen hat, wird auf besondere Weise Rechnung getragen: Den Cortejo-Verbrechern schließt sich ein weiterer Schurke an – der Pater Hilario.

Diese wenigen Sätze können das Geschehen auf den 2612 Heftseiten nur knapp andeuten. Nach dem Muster anderer umfänglicher Lieferungsromane gibt es viele Nebenhandlungen und Randfiguren; die Seiten wollen gefüllt sein.

Schon nach dem Starterfolg des *Waldröschen* bittet Münchmeyer, «noch einen zweiten und wo möglich noch einige weitere zu schreiben». May sagt zu und nennt als Hauptgrund: «... ich brauchte das, was ich schreiben wollte, nicht, wie bei Pustet, auf viele Jahrgänge auseinander zu dehnen, sondern ich konnte es flottweg hintereinander schreiben, um das, was jetzt als Heftroman erschien, später in Buchform herauszugeben. Das bestrickte mich.» Er willigte nicht zuletzt auch deshalb ein, weil er die Erfahrung gemacht hat, daß er in diesem Genre gegenüber den anspruchsvolleren «Reiseromanen» mehr als das Dreifache in derselben Zeit schafft. Außerdem ist es ihm gelungen, für künftige Projekte ein Hefthonorar von 50 Mark durchzusetzen.

Mexikos Präsident Benito Juárez.
Nach einem Bild von 1867.

«Hierzu kam das beständige Zureden meiner Frau», erklärt er später. Sie drängt ihn auch, einer weiteren Werbung Münchmeyers nachzukommen, nämlich den Wohnsitz von Hohenstein nach Dresden zu verlegen. Anfang April 1883 bezieht das Ehepaar May eine Mietwohnung im Vorort Blasewitz.

Emma findet rasch einen neuen Kreis von «Klatschbasen» – bedient sich bei der Suche sogar einer Zeitungsannonce – und bringt sie ins Haus. Auch der Verleger stellt sich regelmäßig ein, gibt sich als galanter Charmeur und beeindruckt damit Frau Emma. Das bleibt jedoch in geziemenden Grenzen, nichts geschieht, was «ich mir als Ehemann hätte verbieten müssen», vermerkt May. Er beteiligt sich auch gelegentlich an den belanglosen Gesprächen, vor allem dann, wenn man seiner Eitelkeit schmeichelt, die zu jener Zeit in dem Maße wächst, wie sich die gedruckten Seiten mehren. Daß er der «Capitän Ramon Diaz de la Escosura» ist und sein Roman «geht», also breite Publikumsgunst genießt, wissen ja zumindest einige in dem kleinen Kreise. Aber das kann nur für Stunden Befriedigung bringen. Viel ergiebiger ist da schon die Möglichkeit, an den Gästen, die da aus und ein gehen, Studien zu treiben. Er findet manche Anregungen, die ihn zu bizarren Karikaturen veranlassen, und dann sucht er wieder für Tage und Nächte die Einsamkeit. Am gesellschaftlichen Leben in der sächsischen Metropole nimmt er nicht teil. Als «Vorbestrafter» wird ihn auch eine gehörige Portion Scheu daran gehindert haben.

In die ausgelieferten *Waldröschen*-Hefte schaut May ebensowenig hinein wie in die meisten anderen Erzeugnisse des Verlages. So entgeht ihm völlig, daß Münchmeyer bereits im Sommer 1883 das Versprechen der Pseudonymität bricht.

Der Verleger will das schon bestens blühende Geschäft durch Bekanntgabe des Autorennamens noch weiter ankurbeln. Das macht er wohlweislich nicht öffentlich; nur die «geehrten Abonnenten des Werkes ‹Das schwarze Schloß oder Die Giftmischerin›» erfahren davon. Der Text dieses Romans ist wiederholt durch Reklame für weit über 100 «billige Volksschriften», eine «Einladung zur Subscription» für «Doctor Martin Luther's Haus-Postille» und ähnliches unterbrochen, und auf Seite 1167 wirbt ein «Prospect» für «Das Waldröschen ... Roman von Karl May»!

Ein Blick auf die nächste Seite macht die kommerzielle Ausrichtung der Kolportageliteratur noch deutlicher. Dort gibt es ein kurioses «Verzeichniß der Bilder und Preise derselben» – «zur Zimmerzierde vorzüglich passend, in großem Format und Oelfarbendruck». Insgesamt werden fünfundvierzig Exemplare dem Leser offeriert. Und so beginnt es: «Nr. 1. Doctor Sternau's Liebeserklärung; Nr. 2. Doctor Sternau's Flitterwochen, im Gold-Barock-Rahmen; ... Preise von Nr. 1 und 2 das Stück nur 3 Mark.» Vom *Waldröschen*-Helden erhofft Münchmeyer somit auch beim Bildervertrieb das beste Geschäft. Alles weitere fällt dann schlichter und billiger aus, etwa «Nr. 3. Die Geburt Jesu» und fünfundzwanzig andere religiöse Motive, Darstellungen von Schlachten, Landschaften und «Damenschönheiten». Das gibt es «in Holz-Barock –» oder «in eleganten Präg-Barock-Rahmen» zu Preisen zwischen 2,50 und 1,50 Mark. Man solle aber auf jeden Fall «die rechtbaldige Auswahl treffen und die Bestellung an den Boten, oder direct per Post an mich gelangen lassen zu wollen. Hochachtungsvoll ergeben H. G. Münchmeyer».

Auf einer anderen Werbeseite im Roman wird den Kauflustigen indirekt anempfohlen, doch besser die Nummer eins oder zwei zu nehmen. Der Rahmen wegen: Denn diese «können leicht von jedem, insbesondere von dem Fliegenschmutz gereinigt werden, und zwar durch kaltes Wasser, vermittelst Pinsel, oder weicher Bürste, ohne daß der Goldrahmen dadurch leidet, indem das Metall dauerhaft lackirt ist».

Während Karl May in seinen vier Blasewitzer Wänden sitzt, fleißig Blatt für Blatt füllt und noch nichts von Münchmeyers Wortbruch sowie der Vermarktung seines Namens ahnt, kann sich der Verleger am Klingeln der Kassen erfreuen.

Noch läuft das *Waldröschen* in Fortsetzung, da erscheint ab September 1883 schon *Die Liebe des Ulanen. Original-Roman aus der Zeit des deutsch-französischen Krieges von Karl May.* Der Nennung seines Namens hat der Autor diesmal zugestimmt, weil das Werk nicht auf dem üblichen Kolportageweg vertrieben, sondern in Münchmeyers Unterhaltungsblatt «Deutscher Wanderer» – «eine anständig scheinende Zeitschrift» – gedruckt wird.

Die zwischen 1814 und 1870 angesiedelte Handlung läuft vor dem Hintergrund der deutsch-französischen Kontroversen jener Jahre ab. In Kontrast dazu schildert May die guten privaten Beziehungen zwischen Familien beider Länder in drei Generationen. Alle Nebenhandlungen und Personen eingeschlossen, kommt es zu insgesamt zehn Eheschließungen über die Staatsgrenzen hinweg. Für abenteuerliche Verwicklungen sorgen unter anderem Bösewichte aus den französischen Familien, die mittels Entführungen, Mordversuchen und Erbschleichereien gegen diese Verbindungen ankämpfen. Aber auch in solchen Szenen unterläuft May kein böses Wort gegen Frankreich oder das französische Volk, selbst dann nicht, wenn politisches Geschehen unter dem damals üblichen Wilhelminischen Blickwinkel gesehen wird.

In dem Werk gibt es weder Kriegsverherrlichung noch wird nationaler Haß geschürt. «Der Krieg ist auf alle Fälle ein Unglück. Besser wäre es, wenn er unterbleiben könnte», läßt May den fiktiven preußischen General Goldberg kurz vor den Ereignissen des Jahres 1870 sagen. Und ein anderer preußischer Offizier, Gebhardt von Königsau, Sohn eines deutschen Vaters und einer französischen Mutter, spricht versöhnlich von der «französischen Nation, deren Kind auch ich mich nenne».

Diese und ähnlich gelagerte Passagen fehlen in den Ausgaben nach 1900, die gegen Mays Willen erscheinen.

In der *Liebe des Ulanen* geht das Geschehen zügiger voran als im *Waldröschen*, die Dialoge sind geschliffener, und dennoch bleibt die Nachfrage, wie auch bei den drei folgenden Mayschen Lieferungswerken, weit hinter dem «Großen Enthüllungsroman» zurück. Noch 1892 rührt der Verlag die Reklametrommel für den *Ulanen*, der durch Restexemplare des «Deutschen Wanderers» reitet.

Eine wohl entscheidende Ursache dafür muß man im Wechsel der Schauplätze suchen. Der Leser wird nicht mehr hinausgeführt in erträumte exotische Fernen, die Freiräume für alle nur denkbaren Abenteuer eröffnen. Was der zwischen Berlin und Paris pendelnde *Ulan* bieten kann, muß vergleichsweise bescheiden bleiben, und da helfen kurze Abstecher nach Afrika, ohnehin nur Seitenfüller, ebensowenig wie die nun wahrlich schaurigen Gefahren in den geheimen Gängen und Kellergefängnissen des Schlosses Ortry.

Reichlich fünf Jahre läßt sich May an Münchmeyer ketten, fünf Romane schreibt er in dieser Zeit, deren Umfang beinahe die Hälfte seines Gesamtwerkes ausmachen. Umgerechnet auf den Satzspiegel jenes Buchformates, das später der Verleger Fehsenfeld verwendete und das dann der «Karl-May-Verlag» übernahm, ergeben sich über 24000 Druckseiten – eine quantitative Leistung, die hart an der Grenze der physischen Möglichkeiten liegt. Daß unter solchen Bedingungen keine Werke von hohem literarisch-ästhetischem Anspruch entstehen – noch dazu die Form der Kolportage recht bescheidene Maßstäbe und Grenzen absteckt – erscheint verständlich.

Immerhin, es ist bewunderungswürdig, wie ihm auch hierbei mancher gute Wurf gelingt, etwa mit den zahlreichen sozialkritischen Szenen im *Verlornen Sohn*. Die ersten Hefte dieses Romans werden – parallel zum *Ulan* – noch 1884 ausgeliefert. Als Autor wird der «Verfasser des Waldröschens» genannt.

Hatte Karl May im *Waldröschen* ungewöhnliche Schurkereien geboten, beim *Ulan* eine straff geführte und wohldurchdachte Handlung aufgebaut, mit dem *Verlornen Sohn* sein bislang entschiedenstes Engagement für die Armen gezeigt, so geht es beim vierten «Münchmeyer-Roman» in jeder Beziehung abwärts. *Deutsche Herzen, deutsche Helden,* die ab 1885 mit ähnlicher Autorenverschlüsselung wie beim *Verlornen Sohn* erscheinen, offenbaren deutliche Ermüdungserscheinungen des unentwegt Schreibenden. Die 2610 Heftseiten halten nicht, was der bombastische Titel verspricht.

Im Mittelpunkt der Fabel steht das Schicksal der drei Söhne und der Tochter des ermordeten Diplomaten Alban von Adlerhorst, die durch verbrecherische Machenschaften in alle Winde verschlagen und nach vielen Jahren von Verwandten und Freunden in der Türkei, den USA und in Rußland aufgespürt und gerettet werden.

May vermittelt dabei auch einen kleinen Einblick in die Lebensbedingungen der Verbannten in Sibirien, womit er die Aufmerksamkeit der Leser auf die Praktiken der zaristischen Willkürherrschaft lenkt. Und das ist dann schon der auffälligste positive Aspekt, dem eine ganze Reihe von Schwachstellen, vor allem kompositorischer Natur, gegenüberstehen. Nebulös bleiben beispielsweise sogar die Motive der Schurkereien gegen die Familie Adlerhorst. May wird das zum Schluß selbst bemerkt haben; nach der Sühne der Untaten vermerkt er lakonisch, daß die beiden Verbrecher «ihr Hauptgeheimnis» mit ins Grab genommen haben.

Wenn die *Deutschen Helden* oft recht farblos erscheinen und etliche Ungereimtheiten stutzig machen, so tragen dazu neben dem Verschleiß durch die fieberhafte Kolportagefabrikation auch subjektive Umstände bei. Am 15. April 1885 stirbt Mays Mutter in den Armen ihres Sohnes, ein schwerer Schock, der ihn spontan zum Wunsch veranlaßt, später selbst an gleicher Stelle begraben zu werden. Reuevolle Erinnerungen quälen ihn, weil sein Verhältnis zur Mutter von Kindheit an nicht sonderlich eng war. Und schweifen seine Gedanken zu Ehefrau Emma, fühlt er sich noch unglücklicher.

Sie hat sich mehr und mehr den Münchmeyers angeschlossen, vor allem zur Verlegersgattin Pauline nun ein sehr vertrautes Verhältnis gefunden. Es kommt «mir ganz so vor», bemerkt May, «als ob meine Frau in ... vielen Dingen jetzt ganz anders denke als früher». Deshalb versucht er, die häufigen Vertraulichkeiten der beiden Frauen etwas einzudämmen, macht nun mit Emma fast regelmäßige Sonntagsausflüge. Die Wanderungen in die Umgebung der sächsischen Metropole beflügeln wieder seine Phantasie. Das Panorama der Sächsischen Schweiz verwandelt sich zum amerikanischen Felsengebirge, auf den Elbdampfern träumte er von Mississippi-Steamern. Allmählich bahnt sich ein Übergang zu neuen «Reiseromanen» an; in den *Deutschen Helden* werden dazu bereits Kulissen erprobt.

Emma kennt natürlich die Aversionen ihres Mannes gegen Pauline Münchmeyer und trifft sich fortan meist heimlich mit ihrer Freundin, was wiederum dem Gemahl nicht verborgen bleibt. Das von Stimmungen geprägte Zusammenleben der Ehegatten leidet unter zunehmender Entfremdung.

Gibt es im *Waldröschen* noch eine immerhin liebenswert gezeichnete «Emma», so in den *Deutschen Helden* nur noch eine klägliche «Emeria», die ihrem ehemaligen Geliebten nachtrauert – einem «Professor Heulmeier»: Spiegelname einstiger Berufswünsche Karl Mays wie seines akuten psychischen Zustandes. Darüber hinaus fallen im Text viele grobe Aussprüche gegen Frauen: «Ich traue keinem Menschen, einem Weibe am allerwenigsten. Sie alle sind falsch und heuchlerisch.» Oder: «Jede Frau steht tiefer als der Mann.» Die Ehe gilt ihm als ein Unglück – «das größte, welches es giebt». Auch selbstmitleidige Töne fehlen nicht: «Und ebenso kommt es vor, daß ein recht böses Weib einen sehr guten Mann bekommt.»

Schlußstriche scheinen sich anzudeuten, werden aber noch längst nicht gezogen. Resignation besiegt das bescheidene Aufbäumen; es sei wahr, schreibt May, daß ein «schönes Weib ... mehr Einfluß auf den Mann als der beste Mann auf seine Frau» hat. Ob er tatsächlich auch der «beste Mann» war, für den er sich gehalten haben mag, steht dabei auf einem anderen Blatt.

Zunächst aber verlocken ihn die Münchmeyer-Honorare zu einer fünften Runde, die endgültig zur literarischen Talfahrt werden soll.

Am 13. Juni 1886 war der Bayernkönig Ludwig II., bekannt vor allem durch seinen verschwenderischen Luxus, im Starnberger See auf mysteriöse Weise aus dem Leben geschieden, und bereits ab August/September liegen die ersten Hefte von *Der Weg zum Glück. Roman aus dem Leben Ludwigs des Zweiten von Karl May* vor. So steht es auf dem Titelblatt einer unmittelbar folgenden gebundenen Ausgabe, während die Umschläge der Lieferungen als Autor den «Verfasser des ‹Waldröschen›, ‹Verlorner Sohn›, ‹Deutsche Helden› etc.» nennen. Spätestens zu diesem Zeitpunkt konnte weithin bekannt werden, wer der Verfasser der bisher anonym edierten anderen Münchmeyer-Romane ist. Inwieweit Mays Zustimmung hierzu vorlag, wissen wir nicht, irgendwelche Reaktionen von ihm bleiben jedenfalls aus.

«Viele Dichter und Schriftsteller schreiben gerade über das, was ihnen am Allerfernsten liegt, am allerliebsten», hatte May im *Verlornen Sohn* formuliert, und mit dem Hineinschlüpfen in die ihm unangemessene oberbayrische Krachlederne wollte er seine Sentenz offensichtlich selbst bestätigen. Mit endlosen Dialogen in einem nicht existierenden Dialekt, nachgerade peinlichen Banalitäten, tränenreichen Eskalationen und so weiter und so weiter füllt er Seite um Seite der alpenländischen Schnulze.

Auf alle Fälle war der Titel «besonders gut» gewählt, denn ein «Weg zum Glück» zeichnet sich für May ab. Der Schriftsteller kann die seelische Krise von 1885 bezwingen, die Fesseln der Kolportage abstreifen und aus den dunklen Alpenschluchten «herausfinden». Ohne diese Umkehr wäre sein Name heute vielleicht vergessen. Zwar liegt zu jener Zeit der große Orient- und Balkanzyklus schon zu zwei Dritteln vor, von Winnetou hat man auch kurz gelesen, viele andere Erzählungen sind bereits gedruckt, aber die meisten Titel, mit denen sich Mays Name zuallererst verbindet – beispielsweise *Winnetou*-Trilogie, *Silbersee*, *Oelprinz*, *Bärenjäger* –, stehen ebenso aus wie das symbolisch-pazifistische Alterswerk, in dem manche Kenner des Œuvres seine bedeutendste Leistung sehen.

Im Januar 1886 kann Münchmeyer seinen Autor nochmals überreden, einen weiteren Lieferungsroman zu schreiben. «Delilah» wird als Titel vereinbart, und schon bald liegen knapp 80 Manuskriptseiten im Verlag. Doch dann bricht Karl May diese Arbeit plötzlich ab. Den entscheidenden Anlaß dafür liefert ein Brief.

«Vor den Erfolg haben die Götter den Schweiß gesetzt»

Neubeginn mit dem *Bärenjäger*

«Sehr geehrter Herr!

Sie haben inzwischen wieder für andere Unternehmungen Beiträge geliefert, während Sie mich mit dem längst Versprochenen noch immer im Stiche ließen. Das ist eigentlich nicht recht, und ich bitte Sie dringend, nun Ihr Versprechen mir gegenüber wahr zu machen. Ich will diese Gelegenheit nicht vorübergehen lassen, ohne Sie zu fragen, ob Sie nicht geneigt wären, einmal einen recht packenden, fesselnden und situationsreichen Roman zu schreiben. Ich würde Ihnen in diesem Falle ein Honorar bis zu tausend Mark pro ‹Fels›-Bogen zusichern können, wenn Sie etwas Derartiges schreiben würden.

In vorzüglichster Hochachtung
Ihr ergebenster Josef Kürschner.»[9]

Absender dieses Schreibens vom 3. Oktober 1886 ist «der bekannte, berühmte Publizist, mit dem ich sehr befreundet war». So charakterisiert Karl May den Redakteur und Herausgeber des «Deutschen Literaturkalenders» und anderer literarischer Nachschlagewerke. Die erwähnte Freundschaft geht auf eine Begegnung Anfang der achtziger Jahre zurück.

Kürschner war 1880 von dem Stuttgarter Verleger Wilhelm Spemann mit der Redaktion der neugegründeten Familienzeitschrift «Vom Fels zum Meer» betraut worden und entdeckte bei der Ausschau nach Autoren Beiträge von Karl May im «Deutschen Hausschatz». Er hatte Kontakt mit dem Schriftsteller aufgenommen und 1882/83 zwei kleinere Erzählungen sowie die Zusage für weitere Arbeiten erhalten.

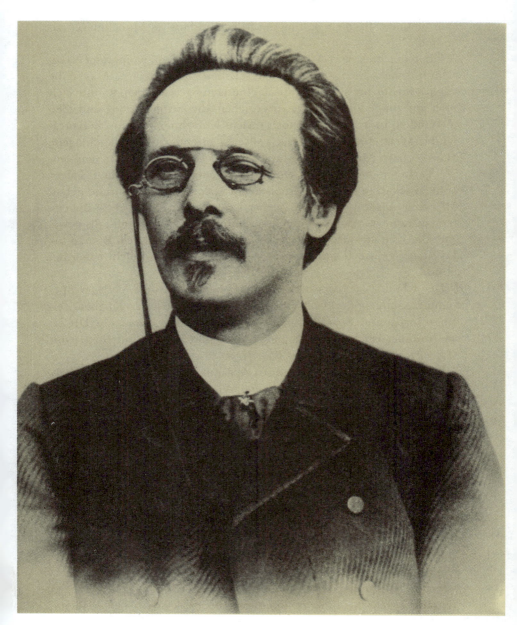

Karl May um 1892.

Daß sie unerfüllt blieben, hing mit Mays Bindung an Münchmeyer zusammen.

Ob Kürschner von Mays Autorenschaft in dem Kolportageverlag Kenntnis hatte, mag dahingestellt bleiben. Seine Klage, May habe schon «wieder für andere Unternehmungen» geschrieben, könnte sich auch auf einige kleine Arbeiten beziehen, die zwischen 1883 und 1886 entstanden. In jedem Fall jedoch spricht Kürschners Brief in hervorragender Weise für May. Dieser vielseitig orientierte und beschlagene Mann – nach Meinung des May-Forschers Erich Heinemann «ein früher Vertreter des literarischen Managements» – wußte Mays Talent wohl zu schätzen und offerierte ihm ein verlockendes Honorarangebot. Allerdings wissen wir nicht, welcher Umfang mit einem «Fels-Bogen» gemeint war; nur die üblichen acht Seiten dürften es keinesfalls gewesen sein. Und auch die Gründe, weshalb letztlich doch kein Roman für das Blatt «Vom Fels zum Meer» zustande kommt, sind nicht näher bekannt.

Der Kontakt zu Kürschner führt May auch mit dem Verleger Spemann zusammen, der die Herausgabe einer «Illustrierten Knaben-Zeitung» vorbereitet. Sie erhält den Namen «Der Gute Kamerad». Die erste Nummer erscheint am 8. Januar 1887 und beginnt auf Seite 1 mit Mays Erzählung *Der Sohn des Bärenjägers*.

Die Zeitschrift ist auf Gymnasiasten und andere junge Leser zugeschnitten. In den Beiträgen wird viel Wissenswertes geboten – frisch und verständlich aufbereitet, wodurch sich dieses Jugendjournal von so manch belehrendem Blatt jener Zeit abhebt.

Zum ersten Mal in seinem Leben stellt sich Karl May einer ernsthaften Aufgabe. Nicht mehr allein der Verdienst motiviert ihn, und auch die Intentionen gehen nun weit über eine moralisierende Belehrung hinaus, wie beispielsweise noch während der Zeit als «Schacht und Hütte»-Redakteur.

Im Vergleich zur Münchmeyer-Zeit tritt jetzt im «Guten Kameraden» ein ganz anderer Karl May auf, der dem Titel des Journals alle Ehre macht. Ließ er auch schon zuvor stets das Gute über das Böse siegen, so rücken jetzt humanistische Ideale weitaus stärker in den Vordergrund. Die jungen Leser sollen zur Achtung vor dem Leben erzogen werden. «Menschenblut ist eine ungeheuer kostbare Flüssigkeit»,

Der Gute Kamerad

Spemanns Illustrierte Knaben-Zeitung.

№ 1.

Erscheint wöchentlich.
Preis per Quartal 1 Mark —
7 Kreuz. 70 Cts. — in Österreich nach Post extr. Stempel.

Dein höchstes Gut auf Erden sei
dein Volk.
Ihm gilt die hehrste Pflicht, die
wärmste Liebe.

Felix Dahn.*

Der Sohn des Bärenjägers.
Von
K. May.

Erstes Kapitel
Wohkadeh.

Nicht viel westwärts von der Gegend, in welcher die Ecken der drei nordamerikanischen Staaten Dakota, Nebraska und Wyoming zusammenstoßen, ritten zwei Männer, deren Erscheinen an einem anderen als diesem westlichen Orte ganz sicher ein sehr berechtigtes Aufsehen erregt hätte.

Sie waren von sehr verschiedener Körpergestalt. Weit über sechs Fuß hoch, war die Figur des einen fast beängstigend dürr, während der andere bedeutend kleiner, dabei aber so dick war, daß sein Leib beinahe die Gestalt einer Kugel angenommen hatte.

Dennoch befanden sich die Gesichter der beiden Jäger in gleicher Höhe, denn der Kleine ritt einen sehr hoch gebauten, starkknochigen Klepper, und der andere saß auf einem niedrigen, scheinbar schwachen Maultiere. Daher kam es, daß die Lederriemen, welche dem Dicken als Steigbügel dienten, nicht einmal die Bauchlinie des Pferdes erreichten, während der Lange gar keiner Bügel bedurfte, denn seine großen Füße hingen so weit herab, daß es ihm nur einer kleinen, seitlichen Bewegung bedurfte, um mit dem einen oder dem anderen Fuße den Boden zu erreichen, und zwar ohne dabei aus dem Sattel zu kommen.

Freilich war von einem wirklichen Sattel bei beiden keine Rede, denn derjenige des Kleinen bestand sehr einfach aus dem Rückenstücke eines erlegten Wolfes, an welchem das Fell gelassen worden war, und der Dürre hatte eine alte Santillodecke untergelegt, welche aber so arg zerfetzt und zerrissen war, daß er eigentlich auf dem bloßen Rücken seines Maultieres saß.

Wenn schon dieser Umstand andeutete, daß die beiden einen langen und beschwerlichen Ritt hinter sich hatten, so wurde diese Vermutung durch das Aussehen ihrer Anzüge auf das unwiderleglichste bestätigt.

Der Lange trug eine Lederhose, die jedenfalls für einen viel stärkeren Mann zugeschnitten und gefertigt worden war. Sie war ihm viel, viel zu weit. Unter dem abwechselnden Einflusse von Wärme und Kälte, von Trockenheit und Regen war sie außerordentlich eingegangen und zusammengeschrumpft, leider aber nur in Beziehung auf ihre Länge, und so kam es, daß die unteren Säume der Hosenbeine dem Träger kaum bis über die Kniee reichten. Dabei zeigte die Hose einen ungemein fettigen Schimmer, was einfach darin begründet war, daß der Besitzer derselben sie bei jeder Gelegenheit als Handtuch und Serviette benutzte und alles, was er nicht an den Fingern dulden mochte, an dem Beinkleide abzuwischen pflegte.

Die nackten Füße steckten in ganz unbeschreiblichen Lederschuhen. Sie hatten ganz das Aussehen, als ob sie bereits von Methusalem getragen worden seien und

„Zu soll mich zwingen dürfen, einen Zentner Flintenkugeln ungebraten zu essen, wenn dies nicht eine höhere ist."

*) An dieser Stelle wird in jeder Nummer eine von bedeutenden Männern der Gegenwart für unsern „Guten Kameraden" verfaßte Lebensregel für Knaben ihren Platz finden. D. R.

Auf der ersten Seite der ersten Nummer
beginnt im Januar 1887 die Mitarbeit an der Wochenzeitschrift
«Der Gute Kamerad».

schreibt er, «das man nicht vertun darf.» Nach solchen Maximen handeln Winnetou und Old Shatterhand, einige Abstriche gibt es mitunter bei anderen Helden, zum Beispiel bei den Racheakten des Bloody Fox in der zweiten «Kamerad»-Erzählung *Der Geist der Llano estakata*.[10]

Um sich seinem erzieherischen Anliegen gewachsen zu zeigen, wendet Karl May viel Fleiß für sprachliche Gestaltung und kompositorische Probleme auf, literarische Qualität rangiert deutlich vor Quantität. Die Handlungen werden klar und logisch aufgebaut, die Phantasie wuchert nicht mehr ins Uferlose. Und der Autor bietet das Geschehen nicht als Eigenerlebnis dar, er erzählt in der dritten Person.

Winnetou, in einer Erzählung von 1883 durch eine Kugel getötet, erwacht zu neuem Leben. Mit Old Shatterhand bildet er das ideale Freundespaar, das fortan in die für May typische Form des Indianerromans integriert wird. Zuverlässig und unfehlbar erfüllen die edlen Helden den immergleichen, oft selbstgewählten Auftrag: anständigen Menschen, die das Opfer von Schurkereien geworden sind, zu helfen und Verbrecher zur Strecke zu bringen.

Im *Sohn des Bärenjägers* erfolgt die Vorstellung der beiden, die sich ähnlich später noch etliche Male wiederholt. Schon vor dem Auftritt schwärmt ein junger Indianer: «Er ist der berühmteste Pfadfinder; seine Kugel geht nie fehl, und mit der unbewaffneten Faust fällt er den stärksten Feind. Darum wird er Old Shatterhand genannt. Er schont das Blut und Leben seiner Feinde...»

Wenig später tritt der Bewunderte aus dem Gebüsch heraus: «Er war von nicht sehr hoher und nicht sehr breiter Gestalt. Ein dunkelblonder Vollbart umrahmte sein sonnenverbranntes Gesicht. Er trug ausgefranste Leggins und ein ebenso an den Nähten ausgefranstes Jagdhemd, lange Stiefel, die er bis über die Knie emporgezogen hatte, und einen breitkrempigen Filzhut, in dessen Schnur rundum die Ohrenspitzen des grauen Bären steckten... In der Rechten hielt er ein kurzläufiges Gewehr, dessen Schloß von ganz eigenartiger Konstruktion zu sein schien...»

Bald raschelt es wieder in den Zweigen, und vor Old Shatterhand steht sein bester Freund: «Er war ganz genau so gekleidet wie Old Shatterhand, nur daß er anstatt der hohen Stiefel Moccassins trug. Auch eine Kopfbedeckung hatte er nicht. Sein langes, dichtes, schwarzes Haar war in einen hohen, helmartigen Schopf geordnet und mit einer Klapperschlangenhaut durchflochten. Keine Adlerfeder schmückte diese indianische Frisur. Dieser Mann bedurfte keines solchen Zeichens, um als Häuptling erkannt und geehrt zu werden. Wer nur einen Blick auf ihn richtete, der hatte sofort die Ueberzeugung, einen bedeutenden Mann vor sich zu haben ... In der Hand hielt er ein doppelläufiges Gewehr, dessen Holzteile dicht mit silbernen Nägeln beschlagen waren ...

Das war Winnetou, der Apachenhäuptling, der herrlichste der Indianer. Sein Name lebte in jeder Blockhütte und an jedem Lagerfeuer. Gerecht, klug, treu, tapfer bis zur Verwegenheit, ohne Falsch, ein Freund und Beschützer aller Hilfsbedürftigen, gleichviel ob sie rot oder weiß von Farbe waren ...»

Das Winnetou-Bild des Jahres 1875 vom «gefürchtetsten» Indianer hat sich völlig gewandelt.

Neu ist jetzt auch, der Leserschaft angemessen, das Agieren von jugendlichen Helden. Martin Baumann, der Sohn des Bärenjägers, verfolgt die Spur von Entführern, um den Vater zu befreien. Unterstützt wird er von seinem Freund Wokadeh, einem jungen Indianer. Im Mittelpunkt der nächsten Erzählung steht Bloody Fox, der als «Geist der Llano estakata» den Mord an seinen Eltern rächt.

Durch spätere Ausgaben des «Karl-May-Verlages» konnte der Eindruck entstehen, daß die zweite Geschichte eine Fortsetzung der ersten sei. Die Bearbeiter hatten verschiedene Namen geändert, so aus den beiden Snuffles Davy und Jemmy gemacht, «Felsengeier» und «Wüstengeier» hinzugedichtet, ganze Passagen gestrichen und sich neue ausgedacht, damit alles dem veränderten Titel *Unter Geiern* entsprach.

Bereits Spemann trug sich einmal mit der Absicht, beide Erzählungen zusammenzufassen. Doch davon wollte May nichts wissen, und der Verleger fügte sich selbstverständlich dem Willen des Autors. Eine erste Buchausgabe im Jahre 1890 mit dem Titel *Die Helden des Westens* (Erstauflage 3 000) bei der Union Deutsche Verlagsgesellschaft – das Unternehmen war durch Zusammenschluß des Spemann-Verlages mit zwei anderen Stuttgarter Firmen entstanden – bringt dann beide Geschichten zwar in einem Band, aber als eigenständige Teile. Bis 1910 folgen sechs weitere Auflagen.

Erstauflage der Buchausgabe von 1890.

Der Schatz am Silbersee – Illustration aus der Erstauflage von 1894.

In der Zeitschrift «Der Gute Kamerad» veröffentlicht Karl May bis 1897 insgesamt acht längere Erzählungen, fünf davon laufen jeweils über einen vollen Jahrgang.

Nicht ganz verständlich ist, daß er nach dem guten Start mit dem *Bärenjäger* – der Vorschlag für eine Buchausgabe liegt schon im März 1887 vor – und dem nicht minder großen Erfolg mit dem *Geist der Llano estakata* zunächst den nordamerikanischen Kontinent verläßt. In der Erzählung *Kong-Kheou, das Ehrenwort* (1888/89), die in der Buchfassung von 1892 *Der blaurote Methusalem* heißt, schildert er eine Studenten- und Gymnasiastenfahrt nach China. Mit diesem Stoff will May ganz offensichtlich den Leserkreis der Zeitschrift noch direkter ansprechen. Er vermittelt eine Fülle geographischer, kulturgeschichtlicher und anderer Informationen über ein Land, von dem der deutsche Durchschnittsleser damals nur wenig wußte.

Nach dem Ausflug ins «Reich der Mitte» führt Karl May seine «lieben, guten Kameraden», wie er die jugendlichen Leser anspricht, in den Sudan (*Die Sklavenkarawane*, 1889/90) und später noch zu einem Abstecher nach Südamerika (*Das Vermächtnis des Inka*, 1891/92). Auf beide Titel kommen wir noch kurz zurück. Es sind aber vor allem drei weitere Nordamerika-Erzählungen – *Der Schatz im Silbersee* (1890/91), *Der Oelprinz* (1893/94) und *Der schwarze Mustang* (1896/97) –, die zusammen mit *Der Sohn des Bärenjägers* und *Der Geist der Llano estakata* zum Besten zählen, was May je geschaffen hat. Mit Recht werden sie den klassischen Werken der Abenteuerliteratur zugerechnet.

Zu den Gründen solcher Bewertung zählen unter anderem die klare Handlungskonzeption und die Personengestaltung. Wurde May mitunter vorgehalten, seine Figuren seien zu statisch, ohne charakterliche Entwicklung angelegt, so ist es doch gerade ihr unverwechselbarer Habitus, der zum Erfolgsrezept gehört. Das Erscheinen von Old Shatterhand, Winnetou, Hobble-Frank, Sam Hawkens oder anderen Personen auf dem Schauplatz setzt bestimmte Signale für den weiteren Handlungsverlauf, weckt Erwartungen und suggeriert den Lesern das Gefühl, selbst am Geschehen teilzunehmen.

Das positive Urteil über diese Erzählungen dürfte allerdings eingeschränkt werden, wenn man die Ausgaben des «Karl-May-Verlages» im Rahmen der «Gesammelten Werke» zugrunde legt. Hier sind ein-

Titelblatt der ersten Buchausgabe von 1899.

deutig humanistische Aussagen zurückgenommen, einige Passagen, die für ein friedliches Miteinander plädieren oder Kritik an der US-Armee enthalten, gekürzt oder gestrichen worden. Im *Oelprinz* sind unter anderem Textstellen wie «Er wollte kein Menschenleben vernichten», «Menschenblut, der kostbarste Saft», «Ich hasse das Blutvergiessen» und «Konflikt ohne Blutvergiessen ausgleichen» getilgt.

Besonders gravierend wurde *Der schwarze Mustang* verändert. Die Maysche Originalfassung endet beispielsweise damit, daß der Bösewicht Ik Senanda mit dem «zudiktierten Andenken» – einer Tracht Prügel – davonkommt. Die Bearbeiter machten daraus eine breit ausgemalte, brutale Hinrichtungsszene. Als neuer Titel wurde außerdem der fragwürdige Begriff «Halbblut» gewählt.

Außer den acht großen Erzählungen veröffentlicht Karl May in der Zeitschrift «Der Gute Kamerad» noch über ein Dutzend kleinerer Beiträge, die anonym beziehungsweise unter Pseudonym erscheinen, so im März 1889 ein Bericht des «Hobble-Frank» über die «Villa Bärenfett». Schon vorher und auch danach taucht der «geschätzte Mitarbeiter Hobble-Frank auf Villa ‹Bärenfett› an der Elbe» gelegentlich als Preisrätselautor oder Leserbriefbeantworter auf.

Der Name des Blockhauses im heutigen «Karl-May-Museum» in Radebeul hat hier seinen Ursprung. Das 1889 beschriebene Interieur erinnert allerdings noch nicht an eine Indianerschau, sondern vermittelt Einblicke, wie sich May ein eigenes Domizil vorgestellt haben mag – Wohnzimmer, Speisezimmer für 12 Personen, Studierstube, zwei Bibliothekszimmer, Sammlungsraum und anderes mehr. Gerade zu jener Zeit ist er dabei, eine Villa einzurichten.

Villa «Idylle»

Die meisterlichen Erzählungen für den «Guten Kameraden» lassen vermuten, daß der Schriftsteller mit ungestörter Muße zu Werke gegangen ist. Die Eheverhältnisse scheinen sich tatsächlich wieder ein wenig gebessert zu haben. May sucht und findet Ruhe. «Ich hatte ein-

Karl und Emma May um 1895

sehen müssen», schreibt er, «daß es für mich kein anderes Glück im Leben gab als nur das, welches aus der Arbeit fließt.»

Nach dreimaligem Wohnungswechsel innerhalb Dresdens übersiedeln die Mays schließlich am 1. Oktober 1888 ins Gebiet der heutigen Stadt Radebeul. In Kötzschenbroda beziehen sie die auf 800 Mark Jahresmiete festgesetzte Villa «Idylle». Für diese Summe liefern die Honorare aus Stuttgart freilich noch keine ausreichende Grundlage. Beim *Bärenjäger* beispielsweise standen für den Zeitschriftenabdruck (Laufzeit 39 Wochen) und eine geplante Buchausgabe 1200 Mark zur Debatte. Einnahmen von anderer Seite verbessern die Situation nicht wesentlich. Anderthalb Jahre später muß daher die «Villenidylle» wieder mit einer bescheideneren Mietwohnung vertauscht werden.

Wenn Karl May trotz dieser finanziellen Lage bereits als Villenbewohner renommieren will, so vor allem aus dem Verlangen, auch nach außen endlich den sozialen Aufstieg sichtbar zu machen. Ein solches Statussymbol hält der Herr Doktor May, wie er sich allzugern nennen läßt, schon für angemessen.

In seinem Selbstbewußtsein bestärkt haben wird ihn auch die lobende Erwähnung in der «Geschichte der deutschen Nationalliteratur». Gustav Brugier schreibt in der 8. Auflage von 1888: «In vorzüglichen, im ‹Deutschen Hausschatz› veröffentlichten Reisenovellen und Abenteuerromanen finden wir bei ganz natürlich ebenmäßiger Entwicklung der Erzählung wundersam frische Scenerien, ... so daß eine jede Schilderung ein Visum in seinem Reisepaß ist mit dem Atteste: ‹Er ist dort gewesen, er hat es erlebt!› Möchten darum Mays Werke bald gesammelt erscheinen.»

Für die Erfüllung dieses auch vom Schriftsteller längst gehegten Wunsches zeichnen sich 1888 jedoch keine Möglichkeiten ab, ja selbst mit dem ersten Buchprojekt bei Spemann geht es noch hin und her. Das Jahr bringt aber außer der Anerkennung durch Brugier ein weiteres für May erfreuliches Ereignis, an das er sogleich große Erwartungen knüpft. Die Prager Monatszeitschrift «Naší Mládeži» («Unsere Jugend») veröffentlicht 1888 in allen zwölf Nummern die tschechische Übersetzung des *Bärenjägers*.[11] Für May ist nicht das bescheidene Vorabhonorar von 200 Mark entscheidend, sondern die Tatsache, daß von diesem Titel so rasch eine Auslandsausgabe vorliegt.[12] Auf Übersetzungen reagiert er mit besonderem Stolz. So hebt er beispielsweise in der Schrift *Ein Schundverlag* hervor, daß bereits 1878 erste Arbeiten in Frankreich gedruckt worden seien. Dafür lassen sich jedoch keine Belege finden. Ab 1881 aber erscheinen im Nachbarland seine Werke in nahezu ununterbrochener Folge. Den Anfang machte die Pariser Tageszeitung «Le Monde», die zwischen 1881 und 1884 dreizehn längere Serien mit Erzählungen aus dem «Deutschen Hausschatz» veröffentlichte; der Verlag «Alfred Mame et Fils» in Tours edierte ab 1884 erste Buchausgaben, darunter gleich zu Beginn vier Bände mit den bis dahin im «Deutschen Hausschatz» vorliegenden Teilen des Orientzyklus. Bis 1888 sind schon acht Bände im Angebot. Im Nachbarland gibt es diese Bücher somit Jahre früher als in Mays Heimat.[13]

Werbematerial, etwa 1908.

Diese Erfolge in Frankreich wecken durchaus verständliche Hoffnungen auf einen ähnlichen Durchbruch im tschechischen Sprachraum. Dieser stellt sich allerdings nicht sofort ein, erst in den neunziger Jahren ist ein Popularitätsanstieg Mays hier zu verzeichnen.

Allein nur Träume, Renommiersucht und günstige Aussichten sind es nicht, die den Einzug in die Villa «Idylle» bestimmen. Sicherlich hat May auch den Lohn für seine Arbeit etwas falsch kalkuliert, obwohl das Geld nun wieder aus zwei Quellen fließt. Im «Guten Kameraden» hält man sich an das «Ehrenwort», und nach fünf «Stotterjahren» ist May ab Jahresbeginn 1888 wieder im «Hausschatz» präsent, bringt den Orient- und Balkanzyklus zum Abschluß.

Fast gleichzeitig mit dem Umzug nach Kötzschenbroda trübt ein Wermutstropfen die gute Stimmung. Eine erste kritische Pressestimme ist zu vernehmen, und ausgerechnet im «Deutschen Hausschatz»: «Heiß wogt unter unsern Lesern der Kampf um die Romane des Reiseerzählers Carl May. Während der eine Theil in fulminanten Zuschriften bei der Redaction sich beklagt, daß die Romane einen so großen Raum einnehmen, der viel kostbarer verwendet werden könne, verlangt der andere in nicht minder bestimmten Ausdrücken, daß sofort im neuen Jahrgang wieder mit einer Erzählung von Carl May begonnen werde. Da ist die Redaction denn doch gezwungen, den goldenen Mittelweg einzuschlagen, um beiden Theilen gerecht zu werden. Den Gegnern von Karl May zu Gefallen bringen wir also vor der Hand Erzählungen aus der Feder anderer Autoren, den Freunden des Abenteuerromans aber verrathen wir, daß sich in unseren Händen wieder eine sehr spannende Erzählung von Carl May aus der Zeit nach dem amerikanischen Bürgerkriege befindet, die ebenfalls im neuen Jahrgang zum Abdruck gelangen wird.»

Mögen tatsächlich Leserstimmen die Wogen der Diskussion ausgelöst haben oder, was man auch vermuten kann, interne Querelen beim Wechsel des verantwortlichen Redakteurs die Ursache gewesen sein, der «goldene Mittelweg» erweist sich für den «Hausschatz» keineswegs als «goldene» Lösung. Denn nicht wenige seiner Leser greifen ohnehin nur zu dem Blatt, wenn sie «ihren May» darin finden. Zwischen Dezember 1888 und September 1898 gibt es nur wenige Monate, in denen kein Beitrag von May im «Hausschatz» zu finden ist.

Kontra Ku-Klux-Klan
und Sklaverei

Bei oberflächlicher Betrachtung der Werke könnte man zum Schluß gelangen, der Schriftsteller habe auf politische Ereignisse, von den bereits erwähnten Beispielen etwa im *Verlornen Sohn* einmal abgesehen, bisher kaum reagiert. Zum Glück, mögen manche May-Freunde heute sagen, wenn sie dabei an den kolonialen Kraftakt des Kaiserreiches denken, durch den 1884/85 riesige überseeische Gebiete in Afrika und der Südsee okkupiert wurden. Bei Mays Vorliebe für exotische Schauplätze hätte er sich ohne Mühe engagieren können, entstand doch zu jener Zeit der «Kolonialroman» – von der «Deutschen Kolonialgesellschaft» gefördert und «vaterländischen Ruhm» versprechend –, der später mit Hans Grimms «Volk ohne Raum» kulminierte und direkt in die faschistische Ideologie einmündete.

Trotz möglicher Vorteile, die ihm erwachsen und den so erwünschten Durchbruch bringen können, schließt sich Karl May der kolonialen Euphorie nicht an. Seine Figuren betreten nicht den Boden kaiserlicher Kolonien.

Wie sich noch zeigen wird, geschieht das sehr bewußt. Denn May hat die Augen vor dem Weltgeschehen keinesfalls verschlossen, ist vielmehr, wie schon angedeutet, ein aufmerksamerer Beobachter als viele seiner Zeitgenossen. So sammelt er zum Beispiel eifrig Tatsachenmaterial, das er zumeist sehr geschickt in seine Erzählungen einzubauen versteht. Das beweist er etwa mit der im «Hausschatz» angekündigten «sehr spannenden Erzählung». Sie heißt *Der Scout*, wird von Dezember 1888 bis August 1889 in Fortsetzung gedruckt und 1893 in die beiden ersten *Winnetou*-Bände eingearbeitet.

Unter anderem geht es dabei um den Ku-Klux-Klan, der ältesten, bereits 1866 gegründeten Terrororganisation der USA, mit der die weißen Großgrundbesitzer ihre Vorherrschaft sichern und nach Aufhebung der Sklaverei (1862/63) die Farbigen wieder unter das alte Joch zwingen wollten.

In dem Ende 1879 veröffentlichten Roman «A Fool's Errand» («Vergebliches Bemühen») hatte Albion Tourgée, ein Richter aus Nordkaro-

Niederlage für den Ku-Klux-Klan. Illustration
aus dem zweiten Band *Winnetou*, 1909.

lina, authentisch belegte Einzelheiten über grausame Verbrechen des Ku-Klux-Klan beschrieben. Diese Schrift stellte eine Ausnahme dar, denn alle anderen Bücher aus den USA in jener Zeit glorifizierten das mystische Treiben.

Bei dieser einseitigen Quellenlage ist es erstaunlich, wie wirklichkeitsnah Karl May im *Scout* von den Umtrieben des Klan, von Brand, Mord und anderen Grausamkeiten berichtet. Der Schriftsteller, der Tourgées Roman mit hoher Wahrscheinlichkeit nicht kannte, muß Informationen, die gelegentlich auch in deutschen Veröffentlichungen auftauchten, sehr sorgfältig und kritisch ausgewertet haben.

Old Shatterhand ist jedenfalls dabei, als der Überfall einer besonders üblen Klan-Bande vereitelt wird. Die Verbrecher hatten es in diesem Falle auf die reichen Barschaften eines Weißen abgesehen, der im Bürgerkrieg auf seiten der Nordstaaten kämpfte. Auch solche Aktionen waren typisch für den Klan. Soweit überschaubar, hat kein anderer namhafter deutscher Schriftsteller schon zu jener Zeit die Greueltaten dieser Verbrecherorganisation angeprangert.

Seine Sympathien für die Nachfahren der Sklaven bringt May 1908 bei seiner einzigen Stippvisite auf dem nordamerikanischen Kontinent noch auf besondere Weise zum Ausdruck. Er besucht das Grab von Harriet Beecher-Stowe, die 1851/52 mit «Onkel Toms Hütte» das aufsehenerregendste Werk gegen die Sklaverei geschrieben hatte.

Dem *Scout* folgt ein dreijähriger literarischer Abstecher nach Südamerika. Es ist der einzige Ausflug auf diesem Kontinent. Zwischen Oktober 1889 und September 1891 läuft im «Hausschatz» der zweiteilige Reiseroman *El Sendador* (die Buchausgabe von 1894 trägt den Titel *Am Rio de la Plata / In den Cordilleren*. Und anschließend geht es – mit gestrafftem Handlungsablauf – von Oktober 1891 bis September 1892 im «Guten Kameraden» um *Das Vermächtnis des Inka*.

Mit diesen Werken reagiert May ebenfalls auf aktuelles Geschehen, wenngleich der Ich-Erzähler jetzt nicht mit so spektakulären Umtrieben wie beim *Scout* konfrontiert wird.

Argentinien ist in den achtziger Jahren stärker ins Blickfeld der deutschen Öffentlichkeit gerückt. Die Zahl der Auswanderer dorthin hat sich gegenüber dem vorangegangenen Vierteljahrhundert mehr als verdoppelt, Krupp erschließt einen neuen Markt für den Kanonenexport, 1887 eröffnet eine deutsche Bank ihre erste Filiale in Buenos Aires. Zwischen 1882 und 1889 erforschen Expeditionen in fast ununterbrochener Folge die wenig erkundeten Teile der Kordilleren. Und aus der Pampa kommen Nachrichten von urzeitlichen Riesenfaultieren und anderen sagenhaften paläontologischen Funden.

Der deutsche Naturforscher Hermann Burmeister hat bereits 1862 Resultate eigener Forschungsreisen durch die La-Plata-Staaten vorgelegt. Sein Werk steht in Mays Bibliothek, und die Person des Forschers regt ihn zur – skurril gezeichneten – Figur des Doktor Morgenstern an, der im *Vermächtnis des Inka* nach vorsintflutlichen Fossilien sucht.

Der Mahdi. Bild aus der «Gartenlaube», 1884.

Ein direkter Hinweis Mays auf den Gelehrten Burmeister, der für das Naturkundliche Museum in Buenos Aires eine große Sammlung zusammengetragen hatte, wird später von den Bearbeitern des «Karl-May-Verlages» getilgt, womit der reale Hintergrund verschwand und die vielen Szenen mit Doktor Morgenstern nur als weltfremde Witzeleien erscheinen konnten.

Der erste Teil von *El Sendador* trägt die Überschrift «Lopez Jordan». Das ist der Name eines karrieresüchtigen, skrupellosen argentinischen Offiziers, der in den Bürgerkriegen seines Landes eine unrühmliche Rolle spielte, aus Machtbesessenheit 1870 sogar seinen Schwiegervater, den Expräsidenten Urquiza (im «Reiseroman» irrtümlich als Stiefvater benannt) ermorden ließ. May hat ihn zurecht ins schurkische Personal der Abenteuergeschichte eingeordnet, in der noch verschiedene andere zeitgeschichtliche Persönlichkeiten ihren Platz fanden.

Vom südamerikanischen Schauplatz führt May die «Hausschatz»-Leser ab Oktober 1891 mit der Reiseerzählung *Der Mahdi* für zwei Jahre nach Nordafrika, in die sudanesische Landschaft. Der politische Hintergrund ist jetzt wieder wesentlich brisanter als beim Abstecher nach Südamerika, denn May greift Ereignisse auf, die seinerzeit breite Schlagzeilen machten.

Schon 1885 wollte er, wie aus einer Randnotiz im «Hausschatz» hervorgeht, über das Land des Mahdi berichten. Das Projekt verschob sich, bis ihn Ende 1888 Wilhelm Spemann anregt, «den Schauplatz der nächsten Erzählung nach Afrika» zu verlegen. «Es wäre vielleicht in Folge der dort in Aussicht stehenden Kämpfe und der ganzen afrikanischen Bewegung angezeigt.»

Mit der «ganzen afrikanischen Bewegung» waren die verwickelten Ereignisse im Sudan gemeint, der seit etwa 1820 unter der Herrschaft Ägyptens stand. Dieses Land wiederum galt zwar formal als autonome Provinz des Osmanischen Reiches, war aber de facto ab Mitte des 19. Jahrhunderts Halbkolonie der englischen und französischen Großbourgeoisie und seit 1882 britisches Protektorat. In offener Intervention hatten Truppen Ihrer Majestät die nationale Volkserhebung ägyptischer Patrioten gegen die laufende Einmischung der Großmächte und die eigene verhaßte Feudalklasse niedergeschlagen.

Zu den Privilegien dieser ägyptischen Herrscherklasse gehörte seit langem das Handelsmonopol mit sudanesischen Sklaven. Im Lande am mittleren und oberen Nil herrschten grausame Zustände, die sich durch Hungersnöte noch verschlimmerten. Nach lokalen Unruhen kam es von 1881 bis 1885 zum Aufstand unter Muhammad Ahmad, genannt El Mahdi, der zum Sturz der ägyptischen Herrschaft führte.

Bauern, Nomaden und arme Stadtbewohner waren daran beteiligt, aber auch sudanesische Großgrundbesitzer und Sklavenjäger. Denn die vom Mahdi proklamierten Ziele rüttelten nicht an der sozialen Struktur des Landes, richteten sich vielmehr auf die Restauration alter Zustände und waren außerdem stark religiös gefärbt. Wie schon der Beiname Mahdi besagt, gab sich dieser Mann, früher selbst Sklavenhändler, als Prophet aus, der das Werk Mohammeds vollenden wolle.

Dem einfachen Volk erschien er als Erlöser aus unerträglicher Fremdherrschaft, was sich freilich zum großen Teil als Illusion erwies.

Nach dem Sieg und dem bald darauf folgenden Tod des Mahdi traten die kurzzeitig überdeckten Widersprüche zwischen Volk und sudanesischer Feudalaristokratie sowie innerhalb der herrschenden Klasse wieder offen zutage, so daß britische und ägyptische Truppen 1896/98 bei der Wiedereroberung des Landes relativ leichtes Spiel hatten.

Im Gegensatz zu manchen anderen außereuropäischen Geschehnissen fanden afrikanische Ereignisse, in den achtziger Jahren besonders die Vorgänge im Sudan, in den Tages- und Wochenzeitungen breite Beachtung, zumal sich das deutsche Kaiserreich auf diesem Kontinent selbst als Kolonialmacht etabliert hatte. In der kaisertreuen Presse tönte es zwar von einer Mission der weißen Rasse im allgemeinen, im einzelnen wurden aber auch üble Praktiken der konkurrierenden Kolonialmächte angeprangert. Die eigenen verschwieg man wohlweislich. Politische Hintergründe wurden so nicht aufgedeckt, aber das Stöhnen der unterdrückten farbigen Völker klang deutlich auch aus diesen Berichten.

Sowohl in der *Sklavenkarawane* wie im *Mahdi* schildert Karl May sehr detailliert das Schicksal der einfachen Menschen im Sudan. Sklavenjäger überfallen die ärmlichen Dörfer, töten Kranke, Kleinkinder und Schwache, fesseln die Gesunden und Kräftigen und treiben sie dann in oft monatelangen Zwangsmärschen zu Hafenstädten oder anderen Sklavenmärkten. «Die Scene», lesen wir im *Mahdi*, «läßt sich unmöglich beschreiben... Ein junges Weib flüchtete sich, zwei Knaben nach sich ziehend, durch das Thor. Die Kinder wurden ihr sofort entrissen; sie selbst warf man sofort nieder, um sie an Händen und Füßen zu binden... Ein stämmiger Neger, welcher in weiten Sätzen zwischen den brennenden Tokuls nach dem Thore rannte, wurde von der Kugel nicht tödlich getroffen... dann schnitt man ihm die Achillessehne durch, so daß der Aermste nicht entspringen konnte...»

Am nächsten Morgen wird der Transport vorbereitet. «Kleinere Kinder waren dabei hinderlich und unbequem. Darum gab Abd el Mot (der Anführer der Sklavenjäger, C. H.) den Befehl, alle Kinder, welche das Alter von vier Jahren noch nicht erreicht hatten, zu töten.»

Mit vielen ähnlichen Bildern macht sich May zum Anwalt der versklavten Menschen. Im *Mahdi* stellt er den Zusammenhang zwischen Kolonialerwerb und Sklaverei heraus: «Der Weiße kommt, befreundet sich mit einem Negerstamm, erhält durch List oder für einen lumpigen Preis ein Gebiet abgetreten und errichtet auf demselben eine Niederlassung... Er läßt andere Weiße kommen... Sie bringen Flinten und Pulver mit, suchen nebenbei durch schlechtes Baumwollenzeug, Branntwein, Tabak, Glasperlen die Schwarzen zu ködern. Sie sind gekommen, um Elfenbein zu suchen, weißes in Gestalt von Elefantenzähnen und schwarzes in – menschlicher Gestalt.»

Der Mahdi selbst bleibt im Roman, dessen Handlung im Jahr 1879, also vor dem Aufstand, angesiedelt ist, nur Randfigur. Er wird vor allem durch seine Tätigkeit als Sklavenhändler charakterisiert, aber durchaus differenziert gezeichnet und damit dem historischen Vorbild angenähert. Die sich an seinen Namen knüpfenden Hoffnungen begründet May mit der zwar wesentlichen, jedoch nicht allein entscheidenden religiösen Komponente. Aber dem Schriftsteller ging es ja nicht um den Aufstand von 1881/85, sondern um ein entschiedenes Bekenntnis gegen die Sklaverei.

Die versklavten, verachteten Farbigen stattet May mit sympathischen Zügen aus. Sie sind nicht so heroisch und stolz wie die indianischen Helden, mitunter auch etwas einfältig, aber dadurch nicht weniger liebenswert gezeichnet. Im Widerstand gegen die brutalen, zynischen Sklavenjäger stehen sie sich gegenseitig bei, sind sogar bereit, sich für den anderen zu opfern.

Nicht nur in *Sklavenkarawane* und *Mahdi* drückt May bittere Empörung gegen die Sklaverei aus. In der Marienkalendergeschichte *Eine Ghasuah* etwa schildert er 1892 mit beißenden Worten, wie christlicher Glaube für das schändliche Verbrechen mißbraucht wird. «Die Schwarzen sind keine Menschen wie wir», läßt er einen «Missionar» sagen, «sie denken nicht und fühlen nichts. Es ist eine Wohlthat für sie, Sklaven zu sein. Ja, ich bin ein Christ, aber nicht ein Missionar. Ich lehre zwar, aber nur zum Scheine, um die Häscher zu täuschen, welche den Sklavenhändlern aufpassen. Keiner von Ihnen wird glauben, daß da, wo ein Missionar wohnt, Sklaven gemacht werden.»

Viele Male tritt May rassistischen Vorurteilen entgegen. So schreibt er im ersten Band von *Old Surehand* (1894): «Ich... habe unter den schwarzen, braunen, roten, gelben Völkern wenigstens ebensoviel gute Menschen gefunden wie bei den weißen, wenigstens, sage ich, wenigstens!» Und eine Woche vor seinem Tode, im berühmten Wiener Vortrag, ergreift der Schriftsteller mit seinen letzten überlieferten Worten nochmals Partei: «Körperbau, Hautfarbe usw. sind da vollständig gleichgültig, verändern nicht im geringsten Werth oder Unwerth des betreffenden Menschen.»

Solche Einsichten, auch das verdient hervorgehoben zu werden, sind nicht nur Früchte eines reifen Alters. Schon 1879 beispielsweise, noch ganz zu Beginn der schriftstellerischen Tätigkeit, formuliert er in der «Hausschatz»-Erzählung *Der Boer van het Roer* als «großes weltgeschichtliches Gesetz» das unwiderruflich kommende Ende der Kolonialzeit: «... jedes Volk und jede Nation darf nach der eigenthümlichen Weise, die ihm gegeben ist, sich entwickeln, damit am Baume der Menschheit verschiedene Blüthen treiben...»

Auf diesen Sachverhalt machte zuerst der bulgarische Germanist Weselin Radkov 1972 in einem Vortrag an der Universität Sofia aufmerksam. Auch auf spätere Werke verweisend, sagte er: «Karl May ist einer der wenigen Autoren von Abenteuerromanen, der konsequent und mutig die barbarische Kolonialpolitik der imperialistischen Länder um die Jahrhundertwende geißelt.»

Die Mayschen Originaltexte liefern zahllose Bekenntnisse gegen Kolonialismus, Sklaverei und Rassismus. Gerade deshalb ist es angebracht, darauf hinzuweisen, daß nun gerade ihm «rassistische Voreingenommenheit» vorgehalten wurde und ausgerechnet die *Sklavenkarawane* als Beispiel herhalten muß. Das wirkt befremdend, ist aber nicht erstaunlich, wenn man den «Beweis» anschaut.

Da wird in einer Studie von 1981 eine Personenbeschreibung wiedergegeben, die am Anfang der Erzählung steht. Belanglos bleibt in diesem konkreten Fall, daß das Zitat aus einer obskuren Quelle stammt. In den knappen fünf Zeilen sind es immerhin sechzehn Worte, die im Vergleich zur Mayschen Erstfassung entweder fehlen oder verändert wurden. In den Anfangszeilen wird ein Mann beschrieben – groß, stark, breitschultrig, mit blondem Haar, dichtem Vollbart und blauen Augen. Und das allein genügt dem Autor; «wenn es noch eines Beweises für Mays rassistische Voreingenommenheit bedürfte», hier sei er,

Als diese Illustration 1889 in der «Gartenlaube» erscheint, arbeitet May gerade an seinem Roman *Die Sklavenkarawane*.

«der in allen Situationen absolut überlegene Europäer, der geheimnisvoll ‹der Fremde› heißt...»!

Blättert man aber bei May nur einige Seiten weiter, geht es gar nicht mehr «geheimnisvoll» zu. Der «Fremde» trägt eine Brille, bekommt deshalb den Beinamen «Vater der vier Augen», heißt Emil Schwarz, wird als Arzt, Humanist und Forschungsreisender vorgestellt und gehört zu den Haupthelden der Erzählung: Sein ganzes Können und selbst das Leben setzt er ein, um den Farbigen gegen die weißen Sklavenjäger beizustehen. Nach den gemeinsamen Erlebnissen beim Vernichten der Sklavenkarawane ist der Abschied zwischen Schwarz und geretteten Afrikanern «ein außerordentlich bewegter».

Die Erzählung strahlt das ganze Gegenteil von rassistischen Ressentiments aus.

Der Dresdener Publizist W. Forner unterstellte 1975 sogar, May sei es gewesen, der «wie kein anderer den Expansionsdrang der imperialistischen Machthaber moralisch bemäntelte...» Dafür kann er selbstverständlich kein einziges Originalzitat anführen – weil es keins gibt. Offenbar hat er auch die von ihm genannten May-Titel überhaupt nicht gelesen. *Im Reiche des silbernen Löwen*, so macht er glauben, spiele in Kiaotschou (heute Jiaozhou). Und weil May nun nicht auf den kaiserlichen Kolonialerwerb von 1897 eingeht, wofür der in Persien spielende Roman überhaupt keinen Anlaß liefert, wird ihm vorgehalten, daß er nicht «die imperialistischen Hintergründe der Kanonenbootpolitik aufdeckt».

Bezeichnend ist dann auch die einzige Quelle, die Forner mit Bezug auf May gleich am Anfang nennt[14]: «Man muß in alten Dresdner Adreßbüchern nachblättern, um eine Spur des Mannes zu entdecken, den wir suchen.»

Womit wir wieder bei den Wohnsitzen des Schriftstellers angelangt sind.

Fehsenfelds Visite und ihre Folgen

Mit Beginn des Jahres 1891 haben sich die Finanzverhältnisse etwas gebessert, im April wagt Karl May neuerlich den Wechsel in eine Villa. «Agnes» – auf deutsch die «Reine» – heißt das neue Domizil in Oberlößnitz. Es wird sich zeigen, daß er mit manchen Wünschen nun tatsächlich ins reine kommt.

Der wohl wichtigste Besucher, den May hier empfängt, fühlt sich bei der ersten Visite sogleich «in eine Stimmung von Gefahren und ihrer Begegnung hineinversetzt». Er weiß von eisernen Stacheln am Bretterzaun zu berichten und bemerkt, daß «Gartentür und Haus... nach unserem Eintritt wieder fest verschlossen und verriegelt» werden.

Karl May ist noch immer öffentlichkeitsscheu, und was uns Friedrich Ernst Fehsenfeld hier überliefert, symbolisiert in treffender Weise Mays Verlangen, die Vergangenheit vor der Außenwelt abzuriegeln.

Der Gast, der im Herbst 1891 den palisadengeschützten Bau betritt, ist elf Jahre jünger als May. Kindheit und Jugend im Hause des weiland recht bekannten Literaturwissenschaftlers Julian Schmidt – Stätte der Begegnung vieler Literaten und Gelehrter, darunter Ferdinand Freiligrath, Fritz Reuter, die Gebrüder Grimm, Gustav Freytag, Friedrich Spielhagen, Iwan Turgenjew und Berthold Auerbach – haben nachhaltige Eindrücke hinterlassen und früh den Weitblick dieses intelligenten, vielseitig begabten Mannes geschärft. Seit 1890 betreibt er im badischen Freiburg eine Verlagsbuchhandlung, mit der er sich bleibende Verdienste um die klassische Abenteuerliteratur sichert. Ihm sind beispielsweise die ersten deutschsprachigen Ausgaben so bekannter Werke wie «Wolfsblut» von Jack London, «Die Schatzinsel» von Robert Louis Stevenson und «Im Dschungel» (später «Das Dschungelbuch») von Rudyard Kipling zu verdanken. Die Übersetzungen besorgte Fehsenfeld persönlich.

Für seinen jungen Verlag hält er Umschau nach Autoren, stößt dabei im «Deutschen Hausschatz» auf Karl Mays Abenteuerfahrt «im Schatten des Großherrn». «Ich begann zu lesen und kam nicht davon

Der Verleger Friedrich Ernst Fehsenfeld.
Eine Aufnahme aus dem Jahre 1887.

los», berichtet er. «Diese Erzählungen aus ihrer Zerstückelung in den Zeitschriften herauszuholen, sie in Bücher zu fassen und so der deutschen Jugend und dem ganzen Volke zu schenken, das war ein Gedanke, der mich nicht wieder losließ. Und alsbald ging ich ans Werk. Ich verschaffte mir Karl Mays Anschrift und fragte bei ihm an, ob er mit mir in Verbindung treten wollte.»

So kommt es zum Treffen in der Villa «Agnes» und am 17. November 1891 zum Vertrag zwischen Autor und Verleger. Fehsenfeld verpflichtet sich, die im «Hausschatz» und in anderen Zeitschriften erschienenen «Reiseromane» in Bänden zu 500 bis 600 Seiten herauszugeben und alle geschäftlichen Obliegenheiten zu erledigen, während May die Texte in einer für die Buchausgaben geeigneten Form liefert.

Er bekommt ein Akontohonorar von 500 Mark pro Band und weitere 2000 Mark nach dem Absatz von jeweils 5000 Exemplaren. (In späteren Abmachungen wird der Autorenanteil noch etwas erhöht.) Fehsenfeld kehrt «in gehobener Stimmung» nach Freiburg zurück. Karl May läßt am 3. Dezember 1891 einen Brief folgen, aus dem eine nicht minder glückliche Gemütslage spricht:

> «Im lieben, schönen Lößnitzgrund,
> Da saßen zwei selbander;
> Die schlossen einen Freundschaftsbund,
> Gehn niemals auseinander.
> Der Eine schickt Romane ein,
> Der Andere läßt sie drucken,
> Und's Ende wird vom Liede sein:
> 's wird Beiden herrlich glucken!»

Hat Karl May sich in seinem Leben nur allzu oft an Träume und unerfüllbare Hoffnungen geklammert, so nicht in diesem Falle. Es «gluckte» tatsächlich: Fehsenfeld wie May sind in wenigen Jahren wohlhabende Männer.

Am 21. Januar 1892 starten Kara Ben Nemsi und Hadschi Halef Omar zum Parforceritt *Durch Wüste und Harem*. Weil es im Harem harmlos zugeht, Pikanterien, die Moralprediger aus dem Titel herauslesen wollen, sowieso ausbleiben, reiten die Helden ab 1895 nur noch *Durch die Wüste*.

Bereits vor Jahresende 1892 liegt der Orient- und Balkanzyklus aus dem «Hausschatz» als Band I bis VI von «Carl May's Gesammelten Reiseromanen»[15] vor. Den letzten Band hat der Autor durch einen Nachtrag zu Rihs Tod ergänzt. Im Jahr darauf folgt die Trilogie *Winnetou, der Rote Gentleman*.

Eigens für die Buchausgabe verfaßt er den ersten Band – abgesehen von den Greenhornszenen, in die ein kleiner Teil des *Scout* einfließt –, ebenso das Schlußkapitel des dritten Teils. Alles andere wird aus früheren Erzählungen zusammengefügt. Viel Zeit bleibt dafür nicht, denn zur Jahresbilanz von 1893 gehören auch folgende Arbeiten: Für den «Hausschatz» werden der *Mahdi* abgeschlossen und große Teile der *Felsenburg* (in der Fehsenfeld-Ausgabe dann *Satan und Ischariot* Band I

Darstellung eines Harems in der «Gartenlaube», 1878.

Ab 1895 erscheint der erste Band der «Gesammelten Reiseromane» im Verlag Fehsenfeld unter diesem Titel.

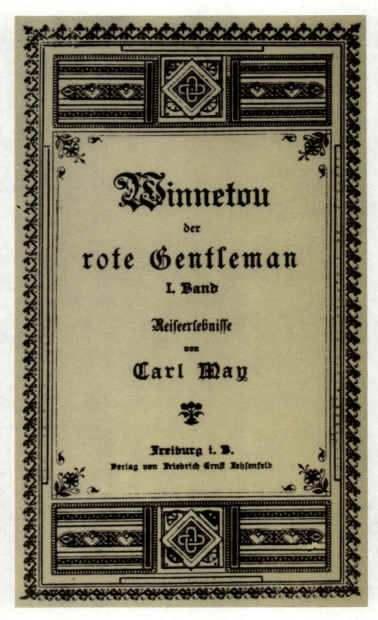

Erste Buchausgabe von 1893.

und zwei Kapitel im Band II) geschrieben, im «Guten Kameraden» erscheint *Der Oelprinz*, zwei Marienkalender erhalten ihre bestellten Geschichten, außerdem entsteht die Erzählung *Der erste Elk* (in *Old Surehand I* zum ersten Kapitel verarbeitet). Eine enorme Leistung, nicht zuletzt auch deshalb, weil der allergrößte Teil der Texte mit zum Besten in Mays Werk gehört.

«Es müßte ein ethnographisch-novellistisches Meisterstück werden, nach welchem hunderttausend Hände griffen, noch ganz anders als ‹Lederstrumpf› und ‹Waldläufer›, viel gediegener, wahrer, edler; eine große verkannte Nation als Einzelperson ‹Winnetou› geschildert. Es würde ein Denkmal der roten Rasse sein...», schreibt May am 16. Oktober 1892 über die geplante *Winnetou*-Trilogie an Fehsenfeld. Der Vorsatz, mit dem edlen Winnetou den Indianern ein bleibendes literarisches Monument zu setzen, ist dann mehr als gelungen. Abstriche, die sich aus kompositorischen Mängeln oder beim Abwägen des Realitätsgehaltes ergeben, konnten nichts an der grundlegenden Funktion des Romans ändern. Nicht hunderttausend Hände, sondern Millionen und Abermillionen in aller Welt haben seither nach *Winnetou* gegriffen. Der Name Winnetou wurde zum Synonym für den Indianer schlechthin.

Nach *Winnetou* geht es weiter aufwärts. Bis 1894 kommen fünf neue «Fehsenfeld-Titel» hinzu, ein Jahr darauf werden über 60000 Bände der «Gesammelten Reiseromane» verkauft, 1896 weist die Jahresbilanz knapp 150000 abgesetzte Exemplare auf, die Gesamtauflage klettert auf 400000. Ein beispielloser Erfolg bahnt sich an. Die Leser kommen aus allen Klassen und Schichten, der Zuschnitt auf begrenzte Zielgruppen – Katholiken beim «Hausschatz», Jugendliche beim «Guten Kameraden» – ist überwunden.

«Vor den Erfolg haben die Götter den Schweiß gesetzt» – die Wahrheit der Sentenz des altgriechischen Dichters Hesiod hat Karl May hinlänglich erfahren. Jetzt scheint sich endlich alles zum Guten zu wenden.

Erfolgsgründe

Der Österreicher Emanuel Kainz promovierte 1949 mit dem Thema «Das Problem der Massenwirkung Karl Mays». Diese und weitere Dissertationen sowie viele andere umfängliche Arbeiten liefern eine Fülle von Antworten zu diesem Phänomen, ohne jedoch die Wirkungsgeschichte der Mayschen Bücher[16] über nunmehr ein Jahrhundert hinweg vollständig aufhellen zu können, und das kann selbstverständlich auch an dieser Stelle nicht erfolgen. Wir wollen nur ein paar wesentliche Überlegungen herausstellen.

Untersuchungsgegenstand in diesem Zusammenhang waren vor allem die «Reiseromane», die ja in erster Linie die «Massenwirkung» auslösten. Als Ursachen des Erfolges wurden unterschiedlichste Fakten aufgezählt, beispielsweise das Ethos der Werke, das humanistische, friedfertige Engagement, die eingängige Erzählweise und die geschickte Vermittlung wissenswerter Details, die auf Typen festgelegten Figuren, der langanhaltende naive Leserglaube an Tatsachenberichte, ein vielfältiges Reklamerepertoire und nach Mays Tod die Rezeption durch Bühne, Film, Funk und Fernsehen, auch das von Fehsenfeld gewählte Kleinoktavformat der Bände und vieles andere mehr. Das alles trifft zu, mit wechselndem Gewicht für jeden Leser, und mancher Schwerpunkt hat sich im Wandel der Zeiten verschoben.

Auf die objektiven Gründe, die am Anfang und über weite Strecken der Schaffensperiode den Erfolg bewirkten, sind wir schon eingegangen. Seinerzeit war es vor allem das Verlangen großer Bevölkerungskreise nach Fluchtlektüre, das May mit seinen Fähigkeiten so hervorragend befriedigen konnte. Natürlich spielt auch heute das Vergnügen an den Büchern eine wichtige Rolle, aber schon längst ist der Leser nicht mehr mit so einfachen Mitteln in exotische Scheinwelten zu entführen. Nicht nur die grundlegend anderen gesellschaftlichen Verhältnisse und die modernen Kommunikationsformen haben dazu gleichsam jeden Anlaß beseitigt, die Welt der Gegenwart bietet kaum noch einen Freiraum, der die Assoziation eines abenteuerlichen Rittes an der Seite von Old Shatterhand oder Kara Ben Nemsi ermöglicht.

Für uns bestimmt in erster Linie der moralische, humanistische Ge-

Ausgabe des Verlages Neues Leben, Berlin 1982.

halt den Wert der Bücher von Karl May. Dieses Motiv mag manchen Leser, der immer aufs neue nach «seinem May» greift, nur unterschwellig beeinflussen, denn vorwiegend wird auch heute auf die «spannende Handlung» verwiesen. Ein Aspekt jedoch, der sich beim genaueren Hinschauen als gar nicht so überzeugend erweist. Wer nämlich einige Werke aufmerksam gelesen und kritisch verglichen hat, stellt fest, daß am Anfang gewöhnlich eine vollzogene oder geplante Untat steht. Kara Ben Nemsi oder Old Shatterhand sind zumeist Zeuge oder Opfer, und dann folgt die Handlung einem nahezu immergleichen Schema: Verfolgung der Täter, stunden- und tagelanges Reiten, Spurensuche, Spurenlesen, Lagern und Übernachten mit den obligaten Wachen, aus taktischen Gründen ab und an auch einmal Flucht vor den Bösewichten, Anschleichen und Belauschen der Gegner gerade zum Zeitpunkt, da sie weitere Ränke schmieden, das Planen und Organisieren von entsprechenden Gegenaktionen, schließlich Gefangennahme und Befreiung. Die Rollen der Gefesselten und Eingesperrten wechseln. Sind Bösewichte entkommen, so deshalb, damit das Geschehen überhaupt weiterlaufen kann, müssen sich die Verfechter der Gerechtigkeit befreien, dann, um ihre Sache zum guten Ende führen zu können.

Noch vor dem Finale bleiben häufig schon Schurken zweiten Ranges auf der Strecke, während der oder die Hauptübeltäter bis zum Schluß gejagt werden. Wurden die Widersacher zu Untaten verführt, erfolgt meist ein Friedensschluß zu ehrenvollen Bedingungen oder werden Maßnahmen getroffen, die für längere Zeit neue Konflikte und Kämpfe ausschließen sollen. Haben sich die Gegner jedoch mit schwerer Schuld beladen, so ist ihr Leben in der Regel verwirkt. Den Tod erleiden sie fast immer nach eigenem Versagen oder per Zufall, durch Absturz in die Tiefe beispielsweise wie beim Ende des Schut.

Im Rahmen solcher sich stets wiederholender Grundmuster variiert Karl May die Handlungen auf vielfältige Weise, setzt die Helden immer neuen Gefahren und Bewährungsproben aus, die sie glänzend meistern und die ihnen Gelegenheit geben, ihre hohen moralischen Qualitäten voll zu entfalten. Hier zeigt er sich als ein von Ideen sprühender Schriftsteller. Somit weniger die Spannung – weil sich kommende Ereignisse häufig vorausahnen lassen –, sondern eher die von

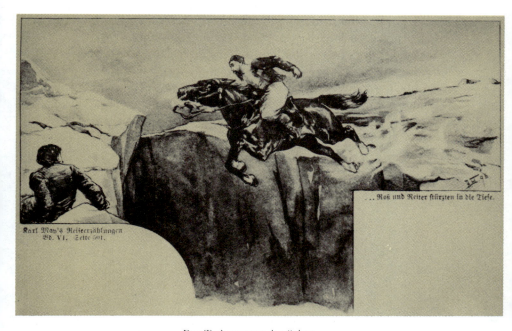

Der Todessprung des Schut.
Postkarte Nr. 5 aus einer zehnteiligen Serie des Fehsenfeld-Verlages
von 1898.

den gerechten und tapferen Helden ausgehende Faszination ziehen die Leser in den Bann.

Andere Autoren, deren Bücher sich in vielen Positionen mit Mays Werk vergleichen lassen, aber nicht durchweg so hohen moralischen Ansprüchen genügen, sind, wie Robert Kraft etwa, in Vergessenheit geraten.

Die Grundmuster von Gefangennahme und Befreiung sowie der Jagd auf schurkische Kontrahenten lassen sich aus Mays seelischen Erschütterungen während und nach der Haftzeit erklären. Sie drücken den von Kindheit an allgegenwärtigen Traumwelten ihren Stempel auf. In den «Reiseromanen» versuchte May, sich von dem Trauma seiner Vergangenheit zu befreien, und schuf dabei eine Phantasiewelt ganz eigener Art, mit völlig neuer Gestaltungsform, aber mit der für Märchen typischen scharfen Polarisierung von Gut und Böse.

Der Makel der «Jugendsünden», unter dessen Druck sich Mays Talent voll entfaltete, zwang ihn in die Isolation, die sich durch die Ehekrisen noch vertiefte. Die Türen zur bürgerlichen Gesellschaft, an die er zaghaft mit dem Doktortitel und dem Villaschlüssel klopfte, blieben ihm lange verschlossen. Erst nach Fehsenfelds Visite öffneten sie sich Spalt um Spalt.

Ein Denkmal für den roten Mann

Indianerliteratur im Wandel

Unter den Autoren seiner Zeit, die sich der Abenteuerliteratur verschrieben haben, ist Karl May auf Grund seiner ethischen Gesinnung eine Ausnahmeerscheinung. Er ist in einer Tradition verankert, die mit der Aufklärung einsetzt oder, wie im speziellen Genre der Indianerliteratur, noch weiter zurückreicht. Zwar spielt der bei weitem größte Teil seiner «Reiseromane» im Orient oder auf dem Balkan, aber der erste Gedanke führt doch stets zu Winnetou und Old Shatterhand. Deshalb wollen wir kurz die Spuren ihrer literarischen Ahnen verfolgen.

Schon bald nach Kolumbus' historischer Entdeckung hatte der Mönch und spätere Bischof Bartolomé de Las Casas die abscheulichen Grausamkeiten spanischer Konquistadoren gegenüber den Indianern dokumentiert. Seine Chronik erweckte Mitgefühl und regte zur literarischen Gestaltung von «unschuldigen Naturmenschen» und «edlen Wilden» an. Bis zur Wende vom 18. zum 19. Jahrhundert griffen vor allem englische und französische Autoren dieses Thema auf, stießen aber nur selten zu realistischer Gestaltung vor. Ihre «Indianer» denken und sprechen eher wie Europäer, schwärmen von der Rückkehr zu alten Paradieszuständen und meditieren über Leid und Unglück in der Welt.

Auch fiktive Reisegeschichten vermittelten gleichfalls nur schemenhaft die indianische Wirklichkeit, sagten erst recht nichts zu den Ursachen der Vernichtungspolitik, stellten aber die Indianer als den Weißen ebenbürtige Menschen dar. Diese grundsätzlich positive Einstellung in der europäischen Literatur vermochten Schriften heute vergessener nordamerikanischer Autoren über «hinterlistige Indianer, vom

James Fenimore Cooper.

Satan ausgesandt, um das in der neuen Welt siedelnde Volk zu vernichten», kaum zu erschüttern.

Mit den Büchern von Washington Irving und vor allem James Fenimore Cooper trat ein prinzipieller Wandel ein. Sie schärften das Bewußtsein vieler ihrer Landsleute für die Probleme der indianischen Ureinwohner und begründeten das Ansehen der amerikanischen Indianerliteratur, darüberhinaus auch der gesamten US-Literatur, für deren Weltgeltung beide wesentliche Grundlagen legten. An der Praxis in den Prärien änderte sich freilich nichts. Hier wie überall im Indianerland lief der Völkermord weiter und eskalierte noch.

Cooper wuchs in Cooperstown, einer Gründung seines Vaters in Pennsylvania, auf, als dort die Indianer schon vertrieben waren. Mit Unterbrechungen durch Studium, Seefahrten, Europareise und Aufenthalten an der Atlantikküste lebte er bis zu seinem Tode in seiner Heimatstadt. «Alles, was ich von den Indianern weiß», bekannte er, «stammt aus meiner Lektüre oder von dem, was ich meinen Vater von ihnen erzählen hörte.» Waren es auch keine eigenen Erlebnisse, so doch Informationen aus erster Hand, die er zu wirklichkeitsnahen Schilderungen indianischen Alltagslebens verarbeiten konnte. In die Romane – wir denken vor allem an die fünf weltberühmten «Lederstrumpf»-Bände, entstanden zwischen 1823 und 1841 – ist aber auch viel Phantasie eingeflossen. Eine menschlich so einnehmende Gestalt wie der edelmütige Indianerfreund Natty Bumppo war alles andere als typisch für die harte Realität. Deshalb blieben auch Versuche, zum «Lederstrumpf» ein eindeutiges historisches Vorbild nachzuweisen – in der Person des Daniel Boone etwa –, erfolglos. Bei den möglichen Kandidaten überwogen letztendlich doch die rauhen Seiten der Grenzpioniere.

Von Cooperstown aus wanderte der «Lederstrumpf» um die Welt und mit ihm der sanfte, stolze, mutige Mohikaner Chingachgook, der trotz seiner letzten Liebe zum Feuerwasser das Vorbild für viele Idealgestalten in der Indianerliteratur lieferte – mit höchster Stilisierung im Winnetou.

In deutscher Sprache stellten sich Natty Bumppo und sein bester Freund erstmals im Rahmen der großen Cooper-Edition (insgesamt 38 Werke in 258 Bändchen) vor, die der Verlag J. D. Sauerländer in Frankfurt am Main ab 1826 herausbrachte. Bereits ab 1841 begann der Stuttgarter Verlag S. G. Liesching mit einer dreißigbändigen Werkausgabe.

Die Wirkung war überwältigend. Goethe, Hauff, Stifter und andere Dichter zählten zu den Lesern und spielten gelegentlich in ihren Werken darauf an. Besonders beeindruckt zeigte sich Nikolaus Lenau, der 1832/33 selbst ein paar Monate in den USA verbrachte und bitter enttäuscht über «himmelanstinkende Krämerseelen» in New York und anderwärts zurückkehrte.

Mit einer Wehklage von Indianern am Susquehanna-Ufer beginnt seine Elegie «Der Indianerzug», es ist der Standort von Cooperstown, den Cooper poesievoll geschildert hatte. Lenau läßt die Indianer Abschied nehmen von den angestammten Gründen und den Gräbern der

Vorfahren; unter Tränen brechen sie ins Ungewisse auf. In einem zweiten Gedicht – «Die drei Indianer» – stehen ein Greis und seine zwei Söhne am Niagara. «Fluch den Weißen!» spricht der Vater «aus tiefempörtem Herzen»:

> «... Nichts hat uns die Räuberbrut gelassen,
> Als im Herzen tödtlich bittres Hassen:
> Kommt, ihr Kinder, kommt, wir wollen sterben!»

Dann stürzen sie sich im Todesnachen den Katarakt hinunter. Lenau faßt hier die zu jener Zeit gängige Ansicht vom Aussterben der Indianer in Worte. Wenn Karl May 1893 im Vorwort zu *Winnetou* (Band I) vom «sterbenden Mann» schreibt, entspricht das gänzlich der weiland verbreiteten Meinung. Verleumder des Schriftstellers hält das Jahre später nicht davon ab, ausgerechnet ihn als Erfinder der alten, sich mittlerweile als falsch erwiesenen These zu bezeichnen.

Kein geringerer als Friedrich von Schiller hatte schon 1798 in der «Nadowessischen Todtenklage»[17] ähnlich elegische Töne wie später Lenau angeschlagen. Er läßt die Indianer allerdings nicht tränenreich im Suizid enden, gibt ihnen aber auch nicht den heroischen Anstrich wie später Cooper. Sein Gedicht wird deshalb den Anfängen einer realistischeren Indianerdarstellung in der deutschen Literatur zugeordnet; daß er nie in Amerika war und die Söhne der Prärie Rentiere jagen läßt, hat ihm dabei keinen gegenteiligen Anwurf eingebracht.

Von Cooper läßt sich auch Karl Postl anregen, der vor den Zwängen des Klosterlebens nach Nordamerika entflieht und 1828 im anonym erschienenen Roman «Tokeah, or the White Rose» den Gegensatz zwischen der Lebensweise indianischer Jäger und ackerbautreibender Ansiedler darstellt. Das Vordringen der «Zivilisation» hält er für unvermeidlich.

Später verwendet der Autor das Pseudonym Charles Sealsfield. Erst nach dem Tode wird 1864 seine Identität mit dem einstigen Priester Postl aus Prag bekannt.

Von den Sealsfieldschen Werken übt «Das Cajütenbuch» (1841) einen besonderen Einfluß auf Karl May aus. Als er den *Old Surehand* für die dreibändige Buchausgabe schreibt, greift er 1895 beim zweiten Teil auf Sealsfields Kompositionsmuster zurück und versucht, mehrere äl-

Friedrich Gerstäcker.

tere, nicht zusammenhängende Erzählungen durch eine knappe Rahmenhandlung zu verbinden. Die Ansichten, ob er dabei wirklich eine «Surehand» – eine «sichere Hand» – bewiesen hat, gehen stark auseinander.

Nimmt man Sealsfield und nachfolgende Schriftsteller, die in Coopers Spuren wandeln – beispielsweise Friedrich Gerstäcker, von dem sich mehrere gedankliche Detailanleihen im Werk Mays nachweisen lassen –, so findet man bei diesen Autoren manche biographische Gemeinsamkeiten. Hochfliegende Jugendträume, Probleme im persönlichen Leben oder politische Schwierigkeiten bewegen sie zum zeitweiligen, teils wiederholten Verlassen der Heimat, zur Flucht nach Utopia, das damals Amerika heißt.

Postl alias Sealsfield wählt den Weg über den großen Teich, um aus

Balduin Möllhausen im Kostüm des Abenteurers.

dem engen Klosterdasein auszubrechen. Gerstäcker fühlt sich in vielen einsamen Kindheitstagen wie Robinson Crusoe, faßt den Plan, «ebenfalls eine unbewohnte Insel aufzusuchen», so vermerkt er in der kurzen Selbstbiographie, doch dann wirkt «das Wort ‹Amerika›» wie «eine gewisse Zauberformel». Als er 1837 zur ersten Fahrt aufbricht, will er auf alle Fälle aus deutscher Muffigkeit heraus.

Ähnlich ergeht es auch dem früh verwaisten Balduin Möllhausen. Er darf nicht Maler werden, sondern soll als Husar durchs Leben reiten. 1849 entflieht er dem verwandtschaftlichen Druck. Im selben Jahr läßt auch der linksdemokratisch-revolutionäre Journalist Otto Ruppius die Heimat hinter sich. Ihm drohen laut Spruch eines Berliner Gerichtes neun Monate Gefängnis wegen «Erregung von Mißvergnügen gegen die Regierung und frechen unehrbietigen Tadel derselben».

Dem Zugriff von Justitia, allerdings durch Duellfolgen bedingt, entzieht sich schon 1826 oder 1828 Frédéric Armand Strubberg durch die Reise nach Nordamerika. Die Angaben zu den Gründen sind widersprüchlich. Fest steht jedoch, daß er zweimal jenseits des Ozeans weilte. Seine Werke sind unter dem Pseudonym Armand bekannt geworden.

Ob von Phantasien beflügelt, Druck oder Gefahren ausweichend, ihnen allen gelingt, was May in jungen Jahren versagt bleibt: Sie betreten den amerikanischen Kontinent. Geblieben ist allerdings keiner. Die Wunschträume von idealer Freiheit, vollkommener Demokratie oder Dollarreichtum welkten rasch. Auch abenteuerliche Streifzüge durch die Wildnis der Wälder und Prärien bringen für Gerstäcker und Strubberg nur zeitweise das erhoffte Erlebnis. Entbehrungen dämpfen bald das euphorische Gefühl völliger Ungebundenheit, und einem Chingachgook begegnen sie schon gar nicht, schließlich wird der Wunsch, in den Schoß der Zivilisation zurückzukehren, wieder übermächtig.

Gerstäcker, Strubberg und auch Ruppius, der sich im Osten der USA aufhielt und vermutlich nie einen Fuß ins Präriegras setzte, richten in ihren Publikationen dann manche Warnung an Auswanderungswillige in Deutschland. Dafür gibt es ein ganz besonderes Motiv. Denn allesamt werden sie Zeugen oder sogar Opfer von Betrügereien. So verliert Gerstäcker schon bald nach der Ankunft in den USA seine knappen Barschaften. Strubberg muß sich bei der Arbeit in einer texanischen Kolonistenbehörde mit schmutzigen Spekulanten herumschlagen. Ruppius verdient als Privatlehrer und Artikelschreiber für seine vierköpfige Familie kaum das tägliche Brot, muß dann verbittert zusehen, wie die Anfänge bescheidenen Besitztums einer Brandkatastrophe zum Opfer fallen. Er kann außerdem aus nächster Nähe beobachten, wie verbrecherische Unterweltorganisationen aus Großstädten ihre Macht bis in weitab gelegene, anscheinend friedliche Landstriche ausweiten.

Solche persönlichen Erlebnisse führen noch nicht zu tieferen Einsichten in die Spezifik der gesellschaftlichen Entwicklung in den USA, sind aber wohl ein ganz entscheidender Grund, daß jene deutschen Autoren einen großen Teil ihrer Abenteuerromane dann viel weniger im Indianermilieu ansiedeln, sondern Kriminalgeschichten mit exotischer Kulisse schreiben. Gerstäckers berühmteste Werke – «Die Regulatoren in Arkansas» (1846) und «Die Flußpiraten des Mississippi» (1848) – leben von der Aufklärung von Verbrechen und der Jagd auf die Täter. Weil der Arm des Gesetzes nicht bis ins hinterwäldische Grenzgebiet reicht, müssen die Siedler auf eigene Faust handeln. Indianer figurieren nur am Rande. In den zwei bekanntesten Ruppius-Büchern – «Der Pedlar» (1857, deutsch 1859) und «Das Vermächtnis des Pedlars» (1859) – nehmen Einzelgänger den Kampf gegen kriminelle Übeltäter auf. Auch solche Motive lassen sich bei May häufig finden.

Mit anderen Akzenten, schon mächtig flunkernd, verarbeitet Strubberg seine Erlebnisse. Sein Held ist der «tapfere Armand» – «allein in einem ungemessenen Lande, in dem sein Wille Recht und seine Waffen Gesetz waren».

Möllhausen ist einer der wenigen Autoren, der an wissenschaftlichen Expeditionen teilnimmt. Seine Erlebnisse hat er in zwei Büchern zusammengefaßt: «Wanderungen durch die Prairien und Wüsten des westlichen Nord-Amerikas...» (1860; 1. Auflage unter anderem Titel 1858) und «Reisen in die Felsengebirge Nord-Amerikas...» (1861). Die eindrucksvollen Naturbeschreibungen damals noch wenig erforschter Gebiete sind mit zahlreichen abenteuerlichen Handlungen verknüpft. Das übrige Werk Möllenhausens – es umfaßt rund 50 Titel – ist ausschließlich belletristisch. Viele seiner Romane beginnen in Deutschland und enden in Amerika. Oft schlägt dabei Leid in Glück um, aber es gibt auch Beispiele, daß Auswanderer Opfer von Betrügereien werden.

Sucht man nach einem gemeinsamen Nenner für die genannten belletristischen Werke, dann findet man ihn in den wirklichkeitsnahen Schilderungen von Ereignissen, deren Bogen sich von der Ostküste bis hart an die Grenze der westwärts vordringenden «Zivilisation» spannt. Aus eigenem Erleben wurde ein zutreffendes Bild über die Natur, Geographie und Kulturgeschichte dieses Kontinents vermittelt. Der Realitätsgehalt tritt jedoch zurück, wenn die Handlung ins Indianerland vorstößt. Am meisten bei Strubberg. Der von Cooper kreierte Heroenmythos lebt noch am stärksten bei Sealsfield und verblaßt danach etwas.

Die außerordentliche Beliebtheit, die jene Bücher zu ihrer Zeit besaßen, läßt sich nicht allein mit dem Fernweh der Leser und ihrem Informationsbedürfnis über fremde Länder – insbesondere Amerika, dem Land bürgerlicher Freiheiten und der Heimat der bemitleidenswerten und sympathischen Indianer – erklären. Wesentlich tragen dazu auch die idealisierte Darstellung indianischen Lebens, der Reiz einer fremd anmutenden Landschaft und die romantische Verklärung der Erlebnisse bei. Die Wirklichkeit erfährt man eher aus hinterlassenen Briefen der Autoren.

Die Bücher von Gerstäcker und anderen Schriftstellern entstehen zumeist nach zeitlichem Abstand zum Geschehen und werden durchweg in der alten Heimat geschrieben. Die Arbeitszimmer sind exotisch ausstaffiert und liefern ein anregendes abenteuerliches Fluidum inmitten bürgerlicher Behaglichkeit.

«Indianische Waffen, Schmuck und Kleidungsstücke» bewundert eine Reporterin im Domizil von Balduin Möllhausen, der nach seiner «Trapperzeit» als Kustos der Bibliotheken der Potsdamer Schlösser wirkt. Bilder «von grotesker Wildheit» zieren die private Dichterwerkstatt. Die Besucherin will Näheres zu einer «furchtbar bemalten Frau» erfahren. Eine «gute alte Squaw», erzählt Möllhausen: «Ihrem scharfen Ohre verdanke ich es, wenn ich in einer schlimmen Nacht nicht die Beute jenes Burschen wurde, dessen Schädel Sie da über meinem Schreibpulte erblicken!» Die Dame schaut hoch: «Wahrhaftig, da lag ein grosser weisser Todtenkopf!»

«Felle erbeuteter Tiere und Waffen in Menge» kann man rund um den roten Mahagoni-Schreibtisch bestaunen, an dem Strubberg sitzt und längst nicht mehr an seine vergebliche Jagd nach Geld und Glück in Amerika denkt. Jetzt schreibt er andere «Amerikanische Jagd- und Reiseabenteuer», jetzt ist er Armand, «stark wie ein Bär», und er fabuliert, daß ihn unlängst der Franzosenkaiser Louis Napoleon bei einer Rundfahrt unter Tausenden in der Menge erkannt und «ganz laut» gerufen habe: «Siehe, da steht Strubberg!»

Auch Gerstäckers Arbeitszimmer gleicht dem Saal eines Völker- und Naturkundemuseums. Bevor er zur Feder greift, legt er Trapperkleidung an, nach Stunden ist er gänzlich in seine Welt versunken; Traumbilder, in denen auch gelegentlich romantisch-edle Indianer wie Assowaum emporsteigen, mischen sich mit der Realität. Seine Tochter berichtet, daß er nach einer eben geschriebenen Krawallszene mit Flußpiraten aus dem Zimmer trat und im stillen Haus verzweifelt ausrief: «Herrgott, die Kerle machen einen Spektakel, ich halt's nicht aus.» Nach der Schilderung eines schrecklichen Unwetters begrüßte er anschließend seine Schwägerin, die im leichten Sommerkleid vor ihm stand, und fragte kopfschüttelnd: «Bei dem Wetter?» Solche Momente des Entrücktseins sind auch von May bekannt.

Ab 1844 haben Gerstäckers Schriften ihren festen Platz im deutschen Buchhandel, Cooper und Sealsfield sind schon früher präsent, von den fünfziger, sechziger Jahren an folgen die Abenteuerromane von Strubberg, Möllhausen und Ruppius.

Etliche Anregungen findet May auch durch Texte und Bilder von George Catlin. Der 1841 erschienene große Reisebericht «Illustrations of the manners, customs, and condition of the North American Indians» des nordamerikanischen Autors und Malers liegt ab 1848 in deutscher Übersetzung vor. Im Mittelpunkt der beiden Bände von hohem ethnographischem Wert stehen die klassischen Bison jagenden Prärieindianer in der ersten Hälfte des 19. Jahrhunderts.

Neben Catlins Werk gibt es zu jener Zeit nur eine weitere bedeutsame völkerkundliche Quelle zu den Plainsindianern, die allerdings fast ausschließlich in Büchereien und exklusiven Sammlungen zu finden ist, die «Reise in das innere Nord-America...» des Prinzen Maximilian zu Wied, der nach einer abenteuerlichen Expedition in den Jah-

Auch Gerstäcker hat, wie später May, sein Arbeitszimmer exotisch ausgestaltet.

ren 1832 bis 1834 eine beachtliche Materialfülle zu Leben und Gebräuchen der Indianer überlieferte. Vermutlich hat Karl May auch diese Bände gekannt, die der Maler Carl Bodmer aus eigener Anschauung prächtig illustrierte. Die «Königliche öffentliche Bibliothek» im Dresdner Japanischen Palais besaß ein Exemplar der kostbaren Ausgabe.

Der Boden scheint jedenfalls bestens vorbereitet zu sein, als sich May den Indianern zuwendet. Zahllose Leser erfuhren durch die Mitarbeit von Gerstäcker, Möllhausen und Ruppius an der «Gartenlaube» nicht nur vieles aus der «Neuen Welt», sondern wußten auch, daß die beliebten Buchautoren tatsächlich Nordamerika bereist und Abenteuer erlebt hatten. Von Strubberg alias Armand war diese Tatsache ebenfalls bekannt.

Schauplatz Nordamerika

Das Interesse an Amerika wurde auch durch aktuelle Nachrichten aus den USA verstärkt. Sie waren in der Regel weitaus weniger aufregend als die Meldungen über den Goldrausch in Kalifornien zwischen 1848 und 1858, hatten aber zumeist den Reiz des Ungewöhnlichen.

Da war nach dem 12. Mai 1869 von «Millionen närrischen Amerikanern» zu lesen, die die «Hochzeit der Schienen» feierten: Mit der Union Pacific Railroad nahm die erste transkontinentale Eisenbahn den Betrieb auf. In der Folgezeit häuften sich in amerikanischen Zeitungen Angebote für Fahrten mit «Ausflugszügen»: «Die Büffel am Schienenweg sind so zahlreich, daß sie bequem vom Abteilfenster aus geschossen werden können. Den Passagieren stehen ausgezeichnete Sharpsbüchsen und besondere Patronen mit großer Pulverladung zur Verfügung.» Auch reiche Snobs aus aller Welt reisten zu derlei «Jagdabenteuern» in die USA, und die heimische Presse konnte nach der Rückkehr Sensationelles vermelden: «Seine tapfere Durchlaucht haben beinahe hundert Bisons erlegt.»

Solche Berichte erschöpften sich in der Bewunderung der Treffsicherheit der Schützen, und nebenbei war auch einiges über den gediegenen Komfort in den amerikanischen Eisenbahnzügen zu erfahren, über «Möbel aus schwarzem Wallnußholz und mit Sammt gepolstert» oder über ein «zweites Frühstück à la carte». Nur ganz vereinzelt gab es Stimmen, die die Sachen beim Namen nannten und die Ausrottung der Büffel als Skandal bezeichneten. Aber das waren zumeist Tierfreunde, die empört reagierten. Das sich dahinter verbergende große menschliche Drama blieb ungenannt.

Im Kongreß zu Washington wurde, wie heute bekannt ist, das Ziel klar ausgesprochen, das man mit der Ausrottung der Bisons erreichen wollte: «Jeder tote Büffel bedeutet einen Indianer weniger!» Auf Verwertung von Fellen und Knochen der erschossenen Tiere für Leder und Seife wurde vielfach verzichtet, das Fleisch ohnehin den Geiern und Coyoten überlassen. 1840 gab es zirka 50 Millionen Bisons, 1881 lebten in den USA noch ganze 85 Tiere! Die Prärieindianer hatten ihre traditionelle Existenzgrundlage verloren.

Daß der kalkulierte Völkermord – nach der 1868 von US-General Philip H. Sheridan formulierten Devise «Nur ein toter Indianer ist ein guter Indianer» zielte er nicht nur auf die Büffel jagenden Prärieindianer – letztlich nicht zur völligen Vernichtung der Ureinwohner führte, ist vor allem dem in einem langen Freiheitskampf erworbenen Lebenswillen des «roten Mannes» zuzuschreiben. Im letzten Viertel des vorigen Jahrhunderts erreichte dieses Ringen nochmals Höhepunkte, die zugleich Endpunkte zu markieren scheinen. Halten wir dazu vorerst ein paar Fakten fest.

Im verzweifelten Kampf um ihr Dasein erzielten die Ureinwohner im Juni 1876 den letzten großen militärischen Sieg. Am Little Bighorn River brachten Sioux und Cheyenne unter Tatanka Yotanka (Sitting Bull) und Tashunka Witko (Crazy Horse) dem Kavallerieregiment von George Armstrong Custer eine vernichtende Niederlage bei. Mit aller Macht trieben danach die herrschenden Kreise der USA die Unterwerfung voran: Nun sollten auch die noch wenigen frei lebenden Indianer in Reservationen eingepfercht werden, wenn ihnen nicht ein ähnlich grausames Schicksal zugedacht war wie etwa den Apachenstämmen[18].

Auf diese «Adler des Südwestens» konzentrierte sich besonderer Haß. Seit mehr als 150 Jahren kämpften die Apachen erbittert und mit beachtlichem Erfolg um ihre Freiheit und ums Überleben. Spanische

Kolonisatoren und die mexikanischen Nachfolger konnten sie ebensowenig bezwingen wie die Armee der Vereinigten Staaten, die ab 1848 «zuständig» wurde, nachdem die USA große Teile Mexikos okkupiert hatten und daraus unter anderem ihre Bundesstaaten Arizona und New Mexico formten.

Durch hervorragende Tapferkeit und Verwegenheit zeichneten sich seit eh und je die Mescaleros aus – jene Apachen, aus denen May seinen Winnetou erwählte. Sie lebten westlich des Rio Pecos und erhielten ihren Namen von den Spaniern, weil zu ihrer Nahrung das Fruchtfleisch der Mescalagave gehörte. Schon 1779 unternahmen größere Gruppen der Mescaleros einen ersten Versuch, sich in uralten, von anderen Indianern längst verlassenen Pueblos zu einem friedlichen Leben niederzulassen – eines von unzähligen Beispielen, wie sich Indianer mit den Realitäten abzufinden versuchten. Der zaghafte Schritt, überlieferte Lebensgewohnheiten aufzugeben und den «Weg des weißen Mannes» zu gehen, wurde jedoch hier wie in so vielen anderen Fällen rasch unterbunden. Nach Überfällen spanischer Soldaten flüchteten die Mescaleros aus ihren Domizilen, kehrten zum Nomadendasein zurück und begannen jetzt weitaus entschiedener gegen die verhaßten weißen Eindringlinge zu kämpfen. Einer ihrer Kriegszüge führte fast bis zur neuspanischen Hauptstadt Mexico Ciudad.

Mescaleros und andere Apachen operierten vielfach von der Bolsón de Mampimi aus. Dieses auch von May geschilderte Gebiet ist ein 1100 bis 1200 Meter hoch gelegenes Wüstenplateau südlich des Rio Grande del Norte, von tiefen Cañons durchzogen, steilen Sierras umgeben und mit einer Ausdehnung von mehreren hundert Kilometern nach allen Seiten. Hier kannten die Indianer geheime Wasserquellen und verborgene Weidegründe für ihre Pferde. Die kleinen, beweglichen Gruppen fanden sichere Zuflucht vor dem Militär.

Die Namen großer Häuptlinge sind mit dem Freiheitskampf der Apachen verbunden, so der Cochises, des hünenhaften Anführers der Chiricahuas. Mit den US-Behörden im südöstlichen Arizona hatte er jahrelang einvernehmlich gelebt und sogar einen kleinen Tauschhandel betrieben, bis er 1861 in einen militärischen Hinterhalt gelockt wurde, aber entkommen konnte. Nun begann das letzte Kapitel im Kampf der Apachen um ihr Land. Zunächst wurden rund siebenhundert weiße Goldgräber aus den Chiricahua Mountains vertrieben und der Postverkehr unterbunden.

Weitere spektakuläre Aktionen folgten, doch mußten die Indianer, zum Teil noch mit Pfeil und Bogen kämpfend, erkennen, daß sie letztendlich auf verlorenem Posten standen. Mangas Coloradas, Häuptling der Mimbrenos, Schwiegervater von Cochise und mit 2,05 Metern ein Riese von Gestalt, akzeptierte ein Verhandlungsangebot der «Blauröcke» und wurde heimtückisch ermordet. Noch in derselben Nacht schnitten vertierte Soldaten den Kopf des Opfers ab, kochten ihn, um die «Trophäe» an ein Museum zu verkaufen. Offiziell hieß es, der Häuptling sei in Gefangenschaft geraten und «auf der Flucht erschossen» worden. Daß danach die Apachen «einen unerbittlichen Krieg» führten, wollte in den Städten des Ostens niemand begreifen. Für den Ausrottungsbefehl eines Generals Carleton – «Alle Männer der Apachen und Navajos sind zu erschlagen, wo man sie trifft» – gab es schon eher Verständnis.

Bis 1872 zog sich der Kampf hin. Ehrgeizige Offiziere wollten sich Ruhm verdienen und «den großen Cochise dazu bringen, zu kapitulieren». Weil das militärisch nicht zu erreichen war, kam es schließlich zu einem Abkommen, das den Chiricahuas einen Teil ihrer alten Heimat als Reservatsgebiet zusicherte.

Zwei Jahre darauf starb Cochise. Bald danach richteten wieder Goldgräber und Kolonisten begierige Blicke auf die Chiricahua Mountains, forderten die Umsiedlung der Indianer. Washingtoner Politikerpläne zielten in die gleiche Richtung; man wollte möglichst alle Apachen in der San Carlos-Reservation «konzentrieren» – im ganz schlimmen Sinne dieses Wortes. Dieses Gebiet ist eine Sandwüste mit ständigen Staubstürmen, fast vegetationslos, durch den nahe gelegenen Zusammenfluß von San Carlos River und Gila River Sammelzentrum von Millionen von Fliegen, Mücken und Käfern. Regen gilt als Naturwunder. Hier, so hoffte man, würden die Apachen am Hungertod zugrunde gehen.

Unmittelbar nach Custers Niederlage im Juni 1876 begann der Zwangsmarsch der Chiricahuas nach Norden. Noch war ihr Lebenswille nicht gebrochen, und als den «Blauröcken» alles nicht schnell genug ging, ergriffen erste Gruppen die Flucht. Immer wieder brachen dann kleinere Verbände, darunter auch Apachen anderer Stämme, aus der San Carlos-Reservation aus. Eine allerletzte Phase des Kampfes begann.

Weil den Indianern jede Existenzgrundlage fehlte, hielten sie sich an den Herden der Weißen schadlos, die in ihren Augen ja nichts anderes als die Räuber ihres angestammten Landes waren. Aus weiten Teilen von Arizona und Texas wurden Siedler vertrieben. Große Truppenaufgebote konnten die tapferen und taktisch klug operierenden Indianer lange Zeit nicht bezwingen. Zahlreiche sagenhaft anmutende Aktionen sind verbürgt, so die erfolglose Jagd von 5000 Soldaten nach 24 Apachen, die kurz darauf selbst wieder zum Angriff übergehen. Von den Anführern wird vor allem der Name des Häuptlings Goyathlay (spanisch verballhornt zu Geronimo) weithin bekannt. Er gelangt zu legendärem Ruhm.

Erst 1886 war der Widerstand der Apachen gebrochen. Geronimo legte die Waffen nieder und wurde mit seinen letzten Getreuen in einem Fort eingekerkert.

In den Reservationen herrschte Resignation. Voller Verzweiflung nahmen die Indianer Zuflucht zur alten Religion, die sich mit christlichen Elementen vermischt hatte. Sie hofften auf einen «Messias», der ihnen die alte indianische Welt zurückbringen würde.

Solche Erwartungen konzentrierten sich im Ritual der Geistertanzbewegung, die sich rasch ausbreitete und 1890 bei den US-Behörden Furcht vor neuen Aufständen auslöste. Am 29. Dezember kam es am Wounded Knee Creek in Nebraska zum blutigen Massaker. Kavalleristen schossen ein Lager der Sioux zusammen, die sich zum friedlichen Geistertanz versammelt hatten. 299 wehrlose Indianer fanden den Tod. Friedhofsruhe und Fatalismus lagen dann für lange Zeit über den Indianerreservationen.

So sieht in ganz grober Skizze die indianische Realität aus, der sich Karl May hätte stellen müssen – wäre sie ihm bekannt gewesen!

Was konnte Karl May wissen?

Dee Brown, langjähriger Bibliothekar an der University of Illinois und damit ein Mann, der es von Berufs wegen genau wissen muß, stellt 1970 im Vorwort zu seinem Weltbestseller «Bury my Heart at Wounded Knee» («Begrabt mein Herz an der Biegung des Flusses») fest, daß es aus der Zeit von 1860 bis 1890 «Tausende von Berichten über die ‹Erschließung› des amerikanischen Westens» gibt. «Es war eine unglaubliche Ära von Gewalt, Habgier...», vermerkt er weiter, und die Schilderungen vermitteln durchweg nur Mythen: «Der Indianer war der böse Schurke der Mythen.» Bloß «einige wenige authentische Darstellungen der Geschichte des amerikanischen Westens» sind in jenen Jahren entstanden, und wenn überhaupt gedruckt, dann lediglich in «Zeitschriften, Broschüren oder Büchern, die nur geringe Verbreitung fanden».

Für die Zeit nach 1890, so erfahren wir von Dee Brown, zeigen sich die Quellen etwas fündiger. Zeitungsreporter zeichneten viele Gespräche mit Indianern auf, die in der letzten Phase des Freiheitskampfes aktiv waren. Aber auch solche Berichte müsse man mit gebührender Vorsicht betrachten: «Der Wert dieser Interviews war sehr unterschiedlich und hing von den Fähigkeiten der Übersetzer ab sowie von der Bereitschaft der Indianer, offen zu sprechen. Manche fürchteten Repressalien, wenn sie die Wahrheit sagten; andere machten sich einen Spaß daraus, die Reporter aufzuziehen und ihnen Lügengeschichten und Schauermärchen zu erzählen. Berichte von Indianern, die zu jener Zeit in den Zeitungen erschienen, müssen deshalb mit Skepsis gelesen werden; manche davon sind Meisterstücke der Ironie, andere von glühendem poetischem Zorn erfüllt.»

Viele heute bekannte Einzelheiten sind den unermüdlichen Recherchen von Dee Brown zu verdanken. Seine «ergiebigsten Quellen» fand er schließlich in Protokollen, die jahrzehntelang in Archiven unter Verschluß lagerten.

Die vor einem Säkulum durch die Presse in den USA verbreiteten Desinformationen zur Situation der Indianer wandelten sich, falls sie den Weg nach Europa fanden, natürlich nicht zu wahrheitsgetreuen Darstellungen. Im Gegenteil: häufig wurden sie noch zusätzlich verzerrt. Nachzuweisen ist das beispielsweise an Veröffentlichungen in der «Gartenlaube», dem meistverbreiteten und einflußreichsten Wochenblatt. Mit Blick auf Karl May ist gerade dieses Journal von besonderer Bedeutung, denn auf Grund von Indizien wissen wir von einigen ganz frühen Anregungen aus dieser Quelle. (vgl. S. 83)

Nach seriöser und zumeist progressiver Berichterstattung wird 1874 – und damit genau in dem Jahr, in welchem Karl May seine schriftstellerische Tätigkeit beginnt – den Lesern ein Wandel kundgetan: «Die Zeiten, wo man Cooper'sche Romane las und wenigstens einen Theil der wundervollen Schilderungen indianischen Edelmuthes für fortbestehende Wirklichkeit hielt, sind längst vorüber, und selbst manches, was noch vor zehn oder zwanzig Jahren zu Gunsten der Indianer gesagt und geschrieben wurde, stimmt jetzt nicht mehr mit der Wirklichkeit überein. Unaufhaltsam rücken die Indianer Amerikas dem Untergange näher. Die Versuche, sie zu civilisieren, sind bis jetzt im großen Ganzen nicht geglückt...»

Unter dem diskriminierenden Titel «Von den ‹roten Teufeln›» berichtet der Autor M. Lindemann von «flüchtiger Eisenbahnfahrt» auf der Transkontinentaltrasse und einem «kurzen Blick in jene untergehende indianische Welt», den man ihm dabei gestattete. So habe er in St. Louis eine Indianerdeputation kennenlernen dürfen, die gerade auf dem Wege nach Washington gewesen sei. Die «Vornehmsten» von sechs Stämmen, so wurde ihm gesagt, trugen unter anderem folgende Namen: «Hundesser» als Vertreter der Kiowas, «Schläger» von den Apachen und «Großmaul» als Arapaho-Repräsentant!

Mit gezielten Verunglimpfungen werden auch die noch in Freiheit lebenden Ureinwohner bedacht: Das seien «marodierende Indianerbanden» und «nomadisierende räuberische Grenzstrolche des Westens»!

Andere Blätter verbreiten ähnliche Greuelmärchen. Wenig später, 1876, wird die Niederlage von Custer am Little Bighorn River verschleiert, der durch frühere Indianerschlächtereien berüchtigte General – sein Spitzname seit 1868: «Squaw Killer» – zum Helden erhoben und die siegreichen Sioux als «barbarische, blutdürstige Bestien» diffamiert. Die «Gartenlaube» bezeichnet die Custersche Exekutionstruppe als «brave Schaar», die «ihr Leben für die Civilisation und für den

Zeitgenössische Darstellungen der Gran Apacheria in der «Gartenlaube». Den vielfach verleumdeten Apachen gilt Mays besondere Sympathie.

Frieden ihrer Mitbürger in die Schanze schlagen mußte». Zum Massenmord am Wounded Knee Creek gibt es überhaupt keinen Bericht, und in einem kalendarischen Rückblick wird das Verbrechen mit einem völlig irreführenden Satz abgetan: «Im Winter hatten die Truppen der Republik mit einem Indianerkrieg im Dakotagebiet zu thun, der die gefürchtete große Ausdehnung jedoch nicht annahm und nach der Niederlage des Häuptlings durch Unterhandlungen ein Ende fand.»

Am übelsten und am meisten irreführend sind jedoch die weitverbreiteten Greuelmärchen über die Apachen. Cochise, Geronimo und andere große Häuptlinge werden als «Bandenführer», «Mordbanditen» oder «Raubguerilleros» und die Apachen selbst als «zahllose Banden und Horden» dargestellt, ohne Tugenden und Ehrgefühl, dafür reich an gefühlloser Mordlust, nur auf Raub und das Erfinden immer neuer qualvoller Tötungstorturen bedacht. Und der tapfere Geronimo, Symbol für den letzten Widerstandswillen, gilt als «der schlimmste, der schrecklichste Indianer».

Nach seiner Kapitulation 1886 wird der Haß gegen die Apachen weiter geschürt und in rassistische Bahnen gelenkt. Zerrbilder verwandeln das Volk mit auch körperlich so auffallend stattlichen Persönlichkeiten wie Mangas Coloradas oder Cochise in eine Masse durchweg degenerierter Zwerge; aus verwegenen Reitern werden Pferdefleischfeinschmecker und so weiter. Negative Bilder von den Apachen haben sich bis in jüngste Vergangenheit erhalten. Wir zitieren den Kölner Autor Heinz-Josef Stammel, der die seit nunmehr einhundert Jahren fortlebenden schändlichen Ressentiments mehrfach resümierte: «Die Apachen waren weder Jäger, Sammler, Hirten, Ackerbauern noch Reiter... der Gestalt nach klein, schmalbrüstig, kurzbeinig, dickbäuchig... wanderten ziellos in der Wüste umher... verzehrten Pferde lieber als daß sie ritten....»! Wer das anders sehe, zeige «moralischen Katzenjammer». Vor allem jedoch: «Karl Mays Mär vom ‹edlen Roten Manne›, den er gerade in diesem Stamm fand, ist ein fantastisches Trugbild.»

Die Unterstellung eines «fantastischen Trugbildes» ist im Grunde ein großes Kompliment für Karl May. Von allen Indianern hat er die am meisten verleumdeten und gehaßten – die Apachen – ausgewählt, um gerade ihnen Gerechtigkeit widerfahren zu lassen und sie dem Wohlwollen des Lesers zu empfehlen. Das war seine Antwort auf die üblen Tiraden und Verdrehungen in der Presse ab 1874.

Die Kampagne gegen die Apachen fand seinerzeit nur eine gewichtige Gegenstimme, den 1881 von Helen Hunt Jackson veröffentlichten Report «A Century of Dishonor» («Ein Jahrhundert der Schande»). Wie schon im Falle des Ku-Klux-Klan können wir auch hier davon ausgehen, daß Karl May dieses Buch aus den USA ebenfalls nicht gekannt hat. Vermutungen dazu sind überdies müßig, denn der Apachenhäuptling Winnetou wird erstmals 1875 vorgestellt, und beim zweiten Auftritt 1878 nennt ihn May bereits «den besten, treuesten und edelsten meiner Freunde».

Positive Äußerungen über die Apachen kann May möglicherweise in älteren Werken gefunden haben, etwa aus den Strubbergschen «Amerikanischen Jagd- und Reiseabenteuern...» von 1858. Dort gibt es ein ganzes Kapitel mit sympathisch geschilderten Mescaleros und ihrem Häuptling – «über sechs Fuß hoch, mit breiten Schultern und gewölbter Brust, regelmäßig schönen Gesichtszügen,... hoher Stirn..., eine stolze achtunggebietende Haltung...». Vielleicht hat er auch einige Informationen aus Werken von Karl Eduard Buschmann herausgefiltert, die zum Teil in seiner Bibliothek standen. Der Sprachforscher beschreibt in den fünfziger Jahren die Apachen zwar auch nur als räuberische Banden, verwendet aber dabei viele authentische Zitate, so daß zwischen den Zeilen manches anders zu lesen ist.

Das Fazit: Zur aktuellen Lage der Indianer in den USA nach 1874 kann May nicht auf gesicherte Informationen zurückgreifen. Diese Ausgangssituation stellt sich somit anders dar, als gemeinhin angenommen wurde.

Das Hohelied des Humanismus

Es ist angesichts dieser verzerrten Darstellungen schon erstaunlich, mit welch sicherem Gespür Karl May die zum Teil dubiosen Quellen analysiert und seine Schlüsse zieht. Ein ausgeprägtes Gerechtigkeitsgefühl und humanistische Gesinnung wecken seine Sympathie für die Apachen. Zu einer Zeit, da die letzten freien Indianer in Reservationen zusammengetrieben werden, ihr Untergang als besiegelt gilt, wagt er noch einmal den Sprung in die Coopersche Welt.

Für sein bereits 1878 erkennbares, 1893 im *Winnetou*-Vorwort klar formuliertes Vorhaben, den Indianern ein grandioses Denkmal setzen und gleichzeitig Anklage erheben zu wollen, sieht er literarisch keine Alternative. Das realistische Grenzmilieu der Gerstäcker-Generation scheint ihm dafür ebenso ungeeignet wie die unmittelbare Realität im Amerika des ausgehenden 19. Jahrhunderts.

Freilich hätten sich auch das tragische Schicksal der Apachen in der San Carlos-Reservation, die mit dem entwürdigenden Nummernschild am Hals stundenlang zur Essenausgabe laufen müssen, oder der Wagemut der Geronimo-Guerillas zu einer, wenn dann auch anders akzentuierten literarischen Darstellung angeboten – wobei sich wieder die Frage stellt, was May im einzelnen davon hätte wissen können. Nicht viel, wie wir gesehen haben. Er konnte die Situation nur im großen und ganzen überschauen und die Zustände in den Reservationen zumindest erahnen. «Wovon lebt er heut?», fragt May im *Winnetou*-Vorwort: «Von dem Mehl und dem Fleisch, welches man liefert? Schau zu, wieviel Gips und andere schöne Dinge sich in diesem Mehl befinden; wer kann es genießen!... und wie elend und verkommen sieht er jetzt aus in den Fetzen, welche nicht seine Blöße decken können!»

Das war nicht der Stoff, aus dem sich ein Denkmal für die Indianer bauen ließ. Die Beschwörung einer großen Vergangenheit, das Glorifizieren indianischer Tugenden schienen da geeignetere Mittel: «Welch eine stolze, schöne Erscheinung war er früher, als er, von der Mähne seines Mustangs umweht, über die weite Savanne flog,... der in überstrotzender Kraft einst dem schrecklichen grauen Bären mit den Fäusten zu Leibe ging...»

Trotz einer idealisierten Darstellung findet May zum Völkermord an den Indianern prägnante und bittere Worte: «Ganz unstreitig gehörte diesen das Land, welches sie bewohnten; es wurde ihnen genommen. Welche Ströme Blutes dabei geflossen und welche Grausamkeiten vorgekommen sind, das weiß ein jeder, der die Geschichte der ‹berühmten› Conquistadores gelesen hat. Der Weiße kam mit süßen Worten

Im ersten Band *Winnetou* wird das rücksichtslose Eindringen der Eisenbahngesellschaften in indianisches Land geschildert. Fotos aus jener Zeit dokumentieren es.

auf den Lippen, aber zugleich mit dem geschärften Messer im Gürtel und dem geladenen Gewehr in der Hand... Der Rote mußte weichen, Schritt um Schritt, immer weiter zurück. Von Zeit zu Zeit gewährleistete man ihm ‹ewige› Rechte auf ‹sein› Territorium, jagte ihn aber schon nach kurzer Zeit wieder aus demselben hinaus... Aber das schleichende Gift des ‹Feuerwassers› brachte man ihm desto sorgfältiger bei, dazu die Blattern und andere, noch viel schlimmere und ekelhaftere Krankheiten, welche ganze Stämme lichteten und ganze Dörfer entvölkerten. Wollte der Rote sein gutes Recht geltend machen, so antwortete man ihm mit Pulver und Blei...»

Wenn sich die Erkenntnis, daß das «Indianerproblem» nicht von sozialen Fragen zu trennen ist, auch erst in unserer Zeit durchsetzte, so hat May doch bereits etwas von den tieferen Zusammenhängen erfaßt.

Immerhin sieht er den Widerspruch sogenannter «Zivilisationsversuche», die von den noch weitgehend urgesellschaftlich lebenden Indianern abrupt den Sprung zur entwickelten kapitalistischen Produktionsweise fordern: «Der Weiße fand Zeit... er hat sich nach und nach vom Jäger zum Hirten, von da zum Ackerbauer und Industriellen entwickelt; darüber sind viele Jahrhunderte vergangen; der Rote aber hat diese Zeit nicht gefunden, denn sie wurde ihm nicht gewährt. Er soll von der ersten und untersten Stufe, also als Jäger, einen Riesensprung nach der obersten machen...»

Getragen von seiner humanistischen Gesinnung und dem allgegenwärtigen Kompensationsdrang, der zur Gut-Böse-Polarität führt, versucht sich Karl May nun an seinem Denkmal. Mit dem edlen Winnetou greift er den schon bei Cooper idealisierten Heldentyp wieder auf und stilisiert ihn noch weiter.

Vermutlich haben auch die Beziehungen zwischen Lederstrumpf und Chingachgook zum Verhältnis von Old Shatterhand und Winnetou angeregt; die Literatur hält aber auch andere klassische Freundespaare als Vorbilder parat. Mit Lederstrumpf war jedoch das erste Beispiel eines Serienhelden gegeben. Von anderen Autoren, genannten wie ungenannten, erhält May weitere Anregungen für Schauplätze, Figuren oder Handlungsschemata. Einzelheiten und Vergleiche dazu sind allerdings von zweitrangigem Wert und beweisen lediglich, daß er die einschlägigen Werke seiner älteren «Kollegen» kannte, was ja wohl gar nicht anders zu erwarten ist.

Viel interessanter erscheint, daß Karl May sich mit seinem großen Vorhaben in jene Linie deutschsprachiger Abenteuerautoren stellt, die aus unterschiedlichsten Gründen nach Amerika flohen und dann Coopers Spuren folgten. Denn auch für ihn ist ja dieser Kontinent Fluchtlandschaft – wenn auch nur eine fiktive –, und weil er Schauplätze lediglich aus Schilderungen kennt, zum historischen Geschehen oft nur verzerrte Darstellungen lesen kann und Tatsachen erahnen muß, gestaltet er daraus eine flexible Folie, die er über die *Winnetou*-Trilogie hinaus für alle großen Amerika-Erzählungen benutzt. Mit grandioser Phantasie überspielt er das Fehlen realer Erlebnisse.

Unter dem Einfluß seines persönlichen Schicksals und geprägt von der Anlage seines Talents entstehen die Bausteine einer einzigartigen

Märchenwelt, die phantastischer ausgeschmückt ist als bei allen seinen Vorgängern. Vergleiche in Sachen Realitätsgehalt mit Cooper, Gerstäcker und anderen Autoren wären ein müßiges Unterfangen. Von diesen Autoren ließ sich May nur inspirieren, um ganz eigene märchenhafte Abenteuer zu schreiben.

Was wir schon mit Bezug auf eine Entwicklungslinie der Trivialliteratur formulierten (vgl. S. 101 ff.), gilt somit auch für das Sujet des Indianerromans. Karl May steht in einer Traditionsfolge und markiert wiederum ein Ausnahmephänomen. Kein Zeitgenosse hat gleich ihm das Hohelied auf die Indianer angestimmt.

Er selbst ist sich beider Tatsachen bewußt gewesen. Zu seinen literarischen Vorfahren läßt er schon im *Waldröschen* einen Grafen sagen: «Habe viele Romane gelesen, Reisebeschreibungen, Cooper, Marryat[19], Möllhausen, Gerstäcker...» Und im *Winnetou* (Band III) erklärt Old Shatterhand, die Werke von Cooper zu kennen.

Aber derartige Hinweise finden sich nur ganz selten. Denn May wollte bewußt seine Ausnahmestellung hervorkehren. In der Selbstbiographie von 1910 behauptet er, bereits am Anfang den Plan gefaßt zu haben, solche Bücher zu schreiben, die «überhaupt in der Literatur... fehlten».

Als 1923 ein Verzeichnis von Mays Bibliothek aufgenommen wurde, gab es eine Fülle wissenschaftlicher Werke, aber keinen einzigen Titel von Cooper, Sealsfield, Strubberg, Gerstäcker, Ruppius, Marryat und ähnlichen Autoren. Möllhausen war nur mit den beiden Expeditionsberichten vertreten. Man vermutet, daß Mays zweite Frau die Sammlung entsprechend «bereinigt» hatte. Denn Klara May befleißigte sich noch lange, eine alte Legende weiterglimmen zu lassen.

Die Old Shatterhand-Legende

«... habe das Alles ... erlebt»

Ein «Abu el Botlahn oder Dschidd el Intifahch, wie der Araber sich auszudrücken pflegt, genannt zu werden» sei gleichsam unvermeidlich, wenn «ein Autor von seinen Lesern aufgefordert, ja förmlich gedrängt wird, ‹doch auch einmal etwas über sich selbst zu schreiben›». Aber er wäre kein Abu el Botlahn, kein «Vater der Eitelkeit», auch kein «Großvater des Eigendünkels», er lasse nur die Tatsache sprechen, greife einfach einen Tag heraus, den Dienstag der vergangenen Woche zum Beispiel, und werde nun die «Freuden und Leiden eines Vielgelesenen» einmal schildern.

Die Abonnenten des «Deutschen Hausschatzes» können es dann in den beiden ersten Oktoberausgaben von 1896 lesen. Sie erfahren unter anderem von den vielen Besuchern, «welche täglich kommen, um ‹ihren› Old Shatterhand resp. Kara Ben Nemsi Effendi persönlich kennen zu lernen», von dreißig Briefen, die schon frühmorgens gelesen werden und dem Aufenthalt in einem Konzertgarten am Nachmittag, auch davon, daß ihm nach einer Krankheit «von Angehörigen der verschiedensten Stände die umfassendste Gastfreundschaft angeboten worden ist» – sogar aus Ungarn, Österreich und der Schweiz – und daß «der Photograph Adolf Nunwarz in Linz-Urfahr Bilder von Old Shatterhand und Kara Ben Nemsi verkauft». Und vieles andere mehr.

Einige Aufnahmen sind abgebildet, so ein Porträt mit dem Namenszug «Dr. Karl May», außerdem «Dr. Karl May's Bibliothek», «Karl May – Old Shatterhand mit Winnetous Silberbüchse», «Karl May – Kara Ben Nemsi mit dem Henrystutzen». Und viele Bilder ähnlicher Art. Im ebenfalls 1896 erschienenen dritten Band von *Old Surehand* ist

Freuden und Leiden eines Vielgelesenen.
Von Dr. Karl May.

"Ei ku guli dichaze,
istiriyahu ssi lahzime bochaze!"

Wenn ein Autor von seinen Lesern aufgefordert, ja förmlich gedrängt wird, "doch auch einmal etwas über sich selbst zu schreiben," so geht er mir, eben weil er so gedrängt wird, an die Erfüllung dieses Wunsches; denn er stürzt sich dabei kopfüber in die unvermeidliche Gefahr, ein Abu el Botlahn[1]) oder Dschidd el Intisjach,[2]) wie der Araber sich auszudrücken pflegt, genannt zu werden. Und wenn er gar sich der obenstehenden Überschrift bedient, sich also einen Vielgelesenen nennt, so hat diese Gefahr schon gleich bei der ersten Zeile einen solchen Grad erreicht, daß sie gar nicht größer werden kann. Damit ist aber auch sogleich die Angst überwunden, welche man vor Gefahren zu haben pflegt, und ich kann freien und heiteren Gemütes meinen lieben Leserinnen und Lesern sagen, daß ich mich schon deshalb als einen Vielgelesenen bezeichnen darf, weil nur ein solcher von den Freuden und ganz besonders von den Leiden reden kann, durch deren Besprechung an dieser Stelle ich mein Herz gern einigermaßen erleichtern möchte.

Daß ich kein Abu el Botlahn, sondern im Gegenteile ein bescheidener, durch seine Erfolge schwer niedergedrückter

[1]) "Vater der Eitelkeit."
[2]) "Großvater des Eigendünkels."

Schriftsteller bin, kann ich schon durch den Standpunkt beweisen, von welchem aus ich heute "meine Feder in die Tinte tauche". Glücklich, dreifach glücklich ist nämlich der Autor zu preisen, dessen Werke nie zum Drucke angenommen werden! Sie bleiben sein unbestrittenes geistiges Eigentum, und er kann, ohne jemals widerrechtlich nachgedruckt zu werden, zwischen seinen vier Wänden und im Kreise seiner heimlichen Bewunderer so oft, als es ihm beliebt, in ihren Schönheiten schwelgen; sie dürfen ihm so lieb und so kostbar sein und bleiben wie eine Sammlung von Diamanten, die man nie verkauft. Schon weniger glücklich ist der Autor, welchem die Fatalität begegnet, ein oder einige Male gedruckt zu werden. Er ist den Löwen der Öffentlichkeit in die unerbittlichen Pranken geraten, wird von ihm hin- und hergeworfen und hat von Augenblick zu Augenblick den entsetzlichen Biß zu erwarten, der ihm den Garaus macht. Das Honorar ist nur die Lockspeise gewesen, welche ihn in eine Lage brachte, der er nur durch die anmutigste größte schriftstellerische Enthaltsamkeit entrinnen kann. Von einem vertraulichen, behaglichen, häuslich verborgenen Genusse seiner Geistesfrüchte kann keine Rede sein! Und nun erst derjenige unglückliche Litterat, den der obenannte p. t. Löwe so fest hält, daß er nicht wieder loskommen kann! Er ist einem zu beklagenswerten Geschick verfallen, daß jedes nur einiger-

Mit einem zweiteiligen Beitrag im «Deutschen Hausschatz»
wird im Oktober 1896 vor breiter Leserschaft die Identifizierung Dr. Karl May –
Old Shatterhand – Kara Ben Nemsi vollzogen.

auch ein Bild von ihm zu sehen. Und dort steht es überdeutlich: «Old Shatterhand (Dr. Karl May) mit Winnetous Silberbüchse».

Die Welt hat sich seit Fehsenfelds Visite verwandelt. Der eisenstachelbestückte Palisadenzaun ist verschwunden und Karl May ins grelle Licht der Öffentlichkeit hinausgetreten. Gesten und Requisiten, die seit Jahren in Reserve liegen und schon immer mal stückweise probiert und vorgezeigt wurden, werden jetzt gezielt eingesetzt. Ich, Karl May, Doktor der Philosophie, so erfährt das Publikum, «bin wirklich Old Shatterhand resp. Kara Ben Nemsi,... habe das Alles und noch viel mehr erlebt...» In *Freuden und Leiden eines Vielgelesenen*, seinem ersten autobiographischen Bericht, versichert er: «Weil ich meist Selbsterlebtes erzähle und Selbstgesehenes beschreibe, brauche ich mir nichts auszusinnen....»

Der letzte Schritt zur totalen Identifizierung mit Old Shatterhand erfolgt nicht nur auf mehreren außerliterarischen Ebenen, sondern auch durch ein paar abgestimmte Zugaben zu den Werken. Old Shatterhand wird, kommt er in zivile Regionen, jetzt auch als «Herr Doktor» tituliert. Das aber sind nun keine «Reiseromane» mehr, sondern «Reiseerzählungen». Ab Nummer XVIII der Fehsenfeld-Serie (*Im Lande des Mahdi*, III. Band, 1896) wird das Titelwort geändert, um den Eindruck der Realität zu stärken.

Was auf solche Weise ab 1896 allen Lesern kundgetan wird, bekamen einzelne Verehrer schon vorher per Brief zu erfahren. Am 9. August 1894 teilt May einem Stuttgarter Professor mit, daß «jeder Fachmann» aus den Werken ersehen könne, «daß ich solche Studien unmöglich in der Studierstube gemacht haben kann. Die Gestalten, welche ich bringe (Halef Omar, Winnetou, Old Firehand...) haben gelebt oder leben noch und waren meine Freunde.»

Ein halbes Jahrzehnt geht es so weiter, werden die Töne bizarrer und schriller, muten zunehmend seltsamer an: «Wenn Sie im Deutschen Hausschatz gelesen haben, werden Sie gefunden haben, daß ich erst kürzlich in Arabien und Persien und bei meinem braven Hadschi Halef Omar gewesen bin...

Halef ist jetzt Oberscheik aller Schammarstämme, zu denen auch die Haddedihn gehören. Lindsay hat soeben eine großartige Expedition durch Australien vollendet und bedeutende Goldfelder entdeckt.

Haben Sie in den Zeitungen nicht davon gelesen? Hobble lebt noch, Hawkens, Firehand, Hawerfield sind tot...

Winnetou war geboren 1840 und wurde erschossen am 2. 9. 1874. Er war noch herrlicher, als ich ihn beschreiben kann...

Ich spreche und schreibe: französisch, englisch, italienisch, spanisch, griechisch, lateinisch, hebräisch, rumänisch, arabisch 6 Dialekte, persisch, kurdisch 2 Dialekte, chinesisch 6 Dialekte, malayisch, Namaqua, einige Sunda-Idiome, Suaheli, hindostanisch, türkisch und die Indianersprachen der Sioux, Apachen, Komantschen, Snakes, Utahs, Kiowas, nebst dem Ketschumany 3 südamerikanische Dialekte. Lappländisch will ich nicht mitzählen... Wem der Herrgott 1 Pfund Verstand verliehen hat, der soll damit wuchern...

... behaupten aber muß ich und mit mir jeder vernünftige Mann, daß die Meinung, ich schreibe nichts als Erdichtetes, nur in einem jungen, also unreifen Gehirn entstehen kann. Der gereifte Denker weiß, daß solche Erzählungen, zu denen eine solche Summe von Kenntnissen und Erfahrungen gehört, nicht aus den Rippen zu saugen sind...»

Wer Zweifel anmeldet, bekommt es ordentlich gesteckt. Für May «ist es eigentlich lächerlich, daß ich einiger Flachköpfe wegen diesen Brief schreibe. Diese jungen Herren mögen hierher kommen und meine Reisetrophäen sehen, dann werden sie schweigen! Oder sie mögen die Narben sehen, welche meinen Körper bedecken!»

Auch die Waffen werden mehr oder minder genau erläutert: «Der Bärentödter ist ein doppelter Vorderlader mit 2-löthigen Kugeln, Treffsicherheit 1800 m, Gewicht 20 alte Pfund; es gehört also ein sehr kräftiger Mann dazu. Verfertigt von der berühmten Firma M. Flirr, San Francisco. Er ist das einzige Gewehr dieser Art...

Der Henrystutzen ist gezogen; der Lauf wird nicht warm, was eben sein größter Vorzug ist. Treffsicherheit 1500 m. Die Patronen sind in einer exzentrisch sich drehenden Kugel enthalten... Über meinen Stutzen kommt kein anderes Gewehr. Henry hat seinerzeit nur 12 Stück angefertigt; 11 sind verschwunden; das meinige ist noch allein da...

Ich habe nur noch zwei große Lebenszwecke zu erfüllen: eine Mission bei den Apatschen, deren Häuptling ich bin, und eine Reise zu meinem Halef, dem obersten Scheik der Haddedihn-Araber. Dann aber werde ich vor den deutschen Kaiser treten: ‹Majestät, wir wollen

Henrystutzen, Silberbüchse, Bärentöter und der lederne Jagdrock im Radebeuler Karl-May-Museum.

einmal miteinander schießen.› Ich werde ihm meinen Henrystutzen vorführen. Derselbe wird in der gesamten deutschen Armee eingeführt werden, und kein Volk der Erde wird dann je den Deutschen widerstehen können.»

Die Absicht, mit Wilhelm II. um die Wette zu schießen, hat May später in Abrede gestellt. Der zuletzt zitierte Absatz ist nicht aus einer Leserbriefantwort, sondern durch den Bericht über einen Vortrag vom Juli 1897 in München überliefert.

Sollte er tatsächlich von einer unwiderstehlichen Wunderwaffe für das kaiserliche Heer gesprochen haben, so war an eine Vorführung anno 1897 nicht zu denken. Den seit 1875 immer wieder beschriebenen Henrystutzen kauft May erst 1902 von dem Dresdener Büchsenmacher Oskar Max Fuchs. Es ist ein 18schüssiges Winchester-Repetiergewehr, das nach einem Patent des US-Amerikaners Benjamin T. Henry von 1860 und späteren Verbesserungen produziert wurde. Besucher, die schon vorher den legendären Stutzen sehen wollen, müssen sich vertrösten lassen: Die Waffe sei «gerade zur Reparatur».

Vorzeigen kann May ab 1896 hingegen Silberbüchse und Bärentöter – beides doppelläufige Vorderlader mit Perkussionsschlössern, die der erwähnte Oskar Max Fuchs nach Mays Wünschen anfertigte.

Die Gewehre gehören ab 1896 zu den Requisiten auf Kostümfotos. Der österreichische Jurastudent, Amateurfotograf und May-Verehrer Alois Schießer kommt eigens zu den Aufnahmen nach Radebeul. Die Firmen Adolf Nunwarz und Fidelis Steurer in Linz, Max Welte in Dresden und Fehsenfeld in Freiburg besorgen Herstellung beziehungsweise Vertrieb.

Prospekte werben für «Hervorragende Neuheiten»: «Dr. Karl May als Old Shatterhand», «Dr. Karl May als Kara Ben Nemsi», «... in den Original-Kostümen», die er «auf seinen gefahrvollen Weltreisen trug». Gezeigt wird auch das exotisch ausgestattete Arbeitszimmer mit Jagdtrophäen, Waffen und einem ausgestopften Löwen.

Sind Silberbüchse oder Bärentöter klar zu sehen, so erscheint der noch nicht vorhandene Henrystutzen etwas undeutlich – beispielsweise auf der Abbildung im «Deutschen Hausschatz» vom Oktober 1896 –, denn es soll verborgen bleiben, daß hier vermutlich mit einem gängigen Armeegewehr hantiert wird.

101 Kostümfotos, aufgenommen zu Ostern 1896, sollen die Legende untermauern: hier als **Kara Ben Nemsi** mit Revolver.

Als Kara Ben Nemsi mit dem Bärentöter.

Als Old Shatterhand mit der Silberbüchse.

Als Old Shatterhand mit dem «Henrystutzen».
Ein solches Gewehr, ab 1875 häufig beschrieben, kann May
allerdings erst 1902 erwerben.

Eigentlich dürfte auch die Silberbüchse nicht präsent sein, war doch im dritten *Winnetou*-Band zu lesen, daß dem Apachenhäuptling seine Waffe mit ins Grab gelegt wurde. Aber im dritten Teil von *Old Surehand* wird dann erzählt, wie «die begrabene Silberbüchse wieder auferstanden ist»: Er sei justament in dem Moment ins Tal des Metsurflusses geritten, als Ogellallah-Indianer das «Grab öffneten und berauben wollten... Sie hatten es auf die Silberbüchse abgesehen... und da zu erwarten war, daß sich die Entweihung des Grabes wiederholen werde, nahm ich die Silberbüchse heraus und sorgte dafür, daß dies überall bekannt wurde... Jetzt hängt dieses herrliche Gewehr neben meinem Schreibtische...»

Die Serienbilder in Kostüm und mit Waffen tragen zur Old Shatterhand-Legende bei, und Auftritte vor zumeist jugendlichen Lesern in München, Wien, Prag und anderen Städten vertiefen sie. In München beispielsweise «standen die Gymnasiasten, um Autogramme zu erjagen, in solchen Massen vor dem Hotel, daß die Tramway nicht hindurch konnte und sie mit dem Schlauch auseinander gespritzt werden mußten», schreibt er an Fehsenfeld. Freilich gibt es auch skeptische Stimmen, aber auf argwöhnische Fragen hat er immer die passende Antwort bereit. Mays zierliche Gestalt entspricht so gar nicht den Vorstellungen, die sein Old Shatterhand weckt. Seine Hände sind auffallend feingliedrig. «Wie bringen Sie es nur fertig», will man bei einem Privatbesuch wissen, «mit diesen Händen Ihre Feinde niederzuschmettern?» – «Es kommt dabei weniger auf eine große starke Hand an», erklärt May ernsthaft, «als auf die Stellung der Fingerknöchel. Man muß dann nur die richtige Stelle treffen.»

In Diskussionsrunden und Vorträgen wird das wildwestliche Jägerlatein noch furioser als in den Briefen ausgebreitet. Mehr als zwanzigmal schon sei er in Nordamerika gewesen, und demnächst wolle er wieder über den großen Teich, um sich «in den Rocky Mountains einen Grizzly-Bären zu holen». Nach den vielen Reisen durch die ganze Welt verstehe er jetzt «über 1200 Sprachen und Dialekte». Und so weiter.

In der österreichischen Metropole wird Karl May Anfang 1898 zum Empfang in erzherzogliche Gemächer geladen, und zu seinen Briefpartnern zählen durchlauchtige Herrschaften. Seit Beginn der neunziger Jahre schließen sich in mehreren Städten begeisterte Leser zu

Auch ein «Portrait in Civilkleidung» gehört zum großen Fotoangebot.

«Herr Dr. Karl May in seinem Arbeitszimmer auf dem Sopha lesend», so heißt es zu diesem Bild im Werbeprospekt.

«Karl-May-Klubs» zusammen, die «St. Pöltner Zeitung» führt als Gratisbeilage «Onkel Franzens Dr. Karl May-Jugendblatt». Am 22. Juni 1899 werden «die lieben Kinder der geehrten Abonnenten» angehalten, bei der täglichen Andacht auch für «Dr. May's Reise und glückliche Heimkehr» zu beten.

Ab Januar 1896 wohnt die Familie May in der Radebeuler Kirchstraße 5. Ende 1895 hat May das neuerbaute Anwesen für 37300 Mark erworben, und kurz nach dem Umzug verkünden goldene Lettern weithin sichtbar: Villa «Shatterhand».

Immer umfänglicher werden die eingehenden Briefstapel. Sie sind

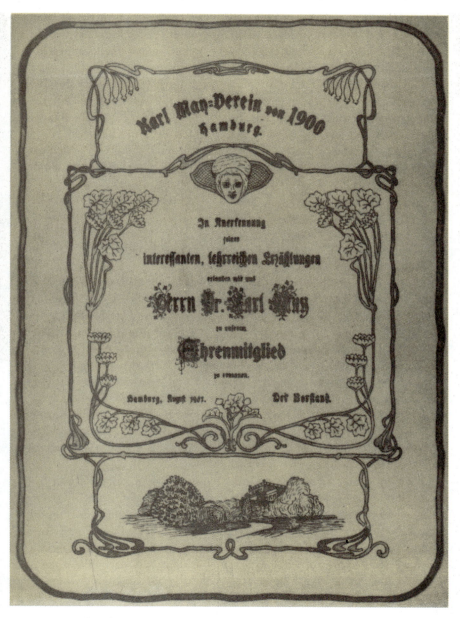

Seit den neunziger Jahren organisierten sich begeisterte Leser vielerorts in Vereinen. Hier ein Beleg aus Hamburg.

nur noch durch verschiedene vorgedruckte Antworten zu bewältigen. «Ihre w. Zuschrift kann leider nicht von meinem Manne beantwortet werden», heißt es da, «weil er gegenwärtig auf einer Reise um die Erde von hier abwesend ist. Hochachtend Emma May.»

Auch die Besucher häufen sich, und zwangsläufig wächst der Bekanntenkreis. Aber weder zu den häuslichen Gästen noch zu den Lesern entstehen wirklich enge persönliche Bindungen. In den neunziger Jahren bleibt es bei nur ganz wenigen echten Freundschaften.

Um die tieferen Ursachen für Mays Legendenspiel zu ergründen, ist es notwendig, das menschliche Umfeld des Schriftstellers etwas näher zu betrachten.

Die Motive

Zu einem Weihnachtsfest, vermutlich 1894, übersendet der Deidesheimer Weinbergbesitzer und Kommerzienrat Emil Seyler dem in seiner Familie sehr umschwärmten Schriftsteller ein paar Flaschen vom Besten, worauf sich bald ein sehr herzlicher Briefwechsel entwickelt. Dann weilt das Ehepaar May im überaus gastfreundlichen Haus am Pfälzerwald. Recht liebevoll gestaltet sich das Verhältnis zwischen den «fünf Orgelpfeifen», den Seyler-Töchtern, und dem «lieben guten Onkel Karl», der so schöne Geschichten zu erzählen weiß. Erlebnisse im glücklichen Seylerschen Kinderparadies werden für den kinderlosen Schriftsteller ihren besonderen Reiz gehabt haben. Ähnliche Züge zeigt die Verbindung zur dreiköpfigen Familie des Hamburger Kaffeehausbesitzers Carl Felber.

Eine andere Freundschaft beginnt schon etwas früher, ist durch tiefere Herzlichkeit geprägt, wird sich zudem als folgenreicher erweisen. Als «außerordentlich feinfühlig... stolz und ein Gentleman durch und durch,... ein wissenschaftlich hochgebildeter, scharfblickender und kühl erwägender Kopf», so charakterisiert May seinen wohl besten Freund Richard Alexander Plöhn, Inhaber der «Sächsischen Verbandstoffabrik» in Radebeul. Die Gattin Klara, geborene Beibler, kommt beim ersten Urteil weitaus weniger gut weg: «... ein Gänschen, nicht

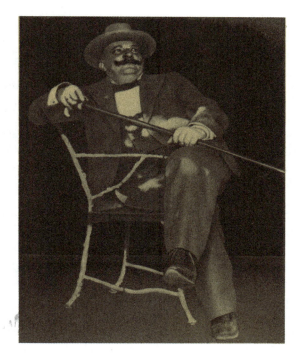

Richard Plöhn – Mays bester Freund.

ganz so groß wie meine eigene Gans, doch geistig unbedeutend...»
Eine Meinung, die sich später total ändert.

Die Worte, mit denen May seinen Freund auszeichnet, erklären noch nicht, weshalb sich gerade zwischen diesen beiden Männern eine so enge Freundschaft entwickelt. Entschieden aufschlußreicher wäre es, die Position von Richard Plöhn zur Old Shatterhand-Legende nachzuskizzieren, weil sich daraus gewichtige Anhaltspunkte ergeben könnten. Hier jedoch sind wir nur auf Vermutungen angewiesen. Am Anfang mag vielleicht auch Plöhn an die Fiktion geglaubt haben, kannte wohl aber bald den wahren Sachverhalt. Wir wissen, daß er sich dann sehr eifrig bemühte, die zerbröckelnde Legende zu retten.

Ein etwas deutlicheres Bild offenbaren uns Mays Briefe zwischen 1895 und 1899 an die Seylers, die allesamt in sehr herzlichem Ton gehalten sind. Der «hochverehrte Herr Commerzienrath» wird schon bald als «mein herzlieber Winnetou» angesprochen, die «getreue Emma» schreibt an die «geliebte Agnes». Von ungeheuerer Arbeitslast ist die Rede, von Krankenvisiten durch Fürsten und Prinzessinnen, von Tausenden Briefen und Manuskriptsendungen nach Kairo «sogar in arabischer und türkischer Sprache», auch von Reiseplänen «zu Hadschi Halef, dann nach Persien, Indien, China, Amerika...»

Die Antworten stehen uns leider nicht zur Verfügung, aber die vorliegenden Briefe von «Karlundemma» lassen mit hoher Wahrscheinlichkeit vermuten, daß es aus Deidesheim nicht minder herzlich tönt und man dort dem Fabulanten glaubt, zumindest keinen Zweifel spüren läßt, auch entsprechende Bewunderung zollt.

Diese wohlbegründete Annahme verweist uns direkt auf die tieferen Wurzeln der Old Shatterhand-Legende. Das in mehr als fünfzig Lebensjahren unerfüllt gebliebene Verlangen nach Zuneigung, Freundschaft und Liebe wie nach Anerkennung durch die bürgerliche Gesellschaft treibt May jetzt aus der Isolation und inneren Verschlossenheit zu dieser überspannten Zurschaustellung.

Nach freudloser Kindheit, leidvoller Jugend und dem Scheitern im Beruf suchte er zunächst Zuflucht und seelische Heilung in seinen Märchenwelten: «So sind in hunderten und aberhunderten von kalten und liebeleeren, qualvollen Nächten alle die Bücher entstanden, in denen ich von nichts als nur von Liebe rede und nichts als nur Liebe lehre.» Ihm selbst aber bleiben die Bürgerhäuser und Paläste, in denen ein Teil seines Publikums lebt, verschlossen. Alle Leser, und ganz besonders jene Notabeln, das wünscht er in den mühseligen Jahren mit wachsender Sehnsucht, sollen nicht mehr nur seinen Helden Old Shatterhand bewundern, sondern auch ihn, den Schöpfer. Beide sollen gleichermaßen und ungeteilt Zuneigung auf sich ziehen: Also erscheint der Autor, als man ihn endlich zu sehen verlangt, als Doktor May und Old Shatterhand (und Kara Ben Nemsi) in einer Person.

Peinlich wirken dabei die eifrige Kontaktsuche zu Adelskreisen wie die Freudensbekundungen über erfolgte Empfänge. So schreibt er im April 1898 voller Überschwang an die Seylers, wie er in München «zu Hofe» kam, «ohne es gewünscht und nur den geringsten Schritt dazu gethan zu haben... wo ich in einer langen, langen Audienz alle Glie-

Nach dem Einzug in die Villa «Shatterhand» lädt May häufig zu gastfreundlichen Runden ein. In der Bildmitte ein «Chinesischer Pavillon», der zum exotischen Flair gehört.

der des Bayerischen Königshauses um mich versammelt sah und mit ihnen wie ein alter, lieber Bekannter verkehren durfte. Ich habe es mir aber verbeten, dies in die Zeitung zu setzen, denn ich liebe das nicht. Vielleicht erstatte ich Euch einmal mündlich Bericht darüber.»

Die Einzelheiten der verbürgten Visite im Wittelsbacher Palais werden ein ganzes Stück nüchterner ausgesehen haben, und daß er sich Presseberichte «verbeten» habe, klingt geradezu absurd: Nichts wäre ihm willkommener gewesen.

Wenn May je damit geliebäugelt haben sollte, daß ihm nun die Palasttore offenstünden, dann vergebens. Von Aufforderungen, doch recht bald wieder einmal vorbeizuschauen, ist genausowenig bekannt wie von einer Einladung an den Dresdener Hof.

Länger währende, enge Freundschaften bewegen sich im gutbürgerlichen Rahmen. Fabrikanten, Kommerzienräte, Kaffeehausbesitzer bestimmen den gesellschaftlichen Rang dieses Kreises. Hier findet er außer Bewunderung vor allem menschliche Zuwendung, hier kann er sich ausbreiten, seine triste Vergangenheit ausschmücken. Hier verdeckt freundschaftliches Empfinden mögliche aufkeimende Zweifel. Das Verhältnis zu den Plöhns muß, wie wir noch sehen werden, von solcher Interpretation ausgeklammert bleiben.

Die Wechselbäder zwischen kleinstem Freundeskreis und launigen Gästepartys, zu denen in die Villa «Shatterhand» geladen wird, zwischen höflichen Reverenzen der oberen Gesellschaft und den Sympathiewogen der großen Lesergemeinde sind das Lebenselixier der Legende. Leserbriefe werden die Initialzündung geliefert haben. May fühlt sich endlich anerkannt, gesellschaftlich integriert, der unsichtbare Makel der Vorstrafen belastet immer weniger das Gewissen.

Die Jahre schwerer Demütigungen haben ein Renommierbedürfnis angestaut, das sich schließlich zu einer unersättlichen Geltungssucht steigert: Der Gejagte von einst sucht nicht nur Kompensation als berühmtester Jäger im Wilden Westen oder unübertrefflicher Held im Orient, dieser Old Shatterhand (oder Kara Ben Nemsi) erscheint nunmehr sogar als vergleichsweise bescheidener Held gegenüber seinem Schöpfer. Denn noch längst sei nicht alles erzählt, beispielsweise nichts von den Kenntnissen in mehr als 1200 Sprachen und Dialekten!

Wenn «Dr. Karl May, genannt Old Shatterhand» Briefe versendet, durch die Lande reist, empfangen wird oder selbst Gäste begrüßt, ist Frau Emma immer dabei. Die Anerkennung befriedigt jetzt auch ihre Ansprüche, der Geldsegen aus Freiburg ermöglicht ein sorgenfreies Leben. Pauline Münchmeyer scheint aus dem Blickfeld verschwunden. In Radebeul werden Emma May und Klara Plöhn, von May liebevoll «Miez und Mausel» genannt, so oft zusammen gesehen, daß Außenstehende sie für Schwestern halten.

Das Verhältnis der Ehegatten hat sich deutlich verbessert, und mit dem oft beklagten Desinteresse seiner Frau am schriftstellerischen Schaffen dürfte sich Karl May abgefunden haben. Was er bei ihr an

Karl May auf dem Balkon vor seinem Arbeitszimmer
in der Villa «Shatterhand».

geistiger Aufgeschlossenheit vermißt, findet er bei Richard Plöhn. Nur gelegentlich klingen noch Mißtöne an, etwa wenn der arrivierte Autor nach Emmas Meinung allzu großzügig mit den Finanzen umgeht, beispielsweise Goldstücke als Trinkgelder verteilt. Ansonsten aber spielt

Frau Emma mit, stellt sich ganz auf die Situation ein und sorgt damit für Ausgeglichenheit auch in der Privatsphäre – ein weiteres belebendes Moment für die Legendenbildung.

Zu ihrer Erklärung wurden später als Motive auch «kolossale Selbstreklame» oder «Notwehr» genannt, um die dunklen Punkte der Vergangenheit zu verdecken. Der schnelle Erfolg der Fehsenfeld-Edition machte solche überzogene Werbung von Anbeginn entbehrlich. Und dem nüchternen Kalkül, sich eine passende Biographie zurechtzuschneidern, hätte die ebenso kühle Überlegung folgen müssen, damit nur kurzzeitig Wirkungen erzielen zu können. Zum Verbergen der Vorstrafen war, bei sachlicher Überlegung, das vorherige unauffällige Leben viel angemessener, empfohlen hätte sich vielleicht noch ein Wohnsitzwechsel ins Ausland. Die irrationalen Behauptungen hingegen mußten das Interesse auf Mays Vergangenheit lenken und unweigerlich zu Enthüllungen führen. Erstaunlich erscheint noch die Tatsache, daß in den zurückliegenden Jahren niemand aus Hohenstein oder Ernstthal versuchte, die Vorstrafen in der Öffentlichkeit bekanntzumachen.

Zwischen Tatsachen und Träumen

Es stellt sich die Frage, ob May möglicherweise selbst an seine Fabeln geglaubt hat. Eine keinesfalls abwegige Erkundung, sucht man etwa nach Auskünften bei anderen Schriftstellern. Eine treffliche Selbstdarstellung liefert uns Goethe in «Dichtung und Wahrheit» aus seinen jungen Jahren. Die Freunde, schreibt er, «konnte ich sehr glücklich machen, wenn ich ihnen Märchen erzählte, und besonders liebten sie, wenn ich in eigener Person sprach, und hatten eine große Freude... und dabei gar kein Arges, wie ich Zeit und Raum zu solchen Abenteuern finden können, da sie doch ziemlich wußten, wie ich beschäftigt war und wo ich aus und ein ging... Sie mußten sich daher mehr selbst betrügen, als ich sie zum besten haben konnte. Und wenn ich nicht nach und nach, meinem Naturell gemäß, diese Luftgestalten und Windbeuteleien zu kunstgemäßen Darstellungen hätte verarbeiten ler-

Die Bibliothek in der Villa «Shatterhand»,
nach dem Tode Mays aufgenommen.

nen, so wären solche aufschneiderische Anfänge gewiß nicht ohne schlimme Folgen für mich geblieben.»

Das erinnert an den jungen May und die «schlimmen Folgen», die wir kennen. Verallgemeinernd für jedes Lebensalter setzt Goethe fort: «Betrachtet man diesen Trieb genau, so möchte man in ihm diejenige Anmaßung erkennen, womit der Dichter selbst das Unwahrscheinlichste gebieterisch ausspricht und von einem jeden fordert, er solle dasjenige für wirklich erkennen, was ihm, dem Erfinder, auf irgendeine Weise als wahr erscheinen konnte.»

Weitere namhafte Dichter wie Gottfried Keller oder Friedrich Hebbel liefern ähnliche Aussagen. Aus dem tragischen Leben des Heinrich von Kleist ist bekannt, daß er oft Wirkliches und in Schwermut Geträumtes nicht mehr unterscheiden konnte, durch sich steigernde Depressionen zum Selbstmord treiben ließ.

Karl May selbst erklärt 1910 zu seinem gescheiterten Ausreißversuch nach Spanien, den er als Vierzehnjähriger unternahm: «Die überreiche Phantasie, mit der mich die Natur begabte, machte die Möglichkeit dieser Verwechslung zur Wirklichkeit.» Er verweist auf die ihm «angeborene Naivität, die ich selbst heute noch in hohem Grade besitze».

Es ist überliefert, daß er während der Arbeit laut mit den Gestalten seiner Phantasie sprach, mit ihnen lachte und bei tragischen Wendungen, Winnetous Tod beispielsweise, tränengeschüttelt unterbrechen mußte. Vorgänge, die wir von Gerstäcker und anderen Kollegen kennen.

Zweifelsohne verschmelzen bei May Realität und Phantasie miteinander und lassen sich dann zeitweise nicht mehr voneinander trennen. Ein in der Literatur auch in dieser extremen Form nicht unbekanntes Phänomen, das die Voraussetzungen für manche großen schriftstellerischen Erfolge lieferte.

May findet aber immer wieder auf den Boden der Tatsachen zurück. Verfolgt man etwa seinen Briefwechsel mit dem Verleger Fehsenfeld, so gibt er sich ganz als realistischer Geschäftsmann. Anders als bei der Arbeit für Münchmeyer kümmert er sich jetzt um alle Belange, die mit dem Absatz der Bücher zusammenhängen. Er verfaßt Werbetexte, macht Vorschläge zur Preisgestaltung und selbst zur Unkostensenkung. «... vielleicht können Sie Etwas, wenn auch nur wenig, am Papiere sparen», schlägt er vor.

Für die Jahre der Legenden-Hochstimmung können wir annehmen, daß die dichterische Traum-Tatsachen-Transposition im Schaffen keine überragende Rolle mehr spielte. Zumindest deutet ein gewisses Nachlassen der schriftstellerischen Kreativität ab 1894 darauf hin.

Damit sind keine Abstriche am fleißigen Fabulieren gemeint. Immerhin entstehen in den betreffenden fünf Jahren unter anderem der dreibändige *Old Surehand*, *Der schwarze Mustang*, die Bücher *Weihnacht!* und *Am Jenseits*, der größte Teil der *Marienkalender-Geschichten* und die beiden ersten Teile von *Im Reiche des silbernen Löwen*.

Mit dem Abdruck der ersten Hälfte dieses Romans, der erst 1902/03 abgeschlossen wird, endet im September 1898 vorerst auch die Mitarbeit Mays am «Deutschen Hausschatz». Die Gründe dafür sind nicht restlos bekannt. Der Verlag erklärt ein paar Jahre später, daß ihn die Kenntnis von Mays Autorenschaft an den Münchmeyer-Romanen, um die dann wegen vermeintlicher «Unsittlichkeiten» so heftig gestritten wurde, zur Trennung veranlaßt hätte. Diese Fragen spielen aber 1898 in der Öffentlichkeit noch keine Rolle. Vielleicht ist May ganz einfach des ständigen Drucks von Zeitschriftenterminen überdrüssig, denn er läßt wissen, daß er von sich aus die Mitarbeit eingestellt habe. Jedenfalls mehren sich Anzeichen einer Erschöpfung; die Legende hat einen guten Teil seiner Phantasie gebunden.

In diesen Jahren kann May keine neuen exotischen Räume mehr erschließen. Vorbei ist es mit den Ausflügen nach Südamerika oder Afrika, nach China oder in die Südsee, die bis 1893 erprobt wurden. Jetzt geht es nur noch durch Nordamerika und den Orient. Bekannte Gestalten kehren wieder und agieren auf den alten Schauplätzen. Kommen neue Figuren hinzu, Old Wabble beispielsweise oder der Schulfreund Carpio, dann sind sie von Tragik umgeben. Die Handlungen bewegen sich nun ausnahmslos in längst bekannten Mustern. Die einstige Farbigkeit verblaßt allmählich.

Was den Werken jener Zeit an sprühendem Trubel fehlt, findet sich scheinbar in Mays persönlichem Leben. Wie nie zuvor reist er umher, pendelt zwischen Hamburg und Wien; sein Dasein ist rast- und ruhelos geworden. Man könnte vermuten, er habe mit der Old Shatterhand-Legende einen Geist heraufbeschworen, dem er nun zu entfliehen sucht. Folgerichtig kommt es zu einem Ereignis, das die Erfüllung eines langgehegten Wunsches bringen und der Legende noch einen Anstrich von Echtheit verleihen soll, aber gleichermaßen von der Ahnung eines unausbleiblichen Zusammenbruches bestimmt wird.

Schock und Krise im Orient

Nach Arabien zu Hadschi Halef Omar werde er fahren, schreibt May am 13. März 1899 an Fehsenfeld, «dann durch Persien und Indien nach China, Japan und Amerika zu meinen Apatschen». Zwei Wochen später, am 26. März, bricht der nunmehr Siebenundfünfzigjährige zu seiner ersten Weltreise auf. Nach Zwischenstationen in Frankfurt am Main und bei seinem Freiburger Verleger geht er am 4. April 1899 in Genua an Bord der «Preußen», wo er sich von seiner Frau und dem Ehepaar Plöhn verabschiedet.

Fünf Tage darauf betritt Karl May in Port Said zum ersten Mal außereuropäischen Boden, am 14. April bezieht er für anderthalb Monate Logis im Kairoer Hotel «Bavaria». Kleinere Ausflüge, zum Teil mit der Eisenbahn, führen in die nähere Umgebung der ägyptischen Hauptstadt. Pyramiden werden besichtigt, aber nicht bestiegen, der erste Ritt auf einem Kamel dauert genau zwei Stunden und fünfundvierzig Minuten. Dann treiben ihn Hitze und der heiße trockene Wind in die Geborgenheit des Hotels und an einen Tisch mit Schreibutensilien zurück.

Dem kommerziellen Schreibzwang erstmals entronnen, greift er jetzt aus anderen Gründen zur Feder.

«Eine Pilgerreise in das Morgenland» schreibt May am 20. April auf das Titelblatt einer Manuskriptmappe. Was sich hier unter dem unmittelbaren «Zauber des Orients» literarisch niederschlägt, erinnert überhaupt nicht mehr an die vieltausendseitig geschilderte bunte Welt. Es sind religiöse, zumeist elegische, weltabgewandte Gedichte.[20]

«Ich bin so müd, so herbstesschwer
und möcht am liebsten scheiden gehn...»

heißt es in Versen, die ein paar Wochen später entstehen. «Habe hierbei bitterlich, zum Herzbrechen geweint», vermerkt er als private Notiz auf der Rückseite des Blattes.

Karl May ist sichtlich erschüttert, daß der orientalische Alltag so gar nicht den breit ausgemalten Vorstellungen entspricht, alles erscheint noch gigantischer, vielfältiger. Sein Kara Ben Nemsi stellt sich schon in den ersten Kairoer Wochen als Anachronismus heraus. Eine besonders schmerzliche Erkenntnis, wenn er auf die Legendenstrickerei der letzten Jahre zurückschaut.

Die Konfrontation der Traumwelt mit der Wirklichkeit führt unausweichlich zum Konflikt. Der Klärungsprozeß aber kann sich nicht in Stunden oder Tagen vollziehen.

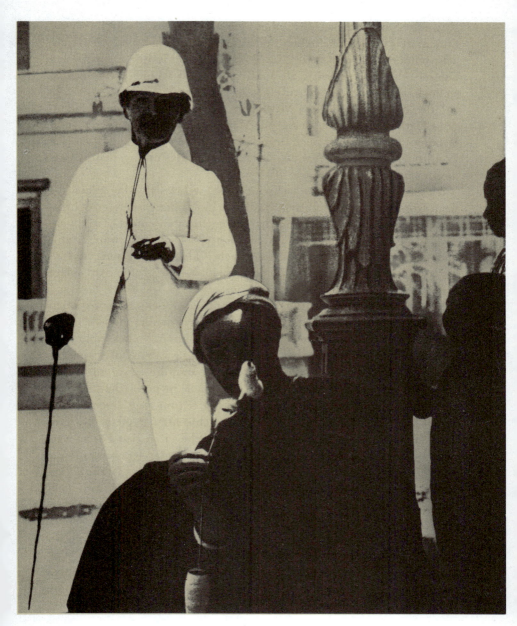
Als Tourist in Heluan, April 1900.

Am 17. Mai, May ist jetzt einen Monat in Kairo, schreibt er an Emma: «Grad weil das Leben des Orients so inhaltslos, so oberflächlich, schmutzig und lärmvoll ist» – das ist keine Kritik an der neuen Umwelt, die er gleichzeitig als «unbeschreiblich schön» preist; das ist vielmehr eine verschlüsselte Reflexion aufs eigene Leben – «wirkt es auf die besser veranlagten Menschen vertiefend, bereichernd, reinigend, beruhigend und befestigend. Man wendet sich unbefriedigt und bedauernd ab und geht nach innen. Das ist die Wirkung auf mich...» Womit der begonnene Wandel, der Prozeß der Besinnung, deutlich genug bekundet wird.

Monatelang schwelt die seelische Krise, wehrt sich May gegen die Katastrophe. Seine Traumwelt, das Fundament der bisherigen schriftstellerischen Existenz, bricht mehr und mehr auseinander. Tagebucheintragungen und Stapel von Ansichtskarten belegen das innere Hin- und Hergerissensein. Viel Post geht nach Radebeul an Emma und an die Plöhns und an Frau Wilhelmine Beibler, die Mutter von Klara Plöhn.

Ganze Kartenstöße werden an Bekannte und Zeitungsredaktionen abgesandt, hundert Stück sind es allein am 6. November 1899. Allzu oft bricht dabei wieder die alte Renommiersucht durch. So bekommt Fehsenfeld zu erfahren, daß neben ihm auf dem Diwan Ben Nil – eine bekannte Figur aus dem *Mahdi*-Zyklus – sitze und die Karte mit unterschreiben werde; am unteren Rand ist dann ein arabisches Signum beigefügt. Die «Pfälzer Zeitung» erhält per 6. Juni 1899 einen langen Brief. May entschuldigt sich wegen des schlechten Papiers. Besseres habe er nicht in seiner Satteltasche. Aber ehe er in den Sudan verschwinde, wolle er doch noch schreiben. Die Engländer würden zwar eine offizielle Reise nicht dulden – «darum reite ich als Kara Ben Nemsi meine alten Karawanenwege. Dann will ich über Mekka nach Arabien zu meinem Hadschi Halef und mit ihm durch Persien nach Indien...»

Die wahren Empfindungen verschlüsselt May in lyrischen Elegien.

Seine Unruhe wächst, als die Post von seiner Frau unerwartet lange ausbleibt. «Heut, meine liebe Emma, sind es 52 Tage, also $7^1/_2$ Wochen, seit Du mir das letzte Mal geschrieben hast. Und das war so wenig!» steht beispielsweise auf der Karte vom 23. August 1899. «In dieser Beziehung bin ich wirklich so arm, so bitter arm, wie fast kein anderer Mensch!!!»

Ein Grund für solche Pausen mag darin liegen, daß Emma May zu jener Zeit von einem beginnenden schweren Unterleibsleiden geplagt wird. Aus gesundheitlichen Gründen jedenfalls hatte sie bereits auf eine Teilnahme an der Reise verzichtet. (Die näheren Umstände wurden erst durch den ärztlichen Befund nach ihrem Tode bekannt.)

An der weiteren Route Mays fällt vor allem auf, daß er nach dem offensichtlichen Schock in Kairo nicht nur um die Weidegründe der Haddedihn am Tigris einen weiten Bogen schlägt, sondern nahezu allen Schauplätzen der Romane ausweicht. Karl May hält sich an Baedeker-Spuren.

Noch in der ägyptischen Hauptstadt hat er mit einem Araber einen Dienstvertrag abgeschlossen. Der junge Mann heißt Sejd Hassan – Vorbild für den Sejjid Omar im Werk *Et in terra pax (Und Friede auf Erden)* – und begleitet ihn vom 23. Mai 1899 bis zum 17. Juni 1900. Leider konnten wir nichts zur sprachlichen Verständigung beider ermitteln. Vermutlich radebrechten sie Englisch miteinander, denn die These, May habe das Arabische perfekt beherrscht, gehört ins Reich der Fabel.

Von Kairo geht es zunächst nilaufwärts bis nach Assuan und zurück nach Port Said. Beirut, Haifa, Nazareth, Jerusalem und Jaffa heißen die weiteren Stationen, Aden ist das nächste Ziel.

Auf der Reise zeigen sich Krisensymptome in verschiedener Form. May hofft wohl, allein durch das Ablegen alter Gewohnheiten ein neuer Mensch zu werden. Jedenfalls faßt er den Plan, Vegetarier zu werden und stellt auch urplötzlich das Rauchen ein. Der 26. August, noch in Jaffa, ist für ihn der bisher «schrecklichste Tag», wie er im Reisetagebuch festhält. Im Hotel hört er «5 Rufe Mausels» – womit Klara Plöhn gemeint ist – und verlangt darauf ein anderes Zimmer.

Auf der Fahrt durchs Rote Meer vollzieht sich seiner Meinung nach endgültig die Verwandlung. Das offenbart er in einem Brief unter dem 16. September an die Plöhns. Mit seltener Klarheit spricht er darin von seinem Verlangen nach menschlicher Zuneigung: «Es haben mich viele auf dem Schiff liebgewonnen, obgleich ich jetzt das gerade Gegentheil vom früheren Karl bin. Der ist mit großer Ceremonie von mir in das

Sejd Hassan, Mays arabischer Begleiter
auf der Orientreise.

rothe Meer versenkt worden; mit Schiffssteinkohlen, die ihn auf den Grund gezogen haben.»

Für ewig, wie er zu diesem Zeitpunkt sicherlich glaubt, verharrt der «frühere Karl» aber nicht auf dem Meeresboden. Einen Monat später taucht «er» in Colombo wieder auf. Das «Prager Tagblatt» und die Dortmunder «Tremonia» erhalten aus Ceylon (heute Sri Lanka) Postkarten-Serien mit der alten Legendenversion. Er sei hinter Menschenjägern her gewesen, die Zwangsarbeiter für Südafrika jagen wollten, und dabei habe er «ein reiches, ausgedehntes Goldfeld» entdeckt: «...vielleicht ein orientalisches Klondyke. Zwölf Reitstunden lang kann der Kenner das goldhaltige Gestein zu Tage treten sehen..., aber dieser Fund läßt mich sehr kalt; ich brauche ihn nicht, denn ich habe mehr als genug, um nicht darben zu müssen... Ich kann dieses Geheimnis mit in das Grab nehmen, ohne daß es mich eine Spur von Überwindung kostet. ...» Denn «geordnete, fleißige Arbeit» sei viel nützlicher als «das Graben und Kämpfen um den goldenen Klumpen...»

Beide Zeitungen veröffentlichen den «Reisebrief in Ansichtskarten» («Tremonia» am 8. II., «Prager Tagblatt» am 11. II. 1899).

In Colombo sitzt Karl May ganze Tage im Hotelzimmer und schreibt. Er befindet sich in einem bedenkenswerten psychischen Zustand. Er schlafe im Freien, teilt er einem Bekannten mit, denn er fühle sich «so jünglingsfrisch und wohl, als ob» er «erst 25 Jahre zählte». In gleichzeitig entstehenden Gedichten ist vom Sterben und von abzulegender Rechenschaft die Rede. An Fehsenfeld berichtet er auch von der angeblichen Entdeckung reicher Goldfelder; nur ein paar Zeilen später folgt die drängende Bitte um einen Kredit von 6000 Mark.

Auf Ceylon unternimmt May noch eine Bahnfahrt nach Point de Galle, vielleicht auch ein paar kurze Ausflüge über den Stadtrand von Colombo hinaus.[21]

Tagebuchnotizen, Briefe und Gedichte vermitteln den Eindruck, daß die schon sieben Monate während Krise einem Höhepunkt zustrebt.

Am 10. November 1899 trifft Karl May in Padang auf Sumatra ein, und an einem der folgenden Tage erleidet er einen schweren Nervenzusammenbruch. Sein Begleiter Sejd Hassan berichtet, er habe sich wie

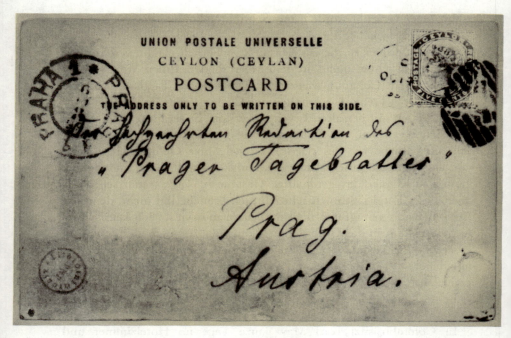

Die erste der elf Karten vom 10. 10. 1899
an das «Prager Tagblatt» mit dem Bericht über die
angeblich auf Ceylon entdeckten Goldfelder.

ein Irrsinniger benommen, alle Nahrung in den Abort geworfen, tagelang gehungert.

Nach einer Woche findet May allmählich wieder zu sich. Er depeschiert nach Radebeul, Emma und die Plöhns sollen «sofort nach Port Said in Egypten kommen». Er werde gleichfalls umgehend aufbrechen, «um sie nach hier zu holen und ihnen dieses Paradies zu zeigen». Bereits von Colombo aus hatte er einen ähnlichen Wunsch geäußert.

Daß May den Ort persönlicher Katastrophe als «Paradies» bezeichnet, läßt vermuten, daß er sein seelisches Gleichgewicht noch nicht wiedergefunden hat. Und tatsächlich folgt Ende Juni 1900 in Istanbul der zweite Zusammenbruch. Emma sowie Richard und Klara Plöhn sind Zeugen der bestürzenden Vorgänge und befürchten ernsthaft,

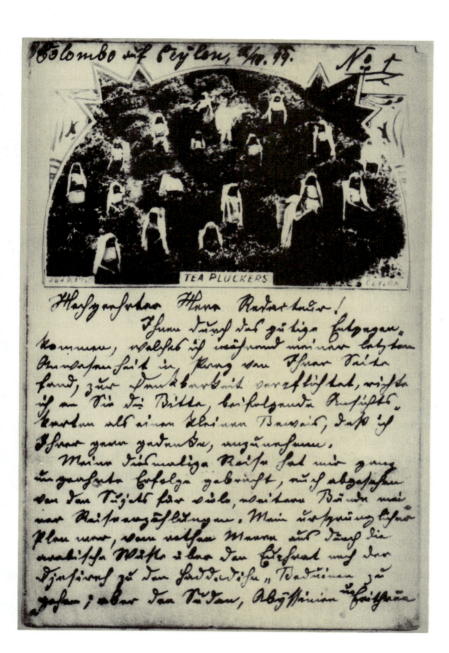

«ihn einer Irrenanstalt zuführen zu müssen. Nach 8 Tagen... flaute der Zustand ab, er nahm wieder Nahrung zu sich, kam aber mit keinem Wort auf die entsetzliche, eben durchstandene Zeit zurück...»

Nach dem Telegramm aus Sumatra traf man sich erst kurz vor Weihnachten 1899. Durch ein schweres Nierenleiden von Richard Plöhn verzögerte sich der Beginn der gemeinsamen Reise noch bis Mitte März 1900. Beide Ehepaare besuchen dann unter anderem Kairo und die Pyramiden von Gizeh, Jerusalem, Beirut, Baalbek, Damaskus, Istanbul und Athen. Am 31. Juli 1900 treffen sie wieder in Radebeul ein.

Auf dieser zweiten Etappe der Reise schwindet Mays Renommiergehabe, der Strom der Ansichtskarten sprudelt immer spärlicher und versiegt schließlich ganz, er findet – vielleicht zum ersten Mal im Leben – zu seinem wahren Ich.

Mit dem Zusammenbruch in Istanbul ist der innere Wandel vollzogen, die Old Shatterhand-Legende für immer gestorben. May wird sich fortan nicht mehr mit seinen literarischen Helden und ihren Taten identifizieren. Verschwunden ist damit aber auch die letzte unbekümmerte Frische des Fabulierens.

May denkt an einen völligen Neubeginn. «Zu Ihrer Orientierung kurz folgendes», schreibt er an seinen Verleger Fehsenfeld: «Alle meine bisherigen Bände sind nur Einleitung, nur Vorbereitung. Was ich eigentlich will, weiß außer mir kein Mensch... Ich trete erst jetzt an meine eigentliche Aufgabe.»

Daß «kein Mensch» etwas von dem neuen Vorhaben wisse, trifft so absolut nicht zu; einiges läßt May schon auf der Reise anklingen. Freund Plöhn kann dabei leider nicht den gewünschten geistvoll sprühenden Gesprächspartner abgeben, denn häufig quälen ihn schlimme Schmerzen.

Auch Emma ist von ihrem Leiden gezeichnet, klagt über Mattigkeit, ist reizbar, nörgelt wegen zu hoher Ausgaben, auf Fahrten zu interessanten historischen Stätten nickt sie ein. Dem Ehemann erscheint das unbegreiflich, weil er die Ursachen nicht kennt. Und auf seine lyrisch-elegischen Versschmiedereien oder die neuen hochfliegenden Pläne vernimmt er überhaupt keine Resonanz – «sie sah... nur Dattelpalmen, nur Pferde und Esel und Menschen und weiter nichts».

Vor den Pyramiden von Gizeh.
Vorn auf dem liegenden Kamel Emma May, dahinter von links nach rechts
Richard und Klara Plöhn und Karl May.

Bleibt Emma abweisend, so zeigt die fast acht Jahre jüngere Klara Plöhn nimmermüdes Interesse. «Ich begann, zu erkennen», hält May fest, «daß sie doch vielleicht nicht das ‹Gänschen› sei, für das ich sie bisher gehalten hatte.» Er entdeckt in ihr «künstlerische Anschauungen» und «einen sehr guten, offenen Blick für Alles, was sich Köstliches ihr bot».

May drängen sich tagtäglich solche Vergleiche auf – die mürrische,

Zeichnung von Carl-Heinz Dömken, die den Bruch
mit der Old Shatterhand-Legende ausdrückt.

müde Emma hier, die begeisterungsfähige Klara da. Diese Erkenntnis muß zu einer Zeit, da er innerlich zum Neubeginn entschlossen ist, unweigerlich Folgen für die persönliche Beziehung zu den zwei Frauen haben.

Das alles bahnt sich unmerklich an. Zwischen den Ehegatten entsteht, wie schon so oft vorher, eine gereizte Stimmung, aber noch denkt keiner der vier Orientreisenden an weiterreichende Folgen. Denn als die Mays und die Plöhns in Athen die Akropolis besuchen und den 1835/36 rekonstruierten Nike-Tempel besichtigen, macht Klara spontan den Vorschlag, in Radebeul für beide Familien ein gemeinsames Grabmal nach diesem antiken Vorbild errichten zu lassen. Der Vorschlag findet Zustimmung und bezeugt, daß beide Paare noch an eine einträchtige Zukunft glaubten.

Das Grabmal

Schon bald nach der Rückkehr in die Heimat verschlechtert sich unerwartet schnell der Zustand von Richard Plöhn. Karl May verbringt viele Stunden am Krankenlager seines Freundes, der am 14. Februar 1901 von seinen Leiden erlöst wird. Die Bestattung erfolgt zunächst in einer herkömmlichen Grabstelle.

Im Auftrage und auf Kosten von Klara Plöhn baut der Oberlößnitzer Architekt Paul Friedrich Ziller auf dem Friedhof an der Serkowitzer Straße die verkleinerte Nachbildung des Nike-Tempels mit den vier ionischen Säulen. Das Figuren-Halbrelief im Hintergrund gestaltet der Bildhauer Selmar Werner. Er arbeitet auch den Vers ein, den May seinem toten Freund widmet:

«Sei uns gegrüßt! Wir, deine Erdentaten,
Erwarten dich hier am Himmelstor,
Du bist die Ernte deiner eignen Saaten
Und steigst mit uns nun zu dir selbst empor.»

1903 wird Richard Plöhn in die Gruft umgebettet. Karl May äußert bereits zu diesem Zeitpunkt und auch später, als

Der Nike-Tempel der Athener Akropolis,
Vorbild für das Grabmal.

durch die Ehe mit Klara Plöhn das Grabmal in seinen Besitz übergegangen ist, den Wunsch nach einer schlichten einsamen letzten Ruhestätte im Garten seiner Villa «Shatterhand». Er beruft sich auf seine Herkunft, und zudem ist ihm nach der Orientreise jede pompöse Geste zuwider.

Als er am 30. März 1912 stirbt, verweigern die Behörden ein Begräbnis auf privatem Grund. Deshalb wird er vier Tage darauf doch in der Gruft beigesetzt.

Verleumder von May unterstellen ihm später im Zusammenhang mit dem Grabmal Größenwahn: Er habe einen Tempel für sich bauen und schon zu Lebzeiten einen selbstverherrlichenden Vers anbringen lassen.

Karl Mays letzte Ruhestätte. Aufnahme vom 30. 3. 1987, dem 75. Todestag des Schriftstellers.

Diese vielfach wiederholte Behauptung läßt sich teilweise durch Unkenntnis entschuldigen. Spätestens jedoch seit Erscheinen des «Karl-May-Jahrbuches» 1921 sind wesentliche Fakten bekannt. In jüngster Zeit ermittelte Hans-Dieter Steinmetz weitere Details und Zusammenhänge, unter anderem auch zu einem grotesken Vorgang, der nicht unerwähnt bleiben darf. 1942, zum 100. Geburtstag Karl Mays, sollte auch am Grabmal eine Ehrung stattfinden. Die Nazibehörden untersagten das Vorhaben, als bekannt wurde, daß der am selben Ort ruhende Richard Plöhn «Halbjude» gewesen war. Worauf die nunmehrige Klara May das ungeheuerliche Verlangen durchsetzte, ihren ersten Mann und ihre ebenfalls dort beigesetzte Mutter Wilhelmine Beibler exhumieren zu lassen – ein makabrer Akt, der Karl Mays Intentionen zutiefst widersprach. Die Feierstunde kam dennoch nicht zustande.

Mutige Bekenntnisse

Gewitterwolken

Was eigentlich längst überfällig war, steht am 3. Juni 1899 offiziell in der «Frankfurter Zeitung»: Man glaube nicht, daß der Autor die geschilderten Abenteuer erlebt habe. Den Anstoß dazu gab eine Meldung im «Bayerischen Courier», daß Mays Werke aus einigen Mittelschulbibliotheken ausgeschlossen wurden, weil «seine Phantasie für die Jugend zu gefährlich sei».

Diese Notiz hatte der Frankfurter Feuilleton-Redakteur Fedor Mamroth aufgegriffen und kommentiert, und damit wäre die Angelegenheit für ihn vielleicht erledigt gewesen. Mit Leserbriefen melden sich aber nun Freunde des Schriftstellers zu Wort und reagieren mit täppischem Ernst. So schreibt Friedrich Ernst Fehsenfeld, daß May «zu dem ihm befreundeten Stamme der Haddedihn-Araber» unterwegs sei, und Richard Plöhn – für die Zeit von Mays Abwesenheit mit der Wahrnehmung der Interessen beauftragt – teilt mit, daß die «Erzählungen durchaus keine Phantasiegebilde sind», die Zeitung solle eine «Berichtigung» bringen.

Mamroth läßt diese Zuschriften abdrucken und antwortet selbst. In mehreren Artikeln setzt er sich mit Mays Phantasie auseinander und schlußfolgert: Weil er die Abenteuer als eigene Erlebnisse darstelle, seien «seine Erzählungen unmoralisch...»

Egon Erwin Kisch bezeichnet später den «allwissenden und unfehlbaren Fedor Mamroth» ironisch als «Obersten Richter in Frankfurt». Um seine durchaus berechtigten Zweifel an der Echtheit der Mayschen Abenteuer zu unterstreichen, greift der Journalist allerdings auch zur Verleumdung. Karl May, so läßt Mamroth am 1. Juli 1899 durchblik-

Karl May um 1902.

ken, sei gar nicht im Orient, sondern weile in Bad Tölz-Krankenheil. Das oberbayrische Jodbad wurde damals vor allem von Geschlechtskranken besucht. Emma May und das Ehepaar Plöhn überprüfen die Behauptung, May sei dort als Kurgast eingetragen – und finden den Namen tatsächlich in der Kurliste. Eine Fälschung von fremder Hand! Damit deutet sich eine gezielte Kampagne gegen May an.

Mamroths Motive, wie auch seine Frau im nachhinein bestätigt, sind vom Neid diktiert. Er hatte sich recht erfolglos mit Bühnenstücken und Erzählungen versucht und schaffte nie den ersehnten Sprung vom Journalisten zum Schriftsteller. Darin sah er sein «seelisches Verhängnis», das ihn gegen Erfolgreichere zu Felde ziehen ließ.

Andere Gründe drücken dem Chefredakteur der katholischen «Kölnischen Volkszeitung», Hermann Cardauns, die Feder in die Hand, als er am 5. Juli 1899 in seinem Blatt Mamroths Attacken aufgreift und dabei «viel schärfer gegen May vorgeht», obwohl er noch sieben Jahre vorher die «Reiseromane ... mit wirklichem Vergnügen» gelesen hatte. Er gehört zum Kreis jener Literaturerneuerer, die um die Jahrhundertwende das katholische Schrifttum durch eine «anspruchsvolle Belletristik» aus seinem Schattendasein herausführen wollen. Mays «Reiseromane» im «Deutschen Hausschatz», die als Lesermagneten während der Zeit des Kulturkampfes willkommen waren, erscheinen ihm für das neue Ziel nicht mehr geeignet.[22]

Im August 1899 erfährt May in Jerusalem durch die nachgesandten Zeitungen von den Angriffen. «Sie lassen mich vollständig kalt», schreibt er an Fehsenfeld. «Lächerliche Bemühungen ohnmächtiger Geister. Weiter nichts!» Dennoch verfaßt er eine lange Erwiderung, in der er heraushebt, daß man hinter seinen Werken einen höheren Sinn sehen müsse und er für Leser schreibe, «welche sich nach innerem Frieden sehnen». Zur Frage, ob er alles erlebt habe, äußert er sich unklar und verweist auf eine «Biographie, welche genau zur rechten Zeit bei Fehsenfeld erscheinen wird».

Insgesamt steht die Verteidigung auf schwachen Füßen. Ende September 1899 erscheint die dreiteilige Replik unter dem Namenszug von Richard Plöhn in der Dortmunder «Tremonia», einer katholischen Tageszeitung. Kurz darauf erfolgt ein Nachdruck im «Bayerischen Courier».

Ob Angriff oder Verteidigung, souveräne Worte vom «herrlichen sächsischen Lügenbold», vom «genialen Spinner», vom «hinreißenden Aufschneider und unübertroffenen Bildermacher», wie sie über ein halbes Jahrhundert später Hermann Kant in der «Aula» formuliert, findet zu jener Zeit niemand. Wenn May 1910 in der Selbstbiographie *Mein Leben und Streben* schreibt, es sei «doch gewiß anzunehmen» gewesen, «daß kein vernünftiger Mann auf die Idee kommen werde, daß ein einziger Mensch das Alles erlebt haben könne», so erfolgt diese klare Aussage zu spät.[23] Verhängnisvolle Entwicklungen haben ihn zu diesem Zeitpunkt schon an den Rand des Abgrunds gedrängt.

Noch vor Abfahrt in den Orient erfährt er, daß Pauline Münchmeyer den Verlag an den Buchhändler Adalbert Fischer verkauft habe. In einem Brief warnt er den neuen Inhaber vor dem Druck der fünf Lieferungsromane. Schon Ende 1898 hatte er von der Witwe Münchmeyer Rechnungslegung über die Auflagenhöhen verlangt. In Kairo erhält May die Antwort Fischers, daß er den Verlag nur wegen dieser Romane erworben habe. May droht daraufhin eine Schadenersatzklage an: 1000 Mark pro Bogen bei einem Weiterdruck und 500000 Mark für einen eventuellen Bruch des Pseudonyms. Das Geheimnis der Autorenschaft war allerdings bereits im Sommer 1883 gelüftet worden.

May hält die Sache damit für erledigt. Fischer indessen bereitet trotz der Drohungen eifrig die Neuausgabe vor, und in einem persönlichen Gespräch nach Mays Rückkehr läßt er durchblicken, daß er von der Prozeßandrohung wenig hält, weil er von den Vorstrafen Mays weiß. Noch 1900 beginnt er mit einer illustrierten Lieferungsedition des Romans *Die Liebe des Ulanen von Karl May*. Dieses Werk war bekanntlich schon 1883/85 unter dem vollen Autorennamen erschienen.

1901 startet er dann die fünfteilige Serie «Karl May's illustrierte Werke», in der bis 1906 alle fünf Romane zuerst in Heft- und dann in Buchausgaben erscheinen.

Spät rächt sich, daß May seinerzeit mit Münchmeyer keinen schriftlichen Vertrag geschlossen hatte. Deshalb zögert er bis zum 10. Dezember 1901, ehe er beim Landgericht Dresden Klage wegen unbefugtem Nachdruck einreicht. Damit löst er eine Prozeßlawine aus, die bis über den Tod des Schriftstellers hinaus andauert. Die Aufzählung der Einzelheiten dieses Streites würde Bände füllen.

Prospekt.

Als II. Serie von „Karl May's illustrierte Werke" erscheint:

Das Waldröschen
oder
Die Verfolgung rund um die Erde.

Enthüllungsroman über die Geheimnisse der menschlichen Gesellschaft mit seinen 4 Abteilungen:

- ☞ **Die Tochter des Granden.**
- ☞ **Der Schatz der Mixtekas.**
- ☞ **Matavase, der Fürst des Felsens.**
- ☞ **Erkämpftes Glück.**

Wie der Titel besagt, führt **Karl May** auch hier den Leser ‚rund um die Erde', aber wie es bei seiner reichen Erfahrung, seiner unerschöpflichen Phantasie und Gestaltungsgabe <u>nicht anders zu erwarten ist</u>, entrollt und schildert er in diesem Reiseroman vor den Augen des Lesers ganz andere Bilder und Gestalten!

<u>„Das Waldröschen"</u> kann mit Recht **Karl May's** Meisterwerk genannt werden, denn dafür spricht schlagend der enorme Absatz, den die Volksausgabe dieses Werkes bisher gefunden hat.

Circa 500,000 Exemplare wurden von diesem Reiseroman in allen Sprachen und Erdteilen verkauft! Ein solcher Erfolg spricht mehr als Worte zu sagen vermögen! Charaktere wie der deutsche Arzt Sternau und seine Freunde Kapitän Helmers, die Indianerhäuptlinge Bärenherz und Büffelstirn, sowie der originelle Trapper Geierschnabel vermag eben nur **Karl May** zu schildern! Dasselbe gilt von der edlen und heroischen Contezza Rosa, dem lieblichen Waldröschen und der kühnen Indianerbraut Karja.

Textlich ist diese neuillustrierte Ausgabe vollständig und gewissenhaft durchgesehen, und was den künstlerischen Schmuck derselben anbelangt, so wird Unterzeichnete **alles aufbieten, die I. Serie noch wesentlich zu übertreffen,** sodaß

Karl May's Waldröschen

im neuen Gewande zu seinen ungezählten Freunden in allen Kreisen ungezählte neue finden wird.

Die Verlagsbuchhandlung **H. G. Münchmeyer.**

Werbung für die Ausgabe von 1902/03,
die gegen Mays Willen erscheint.

Adalbert Fischer ediert die sogenannten
Münchmeyer-Romane zwischen 1901 und 1906 zuerst in Heft-
und dann in Buchausgaben.

Viele Zeitungen greifen Anfang des Jahres 1901 den vermeintlichen Skandal auf. Während May für den katholischen «Hausschatz» so moralisch unantastbare Geschichten schrieb, habe er gleichzeitig Kolportageromane «der ungeheuerlichsten Art» verfaßt. «Ein bevorzugtes Thema bilden tiefe und tiefste Negligés, durchsichtige Kleider, Nuditäten, üppige Formen...», formulierte der Kölner Cardauns, zu jener Zeit Mays wichtigster Gegner. So und ähnlich rauscht es durch den bürgerlichen Blätterwald.

Derartige Anwürfe, die sich zu einer großen Pressehetze ausweiten, muten heute unbegreiflich an, denn jene Romane erscheinen eher zahm denn frivol. Diese Kampagne ist nur mit der doppelbödigen bürgerlichen Moral zu erklären, die zum einen den Bordellbetrieb toleriert, zum anderen in Literatur und Kunst eine der Ursachen des Sittenverfalls vermutet. So wurden Zolas Werke vor dem Reichstag eines «schlimmen, sittenverderbenden Einflusses» bezichtigt, Dramen von Ibsen, Schnitzler und Hauptmann mit ähnlicher Begründung verboten und etliche Bilder Liebermanns als Produkte eines «Malers des Schmutzes» verunglimpft.

«Anrüchige Stellen», falls in den Romanen vorhanden, rechtfertigt sich May, seien nachträglich eingefügt worden. Solche «Bearbeitungen» gab es tatsächlich, aber in welchem Umfange, das ließ sich nicht mehr ermitteln. Die Manuskripte galten als unauffindbar.

May verteidigt sich unter anderem mit der Schrift *Karl May als Erzieher*..., die anonym – «von einem dankbaren May-Leser» – Anfang 1902 bei Fehsenfeld in einer Auflage von 100000 Exemplaren zum Preis von nur 10 Pfennig erscheint. Geschliffene Polemik wechselt mit Selbstbeweihräucherung; im Anhang sind 178 lobende Leserbriefe abgedruckt. Die Broschüre stachelt nun wiederum die Gegner an, und Auseinandersetzungen mit Cardauns' «Kölnischer Volkszeitung» sowie dem Verlag Bachem als Herausgeber – hier war 1885 ein Buch Mays verlegt worden – führen zu gerichtlichen Schritten gegen Fehsenfeld, die mit einem Vergleich enden.

Obwohl May mit diesem Ausgang nicht einverstanden ist, stimmt er im Februar 1903 selbst einem anderen Vergleich zu, durch den seine Auseinandersetzung mit Fischer ein vorläufiges Ende findet. May erklärt, daß der Unternehmer beim Kauf des Verlages angenommen habe, «alle Rechte an meinen bei dieser Firma erschienenen Werken miterworben zu haben», worauf Fischer zubilligt: Wenn in den Schriften «etwas Unsittliches enthalten sein sollte, stammt das nicht aus der Feder des Herrn Karl May, sondern ist von dritter Seite früher hineingetragen worden...»

Darüberhinaus überläßt May dem Verleger die Werke «zur freien Verfügung ohne alle Einschränkungen mit allen Urheber- und sonstigen Rechten» und verlangt lediglich, daß bei weiteren Auflagen die zweifelhaften Passagen zu tilgen sind. Damit sei die Sache ausgestanden, nimmt er an, und handelt mit Fischer sogar noch die Herausgabe eines Bandes *Erzgebirgische Dorfgeschichten* aus. Vier ältere Sachen werden aufgenommen und zwei Erzählungen, die May eigens dafür schreibt: *Sonnenscheinchen* und *Das Geldmännle*. Sein Name wird dabei nicht mit der Münchmeyer-Firma in Verbindung gebracht. Das Buch erscheint in dem von Fischer neugegründeten «Belletristischen Verlag Dresden-Niedersedlitz». Dieser Titel ist die einzige von May autorisierte Ausgabe im Unternehmen Münchmeyer-Fischer. Die aus dem Vermerk «Band I» herauslesbare Ankündigung auf weitere Titel wird nicht eingehalten.

Mit dem Vergleich hat sich May, wie bald sichtbar wird, auf einen für ihn ungünstigen Sachverhalt eingelassen. Fischer denkt beim Weiterdrucken beispielsweise überhaupt nicht daran, irgendwelche Stellen zu streichen. Bei der Zustimmung Mays wird der Wunsch mitgespielt haben, für den seit März 1902 anhängigen Prozeß gegen Pauline Münchmeyer größeren Spielraum zu erlangen. In dieser Auseinandersetzung, die über Jahre durch etliche Instanzen läuft, geht es hauptsächlich um den Nachweis der verkauften Romanexemplare, als der Verlag noch im Besitz Münchmeyers war. Auch Fischers Drohung, die Vorstrafen zu offenbaren, wird ihre Wirkung nicht verfehlt haben.

Unter dem Druck der Presseangriffe und Prozesse entstehen 1902/03 die Teile III und IV des Romans *Im Reiche des silbernen Löwen*. Hier reagiert May in verschlüsselter Form auf die realen Vorgänge. Beispielsweise zeichnet er in der Figur des Ahriman Mirza den Redakteur Mamroth nach, den er an einer Stelle so karikiert: «Ich bin der oberste derer, durch welche man mit dem Schah-in-Schah verkehrt.» Ähnlich treffend äußerte sich später Kisch. Cardauns findet sich in dem Ghu-

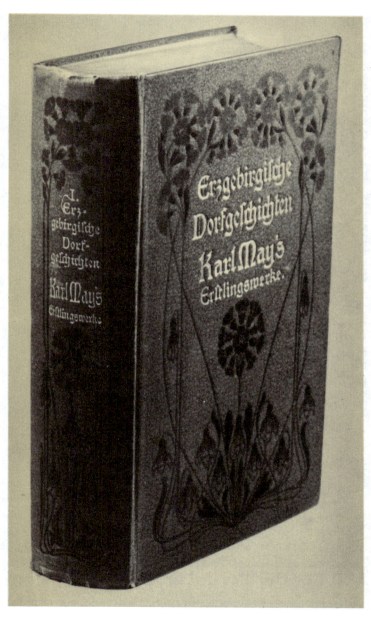

Einzige von May autorisierte Ausgabe (1903)
für den Verlag Münchmeyer/Fischer.

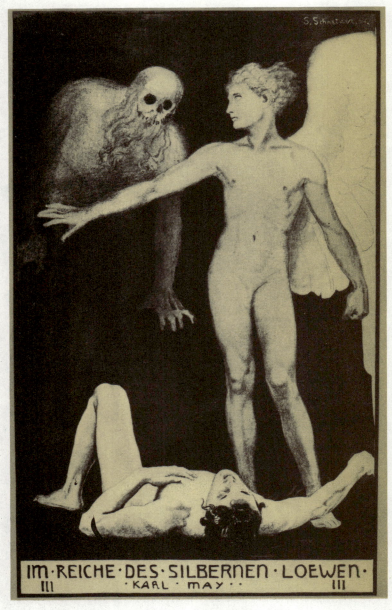

Sascha Schneider gestaltet 1904 25 neue Titelillustrationen, die den
«Gesammelten Reiseerzählungen» ein «höheres Ansehen» verschaffen sollen.
Doch Fehsenfeld ist skeptisch und stattet nur Teilauflagen damit aus.

lam el Multasim (der Henker) wieder. Auch eine Schakara (Klara) kommt ins Bild, während es im ersten Teil (1897) noch eine Emmeh gegeben hatte, die der Ich-Erzähler «von ganzem Herzen» liebte. Jetzt erkennt er, daß Schakara «etwas unendlich Großes, Schönes, Klares in sich trug». Denn in diese Zeit fällt das Ende der von so vielen Krisen geschüttelten Ehe. Am 14. Januar 1903 werden Karl und Emma May geschieden.

Die Frist seit Einreichen der Klage im September 1902 war für ihn, so May in der Selbstbiographie, «eine beinahe tödliche». Und kaum minder aufreibend werden jene Monate und die Zeit vorher für Emma gewesen sein, die zusehen muß, wie sich nach dem Tode von Richard Plöhn ein immer vertrauensvolleres Verhältnis zwischen ihrem Mann und der jungen Witwe entwickelt. Klara Plöhn übernimmt den Briefwechsel mit den Lesern (Unterschrift: Emma May) und bekundet viel Interesse an den neuen Schaffensplänen. In der Ehescheidungssache spielt sie eine nicht bis zum letzten Detail durchschaubare, zumindest aber einigermaßen intrigante Rolle. So einfach, wie es sich aus der Selbstbiographie Mays herausliest, war es jedenfalls nicht: Während der Orientreise habe Frau Emma für die Prozesse wichtige Münchmeyer-Briefe verbrannt und den Trauschein gleich dazu – «... ich war still, nahm den Hut und ging».

Am 4. März wird das Scheidungsurteil rechtskräftig. Am 30. März 1903 heiraten der 61jährige Karl May und die 39jährige Klara Plöhn.

«Ist das nicht interessant?»

In Mays erster Ehe gab es zahllose Mißhelligkeiten, die wir zumeist nur aus seiner Sicht kennen, an denen er aber nicht so schuldlos war, wie er es uns weismachen will. Emma May hat manche Betroffenheit erlebt, auch schon in früheren Jahren, als noch immer zum gemeinsamen Alltag zurückgefunden wurde. Wir wollen dazu einen Sachverhalt nachtragen, für den ein verbindliches Zeugnis noch nicht vorgelegt werden kann, der aber, durch viele Indizien erhärtet, als wahrscheinlich gelten darf.

Am 17. September 1893 teilt May seinem Verleger Fehsenfeld mit, daß er mit der Arbeit nicht vorankomme. Seine Frau sei hochgradig nervös, und zu den Gründen zähle «ein familiärer, über den ich nicht schreiben kann». Im Herbst darauf weilt das Verlegerehepaar zu Besuch bei Mays in Oberlößnitz. Frau Paula Fehsenfeld bringt später ihre Erinnerungen, die auch jenen «familiären Grund» ersichtlich machen, zu Papier.

Von Emma May habe sie erfahren, «daß Karl May einmal davon gesprochen hätte, ein Kind anzunehmen, da sie kinderlos seien. Mit weiblicher Schlauheit... quetschte sie schließlich aus ihm das Geständnis heraus, daß das fragliche Kind sein Kind sei und die Mutter ein früheres Dienstmädchen. ‹So, diese dreckige Person? Deren Kind will ich nicht›, sagte Frau Emma.»

Zu dieser Aussage gibt es zwei Versionen.

Für einen kürzeren, nicht näher bestimmbaren Zeitraum zwischen 1888/89 beschäftigten die Mays in der Villa «Idylle», wie mit ziemlicher Sicherheit feststeht, tatsächlich ein Dienstmädchen. Sie hieß Alma Eulitz und könnte die Mutter des Kindes sein, muß jedoch noch vor der Entbindung die Stadt verlassen haben, denn die einschlägigen Taufregister liefern keinen Hinweis zu einer Geburt.

Eine vage Spur hat sie durch eine bereits 1888 gegen May erhobene Privatklage hinterlassen. Vermutlich ging es hierbei um rückständigen Lohn. Leider wurde die Akte im Staatsarchiv Dresden 1953 makuliert. Nur im Findbuch ist noch ein Vermerk vorhanden.

Durch eine andere Rechtsangelegenheit, in die May im Zuge der schon angesprochenen Prozeßlawine verwickelt wird, kommt der Sachverhalt aber recht deutlich zur Sprache. Louise Achilles, eine von Emma Mays «Klatschbasen», erwähnt im November 1909 in einer langen eidesstattlichen Erklärung folgenden Umstand: «Außerdem ist mir bekannt, daß in den Jahren 1889 und 1890 May mit einem seiner Dienstmädchen ein Kind hatte und auch Alimente bezahlte.»

Nun ist hier die Jahresangabe unverbindlich und der Plural bei den Hausangestellten dürfte ebenfalls nicht stimmen. Karl May hat diese Frau, die in der Front seiner schlimmsten Feinde steht, dennoch nicht wegen falscher Versicherung an Eides Statt belangt. Ein weiteres Indiz erhärtet die These von einem unehelichen Kind. Einige Male nämlich bittet er Fehsenfeld um diskrete Honorarzahlungen. So auch Anfang 1894: «Ein Mann hat ja überhaupt oft Ausgaben, für welche die Frau kein Verständnis hat.» Konkret wird erwähnt, daß er «arme Verwandte unterstütze». Zu dieser Zeit jedoch waren die Beziehungen zu den Familien beider Schwestern derart getrübt, daß finanzielle Beihilfen außerhalb jeder Erwägung standen. Wenn er Gelder für Unterstützungszahlungen brauchte, von denen Frau Emma nichts wissen sollte, dann in anderer Richtung.

Umfangreiche Recherchen in der ganzen Angelegenheit unternahm Hans-Dieter Steinmetz, dem wir das akribische Aufspüren der zweiten Version verdanken. Ihr kommt höherer Wahrscheinlichkeitswert zu, da die neuen Indizien mit dem bisher Gesagten korrespondieren und nur die unpräzise Jahreszahl korrigiert werden muß. Der zu beweisende Tatbestand: Mays Ehekrise vom September 1893 wurde durch das Eingeständnis eines vorehelichen Kindes, geboren am 26. März 1876, ausgelöst.

Wenn wir Mays Werk, in dem sich so vieles aus seinem Leben niederschlug, nach Spuren durchsuchen, ergeben sich einige Hinweise. Bereits im *Waldröschen*-Heft 11, das Ende 1882 entstand, wird ein kleines Mädchen mit dem Namen Helene liebevoll vorgestellt. Später kehren solche Episoden wieder, im Orient-Balkan-Zyklus beispielsweise mit der Tochter der sympathisch gezeichneten Nebatja oder im dritten Band von *Old Surehand* – es sind «Mädchen von acht Jahren». Und noch 1909/10, in *Winnetou, Band IV*, schildert May das ergreifende Wiedersehen eines Mannes mit seiner Tochter nach jahrelanger Trennung.

Den deutlichsten Hinweis liefert jedoch die in der Heimat spielende Liebesepisode mit einer Martha Vogel, die May in der Ich-Form gerade zu jener Zeit besagter Ehekrise schreibt. Sie gehörte zum Manuskript für den «Hausschatz», aus dem später das dreibändige Werk *Satan und Ischariot* entstand. Von der Zeitschriften-Redaktion wurde dieser Teil gestrichen.

Welches reale Geschehen kann hier verschlüsselt worden sein? Nachweisbar hatte der junge Karl May etwa ab 1874 Verbindungen zu einer Hohensteiner Strumpfwirkerfamilie Vogel, deren älteste Tochter Marie Thekla hieß. Sie gebar am 26. März 1876 das Kind Helene

Ottilie, das aus mancherlei Gründen als Tochter Karl Mays gelten könnte.

Die «Dienstmädchen»-Version steht nicht im Widerspruch dazu, denn auch die Martha «ist schon im Dienst gewesen und hat gutes Lob davongetragen», schreibt May. Selbst Gedanken an eine Adoption der 1893 bereits 17jährigen Helene wären nicht von der Hand zu weisen; das junge Mädchen mußte sich als Repassiererin durchschlagen.

Falls das alles zutrifft, bleibt offen, weshalb May und Marie Thekla Vogel nicht zusammengeblieben sind. Vielleicht erfuhren das Mädchen und ihre Eltern, die erst 1873 nach Hohenstein kamen, ziemlich spät von den Vorstrafen des Liebhabers und waren dann gegen eine feste Bindung, eventuell wurde auch aus demselben Grunde auf der Geburtsurkunde der Vater nicht angegeben.

Einige Monate später beginnt die Liaison mit Emma Pollmer. Im Oktober desselben Jahres heiratet die ledige Mutter den Strumpfwirker Friedrich Hermann Albani. Erst fünf Jahre nach der Hochzeit läßt dieser seinen Familiennamen standesamtlich auf die kleine Helene übertragen, woraus wohl klar hervorgeht, daß er nicht der Vater des Kindes ist.

Im Orient-Balkan-Zyklus läßt May einen Martin Albani auftreten und dann im Meer ertrinken: «Er war ein leichtlebiger, unvorsichtiger Mensch...»!

Ab Ostern 1882 besuchte die nunmehrige Helene Albani die Hohensteiner Bürgerschule, und bis zum Umzug nach Dresden im April 1883 hatte May das Kind fortgesetzt im Blickfeld – er wohnte im Nachbarhaus! War das tatsächlich seine Tochter, kann man die Gefühle nachempfinden. «Helene», läßt er im *Waldröschen* seinen Helden Sternau ausrufen, «komm herbei!» Und im *Land der Skipetaren* gibt es «... ein kleines Mädchen von ungefähr acht Jahren...»

Helene Vogel/Albani heiratete 1898 den Weber Karl Friedrich Voigt. Beide zogen nach Schellerhau und kauften 1913 eine Gastwirtschaft. Helene, verw. Voigt, starb am 30. November 1951 in dem Erzgebirgsdorf.

Von ihren fünf Kindern lebte die am 12. August 1915 geborene Helene Erika Voigt, verw. Strohhofer im Kreis Konstanz (BRD). Sie wußte, daß sie mit ziemlicher Wahrscheinlichkeit eine Enkelin von

Karl May ist, wollte jedoch nicht in der Öffentlichkeit bekannt werden. Ende 1986 ist sie gestorben.

Knapp zwei Jahrzehnte vor ihrem Tode, 1932, hatte Helene, verw. Voigt, einen Briefwechsel mit Klara May. Der uns bekannte Teil betrifft Beziehungen zwischen Karl May und der Familie Albani um das Jahr 1869 und ist für das interessierende Problem ohne Belang. Fest steht jedoch, daß es in Radebeul noch Quellen zu dieser Sache gab, die nach dem Tode Karl Mays verschüttet werden sollten.

Im Bibliotheksregister des Schriftstellers ist 1923 ein einziger einschlägiger Titel notiert worden: «Der Säugling. Seine Ernährung in gesunden und kranken Tagen. Hamburg 1888.» Der Forscher Ludwig Patsch, der seinerzeit Einblick nehmen konnte, hielt dazu fest: «Obendrein entdeckte ich unmittelbar daneben in der Bibliothek, aber nicht im Verzeichnis aufgenommen: ‹Das Recht des unehelichen Kindes...› von Dr. W. Brandis, Berlin 1900, und ‹Das Recht des unehelichen Kindes und die Ansprüche der Kindesmutter› von H. Pils, Leipzig 1900, also gleich zwei Schriften, die sich mit dem irgendwie für K. M. aktuell gewordenen Thema befassen.» Darüberhinaus berichtete 1965 der Schriftsteller Arno Schmidt von einem Brief Mays, «in dem ein ganzer Satz Säuglingsliteratur bestellt wird».

Aufschlußreich ist noch, was Ludwig Patsch am 1. Januar 1953 seinem Freund Dr. Rudolf Beissel brieflich zu Mays Kind mitteilte: «Dr. Schmid (d. i. der Leiter des ehemaligen ‹Karl-May-Verlages› in Radebeul, C. H.), der mir einst diese Tatsache in einem traulichen Stündchen ohne weiteres bestätigte, hatte nach Frau Klara Mays Tod (31. 12. 44) plötzlich sämtliche Erinnerungen verloren, und auch die anderen Leutchen, die mir dzt. gleichmütig das in Rede stehende uneheliche Kind zugaben, taten überaus erstaunt, als ich mich – eben etliche Jahre später – danach erkundigte. Offenbar hing oder hängt irgendeine Erbschaftsangelegenheit daran, daß man jetzo so eisern bestrebt ist, hierüber den Mund zu halten.» An welche mögliche Weichenstellung in Sachen «Erbschaft» Ludwig Patsch seinerzeit dachte, wissen wir nicht.

Bezeichnend dürfte auch folgender Vorgang sein: Fritz Maschke veröffentlichte 1973 im Bamberger «Karl-May-Verlag» eine umfangreiche Studie über «Karl May und Emma Pollmer». Im März 1979 publizierte er an anderer Stelle ermittelte Fakten über eine Tochter Karl Mays, um dann zwei Nummern später im selben Organ mit fadenscheinigen Argumenten alles zu widerrufen. Auch «verschiedene Zuschriften» habe er erhalten, war zu erfahren, darunter von «ehemaligen» Mitarbeitern des «Karl-May-Verlages»: Niemand habe «jemals auch nur andeutungsweise von einem Kind Karl Mays etwas gehört...» Oder ein anderer Anonymus: «Auch von Klara May und Dr. Schmid habe ich in dieser Sache niemals gehört, und zu meiner Zeit wurde unter den Angestellten des KMV nie über ein Kind Karl Mays gesprochen.»

Um mit Karl May zu fragen: «Ist das nicht interessant?» (*Winnetou, Band IV*, letzter Satz.)

Ein Außenseiter im China-Buch

Wie bereits 1887 beim Abbruch der Arbeit für Münchmeyer, spielt auch jetzt in der Phase des Neubeginns ein Brief von Joseph Kürschner eine Rolle. Er fragt im März oder April 1901 an, ob May «zu einem großen Sammelwerk über China einen erzählenden Beitrag liefern könne».

Mit China im allgemeinen und jenem «Sammelwerk» im speziellen hat es nun seine besondere Bewandtnis.

1897 war das militärisch schwache fernöstliche Kaiserreich durch Einsatz der «Ostasiatischen Kreuzerdivision» gezwungen worden, das Gebiet um Kiautschou (heute Jiaozou) für 99 Jahre an Deutschland zu verpachten und in der Provinz Schantung die reichen Kohlen- und Erzlager per Konzession abzutreten. Dieser geglückte Handstreich verlockte andere imperialistische Mächte zu ähnlichen Aktionen. In China boten sich vielversprechende Möglichkeiten für den Waren- und Kapitalexport an, und die reichen Bodenschätze versprachen hohen Profit.

Die bisherige britische Vormachtstellung geriet ins Wanken. Expansionsdrang und Konkurrenzkampf der ausländischen Mächte wurden auf dem Rücken des chinesischen Volkes ausgetragen, das unter der Ausbeutung der einheimischen Oberschicht ohnehin genug zu leiden hatte. So entwickelte sich eine nationale, antiimperialistische Bewe-

Joseph Kürschner bittet im Frühjahr 1901 um eine Erzählung
«zu einem großen Sammelwerk über China».

gung, die sich Anfang 1899 zunächst im Geheimbund der Ihotwan organisierte. (Übersetzt heißt das «Faustkämpfer für Rechtlichkeit und Eintracht», woraus die bürgerliche Propaganda den diskriminierenden Namen «Boxer» ableitete.) Ein Jahr darauf begannen die Ihotwan einen Aufstand, der sich rasch ausbreitete. Die imperialistischen Mächte fühlten die geraubten Besitzstände und erpreßten Privilegien bedroht. Ab Ende Mai 1900 landeten unter Bruch der chinesischen Souveränität erste «Schutzdetachements», die sich unter zeitweiliger Rückstellung der Rivalitäten zwischen den beteiligten Mächten zu einer gemeinsamen «Strafexpedition» vereinten. Truppen aus neun europäischen Staaten, Japan und den USA waren daran beteiligt; den Oberbefehl hatte der deutsche Feldmarschall Alfred Graf von Waldersee.

Wilhelm II. während seiner berüchtigten Hunnenrede am 27. 6. 1900.

Wilhelm II. hoffte, «daß es vergönnt sein möge, den Chinesen in großer Feldschlacht eine vernichtende Niederlage beizubringen». Wie er das im einzelnen wünschte, gab er mit markigen Worten am 27. Juni 1900 im «Kaiserlichen Scheidegruß an das Expeditionskorps» in Bremerhaven kund: «Kommt Ihr vor den Feind, so wird er geschlagen, Pardon wird nicht gegeben; Gefangene nicht gemacht. Wer Euch in die Hand fällt, sei in Eurer Hand. Wie vor tausend Jahren die Hunnen unter ihrem König Etzel sich einen Namen gemacht, die sie noch jetzt in der Überlieferung gewaltig erscheinen läßt, so möge der Name Deutschland in China in einer solchen Weise bekannt werden, daß niemals wieder ein Chinese es wagt, etwa einen Deutschen auch nur scheel anzusehen.»

Der Aufstand war rasch niedergeschlagen, und die durchweg schlecht bewaffneten chinesischen Soldaten leisteten in dem unerklärten Krieg kaum Widerstand. Dennoch trieben die Truppen der imperialistischen Mächte noch ein ganzes Jahr lang ihr Unwesen; sie hausten, wie es der deutsche Kaiser in der «Hunnenrede» befohlen hatte. Über grausame Massaker unter der Zivilbevölkerung war dann einiges aus den sogenannten Hunnenbriefen zu erfahren, die einfache Soldaten geschrieben hatten und die in der sozialdemokratischen Presse erschienen.

Das Gemetzel in China wurde im nachhinein zu «gewaltigen Siegen» umgefälscht. «Der Asiat hat nur Achtung vor der rücksichtslosen Macht», meldete Waldersee bei der Rückkehr. «Diese Achtung haben wir uns in vollstem Maße erworben, und sie wird voraussichtlich reiche Früchte tragen. Jetzt ist es Sache deutscher Unternehmungslust, entschlossen vorwärts zu gehen.» Womit die Hintergründe ausgeplaudert waren.

«Das Auge hat nicht gezuckt und die Hand nicht gezittert», überschlug sich die kaiserliche Stimme bei den Begrüßungstiraden, «und so wurden die Siege errungen!» Weil aber nun allein kernige Reden die Mordexpeditionen nicht auf die Dauer in das Gewand «gewaltiger Siege» einhüllen konnten, sollte den «Ruhmestaten deutscher Kriegskunst» ein Monument besonderer Art errichtet werden – mit der von Kürschner betreuten chauvinistischen Publikation «China. Ein Denkmal den Streitern und der Weltpolitik».

Zahlreiche Mitarbeiter schreiben in wenigen Wochen anderthalbtausend Spalten zusammen. Es sind schlimme Texte darunter.

«Fünfe links und fünfe rechts / Zerrt er an den Zöpfen /
In der Hitze des Gefechts, / Um sie dann zu köpfen. /
Oder sollt geneigt er sein, / Mal Pardon zu geben? /
Er Pardon? Fällt ihm nicht ein! / Allen geht's ans Leben.»

So läßt beispielsweise Johannes Trojan seinen «Füselier Schulze» das Kaiserwort vollziehen. In ähnlichem Ton geht es weiter.

Um große Käuferscharen zu ködern, «weiteste Kreise um so sicherer zu fesseln», soll der Band durch «unterhaltsame Erzählungen» ergänzt werden. Deshalb wendet sich Kürschner an May. Von ihm erhofft er

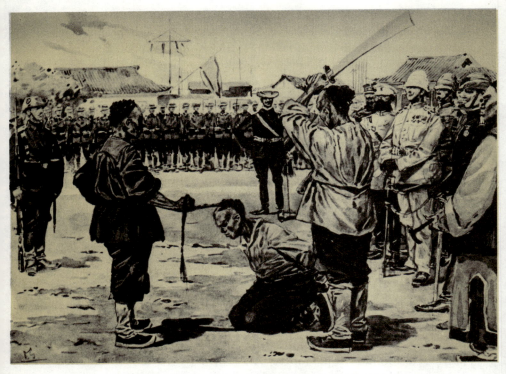
Chinesen werden gezwungen, eigene Landsleute hinzurichten.

einen spannenden Roman über Flußpiraten oder Tempelräuber. Karl May sagt umgehend zu – und vollbringt dann einen genialen Streich.

Da das Werk vor der gebundenen Ausgabe zuerst in Lieferungen erscheint, übersendet May das Manuskript ratenweise, und gleich bei der ersten Folge sind Kürschner und sein Stab zumindest verwundert. Sie finden den Beginn «etwas sehr gesucht» und wollen den Titel *Et in terra pax* in «Kairo» abändern, was May entschieden ablehnt. Dann werden die Gesichter von Mal zu Mal länger. May wird gebeten, «packender» und «leichter verständlich» zu erzählen und die Religionsangelegenheiten «nicht in der gleichen philosophischen Weise weiter behandeln zu wollen». Kürzungen werden angedroht, in der Redaktion spricht man von einem «höchst merkwürdigen und fatalen Fall». May bleibt jedoch standhaft und setzt seine Konzeption durch. Er verlangt Korrekturfahnen und Belegstücke und reagiert selbst auf Druckfehler mit Empörung. «Es ist mit May ein wahres Kreuz!» schreibt der Verleger an Kürschner.

Als das Werk dann in der «Deutschen Kriegerbund-Buchhandlung» in Berlin in gebundener Ausgabe zum stolzen Preis von 25 Mark erscheint, fühlt sich Kürschner gegenüber den Lesern zu besonderer Entschuldigung verpflichtet. «Karl Mays Reiseerzählung, die erst während des Erscheinens der einzelnen Lieferungen des Buches vollendet wurde, hat einen etwas anderen Inhalt und Hintergrund erhalten, als ich geplant und erwartet hatte», schreibt er in einem Vorspann. «Die warmherzige Vertretung des Friedensgedankens, die sich der vielgelesene Verfasser angelegen sein ließ», fügt er hinzu, «wird aber gewiß bei Vielen Anklang finden.»

1904 wird der Roman unter dem Titel *Und Friede auf Erden!*, der durch das Ausrufezeichen zur Forderung wird, in die Fehsenfeld-Serie aufgenommen. Hier schildert May, daß während der Arbeit an den einstigen Fortsetzungen «ein Schrei des Entsetzens zu mir drang, der über mich, das literarische enfant terrible, ausgestoßen wurde. Ich hatte etwas geradezu Haarsträubendes geleistet, allerdings ganz ahnungslos: Das Werk war nämlich der ‹patriotischen› Verherrlichung des ‹Sieges› über China gewidmet, und während ganz Europa unter dem Donner der begeisterten Hipp, Hipp, Hurra und Vivat erzitterte, hatte ich mein armes, kleines, dünnes Stimmchen erhoben und voller Angst gebettelt: ‹Gebt Liebe nur, gebt Liebe nur allein!›... Ich hatte mich und das ganze Buch blamiert und wurde bedeutet, einzulenken. Ich tat dies aber nicht, sondern ich schloß ab, und zwar sofort, mit vollstem Rechte. Mit dieser Art von Gong habe ich nichts zu tun!»

May zeigt sich hier als politisch bewußter, dem Frieden verpflichteter Mensch, zu dem er 1901 längst herangereift war. Seine Darstellung, er habe über den wahren Charakter des China-Buches vorher nichts gewußt und nur deshalb seine Zusage gegeben, trifft auf Grund heute vorliegender Dokumente nicht zu. Er wußte vielmehr recht gut Bescheid und hat ganz gezielt in das Machwerk ein Trojanisches Pferd plaziert.

China

Schilderungen aus Leben und Geschichte Krieg und Sieg

Ein Denkmal den Streitern und der Weltpolitik

Herausgegeben von

Joseph Kürschner

Mit 30 farbigen Kunstblättern, 1 Gedenkblatt, 716 Textillustrationen und 2 Karten

Berlin
Deutsche Kriegerbund-Buchhandlung
Dr. Hans Ratge

Titelblatt des von chauvinistischem Geist geprägten Sammelbandes.

Et in terra pax.

Reise-Erzählung von Karl May.

Erstes Kapitel:
Am Thore des Orients.

Kairo bei Abend.

„Ich bin Sejjid Omar!"

Wie stolz das klang, und wie beweiskräftig die Gebärde war, mit welcher er diese Worte zu begleiten pflegte! „Ich bin Sejjid Omar," das sollte sagen: „Ich, Herr Omar, bin ein studierter, schriftkundiger Abkömmling des Propheten, welcher der Liebling Allahs ist. Mein Name wurde mit allen meinen persönlichen Vorzügen in die heilige Stammrolle zu Mekka eingetragen; darum habe ich das Recht, ein grünes Oberkleid und einen grünen Turban zu tragen. Wenn ich sterbe, wird die Kuppel meines Grabmals grün angestrichen und mir die Thür des obersten der Himmel gleich geöffnet sein. Respekt also vor mir!"

Was aber war dieser Sejjid Omar? Ein Eselsjunge! Er hatte seinen „Stand" an der Esbekije in Kairo, dem Hotel Kontinental, in welchem ich wohnte, gegenüber. Ein schön und kräftig gebauter, junger Mann von wenig über zwanzig Jahren, war er mir durch seinen steten Ernst und die angeborene Würde seiner Bewegungen aufgefallen. Ich beobachtete ihn gern von meinem Balkon aus, und wenn ich unten auf dem prächtigen Vorplatze des Hotels meinen Kaffee trank, konnte ich ihn sprechen hören. Sein Gesicht zeigte zwar auch den Zug von Verschlagenheit, der allen Eseltreibern eigen ist, aber er war nicht aufdringlich und lag seinem Geschäfte in einer Weise ob, als werde jedem, der sich seines Esels bediente, eine ganz besondere Gunst erwiesen. Er gab sich so wenig wie möglich mit Berufsgenossen ab, und wenn sie ihn für diese Zurückhaltung mit spöttischen Redensarten zu ärgern versuchten, bekamen sie nichts als ein verächtliches „Ich bin Sejjid Omar" zu hören. Wollte ein Fremder mit ihm feilschen, oder wurde ihm irgend etwas gesagt oder zugemutet, was er für gegen seine Ehre hielt, so wendete er sich mit einem geringschätzenden „Ich bin Sejjid Omar" ab und war dann für den Betreffenden nicht mehr zu sprechen.

Die Folge war, daß ich ihm ein ganz besonderes Interesse schenkte, obgleich sich mir keine Gelegenheit bot, dies in Beziehung auf sein Geschäft zu beweisen. Aber Blicke ziehen einander bekanntlich an. Ich bemerkte, daß auch er sehr oft zu mir herüber sah. Er schien unruhig zu werden, wenn ich nach dem Mittag- und dem Abendessen mich nicht sofort auf der Terrasse sehen ließ, und so oft ich beim Ausgehen an ihm vorüber kam, trat er, obgleich ich ihn gar nicht zu beachten schien, einen Schritt zurück und legte, still grüßend, die Hände auf die Brust.

In dem erwähnten Hotel giebt es zu Seiten des Speisesaales zwischen den Säulen kleinere Tische für Gäste, welche es nicht lieben, an der Tafel enggepfercht zu sitzen. Ich hatte mir einen dieser Tische für mich allein reservieren lassen. Der links davon war nicht besetzt; an den zu meiner rechten Hand gab es seit gestern zwei Fremde, welche

Dem Völkerhaß und der Rassenhetze setzt er seine «warmherzige Vertretung des Friedensgedankens» entgegen, dem kaiserlichen Geschwafel von «heiliger Zivilisation» und Christentum, die es gegen die «heidnische Kultur» der Chinesen zu verteidigen gelte, stellt er die Prinzipien religiöser Duldsamkeit gegenüber. «Ich liebe Ihre Nation», läßt er einen Deutschen zu einem Chinesen sagen. «Ich liebe sie nicht weniger als jede andere Rasse.» Ihm wird bewußt gewesen sein, daß er bei seiner großen Popularität damit auch den Haß reaktionärer Kreise auf sich ziehen mußte –, der ihn dann auch im vollen Maße traf. Sich ahnungslos zu geben, war somit nur ein Versuch zum Selbstschutz.

Ebenfalls unzutreffend ist, daß er die Arbeit vorzeitig abgebrochen habe, denn May hat genau im vereinbarten Umfang geliefert, allerdings mit Verzögerungen, die er dann als Druckmittel zum Durchsetzen seiner Wünsche ausnutzte.

Die Fassung von 1904 ist um ein Viertel länger als der Text von 1901. Es sind vor allem neue Einsichten und Vorstellungen, die May zu einem zusätzlichen Kapitel und notwendigen Ergänzungen im alten Text veranlassen.

Die symbolisch angelegte «Reiseerzählung» führt von Kairo nach China. Menschen verschiedener Nationen, Religionen und Rassen begegnen einander und versammeln sich zum Treffen der «Shen». «Es ist die Menschlichkeitsverbrüderung», so stellt May diesen visionären Weltbund vor, «der große Bund Derer, die sich verpflichtet haben, nie anders als stets nur human zu handeln», es ist «die Gesamtheit von allen, allen Menschen, die auf Erden endlich einmal Frieden haben wollen». Humanität, Brüderlichkeit und Frieden werden als wichtigste internationale Aufgaben genannt – Forderungen, die fortan Mays gesamtes Spätwerk durchziehen.

Die «Shen» gab es in der Fassung von 1901 noch nicht. Eine dort vorgestellte geheime Bruderschaft des «Pu» spielt nicht jene wichtige Rolle. Alles, was auf das große Treffen am Schluß hinausläuft, und das Ereignis natürlich selbst, ist neu hinzugekommen.

Aber ob 1904 oder 1901 – May offenbart bemerkenswerte Erkenntnisse über die Ursachen der imperialistischen Raubexpedition von 1900/01: «Was haben wir den anderen Völkern zu leid getan?» fragt im Dialog ein Chinese und findet dann bittere Worte gegen die Eindringlinge. «Trachten wir nach den Schätzen ihrer Bergwerke, nach den Früchten ihrer Felder, nach den Erträgnissen ihrer Industrie? Nein!... Sie legen mit ihren Kanonen unsere Türme, Mauern und Häuser in Trümmer... sie muten uns sträfliche Befangenheit zu, ihrer Versicherung zu glauben, daß sie es mit der Erfindung ihrer ‹Interessensphären› und ‹offenen Tür› nur auf unser Heil abgesehen haben... ‹Sendboten des Christentums›... Das sind Fiktionen, mit denen ein Kenner der Verhältnisse nicht irre zu machen ist!» Dieses «Zivilisieren», schreibt May, ist «nichts anderes als ein Terrorisieren...» Seine entschiedene Absage an Kolonialismus und Imperialismus verbindet er mit einer nicht minder scharfen Verurteilung religiöser und rassischer Intoleranz: «Solche Sünder gegen die Völker- und Menschenrechte gehören eigentlich unter Gewahrsam, weil sie gemeingefährlich sind.» «... eigentlich», schränkt May ein. Denn es war natürlich nicht daran zu denken, einen der «gemeingefährlichen» Kriegstreiber und lautstarken Wortführer der aggressivsten Kreise des deutschen Imperialismus – Wilhelm II. – hinter Gitter zu bringen. Er aber war es, der in seinen Reden Machtstreben, Expansionsdrang, falsches christliches Pathos und Rassenhetze am meisten miteinander verquickte.

Mit *Et in terra pax* setzt sich May nicht zum ersten Mal für den Weltfrieden ein. Er möchte «gern an eine Zeit glauben», in der «Friede auf Erden» herrscht, und er findet es beklagenswert, daß die christliche Religion «trotz ihres neunzehnhundertjährigen Bestehens in der Welt den ersehnten Frieden noch nicht gebracht» hat. Um dennoch am «Gedanken eines Völker-, eines Erdenfriedens festzuhalten», gäbe es «nur eine Macht...: die Humanität». Sie müsse alle «Äste und Zweige der Gesellschaft» durchdringen, die ganze Erde umfassen.

So steht es schon 1875/76 in den *Geographischen Predigten*. Für jene Jahre besonders bemerkenswert, überschlug sich doch die reaktionäre Presse gerade mit ihrer «Krieg in Sicht»-Propaganda; ein neuer Waffengang gegen Frankreich schien bevorzustehen. May schränkte deshalb vorerst noch ein: «... aber das, was uns die Wirklichkeit nicht bieten will, dürfen wir wenigstens träumen.»

In der Erzählung *Der Boer van het Roer* aus dem Jahre 1879 äußert er sich zur Geschichtsforschung seiner Zeit und merkt an, daß sie lediglich die äußeren Tatsachen chronologisch ordne; sie habe jedoch

Karl May's
gesammelte Reiseerzählungen

Band XXX:

Und Friede auf Erden!

Freiburg i. Br.
Friedrich Ernst Fehsenfeld.

Bald nach dem Erscheinen der Buchausgabe (1904)
beginnt die Hetzkampagne gegen May.

Und Friede auf Erden!

Reiseerzählung

von

Karl May

1.—5. Tausend

Freiburg i. Br.
Friedrich Ernst Fehsenfeld.

«nachzuweisen, daß gewisse geschichtliche Kräfte nach gewissen unumstößlichen geschichtlichen Gesetzen gewisse geschichtliche Erscheinungen zu Tage fördern. Welches Geschichtswerk aber zählt uns diese Kräfte und Gesetze auf; welches Geschichtswerk gibt uns eine genaue Erklärung von der nothwendigen Entwickelung eines Ereignisses nach diesen Gesetzen und durch diese Kräfte?»

Erst wenn man die «unumstößlichen weltgeschichtlichen Gesetze» kenne, «werden wir Herren der Ereignisse sein..., der Krieg wird zur Unmöglichkeit... und die Entwicklung des Menschengeschlechtes wird auf Bahnen geleitet werden, die so hoch über unserer jetzigen Kenntniß liegen, daß wir von ihnen nicht die mindeste Ahnung besitzen».

May wußte nicht, daß es zu jener Zeit schon die Kenntnisse über die von ihm erträumte Gesellschaftsordnung und den Weg dorthin gab. Wie die übergroße Mehrheit der damaligen Schriftsteller kannte auch er die Werke von Marx und Engels nicht.

In seinen Abenteuererzählungen löst May viele Konflikte unblutig, letztendlich immer friedlich. So werden die wirklichen Schuldigen, die die Gefahr eines Waffenganges heraufbeschworen haben, ermittelt, entlarvt und bestraft, fadenscheinige Fehdeursachen aufgedeckt und beigelegt und die unselige Zwietracht einzelner Indianerstämme, von weißen Bösewichtern und Geschäftemachern oft bewußt geschürt, verurteilt. Nicht anders ist das beim Handlungsgeschehen im Orient.

Im ersten Teil von *Im Reiche des silbernen Löwen* (1897) kommt es nach längerer Zeit zum Wiedersehen von Kara Ben Nemsi und Hadschi Halef Omar, der als nunmehriger Scheik den «außerordentlichen Wohlstand» der Haddedihn vorführt.

«Ich habe sie reich und glücklich gemacht. Kannst du erraten, wodurch?» fragte er. «Es ist ein einziges, kleines Wort.»

«Du wirst das Wort Friede meinen.»

«Ja, es ist der Friede...»

Gab es solche Passagen schon in früheren Werken, wird nach seiner Orientreise, beginnend mit *Et in terra pax,* der Weltfriede zum dominierenden Thema, das May zunächst noch aus pazifistischer Sicht behandelt.

Zur Vorbereitung des «16. Internationalen Friedenskongresses» im

September 1907 in München richtet die Zeitschrift «Le paix par le droit», Organ einer französischen Friedensgesellschaft, Fragen zum Verhältnis Frankreich – Deutschland an zahlreiche Persönlichkeiten, darunter an den Chemiker Wilhelm Ostwald (Nobelpreisträger von 1909) und an Karl May. Seine Antworten werden mit ausdrücklichem Hinweis auf das Werk *Und Friede auf Erden!* veröffentlicht.

«Jeder Deutsche, der nicht fehlgeleitet worden ist, schätzt und ehrt die Franzosen», schreibt May in einer Zeit drohender Kriegsgefahr und neuer Kriegshetze. Und weiter: «Wenn sie sich in Frieden einigen, wären beide stark genug, um... jeden Friedensstörer zu vertreiben.»

Auf die Frage nach den «geeignetsten Mitteln, um die Annäherung zu beschleunigen», schlägt May unter anderem eine Zeitschrift vor, «die jede Woche in den beiden Ländern zu einem erschwinglichen Preis erscheint... Je billiger, desto besser. Sie würde mit Freude von Tausenden von Friedensfreunden begrüßt werden.» Hier könne man «eine ganze Ernte fruchtbarer Ideen» für Zusammenhalt und Frieden sammeln. Man müsse «alles... ermutigen, was uns einigt, und nie das, was uns trennt... Könnte ich doch die Verwirklichung dieses Wunsches erleben!»

Daß Friedenswünschen Taten folgen müssen, hat Karl May schon 1901 im China-Band bekundet. Jetzt, 1907, kommt er auch zur Erkenntnis, daß aktive Friedenssicherung über ein pazifistisches Bekenntnis hinausgehen muß.

In dieser Zeit hat sich das gestörte Verhältnis zum «Deutschen Hausschatz» wieder geglättet. Zwischen November 1907 und September 1909 erscheint in der Zeitschrift der große Roman *Der 'Mir von Dschinnistan*, dem 1909 bei Fehsenfeld die zweibändige Ausgabe unter dem Titel *Ardistan und Dschinnistan* folgt.

Dieser Roman ist allegorisch angelegt und hat keinerlei Bezüge mehr zu geographischen Realitäten. May bezeichnete ihn als seine «Friedenssymphonie». Hier legte er sein entschiedenstes, klarstes Bekenntnis ab: Guter Wille der Friedensfreunde allein genügt nicht, der Weltfrieden kann nur durch Macht gesichert werden. Karl May schreibt: «Hat der Krieg eine eiserne Hand, so habe der Friede eine stählerne Faust! Nur die Macht imponiert, die wirkliche Macht. Will der Friede imponieren, so suche er nach Macht, so sammle er Macht,

Die Ehepaare May (links) und Fehsenfeld, um 1905.

so schaffe er sich Macht. Du siehst, daß der Friede niemals wirklich Friede sein kann. Er ist es nur so lange, als er die Macht besitzt, es zu sein. Er hat stets auf Vorposten zu stehen. Sobald er sich beschleichen und überfallen läßt, tritt der Feind an seine Stelle. Alle Rüstung der Erde und alle Rüstung ihrer Völker war bisher auf den Krieg gerichtet. Als ob es unmöglich wäre, in eben derselben und noch nachdrücklicherer Weise auf den Frieden zu rüsten! . . .

Krieg oder Friede. Wer von beiden die größere Macht besitzt, der wird herrschen . . .»

Diese programmatischen Sätze stehen im Anfangsteil des Romans. Den Leitgedanken folgt unter anderem auch der Hinweis, daß die Friedensbewegung Schritte zum aktiven Handeln überlegen und einleiten müsse: «Worte tun es überhaupt nicht, sondern Taten müssen geschehen. Ihr habt Kriegswissenschaften, theoretische und praktische. Und ihr habt Friedenswissenschaften, theoretische, aber keine praktischen. Wie man den Krieg führt, daß weiß jedermann; wie man den Frieden führt, daß weiß kein Mensch . . .»

Was die bürgerliche Friedensbewegung vor dem ersten Weltkrieg nicht vermochte, konnte auch May nicht vorwegnehmen. Mit vielen Gedanken jedoch ging er weiter als manche seiner Gesinnungsfreunde.

Seine Gedanken zu Dschinnistan, dem Land des Friedens und der Humanität, versucht May im letzten großen belletristischen Werk *Winnetou, Band IV* (1909/10), fortzusetzen. Ständige Pressehetze und die vielen Prozesse haben ihn aber schon derart gezeichnet, daß er sich nicht mehr zu neuen Höhen aufschwingen kann. Seine Forderungen fallen zum Teil wieder in utopische Vorstellungen zurück, vom kämpferischen Verlangen – Friedenssicherung durch Macht – ist kaum noch etwas zu spüren.

Wie vorher die «Shen», so beschreibt er jetzt einen «Clan Winnetou» als Beispiel friedlichen Zusammenlebens der Menschen. Den edlen Helden von einst, selbstredend ohne alle kriegerischen Attitüden, stellt er dafür als Vorbild dar. May greift dabei auf Clan-Gebräuche zurück, die es bei den Indianern tatsächlich gegeben hat, die beispielsweise auch Cooper im Lederstrumpf-Titel «Der letzte der Mohikaner» darstellt.

Durch sein Engagement für den Weltfrieden hatte May nicht nur Aufmerksamkeit bei der erwähnten französischen Organisation gefunden. Im Oktober 1905 hält Bertha von Suttner in Dresden einen Vortrag, und danach entwickelt sich zwischen der Friedensnobelpreisträgerin und ihrem «Gesinnungsgenossen in Friedenssachen und anderen Fragen», wie sie Karl May bezeichnet, eine rege Korrespondenz. Einige Belege liegen heute im Genfer UNO-Archiv, darunter der letzte Brief, den May in seinem Leben geschrieben hat. Auch im Tagebuch Bertha von Suttners gibt es mehrere Notizen zu diesem Ideenaustausch.

Von ihr hat May neue Gedankenanstöße erhalten. Nach der Lektüre ihres Buches «Die Waffen nieder!» wird beispielsweise der dort verwendete Begriff vom «Edelmenschen» für ihn gleichsam zum Programm. Außerdem treten Frauen, in den vorherigen Reiseromanen nur

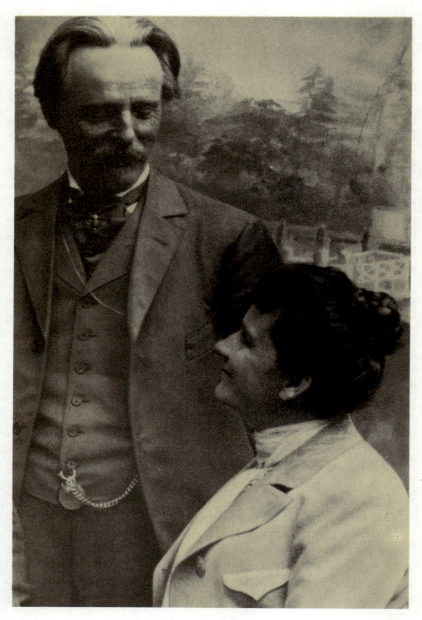

Karl und Klara May im Jahre 1904.

Randfiguren, nunmehr als völlig gleichberechtigte und kluge Partner auf. Der Forscher Hansotto Hatzig weist darauf hin, daß die Scheikfrau Taldscha aus *Ardistan und Dschinnistan* Züge von Bertha von Suttner trägt – «... eine jener tief und edel angelegten Frauen, ... um andere, die sich auch nach Vervollkommnung sehnen, zur freiwilligen Nachfolge anzuregen.»

Bertha von Suttner gehörte zu den Mitbegründern der «Deutschen Friedensgesellschaft» (DFG), die 1892 als Reaktion auf die aggressive Politik des Kaiserreichs entstanden war. Sie vereinte friedliebende, humanistische, liberale und demokratische Vertreter des Bürgertums, Kleinbürgertums und der Intelligenz. In ihren Reihen wirkten später so bekannte Persönlichkeiten wie Paul von Schoenaich, Otto Nuschke, Carl von Ossietzky und Kurt Tucholsky.

Diese erste deutsche bürgerlich-pazifistische Organisation nahm Ende 1907 Kontakt zu Karl May auf. Man vereinbarte für Mai 1908 einen Vortrag zum Thema «Und Friede auf Erden!» Durch Zuspitzungen im Prozeßgeschehen mußte May leider absagen. Kurz vor seinem Tode hielt er dann doch noch eine aufsehenerregende Friedensrede.

«Ein Wind niedriger Gesinnung...»

«Völkische» Vernichter melden sich zu Wort

Das Lesseps-Denkmal in Suez stehe «nicht in brandenden Wogen, sondern in ziemlich gesicherter Stellung». Auch seien manche der verwendeten malaiischen Worte etwas unpräzise. An diesen und ähnlichen Belanglosigkeiten hakelt sich die Rezensentin des «Dresdner Anzeigers» hoch, um dann zu resümieren: «Aus allen diesen Gründen ist es zu unserem Bedauern nicht möglich, in seinen Friedensruf einzustimmen.»

Auf diese bösartige Kritik zum Buch *Und Friede auf Erden!* reagiert May mit einem ganzseitigen offenen Brief «An den Dresdner Anzeiger», der im November 1904 im Anzeigenteil mehrerer Zeitungen erscheint. Worauf eine Replik und nochmals eine Maysche Gegenreplik folgen und sich dann der Leiter des Feuilletons und Hauptredakteur für Kunst und Wissenschaft am «Dresdner Anzeiger», Prof. Dr. Paul Schumann, in zwei langen Beiträgen zum Thema ausläßt. Er schreibt allerlei Unsinn, bezeichnet beispielsweise seine Rezensentin Marie Silling als «anerkannte Schriftstellerin», die es auch «in so ernster und tiefgründiger Weise» verstehe, «die bei uns eingehenden Jugendschriften» zu prüfen. In diese Kategorie hatte der Professor das betreffende Werk Mays «nach gemeinsamen Beratungen» tatsächlich eingestuft! Aber er deutet auch etwas von «Nachforschungen» an über «gewisse Jahre und Monate..., die Karl May in Deutschland in größter Zurückgezogenheit verbracht hat».

Das Buch *Und Friede auf Erden!* enthalte «Phantastereien», und die anderen Werke müsse man ebenfalls «bekämpfen», denn sie wären «Gift für das Volk» und die «Volksgesundheit»: «Darum fort mit ih-

Paul Schumann, der im «deutschnationalen» Geist
«gnadenlos und fanatisch» gegen May auftritt.

nen aus jedem deutschen Hause!» Für dieses Ziel stehe er in einer
Front mit Cardauns, dem «Kunstwart», und anderen – «gibt es doch
noch Gott sei Dank auch noch Gebiete, wo das Deutschtum und die
allgemeine Kultur sie zu gemeinsamen Vorgehen gegen einen gemeinsamen Gegner zusammenführt. Eine solche gemeinsame Sache ist die
Verwerfung Karl Mays und seiner Schriften.»

Wenn sich der Professor mit manchen Sätzen auch etwas schwer tut,
seine markigen Worte von «Volksgesundheit» oder «Deutschtum» deuten an, aus welcher Richtung nunmehr der Wind weht. Der Hinweis
auf den «Kunstwart» und damit auf Ferdinand Avenarius – den «Praeceptor Germaniae» –, der in seiner Zeitschrift (ab 1887) und im «Dürerbund» (ab 1903) für eine «gute, bodenwüchsische Germanenkultur»

Ferdinand Avenarius, Herausgeber des «Kunstwart».

agiert, paßt genau in das Bild. «Das sinnlose Ausländern, das Hineinessen, was man nicht verdauen kann», solle man «bekämpfen wie den Teufel.» Denn es gelte, das «Deutschtum» zu kräftigen, «nicht etwa nur der Kriegstauglichkeit wegen, sondern wegen der Tüchtigkeit des Volkes, der Rasse. ...» Die «Germanenkultur in Deutschland» müsse «völkisch und national» sein und das «Judentum» zurückdrängen. Bis zur «Blut-und-Boden»-Theorie der Nationalsozialisten war es dann nur noch ein kurzer Schritt.

In diesem Sinne verhöhnt Avenarius, was ihm als nicht «völkisch» erscheint. So ist Heinrich Heine für ihn «nirgends ein Schöpfer weittragender Gedanken», und Karl May gilt ihm als «eine Art von Volksgehirnerweichung». Mit seiner Hetze gegen May, die 1902 beginnt und bis über dessen Tod hinausreicht, verfolgt der völkisch-nationale Möchtegern-Kulturpapst auch eigene ehrgeizige Ziele. Die große Lesergemeinde des humanistischen Schriftstellers muß ihm als Bollwerk gegen die Ausbreitung seines präfaschistischen Gedankengutes gelten. «Uns geht vor allem die Wirkung dieses Mannes an», bekennt er 1912 in einem abfälligen Nekrolog.

Georg Heym, einer der bedeutendsten Lyriker des Frühexpressionismus, geißelt die Kampagne im «Kunstwart» mit sarkastischen Worten: «Ein Mann, namens Avenarius, von Beruf Wart der Kunst, nimmt es sich heraus, in seinem Käseblatt für literarische Geheimratstöchter den Dichter Karl May anzugreifen, und ihn als einen Schundliteraten seinem Leserkreis zu denunzieren. Karl May, dessen großartige Phantasie natürlich von diesem wöchentlichen Mist-Fabrikanten niemals begriffen werden kann.»

Als Avenarius-Freund gehört auch Schumann zu dem «Kunstwartkreis». Parteipolitisch ist er dem reaktionärsten Flügel der Nationalliberalen zuzurechnen, der sich nach der Niederlage im ersten Weltkrieg 1918 den Deutschnationalen anschließt. Der Weg dieser Partei verläuft dann über Hugenberg zu Hitler. Als Hauptredakteur am deutsch-nationalen «Dresdner Anzeiger» arbeitet Schumann bis zu seiner Pensionierung 1923. Seinen eigenen Worten nach führte er «gnadenlos und fanatisch den Kampf gegen Karl May.»

Das aber ist noch nicht der schlimmste Feind, der gleichfalls 1904 die Bühne betritt.

Lebius, der Drahtzieher

«Aus der sozialdemokratischen Partei ausgetreten ist der seit einigen Jahren in Dresden wohnende Schriftsteller Lebius. Er hat seinen Austritt schriftlich ohne Angaben von Gründen ... angezeigt», meldet das Parteiorgan «Vorwärts» am 29. Januar 1904. Statt Schriftsteller müßte allerdings treffender Journalist und Redakteur stehen. Diesem Metier bleibt der Renegat Rudolf Lebius auch treu, als er sich nunmehr auf die Partei August Bebels einzuschießen beginnt – mit «einem Revol-

Rudolf Lebius, Organisator der Hetzjagd
gegen Karl May.

verblatt allerniedrigsten Ranges», wie Karl May die neugegründete Wochenzeitung «Sachsenstimme» bezeichnet.

Karl May hat sich dieses Blatt gründlich angesehen, denn ihm liegen einige Briefe von diesem Lebius vor. Mit überschwenglichen Worten bittet darin der Redakteur um Beiträge oder wenigstens um ein Interview. May berät sich mit Max Dittrich, einem alten Bekannten, der als Journalist und Schriftsteller ein sehr unstetes Leben führte und seit 1902 zu seinen engeren Freunden zählt. Trotz vieler Bedenken entschließt sich May, Lebius zu empfangen – in Gegenwart seines Freundes, «um nöthigenfalls an ihm einen Schutz und Zeugen zu haben».

Im Gespräch rühmt sich der Redakteur der «Sachsenstimme» seiner Erfolge «als Parteimann, als Journalist...» und wird dabei, so May, «geradezu ordinär in seiner Ausdrucksweise, wenn er von Denen sprach, denen er seine Existenz zu verdanken hatte. Das stieß ab!»

Dann erzählt Lebius von Annoncen israelitischer Kaufleute, mit denen die Druckkosten der «Sachsenstimme» gedeckt würden. «Für diese seine Wohlthäter hatte er nur den Ausdruck ‹Juden›!», hält May fest, der schon diesen Terminus als Diskriminierung empfindet. «Das mußte mich unbedingt verhindern, auch nur einen einzigen Pfennig für diesen undankbaren Menschen zu riskieren.»

Denn Lebius läßt durchblicken, daß er dringend Geld braucht. Er werde nur denen dienen, die ihn bezahlen: «Wer am meisten zahlt, der hat uns!»

May, ansonsten mehr als großzügig, zeigt sich abweisend, auch als Lebius in den folgenden Wochen schriftlich zunächst um ein «auf drei Jahre laufendes 5%iges Darlehen», dann konkret um drei- bis sechstausend Mark und schließlich sogar um zehntausend Mark bettelt. Als «Gegenleistungen» werden lobende Artikel über May in der «Sachsenstimme» angeboten

Erfolglos bleibt auch sein Bemühen, den von Max Dittrich gerade zusammengestellten Band «Karl May und seine Schriften» verlegen zu können. Das Ansinnen an Dittrich, er solle May «bearbeiten, daß er mir Geld gibt» – «Ich gebe Ihnen für die Vermittlung ein Prozent» –, bringt ebenfalls nichts ein. Und May läßt sich auch nicht durch eine anonyme Drohkarte, einer späteren Expertise zufolge von Lebius selbst fabriziert, einschüchtern. Er habe gehört, teilt der Absender mit, daß «ein gewisser Herr Lebius... einen Artikel gegen sie schreibt...»

Der erscheint auch am 11. September 1904 in der «Sachsenstimme» unter der dreifachen Überschrift: «Mehr Licht über Karl May./160 000 Mark Schriftstellereinkommen./Ein berühmter Dresdener Kolportageschriftsteller.»

Über weite Passagen geht es darin allein um Geldsummen. Von 160 000 Mark Jahreseinkommen habe May selbst erzählt, und für fünfzig- bis sechzigtausend Mark lasse er sich derzeit zwei Marmorbüsten anfertigen. Fehsenfeld sei durch Mays Werke mehrfacher Millionär geworden und lebe nun auf einem Jagdschloß im Schwarzwald. Und anderes mehr. «70 Unsauberkeiten» rechnet May zusammen, darunter «42 mehr oder weniger boshafte oder infame Unwahrheiten», und er läßt sich durch die zwischen den Zeilen bekundete «Hochachtung» und «Bewunderung» natürlich auch nachträglich nicht zur Kasse bitten. So schreibt Lebius vier weitere Schmähartikel. In einem Beitrag unter dem 18. 12. 1904 erwähnt er zwei Vorstrafen. Ein plauderhafter Dresdener Justizbeamter hat ihm dazu etwas angedeutet. Tags darauf erstattet May Anzeige wegen Erpressung, worauf sich Lebius am Weihnachtstag 1904 mit Plakataushängen in Dresdner Buchhandlungen rächt: «Die Vorstrafen Karl Mays».

Das Strafverfahren wird im März 1905 eingestellt mit der sonderbaren Begründung, daß der «Sachverständige für Schriftenvergleichung» den Lebius als Urheber der anonymen Postkarte zwar «überzeugend» identifiziert habe – «immerhin aber muß betont werden, daß wohl auf keinem Gebiet Sachverständigen-Gutachten so oft und mit so durchschlagendem Erfolg angefochten worden sind, wie auf dem der Schriftenvergleichung». Auch müsse man «die Karte und die nachfolgenden Artikel als Rache..., nicht aber als Zwangsmittel zu dem Zweck, das Geld doch noch zu erhalten», werten.

Zusammen mit Max Dittrich, der in der «Sachsenstimme» ebenfalls beleidigt wurde, reicht May nun Privatklage wegen Verleumdung ein. Ihm selbst ist von Lebius noch der «Einbruch in einen Uhrenladen» angedichtet worden. Zum Termin am 3. Oktober 1905 vor dem Dresdner Landgericht läßt sich einer von Mays Anwälten, Ernst Klotz, zur Behauptung hinreißen, alle Aussagen über die Vorstrafen seien «eine elende Verleumdung». Der Vorsitzende verfügt daraufhin, daß aus den alten, in Dresden eingelagerten Strafakten verlesen wird. Als Rudolf Bernstein, auch ein Anwalt Mays, sieht, daß Lebius eifrig mitstenographiert, stürzt er zum Richtertisch und klappt die Akte zu. Die Klage wird zurückgezogen.

Lebius wußte bis zu diesem Zeitpunkt nichts Konkretes über die Vorstrafen, erfährt aber jetzt, daß sogar noch Akten vorhanden sind. Diesen Fakt wird er noch weidlich nutzen. In der Kontroverse mit Dittrich muß er zwar eine Niederlage einstecken und alle Unterstellungen als unwahr zurücknehmen, von neuen Schritten gegen May läßt er sich dadurch aber nicht abbringen.

Vermutet man hinter den Aktionen von Lebius Neid und private Rachegelüste wegen des verweigerten Darlehens – nach dem Ausblei-

Die Ehepaare May (rechts) und Bernstein.
Rechtsanwalt Rudolf Bernstein vertritt Mays Interessen gegen
Pauline Münchmeyer und Adalbert Fischer.

ben der erwünschten Summe mußte Lebius sogar den Offenbarungseid leisten –, so gelten solche Motive nur für die Anfangsphase. Zahlreiche Indizien beweisen eindeutig, daß dieser Mann schon bald aus politischen Gründen handelt und jenen reaktionären Kreisen in die Hände arbeitet, denen May durch seine Absage an Militarismus, Rassismus und Kolonialismus lästig geworden ist. May wird ernst genommen, weil hier nicht irgendein Schriftsteller seine Stimme erhoben hat, sondern einer der meistgelesenen Erzähler jener Zeit.

Als Drahtzieher einer pausen- und gnadenlosen Rufmordkampagne ist Lebius geradezu prädestiniert. Spätestens ein Jahr nach dem Verrat an der Sozialdemokratie hat er festen Fuß im Lager der Reaktion gefaßt und befleißigt sich einer extrem antisozialistischen Haltung. Dieser Gesinnungswandel zahlt sich dann auch finanziell für ihn aus. Er arbeitet für die von den Unternehmern geschaffenen und geförderten «Gelben Werkvereine» (irreführend auch als «Gelbe Gewerkschaften» bezeichnet), die als Vorläufer der faschistischen «Werkscharen» gelten.

Aus Furcht vor möglichen Auswirkungen der revolutionären Ereignisse in Rußland werden diese Betriebsgruppen 1905 straff organisiert, um die «Eintracht zwischen Arbeiter und Arbeitgeber» – eine von Lebius vielstrapazierte Phrase – durch Streikbrecherdienste zu sichern. Lebius wird 1906 Gründer und Herausgeber des Blattes «Der Bund», dem Sprachrohr dieser Werkvereine, die sich unter seinem Einfluß zu einem einheitlichen Streikbrecherkartell zusammenschließen. Agitatorisch und publizistisch arbeitet dieser Mann auch für den «Deutschen Flottenverein», die «Deutsche Kolonialgesellschaft» und den «Reichsverband gegen die Sozialdemokratie». In Berlin kann er 1910 mit dem «Spreeverlag» sogar ein eigenes Unternehmen gründen, das vor allem antisemitische Hetzschriften herausgibt.

Zu den allerersten Publikationen jenes Verlages gehört die von Lebius selbst verfaßte Schmähschrift «Die Zeugen Karl May und Klara May – Ein Beitrag zur Kriminalgeschichte unserer Zeit», ein Machwerk von 335 Seiten, das nur durch erhebliche Geldunterstützung von außen zustande kommt. Aus der Feder Lebius' seien noch folgende Schriften genannt, die sich allein schon durch ihren Titel entlarven: «Das falsche Ideal des Sozialismus», «Ist eine deutschvölkische Zeitung notwendig?», «Das Geheimnis des Judentums».

Im Vernichtungskampf gegen May steht Lebius der Anwalt Paul Bredereck zur Seite, der 1920 nochmals Schlagzeilen macht: Als kurzzeitiger Minister und Pressechef gehört er zu den Hauptverantwortlichen des Kapp-Putsches. Daß dieser Advokat erst kurz vor dem Putschversuch aus Brasilien zurückgekehrt war, wo er sich nach Unterschlagungen aus einer Berliner Waisenkasse seit 1912 verborgen hielt, sei ebenso beiläufig erwähnt wie die Tatsache, daß Lebius von 1918 bis 1923 Vorsitzender einer kleinen faschistischen Partei ist, die sich aber im Machtgerangel mit der NSDAP nicht durchsetzen kann.

Egon Erwin Kisch charakterisiert diesen Lebius treffend und entlarvt prägnant seine Motive: «Von den Kampagnen dieses Vorhitler hatte nur eine einzige Publikumserfolg, und das war die, die er gegen den Jugendschriftsteller Karl May führte, weil ihm dieser zu religiöschristlich und zu wenig national schien, also ein Verderber der deutschen Jugend sei...» Damit hat Kisch exakt vorausgesagt, daß der Name Lebius heute ohne den heimtückischen Feldzug gegen May vergessen wäre.

Lebius hat die Existenz von Auftraggebern selbst gerichtsnotorisch belegt, als er am 18. Dezember 1911 bei einem weiteren Prozeß einen Vergleichsvorschlag des Gerichtsvorsitzenden unbeherrscht zurückweist. «Seine Organisation verlange, daß er keinen Vergleich schließe», heißt es im Bericht des «Vorwärts».

Dieser Hinweis scheint zu den «Gelben Werkvereinen» zu führen. Aber ein noch stärkeres Interesse an der Vernichtung Mays dürfte die «Kolonialgesellschaft» gehabt haben – hatte dieser Autor doch keinen seiner Romane in den kaiserlichen Kolonien angesiedelt und zudem «koloniales Gedankengut» mit seinem Beitrag im China-Band von 1901 direkt angegriffen. Nicht weniger verhaßt ist May dem «Reichsverband gegen die Sozialdemokratie», vor allem ab Ende 1907, als sich direkte Kontakte zwischen dem sozialdemokratischen Parteiorgan «Vorwärts» und dem Schriftsteller anbahnen.

Ein Jahr zuvor, 1906, erlebt May die vielleicht größte Enttäuschung als Schriftsteller. Nach rund anderthalb Jahren, und mit einem Aufwand wie bei keinem anderen Werk vorher, vollendet er das erste und einzige Drama: *Babel und Bibel. Arabische Fantasia in zwei Akten.*

«Ich habe mich bisher ja nur geübt, und meine Arbeit soll nun erst

Karl May am 25. 2. 1908, seinem 66. Geburtstag.

beginnen...», teilt er im Februar 1906 den «lieben Gratulanten» in einer gedruckten Geburtstags-Danksagung mit, die er zu jener Zeit einige Male verwendet und mit Hinweisen auf seine neuen Pläne füllt. An anderer Stelle schreibt er, daß er mit dem mystisch-religiös geprägten Opus «die Forderungen der edlen Menschlichkeit und die Möglichkeit eines vernunftgemäßen Völkerfriedens zur lebendigen Gestaltung bringen» wolle.

Fehsenfeld wagt dann im September 1906 nur eine Auflage von 1200 Exemplaren – und der Rest ist Schweigen. Es gibt zwar eine Reihe von Pressestimmen, wohlwollende wie bissig-ablehnende, keine Bühne jedoch bekundet Interesse an dem Stück. «Ich habe ein einziges Mal etwas Künstlerisches schreiben wollen», bekennt May resigniert, um doch die Hoffnung nicht ganz aufzugeben. «Da weicht man zurück und wartet auf seine Zeit. Und diese kommt gewiß.»

Für *Babel und Bibel* kommt sie nicht. Noch einmal verfängt sich May in einer Illusion.

Das Komplott

Inzwischen ist der Münchmeyer-Prozeß durch die Instanzen gelaufen. Am 9. Januar 1907 weist das Reichsgericht den Revisionsantrag von Pauline Münchmeyer gegen ein vorangegangenes Urteil, das sie zur Rechnungslegung verpflichtete, zurück. Damit hat May aber nur scheinbar gewonnen. Weil nach wie vor alle schriftlichen Beweise zu den einstigen Vereinbarungen fehlen, muß der Schriftsteller nach geltendem Zivilprozeßrecht den sogenannten Parteieneid leisten; erst dann wird das Urteil wirksam. Deshalb beschwört er am 11. Februar 1907 vor dem Landgericht Dresden mit einer langen Formel den uns schon bekannten Sachverhalt zu den mündlichen Absprachen.

Pauline Münchmeyer wird bei den Prozessen von dem Anwalt Oskar Gerlach vertreten. Durch verwandtschaftliche beziehungsweise freundschaftliche Bande ist er dem Kreis um Avenarius/Schumann verpflichtet, und Lebius versorgt er mit Material zu Mays Jugendstrafen, worüber man ja im Hause Münchmeyer von Anfang an genau Bescheid wußte. Ihn plagen keinerlei Bedenken; am 15. April 1907 erstattet er, obwohl kein solcher Tatbestand vorliegt, wegen «Meineides bzw. Verleitung zum Meineide» Strafanzeige gegen «May und Genossen». Die «Genossen» sind vier Zeugen aus den vorangegangenen Prozessen, darunter Mays Freund Max Dittrich, der einst auch für Münchmeyer schrieb, und die geschiedene Ehefrau Emma. Das Verfahren wird zwar Anfang 1909 wieder eingestellt, bringt für May aber Aufregungen, die schon bedrohliche Ausmaße annehmen.

Während stundenlanger Verhöre, die sich an mehreren Tagen wiederholen, werden die Jugenderlebnisse wieder aufgewühlt, und außerdem will der Vernehmer genau wissen, wie das mit dem Doktortitel zugegangen ist. Alles läuft so an, wie es von Gerlach geplant ist, denn mit einem Dreh hat man erreicht, daß der «Fall» einem seiner Freunde zur Bearbeitung übergeben wird.

Am Morgen des 9. November 1907 steht dieser Untersuchungsrichter Larras vor der Villa «Shatterhand», ihm zur Seite der Staatsanwalt Seyfert – auch das ein Freund von Gerlach aus der Schulzeit – und vier «Criminalgendarmen». Nun folgt eine achtstündige Hausdurchsuchung, die selbst vor der Asche im Ofen nicht haltmacht. Briefe, Manuskripte, Verträge mit Fehsenfeld, alles, was vielleicht einen «Beweis» zum Meineid erbringen könnte, wird sichergestellt. «Die sofortige Anfertigung eines Verzeichnisses der in Gewahrsam genommenen Gegenstände war bei deren großer Anzahl unausführbar», heißt es im Bericht, der zu den Akten kommt.

Der Tag hat für May verheerende Folgen. Von einem unmittelbaren Nervenzusammenbruch kann er sich allmählich wieder erholen. Fortan aber lebt er unter ständigen Angstzuständen, obwohl er nicht das Entdecken irgendwelcher «Beweise» befürchten muß, die eine Zuchthausstrafe zur Folge hätten. Er wird ja dann auch «mangels Beweises außer Verfolgung gesetzt». Ebensowenig wird May das gesamte Netz durchschaut haben, das sich um ihn zusammenzieht – geknüpft vom Freundeskreis Avenarius/Schumann/Staatsanwalt/Untersuchungsrichter mit dem Münchmeyer-Anwalt Gerlach als Handlanger, welcher wiederum als Kontaktperson zum Hauptakteur Lebius fungiert, der weiterhin eifrig «Material» sammelt, unter anderem von Cardauns, der sich im August 1907 ein weiteres Mal öffentlich über «die fünf wüsten Romane» empört. Dabei kündigt er einen Ansgar Pöllmann an, der bereits einen Artikel gegen May geschrieben hat und «auf dem richtigen Wege» sei. Jener Benediktinerpater, auch ein Bekannter von Lebius, wird bald einen gehässigen Kampf gegen May aufnehmen.

Ihn ficht besonders an – zumindest streicht er es heraus –, daß der Schriftsteller durch seine Arbeiten für den «Deutschen Hausschatz» und verschiedene Marienkalender in katholischen Kreisen zeitweilig zu Ansehen gekommen war. Er gebärdet sich als Gralshüter einer lupenreinen katholischen Literatur und versteigt sich zu Tiraden, die May nur als «öffentlichen Radau mit Düngergabeln» charakterisieren kann.

In der Bösartigkeit der Anwürfe läßt sich Pöllmann dann nur von Lebius überbieten, von dem er sich bezeichnenderweise öffentlich distanziert, obwohl er nachgewiesenermaßen Hand in Hand mit ihm gearbeitet hat. Im «Vernichtungsfeldzug», wie Lebius selbst den konzertierten Kampf gegen May bezeichnet, verficht Pöllmann die Interessen der reaktionären Kreise des Katholizismus.

Während der Benediktinerpater vor allem Mays menschliche Integrität zu untergraben sucht, spricht sein Glaubensbruder Paul Rentschka die politischen Motive mit verblüffender Offenheit aus: *Et in terra pax* im Chinaband von 1901 sowie die Buchausgabe *Und Friede auf Erden!* von 1904 sind der entscheidende Anstoß zur Verfolgungsjagd. Noch 1908 wettert der Kaplan von der Kanzel der katholischen Hofkirche in Dresden und hetzt im Zentralblatt «Germania»: «Das ganze Buch steckt voll der Irrtümer.» Damit wird Mays Bekenntnis zum Frieden und zu religiöser Toleranz verunglimpft. Für den «Indifferentismus» werde «die allergefährlichste Propaganda gemacht. May ist also durchaus kein einwandfreier Schriftsteller.» Mit *Et in terra pax* habe er «sich und seine Absichten nun selbst... enthüllt...» Denn: «Auf irgendwelche dogmatischen Wahrheiten kommt es ihm gar nicht an, er wirkt nicht durch den Verstand, sondern durch Rechthandeln und Liebe auf das Herz der Mitmenschen...» Und als besonders ketzerisch und verwerflich wird vermerkt, daß er in seinem Bemühen, «zu zeigen, wie alle Nationen der Erde friedlich miteinander verkehren könnten... jedes Menschenherz, auch das jedes Heiden...» einbezogen habe!

«Man begreift wirklich nicht», lamentiert Rentschka weiter, daß beispielsweise der «Bayerische Kurier» zu diesem Titel unlängst geschrieben habe: «Grad solche Bücher sind uns heutigen Tages nötig.» Das müsse man «schon vom rein menschlichen Standpunkt aus... bedauern...»

Das für ihn vermeintlich Unbegreifliche ist die Tatsache, daß der Kampf gegen den mißliebig gewordenen Karl May nicht zu einer gesamtkatholischen Sache wird, sich nur der konservativ-reaktionäre Klüngel der Kampagne anschließt.

Tatsächlich unbegreiflich ist dann allerdings, daß der Radebeuler «Karl-May-Verlag» 1919 nun ausgerechnet jenen Rentschka beauftragt, den Titel *Und Friede auf Erden!* zu «bearbeiten». Der Buchumfang wird von 660 auf genau 560 Seiten reduziert. Dabei streicht der «Bearbeiter» aber weitaus mehr als 100 Seiten, denn er fügt zugleich Passagen hinzu, die seinem von Mays Überzeugungen weit entfernten Weltbild entsprechen. 1922 wird die verbogene Fassung auf den Büchermarkt gebracht.

Zu jener Zeit, das nur nebenbei, wird auch die politische Grundposition seines Parteiblattes «Germania» noch deutlicher. Ab 1923 heißt der Hauptaktionär der Zeitung Franz von Papen, der zu den Wegbereitern und Paladinen von Adolf Hitler gehört und 1946 vor dem Nürnberger Tribunal als Hauptkriegsverbrecher angeklagt wird.

Karl May wird in Rentschka nur einen dogmatischen Eiferer und Fehlinterpreten seines großen Friedensromans gesehen und das Augenmerk weitaus weniger auf das politische Umfeld des Kaplans gerichtet haben. Auch werden ihm viele Querverbindungen im Rudel der Verfolger – mit dem «Vorhitler» Lebius an der Spitze – verborgen geblieben sein. Aber einiges davon hat er geahnt. In einer Eingabe an den Dresdner Untersuchungsrichter Larras schreibt May, daß die Hausdurchsuchung nur erfolgt sei, «weil Rechtsanwalt Gerlach, der Münchmeyersche Stratege, es so beschlossen hatte», und er durchschaue das Ganze als Komplott.

An anderer Stelle spricht er von der Einkreisung durch Pauline Münchmeyer sowie Gerlach, Lebius, Pöllmann und anderen, aber der «Ueberragendste» sei «dieser Münchmeyersche Advokat, der alles und alle dirigiert...», womit May nun die weitaus größere Gefährlichkeit von Lebius unterschätzt. Aber die Auseinandersetzungen in der Sache

Münchmeyer, die für die ganze Prozeßlawine so viel Zündstoff lieferten, haben ihn eben besonders hart getroffen. Das Ende des 1909 gegen Pauline Münchmeyer wieder aufgenommenen Schadenersatzverfahrens hat er dann auch nicht mehr erlebt. Und daß ab Oktober 1907 die fünf exponierten Titel nicht mehr unter Mays Namen erscheinen dürfen, kann die «Entrüstungen» kaum besänftigen.

Vor dem Landgericht Dresden war in dieser Sache festgestellt worden, «daß die im Verlage der Firma H. G. Münchmeyer erschienenen Romane des Schriftstellers Karl May im Laufe der Zeit durch Einschiebungen und Abänderungen von dritter Hand eine derartige Veränderung erlitten haben, daß sie in ihrer jetzigen Form nicht mehr als von Herrn Karl May verfaßt gelten können.» Bei einem anderen Gerichtstermin wurden solche Bearbeitungen auf fünf Prozent beziffert – eine nicht beweisbare Zahl, die überdies für die an den Haaren herbeigezogene moralische Bewertung ohne Belang ist.

Im Oktober desselben Jahres startet Lebius eine weitere Attacke im Kampf gegen May. Per Zeitungsannonce sucht er einen «gewandten Schriftsteller, der in der Lage ist, kleinere Erzählungen nach gegebenen Stoffen spannend und unterhaltend zu bearbeiten». Der knapp zwanzigjährige Friedrich Wilhelm Kahl meldet sich und übernimmt auch den Auftrag, «nach gegebenen Stoffen» eine kleine Broschüre (18 Seiten) über May zu schreiben.

Es dauert nicht lange, bis der junge Mann die Absichten durchschaut und sich von dem Vorhaben distanziert. Aber Lebius braucht ein Pamphlet unter fremdem Namen, um May vor einer neuen Prozeßrunde «kaputt zu machen». Er legt deshalb selbst letzte Hand an und läßt die Schmähschrift unter dem Titel «Karl May, ein Verderber der deutschen Jugend» mit dem Namen Kahls drucken, kann aber das damit verfolgte Ziel nicht erreichen. Denn Kahl geht an die Öffentlichkeit und deckt den Vorgang auf. Er stellt sich auf Mays Seite und bleibt ihm bis zum Tode verbunden.

Welche Ereignisse waren dem Zeitungsinserat vorangegangen?

Das sozialdemokratische Zentralorgan «Vorwärts» hatte am 26. Juli 1907 festgestellt, daß man Lebius nicht als «Ehrenmann» charakterisieren könne, worauf dieser Beleidigungsklage gegen den Redakteur Carl Wermuth einreichte. Der wiederum wandte sich seinerseits an den

Aus dem gelben Sumpfe.

Karl May gegen Lebius.

Eine der widerlichsten Erscheinungen des Kapitalismus sind die sogenannten **gelben Organisationen**. Nicht nur für jeden Sozialisten, jeden gewerkschaftlich organisierten Arbeiter, sondern auch für jeden anständigen Menschen. Auch die Gewerkschaftsorganisationen, die sich ausdrücklich auf den Boden der bestehenden Gesellschaft stellen, die von einer Harmonie zwischen Kapital und Arbeit träumen, können zu den schwierigsten Hemmnissen und Schädlingen im Emanzipationskampf des Proletariats werden. Aber die Angehörigen dieser Organisationen sind doch in ihrer übergroßen Mehrzahl nicht bewußte Feinde dieses Befreiungskampfes der Arbeiterklasse, ihr Verhalten entspringt ihrer ungenügenden sozialen Einsicht und sorgsam gepflegten Vorurteilen. Die Gelben dagegen sind bewußte Feinde ihrer Klassengenossen. Sie wissen, daß sie ihre Arbeitsbrüder schädigen, ihnen bei dem Bestreben, die Gesamtlage des Berufes und der Arbeiterklasse zu heben, in den Rücken fallen, Knüppel zwischen die Beine werfen. Sie wissen, daß sie die Schutztruppe der Kapitalistenklasse sind, sie pfeifen auf jedes Gefühl der Solidarität ihrer Klasse gegenüber aus verächtlichster Strebersi, aus ekelstem persönlichem Egoismus. Kein Wunder, daß sie bei den sozialdemokratischen Arbeitern sowohl wie bei den christlichsozialen Gewerkschaften dem gleichen Gefühle der tiefsten Verachtung begegnen.

Um das Maß der Verachtung voll zu machen, steht an der Spitze der Gelben eine Persönlichkeit, die geradezu den Typus eines politischen Renegaten und Bravos darstellt. Das deutsche Scharfmachertum hat wirklich ausgesuchtes Pech gehabt, als es die Unvorsichtigkeit beging, sich mit einem Rudolf Lebius einzulassen, einem Menschen, von dem eine Broschüre des Deutschen Metallarbeiterverbandes nicht nur behaupten, sondern auch an der Hand zahlloser Aktenstücke beweisen konnte, daß er für Geld schlechterdings für alles zu haben sei. Aus zahllosen Briefen des Lebius wurde in dieser Broschüre nachgewiesen, daß dieser Führer einer **Arbeiter**organisation die Gelder für seine Gründung von den Unternehmern zusammengeschnorrt, gelegentlich freilich nur zusammenzuschnorren gesucht habe. Und dabei hatte dieser Mensch, der für klingendes Geld eine Streikbrechertruppe für das Scharfmachertum zu organisieren unternahm, die Dreistigkeit besessen, sich bis kurz vorher jahrelang als **Sozialdemokrat** aufzuspielen!

Was von den Gelben zu halten und wes Geistes Kind Rudolf Lebius ist, ist den deutschen Arbeitern ohne Unterschied der politischen Gesinnung nur zu gut bekannt. Wenn wir trotzdem heute dem Charakterbilde des Führers der Gelben einige Striche hinzufügen, so geschieht das weniger der Gelben und des Lebius wegen, als vielmehr zur Beleuchtung der **Unternehmermoral**, die es nicht verschmäht, sich eines Werkzeuges von den Qualitäten eines Lebius zu bedienen. Der Stoßseufzer eines Scharfmachers: Anständige Menschen bekommen wir ja nun mal nicht! mag ja eine gewisse Rechtfertigung dafür sein, daß unser Unternehmertum so lange einen Lebius ausgehalten hat; allein daß dieser Lebius gerade eine so eigenartige Verkörperung aller negativen Moral ist, das ist, wie wir schon einmal sagten, das ganz besondere Pech unserer Scharfmacher.

Die sozialdemokratische Presse stellt sich schützend vor May.
Hier ein Artikel im «Vorwärts» vom 10. 8. 1910.

Zu denen, die den Ehrenmann Lebius in seiner ganzen Vollendung kennen lernen sollten, gehört auch der Schriftsteller Karl May, der Verfasser vielgelesener Reiseerzählungen. Karl May, der in Dresden wohnt, wo auch Lebius mehrere Jahre domizilierte, war, wie dem „Vorwärts" zu Ohren gekommen war, das Opfer skandalöser Erpressungsversuche des Lebius geworden. Als Karl May, vom „Vorwärts" dazu aufgefordert, sich bereit erklärte, in dem von Lebius gegen den „Vorwärts" angestrengten Prozeß als Zeuge aufzutreten, begann Lebius, der sich schon früher an May dafür, daß er kein Geld ge—pumpt hatte, durch revolverjournalistische Attacken gerächt hatte, einen wüsten Vernichtungsfeldzug gegen Karl May, gegen denselben Mann, den er **früher angeschnorrt und angehimmelt hatte!**

Zum Verständnis des Vorgehens des Lebius sind ein paar Bemerkungen über sein Opfer notwendig. Karl May hatte sich durch seine namentlich bei der Jugend außerordentlich beliebten abenteuerlichen Geschichten, die er geschickt in die Form von Ich-Erzählungen und persönlichen Reiseerlebnissen zu kleiden verstand, eine beispiellose Popularität erworben. Und so viel sich auch gegen den literarischen Wert dieser Erzählungen einwenden läßt — eine ganz ungewöhnliche, phantastische Erzählungsgabe und eine erstaunliche Produktivität wird man May nicht absprechen können. Und längst schon, bevor Lebius gegen Karl May vom Leder zog, hatten Blätter aus den verschiedensten Lagern, wir nennen nur die „Kölnische Volkszeitung" und die „Frankf. Ztg.", einen systematischen Feldzug gegen den literarischen Jugendverhetzter Karl May unternommen, der durch die ungesunde Phantastik seiner Erzählungen die jugendlichen Gemüter verwirre und verwüste.

Wenn also Rudolf Lebius, sei es auch nur aus Aerger **darüber, daß er mit einem eigenen Sensationsroman nicht ähnliche pekuniäre Erfolge erzielt,** sich damals diesem literarischen Feldzug gegen Karl May angeschlossen hatte, so wäre das nichts auffallendes gewesen. Aber Lebius wollte damals, im Jahre 1904, nicht gegen, sondern **für Karl May schreiben!** Er hatte damals nach seinem Austritt aus der sozialdemokratischen Partei ein Blatt herausgegeben, für das er kapitalkräftige Interessenten suchte. Nicht nur Inserenten, sondern auch Literaten, die für Reklamezwecke im Textteil nette runde Summen opferten! So schrieb er denn an Karl May am 7. April 1904:

„Sehr geehrter Herr!

Schon vor anderthalb Jahren versuchte ich, mich Ihnen zu nähern, wovon die inliegende Karte ein Beweis ist. Inzwischen habe ich hier ein neue Zeitung herausgegeben, die großen Anklang findet. Können Sie mir vielleicht etwas für mein Blatt schreiben? Vielleicht etwas Biographisches, die Art, nach der Sie arbeiten, oder über derartige Einzelheiten, für die sich die deutsche May-Gemeinde interessiert. Ich würde Sie auch gern interviewen.

Mit vorzüglicher Hochachtung
Rudolf Lebius
Verleger und Herausgeber."

Am 28. April schrieb er:

„Vielen Dank für Ihr liebenswürdiges Schreiben. Ihrer freundlichen Einladung leiste ich natürlich gern Folge. Falls Sie mir nicht eine andere Zeit angeben, komme ich Montag, den 2. Mai 8 Uhr zu Ihnen (Abfahrt 3.31).

Mit großer Hochachtung und Verehrung
Rudolf Lebius."

Radebeuler Schriftsteller, der ja über den «Ehrenmann Lebius» bestens Auskunft geben kann.

Karl May zögert zunächst mit der Antwort, vermutlich, weil er nicht in einen weiteren Prozeß hineingezogen werden möchte, bereitet sich dann aber schriftlich sehr intensiv auf eine Zeugenaussage vor: Unter der Überschrift «Lebius, der ‹Ehrenmann›» verfaßt er mehrere, immer wieder überarbeitete und ergänzte Manuskripte.

Zum ersten Termin, ohne Mays Anwesenheit, legt der Verteidiger des sozialdemokratischen Redakteurs bereits Material über den Erpressungsversuch von Lebius aus dem Jahr 1904 gegen den, wie der «Vorwärts» im Prozeßbericht schreibt, «bekannten, für namhafte liberale Blätter tätigen Reiseschriftsteller Karl May» vor. Dieser Rechtsanwalt, Dr. Kurt Rosenfeld – der später als Verteidiger von Rosa Luxemburg bekannt wird und den Weg in die KPD findet –, zeigt großes taktisches Geschick. Lebius muß ihn ebenso fürchten wie eine Zeugenaussage Karl Mays. Und da sein Versuch scheitert, mit der «Verderber»-Broschüre diese für ihn bedrohliche Gefahr abzuwenden, zieht er kurz vor der entscheidenden Runde in der Berufungsverhandlung seine Klage gegen den «Vorwärts» zurück. Zum Auftreten Mays an der Seite der sozialdemokratischen Genossen ist es somit nicht mehr gekommen.

Die Partei August Bebels und ihre Presse stellen sich aber fortan schützend vor den Schriftsteller und sein Werk. Damit zeichnet sich immer klarer der politische Hintergrund der Kampagne ab. Zu den Motiven Lebius' kommt jetzt noch das Rachebedürfnis wegen der erfolglosen Klage. Das Zentralorgan der SPD bemerkte dazu: «Als Karl May, vom ‹Vorwärts› dazu aufgefordert, sich bereit erklärte, in dem von Lebius gegen den ‹Vorwärts› angestrengten Prozeß als Zeuge aufzutreten, begann Lebius ... einen wüsten Vernichtungsfeldzug gegen Karl May.»

Eine weitere Diffamierung erhofft sich der «Soldschreiber des Unternehmertums» von der fortan häufig verwendeten Bezeichnung «Genosse Karl May». Das aber erweckt auch das Interesse der Politischen Polizei, die unter der Nummer 17717 eine «Akte betr. Schriftsteller Karl May» anlegt. Eigenartigerweise wird das Dossier, das am Ende 74 Zeitungsberichte enthält, bei der Behörde in Hamburg geführt.

Der bekannte sozialdemokratische Rechtsanwalt Kurt Rosenfeld wollte zusammen mit May in einem Prozeß gegen Lebius auftreten.

Deckblatt der Akte Nr. 17 717 der Politischen Polizei
«betr. Schriftsteller Karl May».

Den Gegnern von May wird leider auch Schützenhilfe von einem Teil der Lehrerschaft geleistet. Ihr Wortführer ist Heinrich Wolgast. In seiner Schrift «Das Elend unserer Jugendliteratur» (Erstauflage 1896) polemisiert er gegen eine lebensfremde, vordergründig moralisierende Jugendlektüre, und ab der 3. Auflage von 1905 wird ihm plötzlich auch May suspekt. Das allerdings verwundert nicht, wenn man eine seiner Grundthesen anschaut, daß nämlich «eine künstlerische Bearbeitung die stofflichen Reize zügeln» solle. «Indianergeschichten» sind für ihn deshalb ein «bedenklicher Stoff», und er schlußfolgert: «Cooper ist nicht gefährlich, wohl aber die Legion seiner Nachfolger.» Was Cooper jedoch selbst biete, sei «in Völkerkunde ein Nichts»! Profundere Kenner haben das ganz anders beurteilt.

Bei May ist ihm die Handlung zu turbulent; es wäre jedoch zu ertragen, wenn «all diese unglaublichen Dinge mit der Schalksmiene eines Münchhausen... vorgetragen» würden. Pauschal wird festgestellt, auch andere Autoren einbeziehend, «daß keine Lektüre dem Einfluß der Dichtkunst hemmender entgegenarbeitet»; von der Wirkung auf den Intellekt wolle er gar nicht reden.

Halten wir dieser These ganz einfach die Tatsache entgegen, daß viele namhafte deutschsprachige Schriftsteller in der Jugend mit Begeisterung Karl May gelesen haben. Es gibt darüber hinaus nicht wenige Hinweise, daß gerade May zu den Begleitern der ersten tastenden Schritte in die Literatur gehörte.

Touristentrip fernab der Prärien

Die ständige Pressehetze und die vielen Prozesse beginnen Mays Konstitution zu untergraben. Er hat aus gesundheitlichen Gründen schon einem Gerichtstermin fernbleiben müssen. Erste Anzeichen von Lebensmüdigkeit werden sichtbar.

Am 8. März 1908 schreibt er ein letztes Testament: Sein Besitz und die Rechte an den Werken erbt Frau Klara – abgesehen von einer kleinen Rente, die er seinen beiden Schwestern aussetzt –, und nach ihrem Tode soll alles einer mildtätigen Stiftung zufallen.

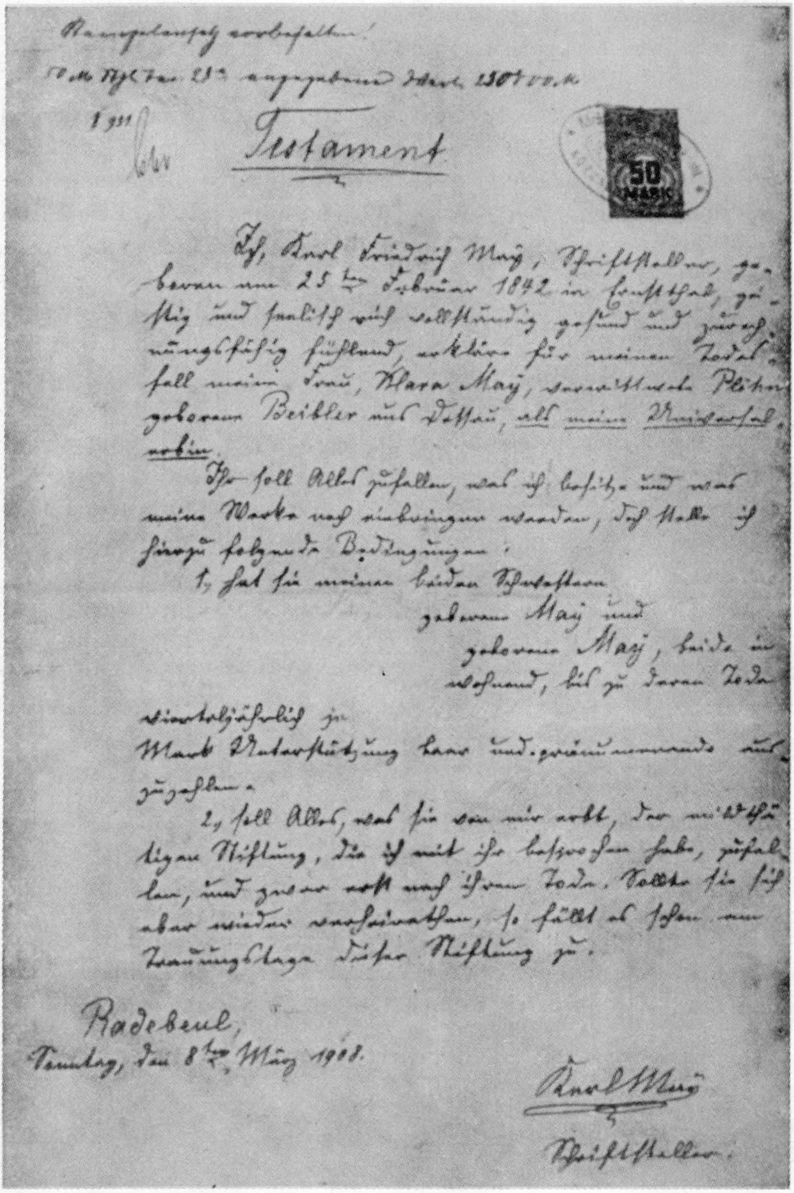

Das Testament vom 8. 3. 1908.

Sightseeing in Buffalo. Karl und Klara May (links)
als Touristen auf der Nordamerikareise 1908.

Im Herbst ergreift er die sicherlich letzte Chance seines Lebens, jenen Kontinent zu betreten, der seine Phantasie über viele Jahre beschäftigt hatte. Der Aufbruch erfolgt ohne große Vorbereitung. Es soll ohnehin nur ein kurzer Ausflug aus dem bedrückenden Alltag werden. Als am 16. September 1908 der «Große Kurfürst» des Bremer Lloyd in New York anlegt, setzt der nunmehr sechsundsechzigjährige Karl May zum ersten Mal seinen Fuß auf nordamerikanischen Boden.

Gemeinsam mit Frau Klara besichtigt er eine Woche lang Museen und andere Sehenswürdigkeiten zwischen Brooklyn, Broadway und Bronx. Weiter geht es nach Albany und Buffalo mit Sightseeing in den Städten und kurzen Stippvisiten in der Umgebung. Von den letzten

Vermutlich einziges Bild Mays mit einem Indianer. Amateuraufnahme von Klara May in der Tuscarora-Reservation.

Septembertagen bis zum 5. Oktober wohnen die Mays im Nobelhotel «Clifton House» auf der kanadischen Seite der Niagarafälle.

Ein kurzer Abstecher führt in die Reservation der Tuscaroras. Knapp vierhundert dieser einst so stolzen Irokesen leben hier in kümmerlichen Rindenzelten. Am Eingang einer Behausung wird May fotografiert, zusammen mit einem bärtigen Mann in zerschlissener Kleidung und mit Hosenträgern, der so gar nicht wie ein Indianer aussieht und doch der Häuptling sein soll. «May bei den Tuscarora-Indianern» steht in Klaras Handschrift unter dem Foto, um zu verkünden: Er war tatsächlich bei den «Rothäuten»!

Wie einst aus dem Orient gehen auch jetzt wieder Berge von Ansichtskarten in die Heimat. Meist sind es eigene, von Klara geschossene Aufnahmen, die sie gleich vor Ort in hoher Zahl abziehen läßt und entsprechend beschriftet. Karl May schaut auf den Fotos häufig recht betroffen drein, und der Betrachter ist kaum minder betreten, sei es beim einzigen Bild mit dem so untypisch wirkenden Indianer oder bei einer Aufnahme im Boot auf dem Sandstrand weitab vom Wasser.

May hat mit Renommisterei längst nichts mehr im Sinn, und nach den Erfahrungen der Orientreise ist er darauf vorbereitet, daß die nordamerikanische Realität mit seinen Traumwelten nichts gemein hat. Prärien und einstige «Gran Apacheria» stehen deshalb – auch mit Rücksicht auf die Gesundheit – gar nicht erst auf dem Programm. Das Ehepaar bleibt in den bequemen Hotels des Nordostens.

Klara freilich hätte das gern anders gehabt. Nach dem Tode des Schriftstellers verbreitet sie phantastische Märchen, will die Old Shatterhand-Legende fröhliche Urständ feiern lassen. Über die sieben oder acht Tage an den Niagarafällen behauptet sie beispielsweise: «Er hatte sich entschlossen, mich im Clifton-House zurückzulassen und für einige Wochen allein weiterzureisen. Wohin? Zu den Apatschen! Und wohin sonst? Mit Kummer bekenne ich, daß ich es nicht mehr genau weiß. Wohl hat er mir von dieser Weiterreise mehrfach geschrieben...» – jedoch solche Karten oder Briefe hat nie jemand gesehen. Aber ein wenig «Erinnerung» spielte sie vor – Karl May sei wahrscheinlich im Yellowstone-Park herumgeklettert: «Ich kann es nicht beweisen, aber ich habe das bestimmte Gefühl...»

Noch hemmungsloser braut Klara May Münchhausiaden über die

An den Niagarafällen.

Rückreise nach Europa zusammen: Was ihr Gatte früher einmal als persönlichen Wagemut während eines Taifuns geschildert habe, «war keine Aufschneiderei, ich habe es selbst mit ihm erlebt. Es war auf dem Dampfer ‹Kronprinzessin Cecilie›, als wir einen Seegang hatten, der die Wellen bis zu vier Stock Höhe trieb. Die eisernen Luken mußten geschlossen werden, und alle Fahrgäste zogen sich bescheiden und kleinlaut unter Deck zurück. Nicht so Karl May. Je toller der Seegang wurde, desto lieber war es ihm, und als das Wüten der Naturgewalten gar zu arg wurde, ließ er sich und seinen Stuhl anbinden und blieb dennoch an Deck; die durchnäßten Kleider störten ihn nicht. Dieselbe Ausdauer und Widerstandskraft zeigte er in der Wüste...» Entzündete Augen und ausgetrocknete Schleimhäute bei allen, die «wie tot»

Mit dem aus Hohenstein-Ernstthal stammenden Arzt
Dr. Pfefferkorn auf dem Sandstrand. Abenteuer gab es
auf der Nordamerikareise keine.

«Winnetous Grab?» fragt Klara May in ihrem Buch
«Mit Karl May durch Amerika» (1931). Alte Legenden
sollen auferstehen.

zusammenbrachen: nur Karl May «allein sorgte noch für uns, als ob die furchtbare Anstrengung – stundenlang im Sattel – keinen Einfluß auf ihn hätte...»

Der Rückkehr aus Amerika waren aber keine Abenteuer in der Wüste mehr gefolgt, wie Klara May in ihrer Darstellung andeutet. Von den Niagarafällen fahren die Mays am 5. Oktober nach Lawrence in

Massachusetts, verleben im Hause des aus Hohenstein-Ernstthal stammenden Arztes Pfefferkorn einige geruhsame Wochen, reisen dann mit der «Kronprinzessin Cecilie» nach London, schieben noch eine zweiwöchige Pause ein und sind Anfang Dezember 1908 wieder in Radebeul.

In seiner zweiten Frau hat May zweifelsohne eine für ihn wertvolle Stütze gehabt. Sie konnte sich mit Trost und Beistand auf seine Seelennöte einstellen – wie sie ja später auch mit ihren Legenden versuchte, Vorstellungen mancher Leserkreise zu entsprechen. Dabei aber verfestigte sie, nicht zuletzt den eigenen Wunschbildern folgend, ein noch lange nachwirkendes Zerrbild des Schriftstellers. Die wenigen angeführten Beispiele zur Nordamerikareise gehören zu einem ganzen Legendenarsenal. Der Schriftsteller Hans Wollschläger charakterisiert Klara May trefflich als eine Frau, «die dem Rang des Namens, den sie trug, nicht gewachsen war», und nennt sie als Beispiel für «jene Nachkommen-Gesinnung schlechthin, die den Abstand zwischen dem der Öffentlichkeit gehörenden Werk eines Schriftstellers und ihren privaten Wünschen nicht zu erkennen vermag».

«Mit seltener Unerbittlichkeit...»

Wenn die Reise in den Nordosten der USA einen Erholungseffekt gebracht hat, so wird er umgehend wieder aufgezehrt. Die ersten Giftpfeile schießt der bereits erwähnte Rentschka am 5. und 8. Dezember 1908 mit Hetzartikeln in der «Germania» ab und bekundet damit, daß er sich der Rotte der Verfolger angeschlossen hat.

Auch Lebius wird bald neue Attacken einleiten. Im Mai 1909 kommt es vor dem Schöffengericht Berlin-Schöneberg in der anhängigen Strafsache wegen der «Verderber»-Broschüre und dem mißbrauchten Namen von Kahl zwar zu einem Vergleich – «auf lebhaftes Drängen des vorsitzenden Richters», der die Zusammenhänge nicht mehr durchschaut –, aber Lebius hat schon neue Munition gesammelt, sich im Auftrage seiner Hintermänner in Hohenstein-Ernstthal nach «Zeugen» umgesehen und in Weimar Kontakt zur dort lebenden ersten Ehegattin Mays gesucht.

Ein reichliches Jahr lang heuchelt er Teilnahme am Schicksal der geschiedenen Frau, die er gern als Verbündete an seiner Seite sehen möchte. Emma liefert ihm auch ein paar Anknüpfungspunkte, unter anderem zu den Umständen der Scheidung, die Lebius weidlich ausschlachtet. Trotz aller durchlebten Bitternis muß sie aber dann erkennen, nur als Werkzeug benutzt worden zu sein. Als sie nicht mehr mitspielen will, droht ihr Lebius wegen einer einmalig gewährten Unterstützung von 200 Mark eine Finanzklage an.

Trotzdem rückt sie von ihm ab. Eine von ihr abgegebene öffentliche Erklärung gipfelt in den Worten: «Er ist ein Schuft, der über Leichen geht.»

In ihrer Entscheidung wird Emma von ihrer Freundin, der Weimarer Kammersängerin Selma vom Scheidt bestärkt. Lebius schreibt deshalb am 12. November 1909 einen Drohbrief an die Künstlerin und bezeichnet May als «einen geborenen Verbrecher».

Das ist ein gezielter Giftpfeil, der May zu einem neuen Gang vor Gerichtsschranken provozieren soll. Am 17. Dezember reicht er beim Schöffengericht Berlin-Charlottenburg auch die Privatklage ein. Hätte er darauf verzichtet – immerhin war die Injurie nicht öffentlich vorgetragen worden –, so wäre ein ähnlicher Schritt, nämlich Strafantrag, zwei Tage später doch unausbleiblich gewesen. In seinem Wochenblatt «Der Bund» veröffentlicht Lebius am 19. Dezember die bislang schlimmsten Verleumdungen gegen den «Genossen Carl May»: Zusammen mit einem Schulfreund namens Louis Krügel habe er einst eine Räuberbande angeführt, Marktfrauen überfallen, gewildert und fast täglich Einbrüche vorgenommen. Bei Gelagen sei «der gestohlene Wein in Strömen» geflossen. Man habe sogar Militär aufbieten müssen, um die Wochenmärkte zu schützen. May und Krügel wären jedoch immer wieder entkommen und dabei noch durch ihre Prahlerei aufgefallen; in einem Gasthof hätten sie beispielsweise einen Zettel zurückgelassen: «Hier haben May und Krügel gesessen und haben Brot und Wurst gegessen.»

«Zum Schluß heben wir noch einmal hervor», heißt es in der Räuberdichtung, «daß die Sozialdemokratie mit den Aussagen dieses von

Karl May um 1910.

ihr hochgefeierten Zeugen Carl May Jahr und Tag gegen Redakteur Lebius agitiert hat.»

Nahezu alle bürgerlichen Blätter greifen die vermeintlichen Sensationen auf. Schlagzeilen wie die vom «Räuberhauptmann Karl May» sind zu lesen. Von der Intensität und Wirksamkeit dieser verlogenen «Berichterstattung» zeugt die Tatsache, daß noch heute in der Umgebung von Hohenstein-Ernstthal einige von Lebius in die Welt gesetzte Schauermärchen als «Wahrheiten» kursieren.

Karl May stellt am 10. Januar 1910 beim Amtsgericht Dresden Strafantrag, der allerdings nicht mehr zur Hauptverhandlung führt. Denn zunächst muß die bei dem Charlottenburger Schöffengericht anhängige Sache abgewickelt werden. Kurz darauf ist May verstorben.

Am 12. April 1910 reist der Schriftsteller ohne anwaltlichen Beistand nach Charlottenburg. Er ist felsenfest überzeugt, daß Lebius wegen der Äußerung, May sei ein «geborener Verbrecher», verurteilt wird – und erliegt damit einem verhängnisvollen Irrtum. Der Advokat Bredereck bedient sich im Gerichtssaal aller bisher ausgestreuten Verleumdungen. May ist völlig fassungslos und zu keiner Erwiderung fähig. «Es ist alles nicht wahr!» kann er lediglich zu seiner Verteidigung vorbringen. Wegen «Wahrung berechtigter Interessen» wird Lebius freigesprochen!

Diese Entscheidung und die widerspruchslose Hinnahme der Lügentiraden des Advokaten Bredereck durch das Gericht muten ungeheuerlich an und sind doch nur folgerichtig, zieht man ins Kalkül, daß Lebius in seinem Vernichtungsfeldzug von diversen Organisationen gedeckt wird. An jenem 12. April 1910 zeigt die Klassenjustiz einmal mehr ihr wahres Gesicht. Wie im einzelnen die Kollaboration gegen den mißliebigen May in diesem Falle organisiert wurde, ist unbekannt geblieben. Das Ziel jedenfalls scheint erreicht. «Mit seltener Unerbittlichkeit ist gestern vor dem Schöffengericht Charlottenburg der bekannte Jugendschriftsteller Karl May moralisch vernichtet worden», schreibt beispielsweise das «Hamburger Fremdenblatt». Hier wie in anderen Zeitungen werden den Lesern nochmals die Räuberpistolen aufgetischt, nunmehr sogar als gerichtsnotorische, mit dem Nimbus der Glaubwürdigkeit umhüllte Tatsachen. Selbst der sozialdemokratische «Vorwärts» scheint für kurze Zeit von der Entwicklung beeindruckt zu sein. Zumindest wartet die Zeitung noch die Klärung ab, die ein weiterer Prozeß bringen kann.

Lebius hatte als «Komplizen des Räuberhauptmanns May» den schon verstorbenen Louis Krügel genannt und als Zeugen dafür dessen Bruder Richard Krügel aus Hohenstein-Ernstthal aufgeboten. Gegen diesen Informanten stellt May nun Strafantrag, reicht außerdem eine Privatklage ein. Am 9. August 1910 wird in der Sache vor dem Schöffengericht in Hohenstein-Ernstthal verhandelt.

Richard Krügel muß eingestehen, daß er von Lebius hinters Licht geführt wurde: Der Journalist sei bei ihm mit dem Vorwand aufgetaucht, Stoff für humoristische Kalendergeschichten zu sammeln. Da habe er ihm einiges erzählt, «dem Lebius einen Bären aufgebunden», was er aber nun nicht aufrecht erhalten könne, nachdem er wisse, was man daraus gemacht und noch hinzugedichtet habe. Mit Bedauern nehme er alles zurück. Worauf auch Karl May seine Klage zurückzieht.

Damit sind die Greuelgeschichten vom Räuberhauptmann als Lügen entlarvt, für die Presse freilich, die vier Monate vorher mit Schlagzeilen nicht sparte, kein Anlaß, dem Schriftsteller volle Gerechtigkeit zu gewähren. Vereinzelte Meldungen auf hinteren Seiten können das Bild kaum korrigieren.

Der «Vorwärts» aber gibt nach dieser Klarstellung seine zeitweilige Zurückhaltung auf und berichtet schon am Tage nach der Verhandlung gegen Krügel in einem langen Beitrag über die gesamten Vorgänge. Dabei werden auch große Teile von fünf Bettel- und Erpresserbriefen Lebius' von 1904 abgedruckt, die May dem Zentralorgan zur Verfügung gestellt hat.

Zwei Tage nach dem skandalösen Charlottenburger Urteil leistet bereits eine andere Zeitung, die deutschsprachige Prager «Bohemia», May warmherzigen Beistand. Der Autor des Artikels muß zu diesem Zeitpunkt (14. April 1910) noch annehmen, daß an den Räuberpistolen «etwas dran» ist, erinnert sich aber an die vielen freudvollen May-Lesestunden in seiner Schulzeit. «Niemals hätten wir ihn preisgegeben», schreibt er. «Das hätten zehn solcher Gerichtsverhandlungen nicht vermocht.» Gezeichnet ist der Beitrag mit «e.e.k.» – und das ist niemand anders als Egon Erwin Kisch.

Der damals fünfundzwanzigjährige Reporter schreibt anschließend nach Radebeul und bittet um ein Interview, das in der ersten Maihälfte 1910 zustande kommt. Bei dieser Gelegenheit begegnen sich Kisch und May schon zum zweiten Male. Im Oktober 1898, als der Schriftsteller im Prager «Hotel de Saxe» weilte, war es dem damals dreizehnjährigen Realschüler Kisch gelungen, den Portier zu überlisten und an der Spitze von Klassenkameraden zum «Ideal meiner Jugendzeit» vorzudringen. «Mir, als dem Sprecher der Schüler, hat er zum Andenken ‹Old Surehand›, Band III, geschenkt», erinnert er sich später.

Konnte sich Kisch im Jahre 1898 May noch als «kühnen Präriehelden» vorstellen, so erlebt er ihn nun im Frühjahr 1910 als einen Mann, dessen «Lächeln vom hippokratischen Zug erbarmungslos durchstrichen wird». Zwischen beiden Männern, vom Alter her durch mehr als vier Jahrzehnte getrennt, kommt es zu einem vertrauensvollen Gespräch. May wird gespürt haben, daß ihm ein in Wohlwollen verbundener Mensch gegenübersitzt. Er berichtet von seiner Selbstbiographie, die zu jener Zeit entsteht und über vieles aus einer Vergangenheit – «so offen..., wie er es bisher noch nicht getan hat».

Kischs Interview erscheint am 15. Mai 1910 in der «Bohemia». Mit dieser zweiten Publikation innerhalb von vier Wochen liefert er den damals umfangreichsten wie sachkundigsten Bericht zur Unterstützung Karl Mays. Einige Zeitungen im sächsischen Raum drucken den Beitrag zumindest teilweise nach.

Im späteren Schaffen kommt Egon Erwin Kisch viele Male auf May zurück. 1926 beispielsweise entsteht aus dem Interview und aus Materialien, die der Reporter bereits 1910 erworben hatte, aber unter Verschluß hielt, für den Band «Hetzjagd durch die Zeit» das Kapitel «Im Wigwam Old Shatterhands» – eine umfangreiche Dokumentation zu Tatsachen und Hintergründen der Jugendtaten und der von der Reaktion inszenierten Rufmordkampagne. Zugleich ist es eine erste einfühlsame Studie, die das Schaffen des Radebeuler Fabulierers als Flucht vor den schlimmen Realitäten des Lebens interpretiert, als Versuch, «eine verkrümmte Lebenslinie geradezubiegen». Niemand dürfe es wagen, diese Akten und Fakten «zu einer Herabsetzung Mays zu verwenden».

Der zweite Artikel von Kisch zugunsten Mays
innerhalb von vier Wochen.

«In dieser Seele lodert das Feuer der Güte»

Egon Erwin Kisch hat den «hippokratischen Zug» gesehen, über den kein Lächeln mehr hinwegtäuschen kann. Betrachtet man Fotos aus der Folgezeit, so zeigen sich mit erschreckender Geschwindigkeit die verheerenden Spuren körperlichen Verfalls. Daß May in diesem Zustand überhaupt noch zu gedeihlicher Arbeit finden kann, wirkt mehr als erstaunlich. 1910 bereitet er die Buchausgabe von *Winnetou, Band IV,* vor und schließt *Mein Leben und Streben* ab, von allen autobiographischen Titeln das bewegendste Dokument. Mit *Merhameh* erscheint die letzte Erzählung, die er geschrieben hat. Die im «Eichsfelder Marienkalender» veröffentlichte allegorische Geschichte schließt mit dem Aufruf: «Es sei Friede! Es sei Friede!» Mit diesen Worten beendet Karl May sein Erzählwerk.

Von solchem Wunsch wollen Lebius und Komplicen nichts wissen. Gegen Jahresende wird seine Schmähschrift «Die Zeugen Karl und Klara May» ausgeliefert. May kann eine einstweilige Verfügung gegen den Vertrieb erreichen, Tausende Exemplare kommen dennoch in Umlauf.

Einer Lungenentzündung, die May über die Weihnachtstage 1910 ans Bett fesselt, folgt eine mehrwöchige Neuritis. Im Mai/Juni 1911 weilt er zur Kur in Joachimsthal[24], anschließend fährt er, wiederum von Frau Klara begleitet, zu einem Erholungsaufenthalt nach Tirol. Dem Attest des Hausarztes Dr. Curt Mickel vom September 1911 zufolge «war der gute Erfolg der bald wieder eintretenden Aufregungen durch gerichtliche Termine ... in kurzer Zeit zu Nichte gemacht. Die Schlaflosigkeit, die quälenden Nervenschmerzen, Appetitslosigkeit, und alle anderen Begleiterscheinungen des Leidens brachten den Kranken bald wieder so herunter, neuerdings durch nervöses Asthma, dass er ... wieder bettlägerich wurde.» Zum gesundheitlichen Ruin trägt noch das aufreibende Warten auf die angestrengte Berufungsverhandlung nach dem Freispruch von Lebius im April 1910 bei. Erst für den 18. Dezember 1911 wird der Termin vor dem nunmehr zuständigen Landgericht III in Berlin-Moabit anberaumt.

Karl May beauftragt nach dem Fiasko in Berlin-Charlottenburg nunmehr einen sehr renommierten Anwalt, den Justizrat Erich Sello, mit der Wahrnehmung seiner Interessen. Diese Verbindung vermittelt der bürgerlich-demokratische Publizist Maximilian Harden, der durch scharfe Kritik an der Wilhelminischen Politik bekanntgeworden war und auf Mays Seite steht. Er ist es auch, der den Vernichtungsfeldzug mit den Worten charakterisiert: «Ein Wind niedriger Gesinnung weht durch Deutschland.»

An jenem 18. Dezember 1911 tragen Lebius und sein Advokat Bredereck die alten, durch den Hohenstein-Ernstthaler Prozeß gegen Richard Krügel widerlegten Verleumdungen ein weiteres Mal vor. Jener strafbare Tatbestand aber steht hier nicht zur Verhandlung. Jetzt geht es nur um den diskriminierenden Ausdruck vom «geborenen Verbrecher» – und das Gericht verurteilt Lebius zu 100 Mark Geldstrafe oder ersatzweise 20 Tagen Gefängnis.

Das Strafmaß nimmt sich bescheiden aus, und ebenso dürftig wird darüber in der bürgerlichen Presse geschrieben, die sich zuvor mit den Räuberpistolen überschlagen hat. Allein der «Vorwärts» berichtet in einem sehr langen Beitrag, resümiert die schändlichen Umtriebe des Lebius und schreibt vom «tragischen Geschick», das den Schriftsteller «an seinem Lebensabend ereilt hat». Denn Triumph kann aus dem Urteil nicht mehr erwachsen, May ist ein vom Tode gezeichneter Mann.

Das Leben hält für ihn aber noch einen letzten und erfreulichen Höhepunkt bereit. Der «Akademische Verband für Literatur und Musik in Wien» lädt Karl May im Frühjahr 1912 zu einem Vortrag ein. Diese erst 1908 gegründete, aber schon sehr angesehene Organisation will kunstinteressierten Studenten ein Podium bieten und setzt sich für neue, außerhalb des etablierten Kunstbetriebs liegende Strömungen ein. Verdienste erwirbt sich der Verband unter anderem durch Popularisieren der Werke von Frank Wedekind, Arnold Schönberg und Alban Berg.

Bei der Einladung an Karl May schwingt menschliches Mitgefühl mit, in erster Linie jedoch ist das ein Politikum: Nach der Verurteilung von Lebius am 18. Dezember 1911 soll die Veranstaltung zu einem moralischen Schutzwall gegen weitere Verfolgungen durch «die bürgerliche Gesellschaft» – so weitsichtig umreißt der Verbandsvorstand den Kreis der Drahtzieher – beitragen. Der junge Schriftsteller und Publizist Robert Müller, literarischer Leiter des Wiener Vereins, bereitet deshalb den Auftritt Mays sorgfältig vor. In der in Innsbruck erscheinenden frühexpressionistischen Literaturzeitschrift «Der Brenner» – nach Karl Kraus «die einzige ehrliche Revue» in Österreich wie Deutschland – veröffentlicht er am 1. Februar 1912 den Beitrag «Das Drama Karl Mays».

Dieses Journal fühlt sich hohen Forderungen an Wort und Sprache verpflichtet, einem Anliegen also, das May in der Selbstbiographie geradenwegs abgelehnt hatte: «Die Wahrheit ist, daß ich auf meinen Stil nicht im Geringsten achte... Ich verändere nie, und ich feile nie.» Durch andere Momente jedoch, legt Robert Müller dar, hat May seinen Platz in der Literatur gefunden. Er habe «mit der ganzen Kunstlosigkeit, die dem Naturgenie eigen ist», begonnen. «Die Fingerfertigkeit, die ihm aus dieser Uebung erwuchs, kam ihm später, als er seine eigentliche Karriere als Erzähler von Reiseromanen begann, zustatten. Gewiegte Erzähler wie Jakob Wassermann ... haben ein gutes Wort für jene primitive und reine Art des Erzählens eingelegt.» Müller findet treffliche Worte «von einer tiefen visionären Gemütskraft, einer Sehnsucht nach Reinlichkeit», er verweist auf das «vollblütige Komödiantentum, aus dem heraus May sich mit seinen Phantasiegestalten identifiziert, ... künstlerisch erweckt es Vertrauen ... So ein wahrer Dichter ist May..., ein richtiger Erzähler und ein stark ethisch empfindsamer Mensch...» Deshalb muß auch alles, was gegen die Werke ins Feld geführt wird, als «nicht echt» wirken: «Denn seltsamerweise gelang es den literarischen Kritikern, May nur mit Hilfe seiner bürgerlichen Inkonvenienzen (Ungehörigkeiten, Unbequemlichkeiten, C. H.) beruflich kaltzustellen.»

Neben der literarischen Einführung, die bereits wichtige Punkte unseres heutigen Verständnisses anklingen läßt, organisiert Robert Müller eine Umfrage bei «hervorragenden Schriftstellern». Er bittet um Meinungen zur Einladung Mays nach Wien. Heinrich Mann antwortet: «Ich höre, daß Karl May der Öffentlichkeit so lange als guter Jugendschriftsteller galt, bis irgendwelche Missetaten aus seiner Jugend bekannt wurden. Angenommen aber, er hat sie begangen, so beweist mir das nichts gegen ihn – vielleicht sogar manches für ihn. Jetzt ver-

An der Seite von Karl May:
Bertha von Suttner.

mute ich in ihm erst recht einen Dichter!» Der Dramatiker Hermann Bahr schreibt: «Wer so viel Haß, Neid, Verleumdung, Wut, Liebe, Bewunderung und Streit erregt wie Karl May, verdient es schon um dieser Kraft willen, gehört zu werden.» Viele weitere Akklamationen treffen ein. Bertha von Suttner äußert sich offiziell unter anderem mit den Worten: «Was den literarischen Wert der May'schen Arbeiten betrifft, so nimmt ein Autor, der eine ganze Jugendgeneration durch seine spannenden phantasiereichen Erzählungen zu fesseln verstand, jedenfalls einen achtunggebietenden Rang ein...» Und privat schreibt sie nach Radebeul: «Ich freue mich lebhaft, Sie am 22. d. in Wien sprechen zu hören. Daß Sie mein Gesinnungsgenosse in Friedenssachen und anderen Fragen sind, das weiß ich ja: ‹empor!› ist unser beider De-

Eine der letzten Aufnahmen von Karl May
in Wien am 22. 3. 1912.

vise... Nicht wahr, wir Geistesarbeiter, die wir die Leiter halten, auf der die Menschheit ‹die Edelmenschheit› emporsteigen soll, müssen einander behilflich sein. Auf Wiedersehen also im Sofiensaal...»

Am Freitag, dem 22. März 1912, um 19 Uhr 30, sitzt Bertha von Suttner in der ersten Reihe des Wiener Sophiensaales, als Karl May die Estrade betritt. Von «mindestens 2000 Zuhörern» schreiben tags darauf einige Zeitungen, während andere «über 3000 Personen» nennen. Der Saal ist jedenfalls brechend voll, tosender Beifall empfängt den Redner.

«Empor ins Reich der Edelmenschen» heißt das Thema, das Karl May als Ziel seines Lebens erläutert wie auch als Aufgabe der ganzen Menschheit postuliert. Er schildert seine Herkunft und den mühseligen Weg, auf dem er sich aus den Tiefen seiner Jugend emporgearbeitet hat. Auf die Vorwürfe eingehend, denen er sich in den zurückliegenden Jahren erwehren mußte, kritisiert er besonders die «Verfälschungen seiner Werke durch die Verleger». Er meint damit die Firma Münchmeyer und Nachfolger, die «den ehrlichen Karl May zur schwindlerischen Fratze gestalteten», wie es im Vortragskonzept steht.

«Drei Wege» nennt May, die zur «Edelmenschlichkeit» führen würden: «Wissenschaft, Kunst, Religion. Wissenschaft bringt Erkenntniß; Kunst bringt Offenbarung; Religion bringt Erlösung.» Zum wiederholten Male bekennt er sich als Christ und wirbt – wie schon so oft – für die Fähigkeit zur Toleranz. Besonders von den Mitbürgern jüdischer Herkunft habe die Menschheit viel übernommen: «Nie können wir genug dankbar sein!»

Die Presseberichte heben seine Plädoyers «für die Heiden, für die Juden...» usw. heraus, und das Wiener «Deutsche Volksblatt» findet gerade dies recht verwerflich: «Leider machte May dem Judentum, das sehr stark vertreten war, ein Kompliment...»

Der zweieinhalbstündige Vortrag gipfelt in den Worten, daß er als ein Mensch spreche, «der nichts und nichts erstrebt als nur das eine, große, irdische Ziel: ‹Und Friede auf Erden!›» Mit lang anhaltenden Ovationen, die sich noch außerhalb des Saales fortsetzen, wird Karl May gefeiert – es ist ein Abschied für immer.

Etwas erkältet und mit leichtem Fieber kehrt er nach Radebeul zurück, noch aufgerüttelt von der begeisterten Aufnahme in Wien. Am

Sonnabend, dem 30. März 1912, gegen 20 Uhr, stirbt Karl May an einem Herzschlag.

Der Nachruf im «Vorwärts» am 2. April 1912 endet mit den Worten: «Karl May war eben in seiner Art ‹eine Klasse für sich›. Ein Erzähler von unerschöpflicher Erfindungsgabe, eine Kombination gewissermaßen von Jules Verne und Conan Doyle. Dabei aber keineswegs ein Nachahmer, sondern ein vollblütiges Original.»

Erich Mühsam schreibt in der Aprilausgabe seines Monatsblattes «Kain. Zeitschrift für Menschlichkeit» unter anderem: «Es tut mir leid, dass Karl May diese Zeilen nicht mehr lesen wird. Ich hätte sie auch geschrieben, wenn er nicht in diesen Tagen gestorben wäre... Was alles seine Angreifer gegen May vorbringen, spricht für ihn, und es ist schändliche Undankbarkeit derer, die ihre besten Jugendstunden seinen Mordgeschichten verdanken, dem Manne, der das Prädikat eines Dichters ohne Einschränkung verdient, nachträglich seine Verdienste zu schmälern...»

In der Wiener «Zeit» vom 5. April 1912 widmet Bertha von Suttner ihrem Gesinnungsgenossen unter anderem folgende Sätze: «Die Nachricht von Karl Mays Tode wird alle jene, die hier im Sophiensaal dem allerletzten Vortrag, den er gehalten, beigewohnt haben, ganz besonders erschüttern. ...

Er hatte noch eine große Freude erlebt. Der Jubel, mit dem ihn die dreitausend Zuhörer umtosten, war ja nicht nur der Ausdruck von dem Schriftsteller gewidmeten Beifall gewesen, sondern vielmehr eine Demonstration von persönlicher Verehrung, ein Protest gegen die Bosheits- und Verleumdungskampagne, die gegen ihn geführt worden und aus der er voll rehabilitiert hervorgegangen war, die ihm aber durch zehn lange Jahre das Leben verbittert hatten.

Wer den schönen alten Mann an jenem 22. März (am 30. März, seinem Hochzeitstag, traf ihn ein Herzschlag) sprechen gehört, durch ganze zwei Stunden, weihevoll, begeisterungsvoll, in die höchsten Regionen des Gedankens strebend – der mußte das Gefühl gehabt haben: In dieser Seele lodert das Feuer der Güte.»

Wohl hat Bertha von Suttner dabei auch an jene Worte von einer besseren Welt gedacht, die Karl May 1908/09 im *Mir von Dschinnistan* formulierte: «Die Erde sehnt sich nach Ruhe, die Menschheit nach

Frieden, und die Geschichte will nicht mehr Taten der Gewalt und des Haßes, sondern Taten der Liebe verzeichnen. Sie beginnt sich ihrer bisherigen rohen, blutigen Heldentümer zu schämen. Sie schmiedet neue, goldene und diamantene Reifen, um von nun an nur noch Helden der Wissenschaft und der Kunst, des wahren Glaubens und der edlen Menschlichkeit, der ehrlichen Arbeit und des begeisterten Bürgersinnes zu krönen.»

Das sind Visionen, eingebunden in das Weltbild des Schriftstellers, von denen sich Gedankenbrücken in unsere Zeit schlagen lassen. Und nicht zuletzt durch seine Appelle zum aktiven Handeln für Frieden und Humanismus ist Karl May für uns aktuell.

Anhang

Biographische Zeittafel
Anmerkungen
Das Werk von Karl May
Verzeichnis der benutzten Literatur
Personenregister
Bildnachweis

Zeittafel

1842 25. 2.: Karl May in Ernstthal, Niedergasse III (heute Hohenstein-Ernstthal, Karl-May-Straße 54, «Karl-May-Haus») geboren.
26. 2.: Taufe in der Ernstthaler Kirche St. Trinitatis; bald danach Erblindung.
1845 April: Umzug in eine Mietwohnung in Ernstthal, Markt 16, später 18 (beide Häuser 1898 abgebrannt; heute H.-E., Neumarkt 16 bzw. 18).
1846 Wiederherstellung der Sehkraft.
1847 2. 8.: Ernstthaler Weber stürmen Bäckerläden und Marktbuden.
1848 5. 4.: Mays Vater vermutlich am revolutionären Aufstand in Waldenburg beteiligt.
Besuch der Rektoratsschule in Ernstthal bis 1856.
1849 Tätigkeit des Vaters im Ernstthaler Vaterlandsverein.
1856 Besuch des Lehrerseminars in Waldenburg bis Ende 1859, Entlassung wegen des Vorfalles mit den Kerzen.
1860 Juni: Fortsetzung des Studiums in Plauen.
1861 September: Abschlußprüfung in Plauen.
Oktober: Hilfslehrer an der Armenschule in Glauchau, ab Monatsende Fabrikschullehrer in Altchemnitz.
Weihnachten: Verhaftung wegen «Uhrendiebstahls».
1862 Verurteilung zu sechs Wochen Gefängnis wegen «widerrechtlicher Benutzung fremder Sachen».
8. 9. bis 20. 10.: Strafverbüßung in Chemnitz.
6. 12.: Musterung, für militäruntauglich befunden.
1863 Kümmerliche Einnahmen durch Privatstunden und Auftritte in «musikalisch-declamatorischen Abendunterhaltungen». Mitglied im Ernstthaler Sängerkreis «Lyra», der auch Kompositionen Mays aufführt. Nach der Streichung aus der Liste der Schulamtskandidaten (20. Juni) wachsende Verzweiflung.
1864 Weitere Auftritte in öffentlichen Veranstaltungen.
Juni: Erste hochstaplerische Aktion in Penig.
Dezember: Ähnliche Schwindelei in Chemnitz.

1865 März: Pelzcoup in Leipzig.
26. 3.: Verhaftung.
8. 6.: Verurteilung durch das Bezirksgericht Leipzig zu vier Jahren und einem Monat Arbeitshaus.
14. 6.: Strafantritt auf Schloß Osterstein in Zwickau.
1868 2. 11.: Vorzeitige Entlassung.
Seine im «Repertorium» fixierten schriftstellerischen Pläne lassen sich nicht verwirklichen.
1869 März: Beginn neuer Hochstapeleien und kleinerer Diebstähle in der Umgebung von Ernstthal. Zeitweise Aufenthalt in der «Karl-May-Höhle».
2. 7.: Verhaftung in Hohenstein.
26. 7.: Bei einem Lokaltermin Flucht in Kuhschnappel.
1870 4. 1.: Festnahme in Algersdorf (heute Valkeřice, ČSSR).
13. 4.: Verurteilung durch das Bezirksgericht Mittweida zu vier Jahren Zuchthaus.
3. 5.: Strafantritt in Waldheim, Arbeit als Zigarrendreher.
1874 2. 5.: Entlassung mit der Auflage zweijähriger Polizeiaufsicht. Schriftstellerische Versuche.
Deutsche Zeitungen übernehmen Berichte aus den USA und informieren fortan verfälschend und verleumdend über die Indianer, insbesondere über die Apachen.
1875 8. 3.: Reise nach Dresden, um im Verlag H. G. Münchmeyer eine Arbeit als Zeitschriftenredakteur aufzunehmen.
15. 3.: Polizeiliche Ausweisung aus Dresden.
April/Mai: Mit dem Gedicht *Rückblicke eines Veteranen*... und der Erzählung *Die Rose von Ernstthal* erscheinen die ersten heute nachweisbaren Publikationen.
August: Rückkehr nach Dresden; Wohnung im Verlagshaus H. G. Münchmeyer, Wilsdruffer Vorstadt, Jagdweg 14 (Haus existiert nicht mehr).
September: Die Wochenzeitschriften «Schacht und Hütte» und «Deutsches Familienblatt» beginnen zu erscheinen. Im Heft 7 des «Deutschen Familienblattes» wird erstmals Winnetou vorgestellt.
1876 Jahresmitte: Bekanntschaft mit Emma Pollmer.
September: Als Nachfolgerin von «Schacht und Hütte» und

«Deutsches Familienblatt» erscheint die Zeitschrift «Feierstunden am häuslichen Heerde».
Ab Heft 10 wird Mays erster Roman *Der beiden Quitzows letzte Fahrten* publiziert.
1877 Februar: Beendigung der Tätigkeit im Verlag H. G. Münchmeyer. Wohnung in Dresden-Altstadt, Pillnitzer Straße 72[1] bei einer Witwe Groh (Haus existiert nicht mehr).
Mai: Emma Pollmer übersiedelt nach Dresden.
May bietet mehreren Verlagen Erzählungen an.
1878 1. Halbjahr: Redakteur der Zeitschrift «Frohe Stunden» im Verlag von Bruno Radelli, Dresden.
Gemeinsame Wohnung mit Emma Pollmer in Dresden-Neustriesen, Str. 4, Nr. 2, Villa Forsthaus (heute Forsthausstr./Ecke Teutoburgstr., Haus existiert nicht mehr).
April: Recherchen zum Todesfall Emil Pollmers (Onkel von Emma P.).
August: Wohnung in Hohenstein, Am Markt 243, «Pollmer-Haus» (heute H.-E., Altmarkt 33); May wird freischaffend tätig.
1879 9. 1.: Verurteilung durch das Gerichtsamt Stollberg zu drei Wochen Gefängnis wegen unbefugter «Ausübung eines öffentlichen Amtes»; danach Einspruch und Gnadengesuch.
März/April: Mit *Three carde monte* erscheint die erste Erzählung im «Deutschen Hausschatz».
April: May zieht wieder zu seinen Eltern nach Ernstthal, Markt 18.
Juni: In der zweiten «Hausschatz»-Erzählung *Unter Würgern* taucht erstmals Old Shatterhand auf.
1. bis 22. 9.: Strafverbüßung im Gerichtsgefängnis von Hohenstein-Ernstthal.
November: Im Verlag von Franz Neugebauer, Stuttgart, erscheinen Mays erste Buchausgabe (*Im fernen Westen*) und die von ihm besorgte Bearbeitung des «Waldläufers» von Gabriel Ferry.
1880 17. 8.: Eheschließung mit Emma Pollmer.
Wohnung in Hohenstein, Am Markt 2 (heute H.-E., Altmarkt 2).
12. 9.: Kirchliche Trauung in der Hohensteiner Kirche St. Christophori.

1881 Im «Deutschen Hausschatz» erscheinen mit *Giölgeda padishanün* erste Teile des großen Orient-Balkan-Zyklus. Kara Ben Nemsi und Hadschi Halef Omar treten auf.
November: Erste französische Übersetzungen.
1882 Spätsommer: Bei einem Dresden-Besuch Zusammentreffen mit H. G. Münchmeyer; mündliche Vereinbarung zu einem Lieferungsroman.
November: Erste Hefte des *Waldröschens* erscheinen. Bis 1887 folgen vier weitere Kolportageromane.
1883 7. 4.: Umzug nach Dresden-Blasewitz, Sommerstr. 7 (heute Sebastian-Bach-Str.; Haus-Nr. evtl. verändert).
1884 Frühjahr: Wohnung in Dresden-Johannstadt, Prinzenstr. 4, part. (heute Am Wohnheim/Ecke Blasewitzer Str., Haus 1945 zerbombt).
1885 Wie bereits wiederholt in zurückliegenden Jahren erklärt die Redaktion des «Deutschen Hausschatzes» den Lesern das Ausbleiben Mayscher Erzählungen durch Weltreisen des Autors. In Wirklichkeit schreibt er an den umfangreichen Lieferungsromanen für den Münchmeyer-Verlag.
1887 Januar: Mit dem *Sohn des Bärenjägers* beginnt die Mitarbeit an der Zeitschrift «Der Gute Kamerad».
Frühjahr: Wohnung in Dresden-Altstadt, Schnorrstraße 31[I], über der Restauration des Schankwirtes Nitsche (Haus 1945 zerbombt).
1888 Wiederaufnahme der regelmäßigen Arbeit für den «Deutschen Hausschatz». In der Erzählung *Der Scout* werden die Verbrechen des Ku-Klux-Klan gegeißelt.
1. 10.: Wohnung in Kötzschenbroda, Schützenstr. 6, «Villa Idylle» (heute Radebeul 2, Straße der Deutsch-Sowjetischen Freundschaft 8). Im Zusammenhang mit einem im «Guten Kameraden» unter dem Pseudonym «Hobble-Frank» gestellten Preisrätsel taucht erstmals der Begriff «Villa Bärenfett» auf.
1889 Im «Guten Kameraden» beginnt der Abdruck der Erzählung *Die Sklavenkarawane*, ein klares Bekenntniss gegen die Sklaverei.
1890 Frühjahr: Wohnung in Niederlößnitz, Lößnitzstr. 11 (heute Radebeul, Lößnitzstr. 11).

Im «Guten Kameraden» beginnt die Erzählung *Der Schatz im Silbersee*.
Bei «Union Deutsche Verlagsanstalt», Stuttgart, erscheint die Buchausgabe *Die Helden des Westens, Band I. Der Sohn des Bärenjägers*.

1891 8. 4.: Wohnung in Oberlößnitz, Nizzastr. 13, «Villa Agnes» (heute Radebeul 1, Lößnitzgrundstr. 2).
Im «Deutschen Hausschatz» beginnt der Roman *Der Mahdi*, mit dem May auf den Volksaufstand im Sudan reagiert und erneut Bekenntnisse gegen Sklaverei und Kolonialismus ablegt.
November: Besuch des Verlegers Friedrich Ernst Fehsenfeld aus Freiburg/Br. in der «Villa Agnes»; Vertrag zur Herausgabe der Serie «Karl May's gesammelte Reiseromane» (GRR).

1892 *Durch Wüste und Harem* und weitere fünf Bände der GRR (Orient- und Balkan-Zyklus) erscheinen.

1893 Als Bände VII–IX der GRR werden *Winnetou, der Rote Gentleman* (1.–3. Bd.) herausgegeben.

1894 Beginn der Old-Shatterhand-Legende.
Gesamtauflage der GRR: 400 000.
In diesem Jahr bereits enge Freundschaft mit Klara und Richard Plöhn.

1895 30. 12.: Kauf einer Villa in Radebeul, Kirchstr. 5 (heute Radebeul 1, Karl-May-Str. 5, «Karl-May-Museum»).

1896 14. 1.: Einzug in das neue Heim (Villa «Shatterhand»).
Ostertage: Der Amateurfotograf Alois Schießer macht Aufnahmen zu 101 Kostümfotos.
Der Büchsenmacher Max Fuchs fertigt «Silberbüchse» und «Bärentöter» an.
May verlangt, daß die GRR fortan «Gesammelte Reiseerzählungen» (GRE) heißen (ab Bd. XVIII, *Im Lande des Mahdi*, III. Bd.).
Oktober: Im «Deutschen Hausschatz» wird mit dem zweiteiligen Beitrag *Freuden und Leiden eines Vielgelesenen* eine breitenwirksame Identifizierung zur Old Shatterhand-Legende vollzogen.

1897 Intensive Reisetätigkeit durch Deutschland und Österreich beginnt.

1898 Weitere Reisen mit Vorträgen.

1899 16. 3.: Adalbert Fischer kauft den Münchmeyer-Verlag. May warnt in einem Schreiben vor Übernahme der fünf Lieferungsromane.
26. 3.: Aufbruch zur Orientreise.
9. 4.: May betritt in Port Said zum ersten Mal außereuropäischen Boden.
April bis November: Besuch von Touristenstätten in Ägypten, im Libanon und in Palästina, auf Ceylon und Sumatra.
3. 6.: Erste Presseattacke von Mamroth in der «Frankfurter Zeitung».
5. 7.: Erster Angriff durch Cardauns in der «Kölnischen Volkszeitung».
27.–29. 9.: Erwiderung in der Dortmunder «Tremonia».
November: Unter dem Eindruck der orientalischen Realitäten erleidet May auf Sumatra einen Nervenzusammenbruch.

1900 April bis Juli: Gemeinsame Reise mit Ehefrau Emma sowie Klara und Richard Plöhn in der Umgebung von Kairo, in Palästina, im Libanon und in Syrien, Besuch von Istanbul und griechischen Touristenzentren.
Juni: In Istanbul erneuter Nervenzusammenbruch.
14. 7.: Klara Plöhn schlägt in Athen vor, für beide Ehepaare in Radebeul ein gemeinsames Grabmal nach dem Vorbild des Nike-Tempels errichten zu lassen.
31. 7.: Wieder in Radebeul.
Adalbert Fischer beginnt trotz Protestes mit einer Neuauflage des Lieferungsromanes *Die Liebe des Ulanen*.

1901 14. 2.: Tod von Richard Plöhn.
Adalbert Fischer setzt die Neuausgabe der Lieferungsromane fort.
August: Das chauvinistische «China»-Werk beginnt in Lieferungen zu erscheinen. May unterläuft das Machwerk mit der pazifistischen Erzählung *Et in terra pax*.
Weitere Presseangriffe gegen May.
10. 12.: Klage beim Landgericht Dresden gegen Adalbert Fischer wegen unbefugten Nachdrucks.
Prozeßlawine beginnt.

1902 Januar: May verteidigt sich gegen die Presseangriffe mit der anonymen Schrift *Karl May als Erzieher* ...
März: Erste Angriffe von Ferdinand Avenarius im «Kunstwart».
10. 3.: Klage beim Landgericht Dresden gegen Pauline Münchmeyer, um Rechnungslegung zu erhalten.
10. 9.: Ehescheidungsklage eingereicht.
1903 14. 1.: Ehescheidung verkündet.
11. 2.: Durch Vergleich Auseinandersetzung mit Fischer vorläufig beendet.
4. 3.: Ehescheidung rechtskräftig.
30. 3.: Eheschließung mit Klara Plöhn.
1904 2. 5.: Lebius in der Villa «Shatterhand».
ab Juli: Bitten und erpresserische Drohungen Lebius' wegen eines Darlehens.
11. 9.: Beginn der Angriffe von Lebius in der «Sachsenstimme».
Herbst: *Und Friede auf Erden!* erscheint.
30. 10.: Im «Dresdner Anzeiger» wird der pazifistische Roman verunglimpft.
19. 12.: Strafanzeige gegen Lebius wegen Erpressung.
1905 14. 3.: Strafverfahren gegen Lebius eingestellt.
3. 10.: May zieht eine Privatklage gegen Lebius zurück, als vor dem Dresdner Landgericht die Bekanntgabe der Vorstrafen beginnt.
1906 September: Drama *Babel und Bibel* erscheint.
1907 9. 1.: Reichsgericht in Leipzig weist in 3. Instanz den Revisionsantrag von Pauline Münchmeyer gegen das Urteil zur Rechnungslegung zurück.
15. 4.: Provozierende Anzeige des Münchmeyer-Anwaltes Gerlach gegen May wegen «Meineides».
Oktober: Schreiben des sozialdemokratischen Redakteurs Carl Wermuth; danach Kontakte zur Arbeiterpartei.
November: Im «Deutschen Hausschatz» beginnt *Der 'Mir von Dschinnistan* zu erscheinen. May fordert darin zum aktiven Handeln für den Frieden auf.
9. 11.: Haussuchung in der Villa «Shatterhand». In einer nachfolgenden Eingabe an den Untersuchungsrichter Larras erklärt

May, daß er die gegen ihn inszenierten Aktionen als Komplott durchschaue.
1908 8. 3.: Testament mit der Verfügung einer mildtätigen Stiftung.
1. 4.: Die von Lebius initiierte Schmähschrift «Karl May, ein Verderber der deutschen Jugend» erscheint.
27. 4.: Der von Lebius mißbrauchte Autor Friedrich Wilhelm Kahl distanziert sich in einem Brief an May von dieser Broschüre.
5. 9. bis Anfang Dezember: Touristenreise mit Ehefrau Klara in den Nordosten der USA und angrenzende kanadische Gebiete. Auf der Rückreise kurzer Aufenthalt in England.
5. u. 8. 12.: Nach Hetztiraden in der Dresdner Kreuzkirche setzt der Kaplan Paul Rentschka die Verleumdungen gegen das Werk *Und Friede auf Erden!* in der Zeitung «Germania» fort.
Um als Zeuge der Arbeiterpartei auszusagen, verfaßt May das Manuskript *Lebius, der Ehrenmann*.
1909 26. 1.: Das im April 1907 inszenierte Meineidsverfahren wird als haltlos eingestellt.
Oktober: Nach mehreren Terminen zieht Lebius die gegen den sozialdemokratischen «Vorwärts» angestrengten Klagen zurück. Eine Zeugenaussage Mays wird somit verhindert. In der «Augsburger Postzeitung» beginnt der Abdruck von *Winnetou, Band IV*.
12. 11.: Lebius bezeichnet May als «geborenen Verbrecher».
17. 12.: Beleidigungsklage gegen Lebius beim Schöffengericht Berlin-Charlottenburg eingereicht.
19. 12.: Im Wochenblatt «Der Bund» publiziert Lebius die bisher schlimmsten Verleumdungen.
1910 10. 1.: Strafantrag gegen Lebius beim Amtsgericht Dresden (kommt nicht mehr zur Verhandlung).
12. 4.: Freispruch von Lebius vor dem Schöffengericht Berlin-Charlottenburg in der Beleidigungsklage. Nachfolgende Prozeßberichte in der bürgerlichen Presse schreiben vom «Räuberhauptmann» Karl May.
14. 4.: Egon Erwin Kisch nimmt in der Prager «Bohemia» Partei für May.

Mitte April: Die Politische Polizei in Hamburg legt eine «Akte betr. Schriftsteller Karl May» an.
Anfang Mai: Kisch in der Villa «Shatterhand».
15. 5.: Zweiter Beitrag von Kisch in der «Bohemia» zur Unterstützung Mays.
9. 8.: Vor dem Schöffengericht Hohenstein-Ernstthal nimmt der Lebius-Informant Richard Krügel seine falschen Behauptungen gegen May zurück.
November: Die Schmähschrift von Lebius «Die Zeugen Karl May und Klara May» erscheint.
Nov./Dez.: Mays Selbstbiographie *Mein Leben und Streben* wird veröffentlicht.
Dezember: Lungenentzündung.

1911 bis März: Erkrankung an einem Nervenleiden.
Mai bis August: Kur in Joachimsthal (heute Jáchymov, ČSSR) und Erholungsaufenthalt in Tirol.
18. 12.: Vor dem Landgericht III in Berlin-Moabit wird Lebius zu 100 Mark Geldstrafe verurteilt.

1912 22. 3.: Vortrag im «Akademischen Verband für Literatur und Musik in Wien».
30. 3.: Karl May stirbt in Radebeul.
3. 4.: Beisetzung im Grabmal auf dem Radebeuler Friedhof an der Serkowitzer Straße.

Anmerkungen

1 Damit ist der Bamberger «Karl-May-Verlag» gemeint.
2 Mit diesem Titel gab es 1895/96 im Verlag H. G. Münchmeyer schon einen Roman von Robert Kraft.
3 Pseudonyme, die May mitunter verwendete: Capitän Ramon Diaz de la Escosura, M. Gisela, Hobble-Frank, Hobbelfrank, Karl Hohenthal, D. Jam, Oberlehrer Franz Langer, Prinz Muhamêl Latréaumont, Ernst von Linden, P. van der Löwen, Richard Plöhn, Emma Pollmer.
4 Viele Zeitschriften der damaligen Zeit zählten ihre Jahrgänge nicht, so wie heute üblich, vom Januar bis Dezember. Zumeist liefen sie vom Herbst (Oktober) bis zum Nachsommer des Folgejahres. Münchmeyer startete den 1. Jahrgang der «Feierstunden am häuslichen Heerde» im September 1876. Nummer 29 erschien folglich im März 1877.
5 Die nachfolgend geschilderten Vorgänge wurden erst vor einigen Jahren bekannt, nachdem der Hohenstein-Ernstthaler Forscher Adolf Stärz im Staatsarchiv Dresden entsprechende Akten ermitteln konnte.
6 In der VR Bulgarien erfreuen sich die Karl-May-Bücher seit langem, so Radkov, einer «beispiellosen Beliebtheit», unter anderem durch die «unverkennbare Zuneigung» zu den aus der Phantasie erwachsenen «Gestalten von Bulgaren, ... so schön und wahrheitsgetreu dargestellt, wie nur ein bulgarischer Schriftsteller dies tun könnte. Man bedenke dabei, daß Karl May wohl nie einen Bulgaren vor seine Augen bekommen hat!» Die Auflagenhöhen der bulgarischen Ausgaben (insgesamt bisher über 50 Titel) lagen seit 1972 stets zwischen 150 000 und 300 000 Exemplaren.
7 Interessante Informationen hierzu liefert die Einleitung von Ernst Werner und Kurt Rudolph zur Koran-Ausgabe des Reclam-Verlages, Leipzig 1968 (RUB Bd. 351).
8 Diese Zahl wird u. a. in einer Börsenblattannonce von 1904 genannt.
9 Die falsche Schreibweise des Vornamens mit *f* statt *ph* entspricht einer Wiedergabe des Briefes durch Karl May, nach der wir zitiert haben.
10 Diese Schreibweise verwendete May im «Guten Kameraden». Während seinerzeit das Genus in allen drei Formen gebräuchlich war, liegt bei «estakata» ein Irrtum vor. Die Buchausgabe (1890) hieß dann *Der Geist des Llano estakado*. Schreibweise nach Haack Weltatlas (Gotha/Leipzig 1972): Llano Estacado.
11 1889 folgte an gleicher Stelle *Duch Llana estakada*; 1890 edierte der Prager

Verlag Josef Richard Vilímek, in dem auch die Zeitschrift erschien, zeitlich parallel zur «Union»-Ausgabe *Die Helden des Westens* in tschechischer Sprache; 1895 folgte der zweite Teil.

12 Mit hoher Wahrscheinlichkeit wußte Karl May nicht, daß der geschäftstüchtige Münchmeyer alle Übersetzungsrechte für das *Waldröschen* an den Wiener Verleger Josef Rubinstein verkauft hatte und ihm sogar die Illustrationsbeigaben mit mehrsprachigen Legenden lieferte. Nachweisbar vor 1890, vielleicht sogar vor 1888 gab es eine tschechische, bereits ab 1886 eine amerikanische Ausgabe des *Waldröschen*. Weitere Übersetzungen erfolgten u. a. ins Holländische, Italienische, Polnische und Slowenische. Noch bei späteren Ausgaben anderer Münchmeyer-Romane in tschechischer Sprache sah sich May nachträglich «vollständig ahnungslos» getroffen, so bei den Titeln *Der Verlorne Sohn* (vor 1902) und *Deutsche Herzen, Deutsche Helden* (1904, beide Verlag Alois Hynek, Prag).

13 Eine exakte Bibliographie der fremdsprachigen Karl-May-Ausgaben gibt es nicht. Übersetzungen in folgende Sprachen sind bis heute bekannt: Afrikaans, Amerikanisches Englisch, Bulgarisch, Dänisch, Englisch, Finnisch, Französisch, Isländisch, Italienisch, Ivrit (modernes Hebräisch), Japanisch, Litauisch, Malaiisch, Niederländisch, Norwegisch, Polnisch, Portugiesisch, Rumänisch, Russisch, Schwedisch, Serbokroatisch, Slowakisch, Spanisch, Tschechisch, Ungarisch.

Ausgaben in Fremdsprachen werden im «Karl-May-Haus» in Hohenstein-Ernstthal gezeigt. Seltene deutschsprachige Erstausgaben sind im Radebeuler «Karl-May-Museum» ausgestellt.

14 Das später von Forner verwendete sechsseitige Zitat zum Urteil des Bezirksgerichtes Mittweida von 1870 geht nicht auf Gerichtsakten zurück, sondern wurde aus einem Beitrag von Egon Erwin Kisch (Gesammelte Werke in Einzelausgaben, Bd. V, Berlin 1974, S. 319–323) abgeschrieben.

15 Beide Schreibweisen, Karl beziehungsweise Carl May, werden bei den Fehsenfeld-Ausgaben verwendet.

16 Die Schätzwerte zur bisherigen deutschsprachigen Gesamtauflage schwanken zwischen 70 und 80 Millionen Büchern.

17 «Nadowessier» war eine alte, im Deutschen gebräuchliche Bezeichnung für «Sioux». Der Begriff geht auf den odjibwäischen Namen «Nadoweisiweg» («Kleine Schlangen») zurück, den die Franzosen zu «Nadouessioux» veränderten und mit «Sioux» abkürzten.

18 Der Terminus «Indianerstamm» wird in der Fachliteratur sehr unterschiedlich, häufig überhaupt nicht definiert. Ebensowenig findet man eine eindeutige und exakte Erklärung zum Begriff «Apachen» oder «Apatschen».

Sprachlich zugeordnet werden sie der großen Gruppe der Athapasken, die sich selbst «Na-Déné» – «Die Menschen» – nannten. Die Vokabel «Apache» ist in den verschiedenen Apachendialekten ein Fremdwort, stammt aus der Sprache der Zuni und heißt «Der Feind».

19 Frederick Marryat gehörte in der ersten Hälfte des 19. Jahrhunderts zu den meistgelesenen englischen Autoren. In seine Romane aus dem Seemannsleben – am bekanntesten wurde «Peter Simple» (1834) – flossen viele persönliche Erlebnisse und Erfahrungen ein. Für die farbigen Völker in den Kolonien zeigte er tiefe Sympathie. Als Autor zeichnete er mit «Captain Marryat» bzw. «Kapitän Marryat».

20 Unter dem Titel *Himmelsgedanken* erscheint diese Sammlung Ende 1900 in einer goldschnittgezierten Prachtausgabe bei Fehsenfeld. Die von May erhoffte große Anerkennung durch das Publikum bleibt allerdings aus.

21 Die Darstellung im Buch *Ich*, 1. Auflage 1916, Radebeul, May «durchstreifte diese Insel mehrere Wochen lang», ist ebenso falsch wie andere Behauptungen: «... zog über Damaskus durch die Wüste nach Bagdad ...», von «Bagdad aus ritt May zum Turm von Babel, wo er ebenfalls länger weilte, durchquerte danach Arabien in südwestlicher Richtung ...» und so weiter. Zu den Märchen über «Frühreisen» nach Amerika und Afrika in den sechziger Jahren des vorigen Jahrhunderts steht noch 1982 (!) im gleichnamigen Titel des «Karl-May-Verlages» in Bamberg: «... wirkliche urkundliche Beweise gibt es weder für noch gegen sie ...». Dabei waren schon längst die Aufenthalte Mays gleichsam lückenlos dokumentarisch belegt.

22 Schon im August 1899 hatte der Publizist Karl Muth (Pseudonym Veremundus) in der Schrift «Steht die Katholische Belletristik auf der Höhe der Zeit?» den «Hausschatz» unter anderem deshalb attackiert, weil er «das zweifelhafte Verdienst» habe, den Abenteuerroman «unter der Firma Karl May in weiten Kreisen eingebürgert zu haben».

23 Eine nicht minder deutliche Formulierung schon 1903 (*Im Reiche des silbernen Löwen*, 4. Band) – es sei «nur die Blindheit derer gewesen, die einen solchen Wahnsinn für möglich hielten» – zeigte keine Wirkung, zumal dieses Werk vorerst nicht die erwünschte große Leserresonanz fand. Jene Passage hatte sogar Adolf Droop übersehen, als er 1909 eine erste fundierte literaturkritische Analyse vornahm: «Das in den Reiseerzählungen Berichtete geht im Wesentlichen auf tatsächliche Erlebnisse Mays zurück.»

24 Im heutigen Jáchymov (ČSSR) erinnert ein 7 km langer «Stezka Karla Maye» («Karl-May-Steig») an den Aufenthalt des Schriftstellers.

Das Werk von Karl May *(Auswahl)*

Aufgenommen wurden nur Publikationen, die zu Lebzeiten des Schriftstellers erschienen sind, und Erstveröffentlichungen aus dem Nachlaß, wenn diese unbearbeitet erfolgten.

Siglen für Zeitschriften, Zeitungen und andere Periodika, in denen May veröffentlichte. Nicht aufgeführt sind Periodika, in denen es nur Nachdrucke gab.

ANW Alte und Neue Welt. Illustriertes katholisches Familienblatt. Verlag Benziger u. Co., Einsiedeln u. a.
APZ Augsburger Postzeitung. Unterhaltungsblatt Lueginsland. Verlag des Literarischen Instituts von Haas u. Grabherr, Augsburg.
BC Belletristische Correspondenz. Zur Benutzung für Zeitungsredaktionen herausgegeben..., Verlag Velhagen & Klasing, Bielefeld und Leipzig.
BMK Benziger's Marien-Kalender. Verlag Benziger u. Co., Einsiedeln u. a.
BUW Bibliothek der Unterhaltung und des Wissens. Verlag von Hermann Schönlein, Stuttgart.
DB Der Bote. Volkskalender für alle Stände. Verlag Carl Flemming, Glogau.
DBA Das Buch für Alle. Illustrirte Familien-Zeitung zur Unterhaltung und Belehrung. Chronik der Zeit. Verlag von Hermann Schönlein, Stuttgart.
DBE Der Beobachter an der Elbe. Unterhaltungsblätter für Jedermann. Verlag von H. G. Münchmeyer, Dresden.
DBJ Das Buch der Jugend. Ein Jahrbuch der Unterhaltung und Belehrung für unsere Knaben. K. Thienemann's Verlag/Gebrüder Hoffmann, Stuttgart.
DF Die Freistatt. Wochenschrift für alle Gebiete des öffentlichen Lebens. Druck von Johann L. Bondi & Sohn, Wien.
DFB Deutsches Familienblatt. Wochenschrift für Geist und Gemüth zur Unterhaltung für Jedermann. Verlag von H. G. Münchmeyer, Dresden.
DG Deutsche Gewerbeschau. Central-Organ für die gewerblichen Vereine Deutschlands. Beilage «Für den Feierabend». Hg. von August Krebs in Mühlhausen. (Ab 3. Jg., 1881: Wilhelm Hoffmann, Dresden)

DGK	Der Gute Kamerad. Spemanns Illustrierte Knaben-Zeitung. Verlag Wilhelm Spemann, Stuttgart. (Ab 1890: Illustrierte Knaben-Zeitung. Union Deutsche Verlagsgesellschaft, Stuttgart u. a.)
DHS	Deutscher Hausschatz in Wort und Bild. Verlag von Fr. Pustet, Regensburg u. a.
DK	Der Kamerad. Officielles Central-Organ für sämtliche Militär & Krieger-Vereine in Sachsen und der Königl. Sächs. Invaliden-Stiftung. Organ des Militär-Feuerversicherungs-Vereins und von Sachsens Militär-Vereins-Bund. Pirna.
DKF	Der Kunstfreund. Marianische Vereinsbuchhandlung, Innsbruck. (Ab 1907 mit Untertitel: Illustrierte Zeitschrift für alle Freunde der schönen Künste.) Kunstverlag Eugen Sibler, Innsbruck.
DNF	Deutsche Novellen-Flora. Verlag Hermann Oeser, Neusalza.
DNU	Das Neue Universum. Die interessantesten Erfindungen und Entdeckungen auf allen Gebieten. Ein Jahrbuch für Haus und Familie besonders für die reifere Jugend. Verlag von W. Spemann, Stuttgart.
DW	Deutscher Wanderer. Illustrirte Unterhaltungs-Bibliothek für Familien aller Stände. Verlag von H. G. Münchmeyer, Dresden u. a.
DZ	Donau-Zeitung. Aktiengesellschaft Passavia, Passau.
EMK	Eichsfelder Marien-Kalender für das katholische Volk. Verlag F. W. Cordier, Heiligenstadt.
ENMK	Einsiedler Marien-Kalender. Verlag Eberle u. Rickenbach, Einsiedeln.
ER	Efeuranken. Illustrierte Jugendzeitschrift. Verlagsanstalt vorm. G. J. Manz in Regensburg.
FH	Feierstunden am häuslichen Heerde. Belletristisches Unterhaltungsblatt für alle Stände. Verlag von H. G. Münchmeyer, Dresden.
FK	Feierstunden im häuslichen Kreise. Zur Unterhaltung, Belehrung und Erheiterung hg. unter Mitwirkung hervorragender Schriftsteller. Verlag von Heinrich Theissing, Köln.
FS	Frohe Stunden. Unterhaltungsblätter für Jedermann. Verlag von Bruno Radelli, Dresden u. a.
FW	Für alle Welt. Illustrirtes Hausblatt. (Parallel-Ausgabe: All-Deutschland). Verlag Göltz u. Rühling, Stuttgart.
GV	Grazer Volksblatt. Katholischer Preßverein, Graz.
GVLHB	Großer Volkskalender des Lahrer Hinkenden Boten. Verlag Moritz Schauenburg, Lahr.
HG	Heimgarten. Eine Monatsschrift. Hg. von P. K. Rosegger. Verlag von Leykam-Josefsthal, Graz.

ICZ	Illustrirte Chronik der Zeit zur Unterhaltung und Belehrung. Verlag von Hermann Schönlein, Stuttgart.
IRN	Illustrirte Romane aller Nationen. Unterhaltungsblätter für Jedermann. Deutsche Verlags-Anstalt, Stuttgart u. a.
IW	Illustrirte Welt. Deutsches Familienbuch. Blätter aus Natur und Leben, Wissenschaft und Kunst. Deutsche Verlags-Anstalt, Stuttgart u. a.
LP	La paix par le droit. (Organ der gleichnamigen französischen Friedensgesellschaft) Nîmes.
MHF	Münchmeyer's illustrirter Haus- und Familienkalender/Oeconomisch-medizinischer illustrirter Haus- und Familienkalender. Verlag von H. G. Münchmeyer, Dresden.
MVB	Mährischer Volksbote. Brünn.
OB	Omnibus. Illustrirtes Wochenblatt. Verlag von M. Rosenberg, Hamburg.
PT	Prager Tagblatt. Prag.
RMB	Rhein- und Moselbote. Katholischer Generalanzeiger für Stadt und Land. Verlag Johannes Schuth, Coblenz.
RMK	Regensburger Marien-Kalender. Verlag von Fr. Pustet, Regensburg u. a.
SH	Schacht und Hütte. Blätter zur Unterhaltung und Belehrung für Berg-, Hütten- und Maschinenarbeiter. Verlag von H. G. Münchmeyer, Dresden.
TR	Tremonia. Zeitung und Anzeiger für Westfalen und Rheinland. Verlag Gebr. Lensing, Dortmund.
TVK	Trewendt's Volks-Kalender. Verlag von Eduard Trewendt, Breslau.
ÜLM	Ueber Land und Meer. Deutsche Illustrirte Zeitung. Deutsche Verlags-Anstalt, Stuttgart u. a.
VFM	Vom Fels zum Meer. Spemanns Illustrirte Zeitschrift für das Deutsche Haus. Verlag von W. Spemann, Stuttgart.
WS	Weltspiegel. Illustrirte Zeitschrift zur Unterhaltung und Belehrung für Jedermann. (Parallel-Ausgabe: Deutsche Boten. Illustrirtes Wochenblatt). Verlag Adolph Wolf, Dresden.

Weitere Abkürzungen:

EaN	Erstveröffentlichung aus dem Nachlaß
Jb-KMG	Jahrbuch der Karl-May-Gesellschaft
KMJb	Karl-May-Jahrbuch
V:	Vorläufer. Hierbei wird auf vorangegangene Publikationen Mays ver-

wiesen, die er – in unterschiedlichster Weise – verwendete beziehungsweise weiterverarbeitete. Insonderheit zu den Buchausgaben werden auf diese Weise die frühesten Textgrundlagen kenntlich gemacht.

(?) Die betreffende Angabe ist nicht gesichert.

1. Erstveröffentlichungen in Periodika und Sammelwerken, aus dem Nachlaß und von Lieferungsromanen

Die Zusammenstellung ist chronologisch nach Jahren geordnet und enthält auch die von May selbst besorgten Nachfolgepublikationen. Einzelne Gedichte wurden nur aufgenommen, wenn es dazu im biographischen Text Bezüge gibt. Autobiographische Schriften, darunter auch Titel mit nur teilweise autobiographischem Gehalt beziehungsweise mit Aussagen zu den Zielen des Schaffens, sind gesondert erfaßt.

1868 (?)

1 Repertorium C. May. EaN Jb-KMG 1971, S. 132–143.

vor 1870 (?)

2 Kennst du die Nacht. (Gedicht). EaN wie 1, S. 122–123.
3 Hinter den Mauern. Licht- und Schattenbilder aus dem Leben der Vervehmten. (Fragment). EaN wie 1, S. 124.
4 Weihnachtsabend. (Gedicht). EaN wie 1, S. 125–126.
5 Offene Briefe eines Gefangenen. (Fragment). EaN wie 1, S. 127–128.
6 Ange et Diable. (Exposé-Fragment). EaN wie 1, S. 128–132.

1875

7 Die Rose von Ernstthal. Eine Geschichte aus der Mitte des vorigen Jahrhunderts. DNF, 1. Bd., Nr. 11–14.
8 Rückblicke eines Veteranen am Geburtstage Sr. Majestät des Königs Albert von Sachsen. DK, 13. Jg., Nr. 17, 24. 4. 1875.
9 Wanda. Novelle. DBE, 2. Jg., Nr. 26–35 und 38–44.
10 Der Gitano. Ein Abenteuer unter den Carlisten. DBE, 2. Jg., Nr. 52.
11 Schätze und Schatzgräber. (anonym). SH, 1. Jg., Nr. 1. (Etwa 12 weitere populärwissenschaftliche und belehrende Beiträge in Nr. 1–14.)
12 Inn-nu-woh, der Indianerhäuptling. Aus der Mappe eines Vielgereisten, Nr. 1. DFB, 1. Jg., Nr. 1.

13 Ein Stücklein vom alten Dessauer. Humoreske. DFB, 1. Jg., Nr. 1–2.
14 Die Fastnachtsnarren. Humoreske. DFB, 1. Jg., Nr. 2–4.

1875–76

15 Gewerbliche Notizen. (anonym). SH, 1. Jg., Nr. 1–46.
16 Geographische Predigten. SH, 1. Jg., Nr. 15–24, 26–46.
17 Old Firehand. Aus der Mappe eines Vielgereisten, Nr. 2. DFB, 1. Jg., Nr. 7–17.

1876

18 Auf den Nußbäumen. Humoreske. DFB, 1. Jg., Nr. 51–52.
19 Unter den Werbern. Humoristische Episode aus dem Leben des alten Dessauer. DFB, 2. Jg., Nr. 1–6.
20 Leilet. Novelle (Pseud. M. Gisela). FH, 1. Jg., Nr. 1–5.
21 Im Wollteufel. Humoreske. FH, 1. Jg., Nr. 8–9.
22 Ausgeräuchert. Humoreske. ICZ, 6. Jg., Nr. 1.
23 Die Liebe nach ihrer Geschichte. Darstellung des Einflusses der Liebe und ihrer Negationen auf die Entwicklung der menschlichen Gesellschaft. (anonym). In: Das Buch der Liebe. Verlag von H. G. Münchmeyer, Dresden.

1876–77

24 Der beiden Quitzows letzte Fahrten. Historischer Roman aus der Jugendzeit des Hauses Hohenzollern. FH, 1. Jg., Nr. 10–28; Nr. 29–41 fortgeführt von Dr. Goldmann.

1877

25 Der Dukatenhof. Eine Erzählung aus dem Erzgebirge. BUW, 1. Jg., Bd. II, S. 92–208.
26 Der «Samiel». Eine Erzählung aus dem Erzgebirge. DBA, 13. Jg., Nr. 8.
27 Der Kaiserbauer. Eine erzgebirgische Dorfgeschichte. ICZ, 7. Jg., Nr. 10.
28 Der Oelprinz. Ein Abenteuer aus den Vereinigten Staaten von Nordamerika. FS, 2. Jg., Nr. 10–11.
29 Die Gum. Ein Abenteuer aus der Sahara. FS, 2. Jg., Nr. 12–14.
30 Die verhängnisvolle Neujahrsnacht. Humoreske. TVK, 34. Jg. (1878), S. 29–55.

1877 (?)

31 Im Wasserständer. (Diese mit «K. May» gezeichnete Humoreske liegt bisher nur in losen Blättern vor, die keinen Hinweis zum Publikationsorgan ergeben.)

1878

32 Ein Abenteuer auf Ceylon. FS, 2. Jg., Nr. 14-17.
33 Die Kriegskasse. Eine kleine Episode aus einer großen Zeit (Pseud. E. Pollmer). FS, 2. Jg., Nr. 17-20.
34 Aqua benedetta. Ein geschichtliches Räthsel (Pseud. Emma Pollmer). FS, 2. Jg., Nr. 20-24.
35 Auf der See gefangen. Criminalroman. FS, 2. Jg., Nr. 21-52.
36 Ein Self-man. Authentischen Schilderungen nacherzählt (Pseud. Emma Pollmer). FS, 2. Jg., Nr. 25-28.
37 Husarenstreiche. Ein Schwank aus dem Jugendleben des alten «Feldmarschall Vorwärts». FS, 2. Jg., Nr. 32-39.
38 Der Africander. Ein Abenteuer aus Südafrika (Pseud. Emma Pollmer). FS, 2. Jg., Nr. 35-37.
39 Vom Tode erstanden. Ein Abenteuer aus Californien (Pseud. Emma Pollmer). FS, 2. Jg., Nr. 38-41.
40 Die Rache des Ehri. Ein Abenteuer aus dem südöstlichen Polynesien (Pseud. Emma Pollmer). FS, 2. Jg., Nr. 41-43.
41 Nach Sibirien. (Pseud. Emma Pollmer). FS, 2. Jg., Nr. 47-50.
42 Das Ducatennest. Humoreske. WS, 2. Jg., Nr. 26-28.
43 Der Teufelsbauer. Originalerzählung aus dem Erzgebirge. WS, 2. Jg., Nr. 33-36.
44 Die drei Feldmarschalls. Bisher noch unbekannte Episode aus dem Leben des «alten Dessauers» (Pseud. Emma Pollmer). WS, 2. Jg., Nr. 37-42.
45 Die verwünschte Ziege. Ein Schwank aus dem wirklichen Leben. WS, 2. Jg., Nr. 46-47.
46 Der Herrgottsengel. Erzählung (Pseud. Emma Pollmer). WS, 3. Jg., Nr. 8-14.
47 Die Rose von Sokna. Ein Abenteuer aus der Sahara. DG, 1. Jg., Nr. 1-4.
48 Die falschen Excellenzen. Humoreske. HG, 2. Jg., Nr. 5-6.
49 Winnetou. Eine Reiseerinnerung. OB, 17. Jg., Nr. 40-41. V: 12.
50 Im Seegerkasten. Humoreske. DB, 45. Jg. (1879), S. 106-114. V: 42.

1879

51 Die Universalerben. Eine rachgierige Geschichte (Pseud. Karl Hohenthal). FW, 3. Jg., Nr. 18-19.
52 Der Waldkönig. Eine Erzählung aus dem Erzgebirge. FW, 3. Jg., Nr. 22-32.
53 Ein Dichter. Eine Erzählung aus den Vereinigten Staaten (Pseud. Karl Hohenthal). FW, 3. Jg., Nr. 32-39.

54 Die beiden Nachtwächter. Humoreske. FW, 3. Jg., Nr. 37. V: 30.
55 Der Gifthainer. Eine Erzählung aus dem Erzgebirge (Pseud. Karl Hohenthal). FW, 3. Jg., Nr. 40-49.
56 Der Pflaumendieb. Humoristische Episode aus dem Leben des alten Dessauers (Pseud. Karl Hohenthal). FW, 4. Jg., Nr. 1-6. V: 13.
57 Des Kindes Ruf. Eine Geschichte aus dem Erzgebirge. WS, 3. Jg., Nr. 21-23.
58 Der Gichtmüller. Originalerzählung aus dem Erzgebirge. WS, 3. Jg., Nr. 37-40.
59 Three carde monte. Ein Bild aus den Vereinigten Staaten Nordamerika's. DHS, 5. Jg., Nr. 26-28. V: 36.
60 Unter Würgern. Abenteuer aus der Sahara. DHS, 5. Jg., Nr. 38-44. V: 29, 47.
61 Der Girl-Robber. Ein singhalesisches Abenteuer. DHS, 6. Jg., Nr. 3-7. V: 32.
62 Der Boer van het Roer. Ein Abenteuer aus dem Kaffernlande. DHS, 6. Jg., Nr. 8-12. V: 38.
63 Im Sonnenthau. Erzählung aus dem Erzgebirge. TVK, 36. Jg. (1880), S. 1-33.

1879-80

64 Scepter und Hammer. Originalroman. FW, 4. Jg., Nr. 1-52.
65 Der Ehri. Ein Abenteuer auf den Gesellschaftsinseln. DHS, 6. Jg., Nr. 13-16. V: 40.

1880

66 Ein Fürst des Schwindels. Nach authentischen Quellen (Pseud. Ernst von Linden). DHS, 6. Jg., Nr. 24-27. V: 34.
67 Deadly dust. Ein Abenteuer aus dem nordamerikanischen Westen. DHS, 6. Jg., Nr. 28-42.
68 Der Brodnik. Reise-Erlebnisse in zwei Welttheilen. DHS, 6. Jg., Nr. 44-45. V: 41.
69 Der Kiang-lu. Ein Abenteuer in China. DHS, 7. Jg., Nr. 1-12.
70 Der Scheerenschleifer. Originalhumoreske (Pseud. Karl Hohenthal). FW, 5. Jg., Nr. 1-10.

1880-82

71 Die Juweleninsel. Originalroman. FW, 5. Jg., Nr. 1-49, 51, 52, 54, 56, 58.

1881

72 Tui Fanua. Ein Abenteuer auf den Samoa-Inseln (Pseud. Prinz Muhamêl Latréaumont). FW, 5. Jg., Nr. 13–14. V: 65.
73 «Giölgeda padiśhanün». Reise-Erinnerungen aus dem Türkenreiche. DHS, 7. Jg., Nr. 16–19, 21–52. V: 20.
74 Ein Fürstmarschall als Bäcker. Humoristische Episode aus dem Leben des «alten Dessauers». DG, 4. Jg., Nr. 1–18.
75 Fürst und Leiermann. Eine Episode aus dem Leben des «alten Dessauer». GVLHB, 1. Jg. (1882), S. 79–89.

1881–82

76 Reise-Abenteuer in Kurdistan. DHS, 8. Jg., Nr. 3–9, 16–26.

1882

77 Der Krumir. Nach den Erlebnissen eines «Weltläufers». BC, 12. Jg., Nr. 1–13.
78 Die Todes-Karavane. Reise-Erinnerung. DHS, 8. Jg., Nr. 26–36. 9. Jg., Nr. 1–8.
79 Robert Surcouf. Ein Seemannsbild (Pseud. Ernst von Linden). DHS, 8. Jg., Nr. 50–52.
80 Christi Blut und Gerechtigkeit. VFM, Jg. 2/1, S. 343–356.
81 Die Both Shatters. Ein Abenteuer aus dem «wilden Westen» (Pseud. Karl Hohenthal). FW, 5. Jg., Nr. 53–54.

1882–83

82 In Damaskus und Baalbeck. Reise-Erinnerung. DHS, 9. Jg., Nr. 10–16.

1882–84

83 Das Waldröschen oder Die Verfolgung rund um die Erde. Großer Enthüllungsroman über die Geheimnisse der menschlichen Gesellschaft (Pseud. Capitain Ramon Diaz de la Escosura). 109 Lfgn., Verlag von H. G. Münchmeyer, Dresden.

1883

84 Ein Oelbrand. Erzählung aus dem fernen Westen. DNU, 4. Jg., S. 1–17, 161–180.
85 Stambul. Reise-Erinnerung. DHS, 9. Jg., Nr. 21–25.
86 Pandur und Grenadier. Eine heitere Episode aus ernster Zeit. DG, 5. Jg., Nr. 13–20.

87 Saiwa tjalem. VFM, Jg. 2/2, S. 1–17.
88 Im «wilden Westen» Nordamerika's. Reiseerlebnisse. FK, 9. Jg., Nr. 1–7.
89 Der Amsenhändler. Humoristische Episode aus dem Leben des alten Dessauers. MHF, 3. Jg. (1884), S. 5–37.

1883–85

90 Die Liebe des Ulanen. Original-Roman aus der Zeit des deutsch-französischen Krieges. DW, 8. Bd., Lfg. 1–86, 88–108.

1884–86

91 Der verlorne Sohn oder Der Fürst des Elends. Vom Verfasser des Waldröschens. Roman aus der Criminal-Geschichte. 101 Lfgn., Verlag von H. G. Münchmeyer, Dresden.
92 Giölgeda padiśhanün. Reise-Erinnerungen aus dem Türkenreiche (Fortsetzung). Der letzte Ritt. DHS, 11. Jg., Nr. 6–11, 49–52. 12. Jg., Nr. 1–17, 19–22, 52.

1885–87

93 Deutsche Herzen, deutsche Helden. Vom Verfasser des «Waldröschens» und «der Fürst des Elends». 109 Lfgn. Verlag von H. G. Münchmeyer, Dresden.

1886

94 Unter der Windhose. Ein Erlebnis aus dem fernen Westen. DBJ, 1. Bd., S. 64–67, 85–99.

1886–87

95 Der Weg zum Glück. Roman aus dem Leben Ludwig des Zweiten. 109 Lfgn., Verlag von H. G. Münchmeyer, Dresden.

1887

96 Der Sohn des Bärenjägers. DGK, 1. Jg., Nr. 1–39.
97 Ibn el 'amm (Pseud. P. van der Löwen). DGK, 1. Jg., Nr. 1.
98 Ein Prairiebrand. (anonym). DGK, 1. Jg., Nr. 11.
99 Das Hamaïl. (anonym). DGK, 1. Jg., Nr. 19.
100 Ein Phi-Phob. (anonym). DGK, 1. Jg., Nr. 21.

1888

101 Der Geist der Llano estakata. DGK, 2. Jg., Nr. 19–52.

102 Durch das Land der Skipetaren. Reise-Erinnerungen aus dem Türkenreiche. DHS, 14. Jg., Nr. 4–17.
103 Maghreb-el-aksa. VFM, 7. Jg., Sp. 963–970.

1888–89

104 Kong-Kheou, das Ehrenwort. DGK, 3. Jg., Nr. 1–52.
105 Der Scout. Reiseerlebniß in Mexiko. DHS, 15. Jg., Nr. 11–46.

1889

106 «Villa Bärenfett». (Pseud. Hobble-Frank). DGK, 3. Jg., Nr. 25.
107 Wasserrast auf dem Marsche. (anonym). DGK, 3. Jg., Nr. 49.
108 «Löffel begraben.» (anonym). DGK, 3. Jg., Nr. 51.
109 Sklavenrache. (anonym). DGK, 4. Jg., Nr. 3.
110 Im Mistake-Cannon. (anonym). IW, 38. Jg., Nr. 6.
111 Das Straußenreiten der Somal. (anonym). DGK, 4. Jg., Nr. 13.

1889–90

112 Die Sklavenkarawane. DGK, 4. Jg., Nr. 1–52.
113 Lopez Jordan (El Sendador, Theil I.) Reiseroman. DHS, 16. Jg., Nr. 3–50.

1890

114 Zum erstenmal an Bord. (anonym). DGK, 4. Jg., Nr. 15.
115 Der Schlangenmensch. Verrenkungsstudie (Pseud. Hobbelfrank). DGK, 5. Jg., Nr. 3–5.
116 Die Rache des Mormonen. Erzählung (Pseud. D. Jam). IRN, 11. Jg., Nr. 10.
117 Am «Kai-p'a». (anonym). IW, 38. Jg., Nr. 14.
118 Christus oder Muhammed. Reise-Erlebnis. RMK, 26. Jg. (1891), Sp. 161–184.

1890–91

119 Der Schatz im Silbersee. DGK, 5. Jg., Nr. 1–52. V: 49.
120 Der Schatz der Inkas (El Sendador. Theil II.) Reiseroman. DHS, 17. Jg., Nr. 1–52.

1891

121 Eine Seehundsjagd. (anonym). DGK, 5. Jg., Nr. 20–22.
122 Die beiden Kulledschi. (anonym). DGK, 5. Jg., Nr. 50.
123 Mater dolorosa. Reise-Erlebnis. RMK, 27. Jg. (1892), Sp. 151–178.

1891-92

124 Das Vermächtnis des Inka. DGK, 6. Jg., Nr. 1-52.
125 Der Mahdi. Erster Band. Am Nile. Reiseerzählung. DHS, 18. Jg., Nr. 1-52.

1892

126 Nûr es Semâ. – Himmelslicht. Reiseerlebnis. BMK, 1. Jg. (1893), unpag.
127 Eine Ghasuah. Reiseerlebnis. EMK, 17. Jg. (1893), Sp. 59-76.
128 Der Verfluchte. Reiseerlebnis. RMK, 28. Jg. (1893), Sp. 137-160.

1892-93

129 Der Mahdi. Zweiter Band. Im Sudan. Reiseerzählung. DHS, 19. Jg., Nr. 1-52.

1893

130 Der erste Elk. (anonym). ÜLM, 9. Jg., 3. Bd., Nr. 11.
131 Christ ist erstanden! Reiseerzählung. BMK, 2. Jg. (1894), unpag.
132 Maria oder Fatima. Reiseerlebnis. EMK, 18. Jg. (1894), Sp. 39-60.

1893-94

133 Der Oelprinz. DGK, 8. Jg., Nr. 1-52.
134 Die Felsenburg. Reiseerzählung. DHS, 20. Jg., Nr. 1-52.

1894

135 Der Kutb. Reiseerzählung. BMK, 3. Jg. (1895), unpag.
136 Blutrache. Reiseerlebnis auf der Karawanenstraße nach Mekka. RMK, 30. Jg. (1895), Sp. 159-184.

1894-95

137 Krüger-Bei. Reiseroman. DHS, 21. Jg., Nr. 1-33.

1895

138 Die Todeskarawane. Ein orientalisches Sittenbild. ANW, 30. Jg., Nr. 2. V: 78.
139 Der Kys-Kaptschiji. Reiseerlebnis. Erster Teil. BMK, 4. Jg. (1896), unpag.
140 Er Raml el Helahk. Reiseerlebnis. RMK, 31. Jg. (1896), Sp. 161-186.

1895-96

141 Die Jagd auf den Millionendieb. Reiseerzählung. DHS, 22. Jg., Nr. 1-46.

1896

142 Der Kys-Kaptschiji. Reiseerlebnisse. Zweiter Teil. BMK, 5. Jg. (1897), unpag.
143 Ein amerikanisches Doppelduell. Reiseerinnerung. ENMK, 5. Jg. (1897), unpag.
144 Old Cursing-Dry. Reiseerinnerung. RMK, 32. Jg. (1897), Sp. 171–200.

1896–97

145 Der schwarze Mustang. DGK, 11. Jg., Nr. 1–28.

1897

146 Ave Maria. Gedicht und Komposition für Männerchor. DHS, 23. Jg., Nr. 38.
147 Mutterliebe. I. Gefangen. Reiseerinnerung. ENMK, 6. Jg. (1898), unpag.
148 Scheba et Thar. Reiseerzählung. RMK, 33. Jg. (1898), Sp. 153–184.

1897–98

149 Im Reiche des silbernen Löwen. Reiseerzählung. DHS, 23. Jg., Nr. 22–40. 24. Jg., Nr. 7–52.

1898

150 Mutterliebe. II. Gerettet. Reiseerinnerung. ENMK, 7. Jg. (1899), unpag.
151 Die «Umm ed Dschamahl». Reiseerzählung. RMK, 34. Jg. (1899), Sp. 171–200.

1899

152 Ein Reisebrief in Ansichtskarten vom 10. 10. 99. PT, 23. Jg., Nr. 312, 11. 11. 1899.

1901

153 Et in terra pax. Reise-Erzählung. In: China. Schilderungen aus Leben und Geschichte, Krieg und Sieg. Hg. von Joseph Kürschner. Berlin. Dritter Teil, Sp. 1–284.
154 Gleichnis für Zieger. EaN (Titel: Der Zauberteppich; evtl. Bearbeitung ungeklärt) KMJb, 1923, S. 12–16.

1902

155 Am Tode. Reiseerzählung. RMB, 15. 2.–29. 4. 1902.

1907
156 Bei den Aussätzigen. Reiseskizze. GV, 25. 12. 1907.

1907–08
157 Schamah. Reiseerzählung aus dem Gelobten Lande. ER, 18. Jg., Nr. 1–6.

1907–09
158 Der 'Mir von Dschinnistan. Reiseerzählung. DHS, 34. Jg., Nr. 3–24. 35. Jg., Nr. 1–24.

1908
159 Abdahn Effendi. Reiseerzählung. GV (Abend-Ausgabe), 23. 3.–23. 4.

1909
160 Merhameh, Reiseerzählung. EMK, 34. Jg. (1910), Sp. 117–132.

1909–10
161 Winnetou, Band IV. Reise-Erzählung. APZ, Nr. 88/1909–Nr. 36/1910.

2. Autobiographische Schriften u. ä.

1896
162 Freuden und Leiden eines Vielgelesenen. DHS, 23. Jg., Nr. 1–2.

1899
163 Karl May und seine Gegner (Pseud. Richard Plöhn). TR, 27.–29. 9. 1899.

1899–1900
164 Reisetagebücher (handschriftliche Fragmente). EaN Jb-KMG 1971, S. 167–215, passim.

1902
165 «Karl May als Erzieher» und «Die Wahrheit über Karl May» oder Die Gegner Karl Mays in ihrem eigenen Lichte von einem dankbaren May-Leser. (anonym). Verlag von Friedrich Ernst Fehsenfeld, Freiburg i. Br.

1903
166 An alle meine lieben Gratulanten! (Privatdruck). (Ähnliche Dankschreiben verschickte May auch nach späteren Geburtstagen.)

1904

167 An den Dresdner Anzeiger. Dresdner Journal, 7. II., u. a. Ztgn.
168 Noch einmal: an den Anzeiger. Dresdner Nachrichten, 13. II. u. a. Ztgn.
169 Herrn Professor Dr. Paul Schumann. Dresdner Neueste Nachrichten, 20. II. u. a. Ztgn.

1905

170 Ein Schundverlag. Korrekturheft, Bogen 17 bis 26. (Privatdruck).
171 Offener Brief an den Haupt-Redakteur der «Kölnischen Volkszeitung» Herrn Dr. phil. Hermann Cardauns. (Privatdruck; zum gleichen Thema mindestens 4 weitere Flugblätter 1907.)

1906/07

172 Briefe über Kunst. DKF, 22. Jg., Nr. 10–12, 23. Jg., Nr. 1–2, 5.

1907

173 Mein Glaubensbekenntnis. DZ, 4. I.
174 Sur le Rapprochement Franco-Allemand, LP, 18. Jg., Nr. 3.
175 Frau Pollmer, eine psychologische Studie. (Handschrift, S. 801–946). EaN Bamberg, 1982.

1907 od. 1908 (?)

176 Die Schundliteratur und der Früchtehunger (handschriftl. Ms.). EaN Jb-KMG 1983, S. 50–55.

1908

177 Meine Beichte. In: Lebius, R.: Die Zeugen Karl May und Klara May. Berlin-Charlottenburg 1910. S. 4–7.

1908 (?)

178 Lebius, der «Ehrenmann» (handschriftl. Ms.). EaN wie 176, S. 13–45.
179 Zur Abwehr (handschriftl. Ms.). EaN wie 176, S. 69–75.

1909

180 Ein Schundverlag und seine Helfershelfer. Band II. Korrekturheft. (Privatdruck).
181 Die Schund- und Giftliteratur und Karl May, ihr unerbittlicher Gegner (Pseud. Oberlehrer Franz Langer). MVB, 20. Jg., Nr. 25–27.

1909 (?)

182 Aphorismen über Karl May (handschriftl. Ms.). EaN wie 176, S. 56–68.

1910

183 Auch «über den Wassern». DF, 2. Jg., Nr. 14, 17, 19, 21, 22, 23.
184 Herr Rudolf Lebius, sein Syphilisblatt und sein Indianer. (Privatdruck).
185 An die 4. Strafkammer des Königl. Landgerichtes III in Berlin. (Privatdruck).
186 Mein Leben und Streben. Selbstbiographie. Band I. Verlag von Friedrich Ernst Fehsenfeld, Freiburg i. Br.

1911

187 An die 4. Strafkammer des Königl. Landgerichtes III in Berlin. (Privatdruck, 2. Fassung).

1912

188 Empor ins Reich des Edelmenschen. (Vortragsdisposition, Privatdruck als Pressematerial). EaN Jb-KMG 1970, S. 52–68.

3. Buchausgaben

Die Zusammenstellung ist nach Verlagen, Chronologie und Serien geordnet.

Verschiedene Verlage

1879

189 Im fernen Westen. Zwei Erzählungen aus dem Indianerleben für die Jugend. Verlag von Franz Neugebauer, Stuttgart. (Zusammen mit einer Erzählung von Fr. C. v. Wickede; Titel ab 1889: Jenseits der Felsengebirge.) V: 17
190 Der Waldläufer von Gabriel Ferry. Für die Jugend bearbeitet von Carl May. Verlag wie 189.

1884

191 Fürst und Leiermann. Verlag Moritz Schauenburg, Lahr. Volksbibliothek, Nr. 7–9. V: 75.

1885

192 Die Wüstenräuber. Erlebnisse einer Africa-Expedition durch die Sahara. Verlag von J. P. Bachem, Köln. Bachem's Roman-Sammlung, Bd. 4 (Zusammen mit einem Roman von Cuno Bach.) V: 60.

193 Die drei Feldmarschalls. Eine bisher unbekannte Episode aus dem Leben des «alten Dessauer». Verlag wie 192. Bachem's Novellen-Sammlung, Bd. 32 (Zusammen mit 2 Novellen von K. Schrattenthal u. K. v. Lenhard.) V: 44.

1894

194 Der Karawanenwürger und andere Erzählungen. Erlebnisse und Abenteuer zu Wasser und zu Lande. (anonym). Verlag von H. Liebau, Berlin. V: 28, 29, 32, 36, 38, 40.
195 Aus fernen Zonen. Erzählungen für die Jugend. (anonym). Verlag wie 194. V: 28, 29, 38.
196 Die Rose von Kaïrwan. Erzählung aus drei Erdtheilen. Verlag von Bernh. Wehberg, Osnabrück. V: 47, 53, 79.

1900

197 Im wilden Westen. Zwei Erzählungen für die reifere Jugend. Verlag von A. Weichert, Berlin (Enthält 194 und eine Erzählung von Kapitän Marryat.)

1909

198 Abdahn Effendi. Reiseerzählung. Neues literarisches Institut, Stuttgart. Bibl. Saturn, Bd. 3/4. V: 159.

1910

199 Schamah. Reiseerzählung. Verlag und Serie wie 198, Bd. 7. V: 157.

Union Deutsche Verlagsgesellschaft, Stuttgart u. a.

1890

200 Die Helden des Westens. Band I. (Auf dem Buchdeckel: Der Sohn des Bärenjägers. Geplante Serie so nicht fortgesetzt.) V: 96, 101.

1892

201 Der blau-rote Methusalem. V: 104.

1893

202 Die Sklavenkarawane. V: 112.

1894

203 Der Schatz im Silbersee. V: 119.

1895
204 Das Vermächtnis des Inka. V: 124.
1897
205 Der Oelprinz. V: 133.
1899
206 Der schwarze Mustang. Kamerad-Bibliothek, Bd. 1. V: 145.

Verlag von Friedrich Ernst Fehsenfeld, Freiburg i. Br.

Die nachfolgend genannten 33 Titel der Serie «Karl May's gesammelte Reiseromane» (GRR) – ab Band XVIII bzw. 1896 «Karl May's gesammelte Reiseerzählungen» (GRE) – gibt es in neun verschiedenen Ausgaben: Kleinoktavformat mit grünem Leinen und farbigem Deckelbild, Lieferungen zu je 10 Heften, Broschur sowie im Halbfranz-, Kalbleder- und Saffianledereinband. Ab 1904 wurde ein Teil der Auflage mit allegorischen Deckelzeichnungen von Sascha Schneider ausgestattet. Zwischen 1907 und 1912 erschienen 30 Bände, teilweise anders numeriert, als «Karl May's Illustrierte Reiseerzählungen» im blauen Leineneinband und Großoktavformat. Der Bezug war auch in 300 Heften möglich.

1892
207 Durch Wüste und Harem. (Ab 1895: Durch die Wüste.) GRR I. V: 73.
208 Durchs wilde Kurdistan. GRR II. V: 73, 76.
209 Von Bagdad nach Stambul. GRR. III. V: 78, 82, 85, 92.
210 In den Schluchten des Balkan. GRR IV. V: 92, 102.
211 Durch das Land der Skipetaren. GRR V. V: 102.
212 Der Schut. GRR VI. V: 102.

1893
213 Winnetou, der Rote Gentleman. (Ab 1904: Winnetou.) 1. Bd., GRR VII. V: 105.
214 wie 213, 2. Bd., GRR VIII. V: 105, 189.
215 wie 213, 3. Bd., GRR IX. V: 67, 88.
216 Orangen und Datteln. Reisefrüchte aus dem Oriente. GRR X. V: 60, 77, 80, 118, 123, 126, 127, 128.
217 Am stillen Ozean. GRR XI. V: 61, 65, 68, 69.

1894
218 Am Rio de la Plata GRR XII. V: 113, 120.
219 In den Cordilleren. GRR XIII. V: 120.
220 Old Surehand. 1. Bd., GRR XIV. V: 110, 130.

1895
221 wie 220, 2. Bd., GRR XV. V: 35, 39, 59, 94, z. T. 83.

1896
222–224 Im Lande des Mahdi. 1.–3. Bd., GRR XVI., XVII. GRE XVIII. V: 125, 129.
225 wie 220, 3. Bd., GRE XIX. (ohne V. Direkt für die Buchausgabe geschrieben.)
226 Satan und Ischariot, 1. Bd., GRE XX. V: 134.

1897
227 wie 226, 2. Bd., GRE XXI. V: 134, 137.
228 wie 226, 3. Bd., GRE XXII. V: 141.
229 Auf fremden Pfaden. GRE XXIII. V: 62, 87, 132, 135, 136, 139, 140, 142, 143, 144.
230 «Weihnacht!». GRE XXIV. (ohne V)

1899
231 Am Jenseits. GRE XXV. (ohne V.)

1898
232–233 Im Reiche des silbernen Löwen. 1. u. 2. Bd., GRE XXVI., XXVII. V: 148, 149, 151.

1902
234 wie 232., 3. Bd., GRE XXVIII. V: 155.

1903
235 wie 232, 4. Bd., GRE XXIX. (ohne V)

1904
236 Und Friede auf Erden! GRE XXX. V: 153.

1909
237–238 Ardistan und Dschinnistan. 1. u. 2. Bd., GRE XXXI, XXXII. V: 158.

1910

239 Winnetou 4. Band. GRE XXXIII, V: 161.

Im selben Verlag erschienen außerdem die Titel 165, 186, 251 sowie

1898

240 Ernste Klänge. Heft I. Ave Maria – Vergiß mich nicht. (Texte und Kompositionen; geplante Serie nicht fortgesetzt.) V: 146.

1900

241 Himmelsgedanken. Gedichte.

1906

242 Babel und Bibel. Arabische Fantasia in zwei Akten.

Verlag von H. G. Münchmeyer, Dresden

(Ab 1899 im Besitz von Adalbert Fischer, Dresden-Niedersedlitz, ab 1907 G.m.b.H.)

1900–01

243 Die Liebe des Ulanen. 1.–3. Bd. V: 90.

Die nachfolgenden Titel wurden als «Karl May's Illustrierte Werke» herausgegeben.

1901–02

244 Serie I – Deutsche Herzen und Helden. Band I–V: Eine deutsche Sultana. Die Königin der Wüste. Der Fürst der Bleichgesichter 1, 2. Der Engel der Verbannten. V: 93.

1902–03

245 Serie II – Das Waldröschen... Band I–VI: Die Tochter des Granden. Der Schatz der Mixtekas. Matavase, der Fürst des Felsens. Erkämpftes Glück 1, 2, 3. V: 83.

1903–04

246 Serie III – Der Weg zum Glück. Band I–IV: Die Murenleni. Der Wurz'nsepp. Der Geldprotz. Der Krickelanton. V: 95.

1904–05

247 Serie IV – Der verlorene Sohn. Band I–V: Sklaven des Elends. Sklaven

der Arbeit. Sklaven der Schande. Sklaven des Goldes. Sklaven der Ehre. V: 91.

1905–06

248 Serie V – Die Liebe des Ulanen. Band I–V: Die Herren von Königsau. Napoleons letzte Liebe. Der Kapitän der Kaisergarde. Der Spion von Ortry. Durch Kampf zum Sieg. V: 90.

ab 1908 alle Serien anonym.

Im selben Verlag erschienen außerdem

1901

249 Wanda. Novelle. V: 9.

1902

250 Humoresken und Erzählungen. V: 10, 12, 14, 17, 18, 19, 89.

1903

251 Erzgebirgische Dorfgeschichten. Karl Mays Erstlingswerke. Autorisierte Ausgabe. Band I. Belletristischer Verlag, Dresden-Niedersedlitz. (Geplante Serie nicht fortgesetzt; gleicher Titel ab 1907 bei F. E. Fehsenfeld, Freiburg.) V: 25, 43, 52, 57.

1904

252 Sonnenstrahlen aus Karl Mays Volksromanen. (Gedichte u. Texte aus 17, 83, 90, 91, 93, 95.)

Nachbemerkung

Wesentliche Teile einer umfassenden Primärbibliographie veröffentlichte Hans Wollschläger 1965 («Karl May in Selbstzeugnissen und Bilddokumenten»). Seither wurden weitere unbekannte Arbeiten Mays, Veröffentlichungen schon bekannter Texte an anderer, noch früherer Stelle und diverse Nachdrucke aufgefunden. Den 1983 erreichten Stand gibt die Bibliographie von Jürgen Wehnert – vgl. Helmut Schmiedt (Hg.), «Karl May, materialien», Frankfurt/M. 1983 – in 214 alphabetisch geordneten Positionen wieder.

Wenn wir hier 252 Positionen aufgeführt haben, so ist das vor allem durch ein gänzlich anderes, vorrangig chronologisch orientiertes Ordnungsprinzip und durch die Aufnahme weiterer Erstveröffentlichungen aus dem Nachlaß bedingt. Denn die Chancen, noch vollkommen unbekannte Texte Mays zu entdecken, werden immer geringer, sind aber durchaus noch vorhanden: Alte, als verschollen geltende Zeitschriften der sechziger bis achtziger Jahre des vorigen Jahrhunderts könnten für Überraschungen sorgen.

Zu der hier vorgelegten Bibliographie steuerten dankenswerterweise Dr. Hainer Plaul und Hans-Dieter Steinmetz zahlreiche wertvolle Hinweise bei.

Verzeichnis der benutzten Literatur

Die Zusammenstellung nennt Schriften mit unterschiedlichsten Bezügen zu Karl May, die zur Arbeit an der Biographie beziehungsweise zum Zitieren herangezogen wurden.

Viele Hinweise ergaben sich bei der Durchsicht zahlreicher älterer wie neuerer Zeitungen und Zeitschriften (z. B. Die Gartenlaube, Leipzig, 1853 ff.); in das Verzeichnis konnten wir jedoch nur eine kleine Auswahl von Artikeln aufnehmen.

1. Periodika, Serien

Jahrbuch der Karl-May-Gesellschaft 1970 ff. Hamburg, ab 1982 Husum. (16 Bände)
Karl-May-Jahrbuch 1918–1933. Breslau, ab 1920 Radebeul. (16 Bände)
Karl-May-Jahrbuch 1978–1979. Bamberg/Braunschweig. (2 Bände)
Mitteilungen der Karl-May-Gesellschaft 1/1969 ff. Hamburg. (72 Hefte)
Sonderheft der Karl-May-Gesellschaft. Hamburg 1972 ff. (60 Hefte)

2. Literatur über Karl May
(Biographien, Monographien, Studien und Artikel)

Asbach, Gert: Die Medizin in Karl Mays Amerika-Bänden. (Diss.) Düsseldorf 1972.
Augustin, Siegfried/Mittelstaedt, Axel: Vom Lederstrumpf zum Winnetou. Autoren und Werke der Volksliteratur. München 1981.
Autorenkollektiv: Kurze Geschichte der deutschen Literatur. Berlin 1981.
A(venarius, Ferdinand): Karl May als Erzieher. In: Der Kunstwart, München. 2. Märzheft 1902.
 – : Ein Zusammenbruch? In: Der Kunstwart, München. 1. Februarheft 1910.
 – : Der Fall Karl May und die Ausdrucksliteratur. In: Der Kunstwart, München. 1. Maiheft 1910.
 – : Zu Karl Mays Tode. In: Der Kunstwart, München. 1. Maiheft 1912.
Barthel, Fritz: Letzte Abenteuer um Karl May. Bamberg 1955.
Becker, Sibylle: Karl Mays Philosophie im Spätwerk. Ubstadt 1977.

Bembenek, Lothar: Der «Marxist» Karl May, Hitlers Lieblingsschriftsteller und Vorbild der Jugend? Die Karl-May-Rezeption im «Dritten Reich». In: Sammlung 4, Jahrbuch für antifaschistische Literatur und Kunst. Frankfurt/M. 1981.

Bettelheim, Anton: Eine Abrechnung mit dem Karl-May-Verlag. Leipzig 1918.

Böhm, Viktor: Karl May und das Geheimnis seines Erfolges. (Diss.) Wien 1955, Gütersloh 1979.

Bröning, Ingrid: Die Reiseerzählungen Karl Mays als literaturpädagogisches Problem. (Diss.) Ratingen u. a. 1973.

Brugier, Gustav: Geschichte der deutschen National-Literatur. 8. Aufl., Freiburg 1888.

Cardauns, Hermann: Herr Karl May von der anderen Seite. In: Historisch-politische Blätter für das katholische Deutschland, München. 7/1902.

— : Die «Rettung» des Herrn Karl May. Ebenda 4/1907.

Das Limbacher Land. Berlin 1962.

Deeken, Annette: «Seine Majestät das Ich». Zum Abenteuertourismus Karl Mays. (Diss.) Bonn 1983.

Dittrich, Max: Karl May und seine Schriften. Dresden 1904.

Droop, A.: Karl May. Eine Analyse seiner Reise-Erzählungen. Cöln-Weiden 1908.

Dworczak, Karl Heinz: Das Leben Old Shatterhands. Der Roman Karl Mays. Radebeul 1935.

Eggebrecht, Harald: Sinnlichkeit und Abenteuer. Die Entstehung des Abenteuerromans im 19. Jahrhundert. Berlin u. a. 1985.

Eggebrecht, Harald (Hg.): Karl May der sächsische Phantast. Studien zu Leben und Werk. Frankfurt/M. 1987.

Ernstthal 275 Jahre. Heimatfest 24.–28. Juni 1955. Hohenstein-Ernstthal (1955).

Forner, Willy: Old Shatterhand als Verfolgter. In: Dresdner Pitaval. Berlin 1975.

Forst-Battaglia, Otto: Karl May. Ein Leben, ein Traum. Zürich u. a. 1931.

— : Karl May: Traum eines Lebens/Leben eines Träumers. Bamberg 1966.

Fröde, Ekkehard/Hallmann, Wolfgang: Karl-May-Stätten in Hohenstein-Ernstthal (1984, 1985).

Fronemann, Wilhelm: Das Erbe Wolgasts. Langensalza 1927.

Gagelmann, Rainer: Soll die Jugend Karl May lesen? Bamberg 1967.

Groma, Peter: Auf den Spuren Karl Mays. Berlin u. a. 1964.

Gündoğar, Feruzan: Trivialliteratur und Orient: Karl Mays vorderasiatische Reiseromane. (Diss.) Frankfurt/M. u. a. 1983.

Guenther, Konrad: Karl May und sein Verleger. (Radebeul 1933).

Gurlitt, Ludwig: Gerechtigkeit für Karl May. Radebeul 1919.
Hansen, Walter: Die Reise des Prinzen zu Wied zu den Indianern. München u. a. 1978.
Hatzig, Hansotto: Karl May und Sascha Schneider. Dokumente einer Freundschaft. Bamberg 1967.
Haupt, Klaus/Wessel, Harald: Kisch war hier. Reportagen über den «Rasenden Reporter». Berlin 1985.
Heermann, Christian: Touristenstadt Radebeul. Karl May – warum eigentlich nicht? In: Dresdner Kreis-Express, Dresden. 39/1965.
– : Trivialliteratur von Martin Miller bis Karl May. In: Neues Deutschland, Berlin. 22. 5. 1982.
– : Für den Pitaval – als Literaturgenre hat Egon Erwin Kisch Maßstäbe gesetzt. In: Neues Deutschland, Berlin. 11. 9. 1982.
– : Gegen den Ku-Klux-Klan. In: Neues Deutschland, Berlin. 17. 9. 1983.
– : Der Mann, der sich Old Shatterhand nannte. In: National-Zeitung, Berlin. 9. 7., 16. 7., 23. 7., 30. 7., 6. 8. u. 13. 8. 1983.
– : Pardon wird nicht gegeben! In: Armeerundschau, Berlin. 12/1983.
– : Sechs Berichte über den Schriftsteller Karl May. In: Wochenpost, Berlin. 10–15/1984.
– : Originalausgaben, die keine waren. In: Wochenpost, Berlin. 25/1984.
– : ... der nichts erstrebt als Friede auf Erden. Karl Mays Bekenntnisse zum Frieden zwischen 1875–1912. In: Leipziger Volkszeitung, 23. 2. 1985.
Heinemann, Erich: Über Karl May. Aussprüche namhafter Persönlichkeiten. Ubstadt 1980.
Heinke, Horst: Das Große Buch für die Freunde Karl Mays. Wiesbaden 1979, 1984.
Henninger, Gerhard: Nachwort. In: Karl May, Winnetou Band 1., Berlin 1982.
Hoffmann, Klaus: Karl May / Das Waldröschen oder Die Verfolgung rund um die Erde. Nachwort zur Neuausgabe. (Sonderdruck). Hildesheim u. a. 1971.
Hofmann, Franz: «... kriegen es nun wieder mit Winnetou zu tun.» In: Weimarer Beiträge, Berlin u. a. 12/1986.
Huerkamp, Josef: Erläuterungen, Materialien & Register zu Arno Schmidts «Sitara und der Weg dorthin». München 1979.
Jacta, Maximilian (d. i. Erich Schwinge): Zu Tode gehetzt. Der Fall Karl May. Bamberg o. J.
25 Jahre Karl-May-Verlag. 25 Jahre Schaffen am Werke Karl May's. Radebeul 1938.
50 Jahre Karl-May-Verlag. 50 Jahre Verlagsarbeit für Karl May und sein Werk. Bamberg (1963).

Kahl, F. W.: Karl May, ein Verderber der deutschen Jugend. Berlin 1908.
Kainz, Emanuel: Das Problem der Massenwirkung Karl Mays. (Diss.) Wien 1949.
Kisch, Egon Erwin: (e. e. k.) Tagesnachrichten. Karl May. In Bohemia, Prag. 14. 4. 1910.
– : In der Villa «Shatterhand». Ein Interview mit Karl May. In: Bohemia, Prag. 15. 5. 1910.
– : Karl May in Prag. In: Aus Prager Gassen und Nächten. Prag u. a. 1911.
– : Im Wigwam Old Shatterhands. In: Hetzjagd durch die Zeit, Berlin 1926, bzw. Gesammelte Werke V, Berlin u. a. 1971.
– : Karl May, Mexico und die Nazis. In: Freies Deutschland – Alemania Libre, Mexico. 1/1941.
Klotz, Volker: Abenteuer-Romane. Sue – Dumas – Ferry – Retcliffe – May – Verne. München u. a. 1979.
Klußmeier, Gerhard: Die Akte Karl May. Ubstadt 1979. (Hier Faksimiles zahlreicher Zeitungsartikel)
Klußmeier, Gerhard/Plaul, Hainer: Karl May. Biographie in Dokumenten und Bildern. Hildesheim u. a. 1978.
Kosciuszko, Bernhard: Nachwort. Werkübersicht. Literaturhinweise. In: Karl May, Der Geist des Llano estakado. Stuttgart 1984.
Kosciuszko, Bernhard/Lorenz, Christoph: Die alten Jahrbücher. Dokumente früher Karl-May-Forschung – eine Bestandsaufnahme. Ubstadt 1984.
Kürschner, Joseph (Hg.): China. Schilderungen aus Leben und Geschichte/ Krieg und Sieg. Ein Denkmal den Streitern und der Weltpolitik. Berlin (1901).
Lame Deer, John/Erdoes, Richard: Tahea Ushte. Medizinmann der Sioux. Leipzig 1982.
Lebius, Rudolf: Die Zeugen Karl May und Klara May. Ein Beitrag zur Kriminalgeschichte unserer Zeit. Berlin-Charlottenburg 1910. (Hier Nachdruck früherer Polemiken)
Lehmann, Sabine/Sadek, Martin/Sommer, Günther: Karl May. Die Seele ist ein weites Land ... Ein Katalog zur Ausstellung. Hamburg 1984.
Leonhard, Karl: Akzentuierte Persönlichkeiten. Berlin 1968, 1976.
Lexikon deutschsprachiger Schriftsteller von den Anfängen bis zur Gegenwart. Leipzig 1967/68.
Liersch, Werner: Dichters Ort. Ein literarischer Reiseführer. Rudolstadt 1985.
Loest, Erich: Swallow, mein wackerer Mustang. Berlin 1980.
Lorenz, Christoph: Karl Mays zeitgeschichtliche Kolportageromane. (Diss.) Frankfurt/M. u. a. 1981.

Magazin für Abenteuer-, Reise- und Unterhaltungsliteratur. Sammelband I-III. Braunschweig 1978/79.
Mager, Hasso: Krimi und crimen. Zur Moral der Unmoral. Halle 1969.
· (Mamroth, Fedor): Karl May. In: Frankfurter Zeitung (Morgenblatt), Frankfurt/M. 3. 6. 1899. (Weitere Polemiken 7. 6.-7. 7. 1899)
Manguel, Alberto/Guadalupi, Gianni: Von Atlantis bis Utopia. Ein Führer zu den imaginären Schauplätzen der Weltliteratur. Bd. I-III. Frankfurt/M. u. a. 1984.
Marbacher Magazin: Karl May. Das inszenierte Abenteuer. Die Sammlung Heinz Neumann. Bearb. von Hans-Otto Hügel. Nr. 21/1982.
Märtin, Ralf-Peter: Wunschpotentiale. Geschichte und Gesellschaft in Abenteuerromanen von Retcliffe, Armand, May. (Diss.) Königstein/Ts. 1983.
Maschke, Fritz: Karl May und Emma Pollmer. Die Geschichte einer Ehe. Bamberg 1973.
May, Klara: Mit Karl May durch Amerika. Radebeul (1931).
Meyer, Hansgeorg: Das «Jugendbuch». In: M. Altner: Die deutsche Kinder- und Jugendliteratur zwischen Gründerzeit und Novemberrevolution. Studien 5. Berlin 1981.
Mühsam, Erich: Karl May. In: Kain. Zeitschrift für Menschlichkeit, München. 1/April 1912.
Müller, Robert: Das Drama Karl Mays. In: Der Brenner, Innsbruck. 17/1912.
Munzel, Friedhelm: Karl Mays Erfolgsroman «Das Waldröschen». (Überarb. Diss.) Hildesheim u. a. 1979.
Neumann, Gerhard: Das erschriebene Ich. Erwägungen zum Helden im Roman Karl Mays. In: Germanistik in Erlangen. Erlangen 1983.
Nölle, Wilfried: Die Indianer Nordamerikas. Stuttgart 1959.
Oel-Willenborg, Gertrud: Von deutschen Helden. Eine Inhaltsanalyse der Karl-May-Romane. (Diss.) Weinheim u. a. 1973.
Ostwald, Thomas: Karl May – Leben und Werk. 4. Aufl., Braunschweig 1977.
Plaul, Hainer: In Sachen Karl May: Meinungsstreit längst entschieden! In: Dresdner Kreis-Express, Dresden. 41/1965.
– : Vorwort. Anhang. Genealogische Tafeln. In: Karl May, Mein Leben und Streben. (Reprint.) Hildesheim u. a. 1975.
– : Trivialromane des 18./19. Jahrhunderts. In: Deutsche Volksdichtung. Eine Einführung. Leipzig 1979.
– : Bibliographie deutschsprachiger Veröffentlichungen über Unterhaltungs- und Trivialliteratur. Leipzig 1980.
– : Leidenschaft und Liebe. Trivialprosa des 18. und 19. Jahrhunderts. Rostock 1981, 1982.

- : Illustrierte Geschichte der Trivialliteratur. Leipzig 1983.
- : Der Mann, der Winnetou «begrub». (Interview). In: FF Dabei, Berlin. 10/1983.
- : Leidenschaftlich für die Idee des Weltfriedens. Letzter Brief Karl Mays im Genfer UNO-Archiv entdeckt. In: Neues Deutschland, Berlin. 22. 12. 1984.
Plischke, Hans: Von Cooper bis Karl May. Eine Geschichte des völkerkundlichen Reise- und Abenteuerromans. Düsseldorf 1951.
Pöllmann, Ansgar: Ein Abenteurer und sein Werk. In: Über den Wassern. Halbmonatsschrift für schöne Literatur. Münster i. W., 1910, passim.
Raddatz, Werner: Das abenteuerliche Leben Karl Mays. Gütersloh 1965.
Rein, Helmut: Nachwort. In: Eva Lips, Nicht nur in der Prärie. Leipzig 1974.
Rentschka, Paul: Karl Mays Selbstenthüllung. In: Germania. Zeitung für das deutsche Volk, Berlin. 5. u. 8. 12. 1908.
Schmid, Euchar: Eine Lanze für Karl May. Radebeul 1918, 1926, 1940.
Schmidt, Arno: Sitara und der Weg dorthin. Eine Studie über Wesen, Werk & Wirkung Karl Mays. Karlsruhe 1963. Frankfurt/M. 1969.
Schmiedt, Helmut: Karl May. Studien zu Leben, Werk und Wirkung eines Erfolgsschriftstellers. (Diss.) Königstein/Ts. 1979.
Schmiedt, Helmut (Hg.): Karl May. materialien. Frankfurt/M. 1983.
Schneider, Herbert: Karl May in der Lederhose. München 1961.
Schneider, Sascha: Titelzeichnungen zu den Werken Karl Mays. Mit einführendem Text von Prof. Dr. Johannes Werner. Freiburg i. Br. o. J.
Schönewerk, Klaus-Dieter: «Greenhorn» im wilden Westen, doch nicht in der Abenteuerliteratur. In: Neues Deutschland, Berlin. 19. 2. 1983.
Das schönste Buch der Welt. Wie ich lesen lernte. Berlin u. a. 1972, 1973.
Schweder, Paul: Karl May als Räuberhauptmann. In: Die großen Kriminalprozesse des Jahrhunderts. Hamburg 1961.
Seidler, Reinhard: Bibliophile Bemerkungen zu alten und neuen Karl-May-Büchern. In: Thüringische Landeszeitung, Weimar. 27. 7., 3., 10., 17., 24. u. 31. 8. 1985.
Stammel, H. J.: Der Cowboy. Legende und Wirklichkeit von A–Z. Ein Lexikon der amerikanischen Pioniergeschichte. Gütersloh u. a. 1972.
- : Mit Geronimo auf dem Kriegspfad. Weltmeister im Martern: Die Apachen, wie sie wirklich waren. In: Die Welt (B), Hamburg. 23. 10. 1982.
Steinbrink, Bernd: Abenteuerliteratur des 19. Jahrhunderts in Deutschland. Studien zu einer vernachlässigten Gattung. (Diss.) Tübingen 1983.
Steinmetz, Hans-Dieter: Martha Vogel – Romangestalt mit realem Vorbild? Zu Karl Mays unehelichen Kind(ern). Manuskript 1984.

- : «Sollte ich ihn jetzt fallen lassen?» Egon Erwin Kischs publizistische Hilfe im Frühjahr 1910. Manuskript 1984.
- : In der Heimat von Old Shatterhand. In: Sächsische Neueste Nachrichten, Dresden. u. a. 6., 13., 20., 27. 2. 1984.
- : Antike – Nachbildung in der Lößnitz. Karl Mays letzte Ruhestätte. In: Sächsische Neueste Nachrichten, Dresden. 23. 7. 1984.
- : Die Villa «Shatterhand» in Radebeul. In: Sächsische Neueste Nachrichten, Dresden. 1., 8., 15., 22., 29. 7. 1985.

Stolte, Heinz: Der Volksschriftsteller Karl May. Beitrag zur literarischen Volkskunde. (Diss.) Radebeul 1936.
- : Das Phänomen Karl May. Bamberg 1969.

Stolte, Heinz/Klußmeier, Gerhard: Arno Schmidt & Karl May. Eine notwendige Klarstellung. Hamburg 1973.

Sudhoff, Dieter: Karl Mays «Winnetou IV.» Studien zur Thematik und Struktur. Ubstadt 1981.

Ueding, Gert: Glanzvolles Elend. Versuch über Kitsch und Kolportage. Frankfurt/M. 1973.
- : Die anderen Klassiker. Literarische Porträts aus zwei Jahrhunderten. München 1986.

Unucka, Christian: Karl May im Film. Dachau 1980.

Veremundus (d. i. Karl Muth): Steht die Katholische Belletristik auf der Höhe der Zeit? Mainz 1898.

Vollmer, Hartmut: Karl Mays «Am Jenseits». Exemplarische Untersuchungen zum «Bruch» im Werk. Ubstadt 1983.

Wagner, Heinrich: K. May und sein Werk. Eine kritische Studie. Passau 1907.

Weber, Winfried-Johannes: Die deutschen Räuberromane und ihr Einwirken auf Karl May. Ein Beitrag zur Entwicklungsgeschichte des Volkslesestoffes. (Diss.) Berlin 1941.

Weigl, Franz: Karl Mays pädagogische Bedeutung. München 1909.

Weiszt, Franz Josef: Karl May. Der Roman seines Lebens. Böhmisch-Leipa 1940.

Wessel, Harald: Mit Kisch und Kindern in der Villa Bärenfett. Warum der respektable Reporter dem umstrittenen Karl May beistand. In: Neues Deutschland. Berlin. 24. 12. 1983.

Wilker, Karl: Karl May – ein Volkserzieher? Langensalza 1910.

Woeller, Waltraud: Illustrierte Geschichte der Kriminalliteratur. Leipzig 1984.

Wolgast, Heinrich: Das Elend unserer Jugendliteratur. 4. Aufl., Hamburg u.a. 1910. 7. Aufl., Worms (1950).

Wollschläger, Hans: Karl May in Selbstzeugnissen und Bilddokumenten. Reinbek 1965.
- : Karl May: Grundriß eines gebrochenen Lebens. Zürich 1976.
Zesewitz, Hans: Die Karl-May-Höhle bei Hohenstein-Ernstthal. Radebeul o. J.

3. Allgemeine Literatur

Armand (d. i. Frédéric A. Strubberg): Amerikanische Jagd- und Reiseabenteuer aus meinem Leben in den westlichen Indianergebieten. Stuttgart 1858.
- : Bis in die Wildniß. Breslau 1858.
Brown, Dee: Bury My Heart at Wounded Knee. An Indian History of the American West. New York 1971.
Buschmann, Johann: Das Apache als eine athpaskische Sprache erwiesen. Berlin 1860.
- : Die Spuren der aztekischen Sprache. In: Abhandlungen der königlichen Akademie der Wissenschaften, Berlin 1854.
Büttner, Wolfgang: Weberaufstand im Eulengebirge 1844. illustrierte historische hefte Nr. 27. Berlin 1982.
Catlin, G(eorge): Die Indianer und die während eines achtjährigen Aufenthalts unter den wildesten ihrer Stämme erlebten Abenteuer und Schicksale. Berlin-Friedenau 1924.
Cooper, James Fenimore: Amerikanische Romane, neu aus dem Englischen übertragen. Bd. 1 Der letzte Mohikan. Bd. 2 Der Pfadfinder oder Das Binnenmeer. Bd. 3 Die Ansiedler an den Quellen des Susquehanna. Bd. 4 Die Prairie. Bd. 12 Der Wildtöter. Stuttgart 1841 ff.
Ende, Paul: 700 Jahre Forchheim – Beiträge zur Sozialgeschichte eines Erzgebirgsdorfes. Forchheim 1950.
Fellmann, Walter: Leipziger Pitaval. Berlin 1980.
Forberger, Rudolf: Die Widerspiegelung der industriellen Revolution in Sachsen (1800–1861) in der zeitgenössischen Belletristik. Sitzungsberichte der Sächsischen Akademie der Wissenschaften zu Leipzig. Philologisch-historische Klasse. Band 127. Heft 3. Berlin 1987.
Frank, Patty (d. i. Ernst Tobis): Die Indianerschlacht am Little Bighorn. Berlin 1957.
Gerstäcker, Friedrich: Streif- und Jagdzüge durch die Vereinigten Staaten Nordamerikas. Dresden u. a. 1844.
- : Die Regulatoren in Arkansas. Leipzig 1846.
- : Die Flußpiraten des Mississippi. Leipzig 1848.

— : Geschichte eines Ruhelosen. In: Die Gartenlaube, Leipzig 1870.
Goethe, Johann Wolfgang von: Dichtung und Wahrheit (Aus meinem Leben). Erster Teil, Buch 2. Berlin 1921.
Jackson, Helen H(unt): A Century of Dishonor. New York 1881.
Kant, Hermann: Die Aula. Berlin 1965.
Der Koran. Leipzig 1968.
Kraft, Robert: Der Fremde aus Indien. Dresden 1895/96. (Ab 1905: Um die indische Kaiserkrone).
Kuczynski, Jürgen: Geschichte des Alltags des deutschen Volkes. Studien 1–5. Berlin 1980–82.
— : Erlebnisse beim Schreiben einer Geschichte des Alltags des deutschen Volkes seit 1600. In: Kultur und Lebensweise, Berlin. 1/1981.
Las Casas, Bartholomé de: Kurzgefasster Bericht von der Verwüstung der Westindischen Länder. Frankfurt/M. 1966.
Nicolaus Lenaus's sämmtliche Werke in einem Bande. Leipzig (1883).
Marx/Engels: Über die Erziehung und Bildung. Berlin 1961.
Mehring, Franz: Historische Aufsätze zur preußisch-deutschen Geschichte. Berlin (1946).
Möllhausen, Balduin: Wanderungen durch die Prairien und Wüsten des westlichen Nord-Amerikas vom Mississippi nach den Küsten der Südsee im Gefolge der von der Regierung der Vereinigten Staaten unter Lieutenant Whipple ausgesandten Expedition. 2. Aufl., Leipzig 1860.
— : Reisen in die Felsengebirge Nord-Amerikas bis zum Hoch-Plateau von Neu-Mexiko, unternommen als Mitglied der im Auftrage der Regierung der Vereinigten Staaten ausgesandten Colorado-Expedition. Leipzig 1861.
— : Der Halbindianer. Jena u . a., 1861.
— : Der Flüchtling. Jena u. a. 1862.
Ostwald, Thomas: Friedrich Gerstäcker. Leben und Werk. Braunschweig 1976.
Ostwald, Thomas (Hg.): Charles Sealsfield. Leben und Werk. Braunschweig 1976.
Pleticha, Heinrich: Abenteuer-Lexikon. (München) 1978.
Quellen zur Geschichte der Erziehung. Berlin 1959.
Randel, William Peirce: Ku-Klux-Klan. Gütersloh u. a., o. J.
Ruppius, Otto: Der Pedlar. / Das Vermächtnis des Pedlar. Berlin 1859.
Sealsfield, Charles (d. i. Karl Postl): Tokeah, or the White Rose. London 1828.
— : Das Cajütenbuch oder Nationale Charakteristiken. Zürich 1841.
Schiller, Friedrich: Sämmtliche Werke. Zweites Bändchen. Stuttgart u. a. 1823.
Schmid, K. A.: Pädagogisches Handbuch für Schule und Haus. Gotha 1877.
Stapel, Wilhelm: Avenarius-Buch. München 1916.

Vierhundert Jahre Stadt. Ein Gedenkblatt zur Feier des vierhundertjährigen Bestehens der Stadt Hohenstein vom 20. bis 22. August 1910. Hohenstein-Ernstthal 1910.

Wied, Maximilian Prinz zu: Reise in das innere Nord-America in den Jahren 1832 bis 1834. 2 Bde., Coblenz 1839/41.

Wirzberger, Karl-Heinz: Von Cooper bis O'Neill. Berlin 1979.

Zschaler, Johann Gottfried: Das ewig unvergeßliche Jahr 1848 oder eine Chronik und ein Gedenkbuch für jede Familie und zur Erinnerung ihrer Nachkommen. Dresden o. J.

Personenregister

Achilles, Louise 288
Ahmad, Muhammad (genannt El Mahdi) (1844–1885) 194, 195, 196, 197
Albani, Friedrich Hermann (1854–1902) 290, 291
Albani, Helene Ottilie *siehe* Vogel, Helene Ottilie
Albert, König von Sachsen (1828–1902) 138
Anzengruber, Ludwig (1839–1889) 128
Armand (d. i. Strubberg, Frédéric Armand) (1806–1889) 219, 220, 221, 222, 224, 233, 237
Auerbach, Berthold (1812–1882) 128, 201
Avenarius, Ferdinand (1856–1923) 311, 312, 313, 321, 322, 363
Axmann, Friedrich 118

Bach, Cuno 383
Backmann, Theodor 135
Baensch, Wilhelm 73
Bahr, Hermann (1863–1934) 349
Bayer (Frau) 79
Bebel, August (1840–1913) 313, 328
Beecher-Stowe, Harriet (1811–1896) 193
Beibler, Wilhelmine (1837–1909) 264, 276
Beissel, Rudolf (1894–1986) 291
Berg, Alban (1885–1935) 347
Berger, Henning (geb. 1942) 409
Bernstein, Rudolf 316, 317

Bismarck, Otto Fürst von (1815–1898) 153, 154, 155
Blum, Robert (1807–1848) 46
Bodmer, Carl (1809–1893) 224
Boone, Daniel (1734–1820) 215
Borucki, Hans 409
Brandis, W. 291
Brecht, Bertolt (1898–1956) 104
Bredereck, Paul (1877–?) 319, 342, 347
Brown, Dee (geb. 1908) 229
Brugier, Gustav 188
Burmeister, Hermann (1807–1892) 193, 194
Buschmann, Karl Eduard (1805–1880) 233

Cardauns, Hermann (1847–1925) 279, 283, 284, 311, 322, 362
Catlin, George (1796–1872) 222
Carleton, James 227
Cochise (etwa 1820–1874) 226, 227, 232
Coloradas, Mangas (etwa 1790–1863) 227, 232
Cooper, James Fenimore (1789–1851) 214, 215, 216, 217, 221, 222, 230, 234, 236, 237, 307, 331
Corvin, Otto von (1812–1886) 155
Crazy Horse *siehe* Tashunka Witko
Custer, George Armstrong (1839–1876) 225, 227, 230

Dexelius, Gottfried (1593–1661) 28
Dexelius, Gottfried (1658–1707) 28
Dieck, Harry (geb. 1932) 409

Diesterweg, Friedrich Adolf Wilhelm
  (1790–1866) 63
Dittrich, Max (1844–1917) 314, 315,
  316, 322
Don Carlos (d. i. Karl VII.)
  (1848–1909) 116
Dömken, Carl-Heinz 272
Döring, Friedrich August (1821–?) 46
Doyle, Arthur Conan (1859–1930) 352
Droop, Adolf (1882–1938) 368
Dumas, Alexandre (d. Ä.) (1802–1870)
  52, 54, 55, 58, 105

Engelmann, Kurt (geb. 1926) 409
Engels, Friedrich (1820–1895) 304
Erckert, Walter von (geb. 1918) 409
Erler, Friedrich 77, 78, 79
Etzel (d. i. Attila) (5. Jh.) 294
Eulitz, Alma 288
Ey, Minna (1843–1918) 130, 162

Fehsenfeld, Friedrich Ernst
  (1853–1933) 150, 172, 201, 202, 203,
  205, 207, 208, 212, 240, 243, 248,
  260, 261, 262, 264, 267, 270, 277, 279,
  283, 286, 288, 289, 305, 306, 315,
  321, 322, 361
Fehsenfeld, Paula (1858–1947) 288,
  306
Felber, Carl (1853–1917) 252
Ferry, Gabriel (1809–1852) 139, 359
Fischer, Adalbert (1855–1907) 280,
  282, 283, 284, 317, 362, 363, 387
Flemming, Wolfgang (geb. 1943) 409
Forner, Willy (1906–1985) 200, 367
Frank, Patty (d. i. Ernst Tobis)
  (1876–1959) 409
Freiligrath, Ferdinand (1810–1876)
  201

Freitag, Otto (1839–1899) 113, 114
Freytag, Gustav (1816–1895) 201
Friedrich August II., König von Sach-
  sen (1797–1854) 48, 49
Fuchs, Oskar Max (1873–1954) 243,
  361

Gärtner, Manfred (geb. 1936) 409
Gerlach, Oskar (1870–1939) 321, 322,
  324, 363
Geronimo siehe Goyathlay
Gerstäcker, Friedrich (1816–1872) 217,
  219, 220, 221, 222, 223, 224, 234,
  237, 260
Goethe, Johann Wolfgang von
  (1749–1832) 101, 215, 258, 259
Goldmann, Heinrich (?–1877) 129
Goyathlay (1829–1909) 228, 232, 234
Gräßler, Auguste (1848–?) 87
Grenser, Woldemar (1812–1872) 37
Greulich, Hermann (1842–1925) 109
Grimm, Hans (1875–1959) 191
Grimm, Jacob (1785–1863) 201
Grimm, Wilhelm (1786–1859) 201
Groh, Amalie Wilhelmine (1819–1880)
  359

Haase, Karl Hugo (1827–1873) 95
Hallmann, Wolfgang (geb. 1947) 409
Harden, Maximilian (1861–1927) 347
Harnisch, Christian Friedrich
  (1744–1795) 88
Hassan, Sejd 265, 266, 267
Hatzig, Hansotto (geb. 1919) 309, 409
Hauff, Wilhelm (1802–1827) 215
Hauptmann, Gerhart (1862–1946) 283
Haußmann, Erich 13
Hebbel, Friedrich (1813–1863) 259
Hecker, Manfred (geb. 1930) 409

Heine, Heinrich (1797–1856) 312
Heinemann, Erich (geb. 1929) 178
Heinsch, August (1847–1878) 109
Henry, Benjamin T. (1821–1898) 241, 243
Herrfurth, Oskar (1862–1934) 8
Hesiod (um 700 v. u. Z.) 207
Heym, Georg (1887–1912) 313
Hitler, Adolf (1889–1945) 313, 324
Hoppe, Auguste Wilhelmine (geb. May) *siehe* May, Auguste Wilhelmine
Hoppe, Friedrich August (1835–1889) 34
Hugenberg, Alfred (1865–1951) 313
Hugo Victor (1802–1885) 105

Ibsen, Henrik (1828–1906) 283
Irving, Washington (1783–1859) 214

Jackson, Helen Hunt 233
Jordan, Lopez (1822–1889) 194
Juárez, Benito (1806–1872) 153, 167, 168, 169

Kahl, Friedrich Wilhelm (1887–1963) 325, 339, 364
Kainz, Emanuel (geb. 1920) 208
Kaiser, Ingrid (geb. 1942) 409
Kant, Hermann (geb. 1926) 280
Kant, Immanuel (1724–1804) 103
Kapp, Wolfgang (1858–1922) 319
Keil, Ernst (1816–1878) 64, 155
Keller, Gottfried (1819–1890) 259
Kipling, Joseph Rudyard (1865–1936) 201
Kisch, Egon Erwin (1885–1948) 277, 284, 319, 343, 344, 345, 346, 364, 365, 367

Kleist, Heinrich von (1777–1811) 260
Klotz, Ernst 316
Kochta, Johannes (1824–1886) 99, 111
Kolumbus, Christoph (1451–1506) 213
Kraft, Robert (1869–1915) 211, 366
Kraus, Karl (1874–1936) 348
Krause, August (1828–1896) 86
Krell, Karl August (1827–1896) 82
Kretzschmar, Johanne Christiane *siehe* May, Johanne Christiane
Krügel, Louis (1848–1900) 340, 343
Krügel, Richard (1852–1912) 343, 347, 365
Krupp, Alfred (1812–1887) 193
Kuczynski, Jürgen (geb. 1904) 105
Kürschner, Joseph (1853–1902) 150, 176, 178, 292, 293, 295, 296, 297

Larras (Untersuchungsrichter) 322, 324, 363
Las Casas, Bartolomé de (1474–1566) 213
Layritz, Friedrich Wilhelm (1792–1874) 48
Lebius, Rudolf (1868–1946) 313, 314, 315, 316, 318, 319, 321, 322, 323, 324, 325, 328, 339, 340, 342, 343, 346, 347, 363, 364, 365
Lenau, Nikolaus (1802–1850) 215, 216
Lenhard, K. von 384
Leopold I., Fürst von Anhalt-Dessau (1676–1747) 127, 128
Lessing, Gotthold Ephraim (1729–1781) 159
Liebermann, Max (1847–1935) 283
Lindemann, M. 230
Lindner, Wilhelm Bruno (1814–1876) 81
Lohse, Ernst (1841–?) 77

London, Jack (1876–1916) 201
Louis Napoleon *siehe* Napoleon III.
Ludwig II., König von Bayern
 (1845–1886) 174
Luther, Martin (1483–1546) 27
Luxemburg, Rosa (1871–1919) 328

Mahdi *siehe* Ahmad, Muhammad
Mamroth, Fedor (1851–1907) 277, 279,
 284, 362
Mann, Heinrich (1871–1949) 348
Marryat, Frederick (1792–1848) 237,
 368
Marx, Karl (1818–1883) 70, 304
Maschke, Fritz (1899–1980) 291
Mathijsen, A. 11
Maximilian, Erzherzog von Österreich und Kaiser von Mexiko
 (1832–1867) 168
May, Anna Henriette (1852–1852) 34
May, Auguste Wilhelmine
 (1837–1880) 34, 44
May, Christian Friedrich (Großvater)
 (1779–1818) 30
May, Christiane Friederike
 (1839–1841) 34
May, Christiane Wilhelmine (geb.
 Weise, Mutter) (1817–1885) 32, 35,
 37, 38, 44, 51, 73, 100, 112, 173
May, Christiane Wilhelmine
 (1844–1932) 34, 112
May, Emma Lina (geb. Pollmer,
 1. Ehefrau) (1856–1917) 16, 34,
 130–133, 134, 143, 144, 145, 146, 148,
 162, 169, 173, 174, 187, 252, 254, 256,
 257, 258, 262, 264, 265, 268, 270,
 271, 273, 279, 287, 288, 289, 290, 291,
 322, 340, 358, 359, 362

May, Emma Maria (1860–1860) 34
May, Ernestine Pauline (1847–1872)
 34
May, Friedrich Wilhelm (1840–1841)
 34
May, Heinrich August (Vater)
 (1810–1888) 30, 32, 41, 42, 43, 44,
 46, 47, 49, 50, 51, 64, 71, 73, 100, 357
May, Heinrich August (1836–1837)
 34
May, Heinrich Wilhelm (1851–1851)
 34
May, Johanne Christiane (geb. Kretzschmar, «Märchengroßmutter»)
 (1780–1865) 30, 32, 37, 38, 41, 43,
 44, 48, 51, 73
May, Karl Heinrich (1855–1855) 34
May, Karl Hermann (1854–1854) 34
May, Karoline Wilhelmine
 (1849–1945) 34
May, Klara (geb. Beibler, verw. Plöhn,
 2. Ehefrau) (1864–1944) 21, 34, 111,
 237, 252, 256, 262, 264, 265, 268,
 271, 273, 274, 276, 279, 287, 291, 292,
 306, 308, 317, 318, 331, 333, 334, 335,
 338, 339, 346, 361, 362, 363, 364
May, Maria Lina (1857–1857) 34
Mehring, Franz (1846–1919) 28, 29,
 31, 49
Meinhold, Ernst Theodor (1835–1890)
 68
Meinhold, Henriette Christiane
 (1842–?) 68
Mickel, Curt (1858–1939) 346
Miller, Johann Heinrich (1750–1814)
 101, 102
Mohammed (um 570–632) 195
Möllhausen, Balduin (1825–1905)
 218, 219, 220, 221, 222, 224, 237

Mühsam, Erich (1878–1934) 352
Müller, Carl Heinrich 79
Müller, Robert (1887–1924) 348
Münchmeyer, Friedrich Louis
 (1829–1897) 83, 113
Münchmeyer, Heinrich Gotthold
 (1836–1892) 75, 82, 85, 108, 113, 114,
 118, 120, 128, 129, 130, 131, 150, 162,
 163, 164, 165, 166, 168, 169, 170, 171,
 172, 175, 178, 260, 280, 284, 287, 292,
 322, 360, 366, 367
Münchmeyer, Pauline (1840–1928)
 129, 130, 174, 256, 280, 284, 317, 321,
 324, 325, 363
Munzel, Friedhelm (geb. 1941) 21
Muth, Karl *siehe* Veremundus

Napoleon I. (Bonaparte), Kaiser der
 Franzosen (1769–1821) 28
Napoleon III. (Charles Louis N. Bonaparte), Kaiser der Franzosen
 (1808–1873) 222
Niederstetter, Johann (1526–1574) 27,
 28
Niederstetter, Michael (1562–1613)
 27
Nitsche, Johann August (1844–1909)
 360
Nunwarz, Adolf 238, 243
Nuschke, Otto (1883–1957) 309

Osman I. (1259–1326) 151
Ossietzky, Carl von (1889–1938)
 309
Ostwald, Ernst 134, 135
Ostwald, Wilhelm (1853–1932) 305

Papen, Franz von (1879–1969) 324
Patsch, Ludwig (1895–1960) 291

Pestalozzi, Johann Heinrich
 (1746–1827) 63
Pfefferkorn, Ferdinand Carl Ludwig
 (1841–1916) 337, 339
Philipp (Wachmeister) 138, 139
Pils, H. 291
Plaul, Hainer (geb. 1937) 24, 27, 34,
 102, 103, 104, 105, 389, 409
Plöhn, Klara *siehe* May, Klara
Plöhn, Richard Alexander (1853–1901)
 160, 252, 253, 256, 257, 262, 264,
 265, 268, 270, 271, 273, 276, 277, 279,
 287, 361, 362
Polet, Benjamin 73
Pöllmann, Ansgar (1871–1933) 323,
 324
Pollmer, Christian Gotthilf
 (1807–1880) 131, 132, 134, 140, 143
Pollmer, Emil (1828–1878) 134, 140,
 359
Pollmer, Emma *siehe* May, Emma
Pollmer, Ernestine (1830–1856) 130,
 147
Postl, Karl *siehe* Sealsfield, Charles
Preßler, Anna (1842–?) 64, 83
Pustet, Friedrich (1831–1902) 139, 154,
 156, 162, 168

Radelli, Bruno 132, 359
Radkov, Weselin (geb. 1939) 153, 198,
 366, 409
Raupach, Fred 13
Reimann, Carl Friedrich (1830–1877)
 86, 90
Rentschka, Paul (1870–1956) 323,
 324, 339, 364
Reuter, Fritz (1810–1874) 201
Rosegger, Peter (1843–1918) 124, 128,
 131

Rosenfeld, Kurt (1877–1943) 328, 329
Roxin, Claus (geb. 1931) 409
Rubinstein, Josef 367
Rudolph, Kurt 366
Ruppius, Otto (1819–1864) 219, 220, 222, 224, 237

Scheidt, Selma vom (1874–1959) 340
Schießer, Alois (1866–1945) 243, 361
Schiller, Friedrich von (1759–1805) 216
Schmid, Euchar Albrecht (1885–1951) 291, 292
Schmidt, Arno (1914–1979) 20, 22, 291
Schmidt, Carl Hermann (1826–1901) 65
Schmidt, Hartmut (geb. 1947) 409
Schmidt, Julian (1818–1886) 201
Schmiedt, Helmut (geb. 1950) 389
Schneider, Alfred (1905–1987) 409
Schneider, Sascha (1870–1927) 157, 158, 286, 385
Schnitzler, Arthur (1862–1931) 283
Schoedler, Friedrich 119
Schoenaich, Paul von (1866–1954) 309
Schönberg, Arnold (1874–1951) 347
Schönburg-Waldenburg, Otto Viktor von (1785–1859) 45, 46
Schöne, Christiane Wilhelmine (geb. May) *siehe* May, Christiane Wilhelmine
Schöne, Julius Ferdinand (1832–1897) 34, 112
Schönlein, Hermann (1833–1908) 131

Schrattenthal, K. 384
Schumann, Paul (1855–1927) 310, 311, 313, 321, 322
Sealsfield, Charles (d. i. Postl, Karl) (1793–1864) 216, 217, 221, 222, 237
Selbmann, Carl Heinrich (1832–1902) 34
Selbmann, Karoline Wilhelmine (geb. May) *siehe* May, Karoline Wilhelmine
Sello, Erich (1852–1912) 347
Seyfert (Staatsanwalt) 322
Seyler, Emil (1845–1926) 252, 253, 254
Seyler, Agnes 253, 254
Sheridan, Philip H. (1831–1888) 225
Silling, Marie (1845–1936) 310
Simon, Jacob (?–um 1690) 26
Simon, Johann (um 1655–1730) 26
Sitting Bull *siehe* Tatanka Yotanka
Spemann, Wilhelm (1844–1910) 176, 178, 181, 188, 195
Spielhagen, Friedrich (1829–1911) 201
Spindler, Christoph 27
Stammel, Heinz-Josef (geb. 1926) 232
Stärz, Adolf (1921–1987) 366
Steinmetz, Hans-Dieter (geb. 1951) 276, 289, 389, 409
Steinmetz, Winni (geb. 1953) 409
Stephan, Andreas (1666–1719) 27
Steurer, Fidelis 243
Stevenson, Robert Louis Balfour (1850–1894) 201
Stifter, Adalbert (1805–1868) 215
Stolte, Heinz (geb. 1914) 139
Strauch, Samuel Friedrich (1788–1860) 48, 50

Strohhofer, Helene Erika (geb. Voigt, mutmaßliche Enkelin von Karl May) (1915–1986) 290
Strubberg, Frédéric Armand *siehe* Armand
Stülpner, Karl (1762–1841) 92
Sue, Eugène (1804–1857) 52, 54, 55, 58
Suttner, Bertha von (1843–1914) 307, 309, 349, 351, 352

Tashunka Witko (etwa 1840–1877) 225
Tatanka Yotanka (1834–1890) 225
Taube, Ephraim (1829–1888) 86, 90
Tessendorf, Hermann von (1831–1895) 109
Teucher, Johann (1648–1688) 26
Tourgée, Albion 191, 192
Trojan, Johannes (1837–1915) 295
Tucholsky, Kurt (1890–1935) 309
Turgenjew, Iwan Sergejewitsch (1818–1883) 201

Urquiza, Justo José (1800–1870) 194

Veremundus (d. i. Karl Muth) (1867–1944) 368
Verne, Jules (1828–1905) 352
Vilimek, Josef Richard (1860–1938) 367
Vogel, Helene Ottilie (mutmaßliche Tochter von Karl May) (1876–1951) 289, 290, 291
Vogel, Marie Thekla (1856–1929) 289, 290

Voigt, Helene Erika *siehe* Strohhofer, Helene Erika
Voigt, Helene Ottilie (geb. Vogel/Albani) *siehe* Vogel, Helene Ottilie
Voigt, Karl Friedrich (1876–1917) 290
Vulpius, Christian August (1762–1827) 52, 103

Wadenbach, Alwine 92, 93
Wadenbach, Heinrich 93
Wadenbach, Malwine (1819–?) 92
Wadin, Gisbert (geb. 1943) 409
Waldersee, Alfred Graf von (1832–1904) 293, 295
Wander, Carl Friedrich Wilhelm (1803–1879) 63
Wappler, Christian Anton (1816–1879) 90, 91
Wassermann, Jakob (1873–1934) 348
Wedekind, Frank (1864–1918) 347
Wehnert, Jürgen (geb. 1952) 389
Weise, Christian Friedrich (Großvater) (1788–1832) 30
Weise, Christiane Wilhelmine *siehe* May, Christiane Wilhelmine
Weißpflog, Christian Friedrich (1819–1894) 40, 41, 87, 88
Welte, Max 243
Wermuth, Carl (1878–?) 325, 363
Werner, Ernst 366
Werner, Selmar (1864–1953) 273
Wickede, Friedrich Karl von (1827–1881) 383
Wied, Maximilian Prinz zu (1782–1867) 222
Wilhelm II., deutscher Kaiser (1859–1941) 241, 243, 294, 295, 301

Wolgast, Heinrich (1860–1920) 331
Wollschläger, Hans (geb. 1935) 22, 339, 389
Zesewitz, Hans (1888–1976) 88, 409
Ziller, Paul Friedrich (1846–1931) 273
Zola, Émile (1840–1902) 283
Zschokke, Heinrich (1771–1848) 103

Bildnachweis

Archiv der Karl-May-Gesellschaft, Hamburg: S. 125, 133, 177, 263, 278, 326/327, 330; Archiv Strahov Prag: S. 345; Staatsarchiv Dresden: S. 66; Henning Berger, Dresden: S. 23; Carl-Heinz Dömken, Dörverden: S. 272; Walter von Erckert, Gotha: S. 13; Manfred Gärtner, Dresden: S. 286; Wolfgang Hallmann, Hohenstein-Ernstthal: S. 29, 36, 39, 42, 53, 89, 275; Manfred Hecker, Burgstädt: S. 268; Manfred Paul, Berlin: S. 244, 245, 246, 247, 249, 250; Dr. Hainer Plaul, Berlin: S. 17, 82, 115, 122, 141, 145, 202, 211, 293, 314, 333, 337; Hartmut Schmidt, Berlin: S. 72, 242.

Alle übrigen Abbildungsvorlagen hat der Autor aus seinem Archiv beigesteuert.

Zahlreiche Freunde unterstützten das Gelingen der vorliegenden Biographie. Dr. Hainer Plaul (Berlin) nahm in freundschaftlicher Verbundenheit jederzeit schätzenswerten Anteil am Entstehen dieses Buches. Mit dem Dresdener Forscher Hans-Dieter Steinmetz und seiner Gattin Winni wie mit dem Gründer der «Karl-May-Gesellschaft», Alfred Schneider (Hamburg), konnte ich viele Fragen persönlich diskutieren. Forscher und Karl-May-Freunde aus dem In- und Ausland trugen durch Hinweise, Auskünfte, Materialien und Bilder zu diesem Band bei. Ihnen allen gebührt herzlicher Dank, insbesondere Frau Ingrid Kaiser (Coswig) und den Herren Prof. Dr. Dr. h. c. Claus Roxin (Stockdorf), Vorsitzender der «Karl-May-Gesellschaft»; Wolfgang Hallmann, Stadtchronist von Hohenstein-Ernstthal; Henning Berger (Dresden); Hans Borucki (Mellrichstadt); Harry Dieck (Markranstädt); Kurt Engelmann (Köln); Walter von Erckert (Gotha); Rechtsanwalt Wolfgang Flemming (Leipzig); Manfred Gärtner (Dresden); Hansotto Hatzig (Oftersheim); Manfred Hecker (Burgstädt); Weselin Radkov (Sofia); Hartmut Schmidt (Berlin) und Gisbert Wadin (Kaiserslautern). Und nicht zuletzt ist die Biographie das Verdienst verständnisvollen Engagements des Verlages der Nation. Besonderer Dank dafür dem Verlagsdirektor Hans-Otto Lecht, dem Cheflektor Bruno Brandl und dem Lektor Otto Matthies.

In Dankbarkeit erinnere ich mich auch der vielen Gespräche, die ich vor Jahren in Radebeul mit Patty Frank und in Hohenstein-Ernstthal mit Hans Zesewitz führte.

Inhalt

Helden ohne Fehl und Tadel 5
Texte und Forschungen 15
Hohenstein, Ernstthal und die Vorfahren 25
Kindheit und Jugend
    Das Geburtshaus 32
    Ahne und Pate 37
    Hungerjahre – Revolutionszeiten 43
    Im väterlichen Spannungsfeld 50
    Spiegel des Elends: *Der verlorne Sohn* 54
Zwischen Lehrerseminar und Arbeitshaus
    Waldenburger Mißgeschick 62
    Zwei Bildungszwerge im «niederen» Schulwesen . 67
    Uhrendrama 71
    Mein Name ist «Hermes»! 76
Zwischen Arbeitshaus und Zuchthaus
    Auf «Falschgeld-Fahndung» 85
    Der «Räuberhauptmann» 87
    Im Wadenbach-Wahn 92
    Durch die Hölle 96
Das objektive Fundament
    Die literarischen Traditionslinien 101
    Soziale und gesellschaftliche Bedingungen . . . 106
    Gesetzliche Grundlagen 108
Ein «Vielgereister» öffnet seine Mappe
    Abkehr von «Ange et Diable» 110
    Als Zeitschriftenredakteur 113
    Die Geburtsstunde Winnetous 120
    Publikationspraktiken 124
    Humoresken und Dorfgeschichten 127
Im Banne von Emma Pollmer
    Eine Ehe auf Probe 129

«Socialdemokrat durch und durch» 134
In Amadijah läuft alles ganz anders 138

Auf der Suche nach dem «Weg zum Glück»
Der Drehspiegel des Schaffens 143
Im halben Bogen um die Balkanpolitik 150
Hintergründe einer Zeitschrift 154
Religiöse Gedanken 156
Lockrufe und Leimruten der Kolportage 160
Die eine Hälfte des Werkes 165

«Vor den Erfolg haben die Götter den Schweiß gesetzt»
Neubeginn mit dem *Bärenjäger* 176
Villa «Idylle» 186
Kontra Ku-Klux-Klan und Sklaverei 191
Fehsenfelds Visite und ihre Folgen 201
Erfolgsgründe 208

Ein Denkmal für den roten Mann
Indianerliteratur im Wandel 213
Schauplatz Nordamerika 224
Was konnte Karl May wissen? 229
Das Hohelied des Humanismus 233

Die Old Shatterhand-Legende
«. . . habe das Alles . . . erlebt» 238
Die Motive 252
Zwischen Tatsachen und Träumen 258
Schock und Krise im Orient 261
Das Grabmal 273

Mutige Bekenntnisse
Gewitterwolken 277
«Ist das nicht interessant?» 287
Ein Außenseiter im China-Buch 292

«Ein Wind niedriger Gesinnung»
«Völkische» Vernichter melden sich zu Wort . . 310
Lebius, der Drahtzieher 313
Das Komplott 321
Touristentrip fernab der Prärien 331

«Mit seltener Unerbittlichkeit....» 339
«In dieser Seele lodert das Feuer der Güte» . . . 346
Anhang
    Biographische Zeittafel 357
    Anmerkungen 366
    Das Werk von Karl May 369
    Verzeichnis der benutzten Literatur 390
    Personenregister 400
    Bildnachweis 408

ISBN 3-373-00258-3

2. Auflage 1990
LSV 8023
Lektor: Otto Matthies
Technischer Redakteur: Ingeborg Köhler
Gesamtgestaltung: Klaus Nicolai
Satz und Druck: (52) Nationales Druckhaus
Buchbinderische Verarbeitung: INTERDRUCK,
Graphischer Großbetrieb, Leipzig-III/18/97
Best.-Nr. 696 940 7